KB211508

법화경 법문

무비 스님의

법화경 법문

이것이 법화경이다

담앤북스

머리말

묘법연화경妙法蓮華經!

무상심심미묘법無上甚深微妙法을 달리 설명할 방법이 없어
희고 맑은 연꽃과 같다 하였습니다. 무상심심미묘법이란 사
람과 산천초목과 산하대지와 일체 존재의 진실한 이치를 일
컫는 말입니다.

세존께서는 일찍이 부다가야의 보리수나무 아래에서 이
일체 존재의 진실한 이치를 깨달으시고 그 깊고 깊은 내용을
무한한 세월 동안 항상 설명하시고, 시방세계 어디서나 설명
하시었습니다. 마치 아침해가 처음 떠오를 때에 저 히말라야
산의 가장 높은 봉우리를 비추는 것과 같았습니다. 그것을
대방광불화엄경大方廣佛華嚴經이라 합니다.

그러나 그 뜻을 아는 이가 없어서 부처님은 무거운 침묵

속에 들어가셨습니다. 무거운 침묵 속에서 미묘한 소리가 있어 "사람들의 근기와 수준에 맞추어 그것을 다시 설명하라." 하였습니다.

그래서 세존께서 오랜 침묵에서 일어나 동화와 같은 이야기를 지어 내어 근기에 알맞게 맞추어 설명하고 달래고 이해시킨 것이 인천인과교人天因果教이며, 삼승십이분교三乘十二分教라는 내용으로 횡설수설 아함부阿含部 경전이니, 방등부方等部 경전이니, 반야부般若部 경전이니 하는 별별 이야기를 40여 년간이나 설하시다가 드디어 일체 존재의 진실한 이치를 남김없이 드러내어 가르쳐 줄 때가 되었음을 아시고 새로운 각오로 마음속의 진실을 털어 놓게 되었습니다.

그것이 이 묘법연화경입니다. 마치 하루해가 마지막 넘어갈 때에 저 히말라야 산의 가장 높은 봉우리를 다시 한 번 더 비추고 넘어가는 것과 같습니다. 그러므로 이 묘법연화경은 부처님 일생 동안 교화 사업의 결론이며 그 결실입니다. 농사를 짓는 일에 비유하자면 추수와 같습니다. 이와 같이 소중한 부처님의 경전을 흥감興感하게도 저는 여러 차례 출판도 하고 강의도 하였습니다.

이 『법화경 법문』은 그 가운데 서울 강남 봉은사奉恩寺에서 2년간 24회에 걸쳐 설법한 내용을 녹취하여 정리한 것입니다. 이 책이 출판되기까지 혜명화慧明華 불자님이 녹취하고·거듭거듭 다듬어서 이렇게 빛을 보게 되었음을 밝힙니다. 고맙습니다.

아울러 당시 봉은사에서 이 법회를 개설한 주지 진화 스님과 담앤북스 출판사 관계자 여러분에게도 감사를 드립니다. 무엇보다 2년간 매번 법회 때마다 오셔서 자리를 빛내고 힘을 보태 주신 다음 카페 염화실의 도반 불자님 여러분께도 이 자리를 빌려 감사의 말씀을 드립니다.

이 인연 이 공덕으로 모든 분들이 인생의 진실공덕을 깊이 깨달으시고 한껏 누리시기를 빕니다.

나무묘법연화경 나무묘법연화경 나무묘법연화경

2017년 5월 15일

신라 화엄종찰 금정산 범어사 화엄전

如天 無比 합장

7

🪷 목차

법화경 법문

이것이 법화경이다

새로운 만남,
봉은사에서 선교율 대법회 시작

가장 값진 만남

봉은사에서 모처럼 선교율 대법회禪教律大法會가 열렸습니다. 전통적으로 우리나라 사찰에는 총림이 있습니다. 한 사찰 안에 선禪과 교教와 율律이 있으면 총림叢林이라고 합니다. 봉은사도 이번 선교율 법회를 통해서 비로소 총림이 되었습니다. 공식적인 총림 지정을 받아서 모든 특권을 누릴 수 있다면 좋겠지만 사실은 신도들이 선과 교와 율을 잘 알고 제대로 실천하고 뜻을 함께하며, 이와 같은 법회에 열화와 같은 성의를 보일 때 그 사찰이야말로 진정한 의미에서 총림이라고 할 것입니다.

사람은 태어나면서부터 죽는 순간까지 무수한 만남을 반복합니다. 일생을 통해 만나는 수많은 만남 중에 저는 불교와의 만남이 가장 값지고 소중하고 존귀하다고 생각합니다.

혜능 스님처럼

육조혜능 스님은 불교를 모를 때는 한낱 나무 파는 청년에 불과했습니다. 나무 파는 청년은 어느 집에 나뭇짐을 가져다주고 나오다가 금강경의 한 구절을 듣고 마음이 환하게 열렸습니다. 나무한 짐 팔러 갔다가 다이아몬드를 한 짐 짊어지고 온 소식입니다.

금강경은 그 이름도 '다이아몬드 수트라'입니다. 금강경을 만난 인연으로 나무 파는 청년은 자기 지게에 나무 대신 다이아몬드를 한 짐 짊어졌습니다. 다이아몬드가 한 짐이면 그 값이 얼마이겠습니까. 이는 부모와의 만남보다 더 값지고 소중한 만남입니다. 혜능 스님은 실제로 그런 만남을 한 분입니다.

한국불교의 법맥은 모두 육조혜능 스님의 법을 이어받은 것으로 되어 있습니다. 육조 스님이 자신의 지게에서 나뭇짐을 내려놓고 다이아몬드를 짊어진 인연으로 한국불교도 이렇게 존재하고 오늘 이 법석도 이루어졌습니다.

인생을 바꾸는 만남이 있다

인도에는 특별한 과일이 있는데 무르익은 과일즙이 쇠붙이에 떨어지면 쇠붙이가 전부 금으로 변한다고 합니다. 그런 것을 점철성금點鐵成金이라고 합니다. 사람에게도 그런 일이 벌어집니다. '지리일언至理一言를 전범위성轉凡爲聖'이라는 말은 '성인의 지극한 말씀 한

마디가 범부凡夫를 고쳐서 성인聖人으로 만든다.'는 뜻입니다.

과일즙 한 방울이 떨어져서 쇠붙이가 곧 황금으로 변하듯이 성인의 소중한 말씀 한마디에 우리 중생은 그 순간 부처가 됩니다. 그런 일이 그리 오래 걸리지도 않습니다. 참선하고 기도하고 힘들게 천배 만배 절하여 닦을 필요도 없습니다. 단 한마디 성인의 말씀을 듣고 난 순간 곧바로 범부가 성인이 되는 이치가 불교 안에 다 있습니다. 우리와 불교의 만남, 부처님과의 만남, 이 법회와의 만남이 부디 그러한 방향으로 회향되기를 바랍니다.

그동안 우리 인생은 참으로 죄업 많고, 번뇌투성이고 병고투성이며, 탐진치 삼독 때문에 몸부림치는 인생이었습니다. 그런 우리가 이 순간 운 좋게 성인의 말씀 한마디를 만나서 그 말씀이 못이 박히듯 가슴에 콕 박혀서 당장 부처로서 살 수 있다면 얼마나 좋겠습니까. 인생에 있어서 그와 같이 엄청난 전환을 가져오는 만남이 있습니다. 그런 이치가 분명히 있습니다.

정성 어린 청법

두서너 달 전쯤 서울 봉은사 진화 주지 스님께서 저와 잘 아는 스님 한 분을 앞세워서 먼 길 부산 범어사까지 오셨습니다. 봉은사에서 이러이러한 법회를 하고 싶으니 부디 좀 와 달라고 청하셨습니다. 법회가 열리는 오늘 아침에는 진화 주지 스님과 함께 왔던 그 스님이 일찌감치 봉은사에 오셨습니다. 당신이 한 일에 책임을 지느라고 법사인 제가 법회날에 맞추어 잘 왔는지 확인하러 온 겁니다.

법사를 그냥 청하는 것 같지만 스님들이 청법을 하면서 이와 같이 공을 들입니다. '법사인 그 스님은 누구하고 잘 알까?' '누구 말은 들을까?' 하는 것을 사전에 연구하고, '아, 그 스님은 이 스님한테 빚이 좀 있다더라.' '그 스님은 어떤 스님을 참 호감으로 대한다더라.' 하는 것도 면밀히 연구해서 그에 딱 맞는 스님을 데리고 와서 함께 청법을 하는 것입니다. 진화 주지 스님이 이 큰 사찰을 운영하기에도 바쁠 텐데 그렇게 하느라고 얼마나 마음을 썼겠습니까. 제가 그 마음에 보답하느라고 이렇게 왔습니다.

법화경으로 교敎를 설하다

선교율 법회를 통해서 봉은사와 봉은사 신도님들의 불교적인 수준이 격상되었으면 하는 바람을 주지 스님은 가지고 있습니다. 부처님의 소중한 법문을 신도님들에게 크게 회향해서 신도님들에게 복이 되고 그런 기회를 만든 주지 스님에게도 특별히 복이 되는 일을 모색하고자 이러한 법회가 열렸을 줄 압니다.

선교율禪敎律 중에 교敎를 맡은 저에게는 "한 가지 경전을 중심으로 법회를 해 주는 것이 어떻겠는가." 하는 연구를 했습니다. 그리고 법화경을 중심으로 법회를 하는 것이 좋겠다고 의논이 되었습니다. 앞으로 저는 선교율 법회에서 교를 담당하면서 법화경에 대한 이야기를 중심으로 불교의 중요한 내용들을 소개할까 합니다.

절을 알면 불교를 안다

봉은사는 신라 때 창건한 사찰입니다. 지금으로부터 150여 년 전, 추사 선생과 봉은사를 중수한 남호 영기 스님이 이 사찰에 계시면서 봉은사 사격寺格을 완전히 바꿔 놓는 불사를 했습니다. 그 불사가 판전板殿 불사이고 판전 안에 있는 화엄경 판각 불사입니다. 고려대장경 못지않은 화엄경 경판이 봉은사에도 소장되어 있습니다.

절을 알면 불교가 보이고, 불교를 잘 알아야 절이 잘 보입니다. 신도님들은 이 점을 명심해야 합니다. 봉은사를 잘 알면 불교가 이해되고, 불교를 잘 알아야 봉은사가 더 잘 보입니다. 불교를 모른다면 봉은사를 10년, 20년 다녀도 모르고 그냥 다닐 뿐입니다. 앞으로 법화경을 중심으로 법회를 할 것이지만 봉은사에 소장된 우리 불교 보물 중의 보물인 화엄경도 잘 아셔야 할 것입니다.

화엄경은 부처님께서 처음 성도成道하시고 그 성도하신 깨달음의 내용을 방편 없이, 어느 누구의 수준이나 근기를 생각하지 않고 당신 멋대로 설하신 경전입니다. 그래서 화엄경은 불교의 근본입니다. 부처님이 화엄경을 설하고 나니 수준이 너무 높아서 알아듣는 사람이 아무도 없었습니다. 부처님은 '내가 만고에 만나기 어려운 진리를 깨달았는데 이것을 어떻게 사람들에게 이해시킬 것인가?'를 고민하다가, 당신이 깨달은 내용을 그대로 이야기해서는 중생들이 하나도 못 알아들으니 하는 수 없이 유치원생 수준으로 내려가서 아주 쉬운 이야기부터 설법하기 시작합니다. 그것이 소승경전인 아함경입니다.

부처님은 아함경에서 당신 마음에도 크게 없는 말씀을 하셨습니다. 당신의 깨달음은 저 하늘인데 지금 땅 이야기를 하고 있으니 성에 찰 리가 없었습니다. 부처님의 고충이 참으로 컸을 것입니다. 그런 세월이 상당히 오래 지났습니다.

부처님은 깨달음을 얻은 후 아함부 경전을 12년 설하시고, 방등부 경전을 8년 설하시고, 반야부 경전을 20년 설하시는 등 40년이라는 세월을 참고 참다가 '이제야 비로소 내 속에 있는 이야기를 해야겠다.'라고 생각하시고 법화경을 설하셨습니다. 교상판석에서는 이 시기를 '종담법화우팔년終談法華又八年'이라고 합니다. 부처님 생애의 마지막 8년 동안 열반을 앞두고 가슴에 쌓아 두었던, 아끼고 아꼈던 이야기를 정말 좀 해야겠다고 해서 설한 것이 법화경입니다.

비유하자면, 부처님이 처음 설하신 화엄경은 떠오르는 아침해와 같습니다. 해가 뜰 때는 높이 솟은 해가 가장 높은 봉우리를 비춥니다. 화엄경을 '선조고산先照高山'이라고 표현하는 이유입니다. 이에 반해 '후조고산後照高山'이라는 표현도 있는데, 해가 하루 종일 대지를 비추다가 저녁이 되어 서쪽으로 넘어갈 때 또 한 번 찬란하고 화려한 석양의 빛으로 가장 높은 봉우리를 비춥니다. 부처님이 열반에 들면서 설하신 최후의 경전이 법화경입니다. 해가 넘어갈 때 가장 높은 봉우리를 비추고 넘어가듯이 법화경은 부처님 생애의 마지막에 가장 높은 경지에 이른 가르침입니다.

해가 뜨지 않고서 해가 질 수는 없습니다. 화엄경이 아침에 뜨는 해라면 법화경은 저녁에 지는 해입니다. 그래서 화엄경은 부처님 교설敎說의 기본이고, 법화경은 부처님 교설의 완성입니다. 화엄경은 씨앗이요, 법화경은 열매입니다. 씨앗은 열매에서 나왔습니다. 열매는 곧 씨앗이 됩니다. 씨앗과 열매처럼 화엄경과 법화경은 떼려야 뗄 수 없는 관계입니다.

봉은사 판전에 있는 화엄경 경판은 봉은사 제일의 보물입니다. 사실은 그 판각이 보물이 아니라 화엄경의 이치, 화엄경에서 설해 놓은 진리의 말씀이 우리에게 더 큰 보물입니다. 그래서 봉은사 신도님들이 봉은사를 다니면서 판전에 있는 화엄경을 알면 불교를 다 아는 것입니다. 판전에 있는 화엄경을 안다는 것은 절을 아는 것이고, 절을 알면 불교를 알 수 있습니다.

불교를 공부하는 사람들도 자기만의 사상이 있다

불자님들이 그동안 불교를 공부하고 법문을 들어 잘 아시겠지만 수많은 스님과 법사들이 불교에 대해서 하는 이야기가 다 각각 다릅니다. 사람마다 자신의 근기와 취향과 수준에 따라서 안목이 다르기 때문입니다. 큰 산이 하나 있다면 그 산을 동쪽에서 보는지 서쪽에서 보는지, 산 초입에서 보는지 정상에서 보는지에 따라 그 산을 표현하는 말이 다릅니다. 어떤 사람은 산에 흐르는 개울물을 보고 그 산이라 하고, 어떤 사람은 산에 핀 기화요초를 보고 그 산이라고 합니다. 불교를 이야기하는 것도 마찬가지입니다.

모두 자기 나름대로 본 산을 이야기하는 것에 불과합니다.

같은 법사라도 오늘 이야기와 내일 이야기가 다릅니다. 산에 한 걸음 더 들어가면 보는 것도 달라지기 때문입니다. 그런 가운데 불교를 이야기하면서 사람들은 시종일관 잘 변치 않는 자기만의 사상을 하나씩 가지고 있습니다.

20여 년 전쯤에 돌아가신 한 큰스님은 평생 중도中道라는 낱말 하나로 불교를 꿰뚫어서 이야기했습니다. 어떤 스님은 공空 사상만으로 불교를 이야기합니다. 아함경을 봐도 공 사상, 화엄경을 봐도 공 사상, 법화경을 봐도 공 사상입니다. 일심一心이라고 하는 한 마음의 문제로 불교를 푸는 분도 있습니다. 어떤 경전, 어떤 불교 이야기든 다 일심으로 회통을 칩니다. 어떤 분은 불교 전체를 연기緣起라 하고, 어떤 이는 업業이라 하고, 또 어떤 이는 기도라고 합니다. 심지어 어떤 이는 불교를 천도라고 합니다.

저의 사상은 인불사상人佛思想이다

저에게도 그런 사상이 있습니다. 어느 경전, 어느 조사 어록을 이야기하든지 시종일관 '사람이 곧 부처님'이라고 하는 인불사상人佛思想입니다. 그래서 저의 이야기를 한 시간만 들으면 더 이상 새로울 것이 없습니다. 오직 '사람이 부처다.'라는 것을 증명하기 위해 여기저기서 경문을 끌어다가 소개하는 것에 불과합니다.

'사람이 부처님이다.' 참 쉽습니다. 그런데 또 어렵습니다. 어려운 그 내용을 자세히 설명하기 위해서 저는 『사람이 부처님이다』

라는 책도 썼고 『당신은 부처님』이라는 책도 썼습니다. 그 사람이 지금 온갖 욕심과 번뇌 망상과 허물투성이라고 해도, 그 사람이 지금 아프고 고생하고 몹쓸 병투성이고 남을 욕하고 비판하고 음해하고 남 잘되는 것을 못 보는 사람이라고 해도, 그가 부처님입니다. 부처님도 화엄경에서 법화경에서 시종일관 '사람이 부처님'이라고 하는 그 한 말씀을 우리에게 전하기 위해 이 세상에 오셨습니다.

지금 산중은 결제철이라 피나는 정진을 하고 계신 분들이 많습니다. 그분들이 하는 참선도 결국은 자신이 부처라고 하는 사실을 알기 위해서입니다. 사람이 부처라는 사실 하나를 알기 위해서 정진하는 것이지 그 외 다른 일이 없습니다. 본래 사람이라고 하는 데서 한 걸음도 더 나아갈 데가 없습니다. 깨닫고 나도 오직 사람일 뿐입니다. 수백 년을 참선해도 본래 그 사람일 뿐입니다. 본래 그 사람은 아무것도 하지 않는 지금 이대로 완전무결한 존재입니다. 그것이 아직 가슴에 크게 와닿지 않기 때문에 기도하고 참선하고, 졸음을 참아 가면서 머리를 땅바닥에 일부러 짓찧으며 정진하고 있을 뿐입니다.

우리는 일상을 살면서 바라는 일, 필요한 일, 요구하는 일이 많습니다. 기도를 하면서 밤낮없이 부처님을 향해 우리가 바라는 바를 부르짖습니다. 그 일들이 무엇보다 시급하고 소중한 일로 보입니다. 그런데 크게 보면 그런 것들이 별 일 아닌 일입니다. 만일 자신이 부처라는 사실이 확실하다면 그렇게 부르짖으며 소원을 빌었던 것은 다 무용지물이 됩니다.

자기가 부처인데 누구한테 빌겠습니까. 80킬로그램짜리 다이아
몬드를 한 짐 지고 있으면서 4~5만 원짜리 나무 한 짐이 무슨 대
수라서 그토록 원하고 누구에게 빌겠습니까. 부처님은 하늘같이
까마득히 먼, 세세생생 손 닿지 않는 곳에 계시는 누군가가 아닙
니다. 내가 바로 그 부처님입니다. 이런 어마어마한 사실을 앞에
놓고 우리는 그것을 제대로 이해하지 못합니다. 그것을 믿지도 못
해서 온갖 소소한 일에 목을 매고 밤새워 고민합니다. 수십 억 수
백 억 부자가 1~2만 원에 신경쓰는 것과 같습니다.

우리가 본래 부처입니다. 그런데도 그것을 모릅니다. 수백 억 가
진 부자가 자신이 부자라는 것을 모르기 때문에 1~2천 원, 1~2만
원에 고민하며 시시비비합니다. 하늘처럼 높고 높은 부처님은 바로
우리들 자신입니다. 우리들 가족입니다. 내 옆에 있는 사람이 부처
님입니다. 내가 늘 만나 시시비비하고 함께 울고 웃는 그 사람이 부
처님입니다.

부처님께서는 화엄경이나 법화경에서 그 내용을 여과 없이 우
리에게 일러 줍니다. 선불교에서 선사 스님들의 법문도 모두 같은
내용을 알려 줍니다. 삼아승지겁三阿僧祇劫이라고 하는 그 오랜 세
월을 기다려야 부처가 된다는 것은 헛된 말이고 방편입니다. 그
동안 우리가 줄곧 기다려 봤지만 사람이라고 하는 그 첫걸음에서
한 발짝도 더 나아가는 것이 없었습니다.

이제는 "삼아승지겁을 기다리지 않아도 부처다."라고 하는 불

교, 최상승의 불교를 이야기해야 합니다. 이것을 새로운 불교라고 해도 좋습니다. 그러나 그 최상승의 불교는 경전 속에, 조사 스님들의 어록 속에 이미 다 들어 있습니다. 우리가 이 사실을 제대로 이해할 일만 남았습니다.

제대로 이해하면 우리 가정이 행복하고 세계가 평화롭습니다. 누구와 시시비비할 일이 없습니다. 그동안 세상이 이토록 험악한 것은 우리가 사람을 사람으로 못 보았기 때문입니다. 사람을 그저 내가 싸워서 이겨야 할 적으로 보고, 내 것을 훔쳐 간 도적으로 보았기 때문입니다. 사람이 부처님으로 보인다면 그 부처님이 내 것을 좀 가져가고, 설사 훔쳐 갔다 하더라도 무엇이 문제이겠습니까.

삶의 열쇠

열쇠는 간단합니다. 오직 사람이 부처님입니다. 그 열쇠가 손에 쥐여지지 않아도 답은 이미 정해져 있습니다. 가정의 행복, 인류 평화의 열쇠가 '사람이 부처님'이라고 하는 이 한 가지뿐입니다. 이것 없이는 서울시가 갖고 있는 문제, 대한민국이 갖고 있는 문제, 당면한 국제적 정치 상황의 문제를 아무리 해결해 보려고 노력해도 그저 일시적인 답이 될 뿐 완전한 해결이 되지 않습니다.

완전한 답은 우리가 모든 사람을 부처님으로 이해하고 한 사람 한 사람을 모두 부처님으로 받들어 섬기는 것입니다. 그것이 세계에 평화를 가져오는 유일한 열쇠입니다. 그것을 부처님께서 우리에게 가르쳐 주셨습니다. 특히 앞으로 이야기될 법화경에서 부처님은 여러 번 우리에게 일깨워 주십니다.

상불경보살

법화경에는 상불경보살품이 있습니다. 이 품의 주인공인 상불경보살은 석가모니 부처님의 전신前身입니다. 상불경보살은 참선도 하지 않고, 염불도 하지 않고, 기도도 하지 않고, 경도 보지 않습니다. 오직 만나는 사람을 모두 부처님으로 여겨서 예배하고 존중하고 찬탄하고 공양 올릴 뿐입니다.

우리는 절에 와서 나무나 돌로 깎아 놓은 불상을 보고 예배를 하는데 정말 우리 앞에 석가모니 부처님이 나타난다면 어떻게 하겠습니까. 우리 눈앞에 나타난 부처님께 공양 올리고, 찬탄하고, 예배하고, 천배 만배 절하느라 바쁠 것입니다. 다른 일들은 다 집어치우고 오로지 부처님을 찬탄하고 부처님께 예배하고 부처님을 따라다니고 부처님 얼굴 한 번 더 보려고 할 것입니다.

'부처 불佛' 자가 종이에 씌어 있어도 그것을 함부로 하지 않는 것이 불자들의 마음입니다. 상불경보살은 모든 사람을 부처님으로 보니 만나는 사람들을 공경하고 인사하느라 바빠서 참선하고 경을 볼 시간이 없었습니다. 상불경보살의 눈에는 세상의 많고 많은 사람이 모두 진짜 살아 있는 부처님이었습니다. 그렇기 때문에 그 한 분 한 분을 쫓아다니면서 인사하는 것이었습니다. 그것이 상불경보살의 수행이었고 삶이었고 인생의 전부였습니다. 이 상불경보살이야말로 사람에 대한 절대가치를 이해하고 사람에 대해 무한한 신뢰를 하신 분이었습니다. 제가 법화경을 통해서 모든 사람을 그대로 부처님이라고 보는 인불사상을 주창하는 이유가 바로 여기에 있습니다.

상불경보살이 사람을 볼 때마다 자꾸 부처님이라고 예경하니, 어떤 사람은 좋게 생각하지만 어떤 사람들은 '정신이 이상한가. 미친 사람 아닌가.'라며 상불경보살에게 욕을 하고 돌을 던지고 때리기도 하였습니다. 사람들이 자기에게 해코지를 하면 상불경보살은 저만치 떨어져서 "나를 욕하고 때리고 돌을 던지더라도 당신은 부처님입니다."라고 하였습니다.

경전에 나오는 이 이야기는 악한 사람도 역시 부처님이라는 것입니다. 그러니 수없는 욕심 때문에 몸부림치는 사람, 온갖 번뇌와 갈등으로 몸부림치는 사람도 전혀 걱정할 일이 아닙니다. 석가모니 부처님의 전신인 상불경보살은 자신을 욕하고 매질하고 돌을 던지는 그 사람을 향해서도 "돌을 던지는 그대로 당신은 부처님입니다."라고 말하였습니다.

법화경은 인간 해방의 가르침이다

불자들은 인사할 때 "성불하십시오."라고 합니다. 성불成佛은 부처가 된다는 말입니다. 자나 깨나 불자들의 소원이 성불이지만 그런 성불을 한 사람은 아무도 없습니다. 이제는 그런 구속에서 벗어나야 합니다. 탐진치 삼독을 가진 그대로 부처입니다. 모순 있는 그대로 부처입니다.

법화경은 번뇌 망상과 인간의 모순을 가진 그대로 부처라고 선언함으로써 모순 덩어리, 번뇌 덩어리의 인간을 완전하게 해방시켜 주는 가르침입니다. 그렇기 때문에 법화경은 경 중의 왕입니다. 법화경 도처에 '법화경은 경 중의 왕'이라는 내용이 있습니다. 법화경은 인간의 고귀한 본성에 대해 꿰뚫어 보고 있는 가르침이기 때문입니다.

법화경의 영험

불교에는 돌아가신 분을 천도하는 의식이 많습니다. 옛날에 어떤 사람이 돌아가신 부모를 천도하기 위해 '법화경을 사경해야겠다.' 생각하고 시장에 가서 종이를 사다 놓았습니다. 그리고 다음 날 글을 쓸 줄 아는 마을의 선비에게 가서 '돌아가신 우리 부모를 위해 법화경을 써 주십시오.'라고 부탁할 생각을 하며 새로 산 종이를 머리맡에 두고 잠이 들었습니다. 그날 밤 꿈에 그의 부모가 나타나서 '너는 우리를 위해서 그 소중한 법화경을 사경하려고 종이를 사다 놓았다. 그것만으로 우리는 이미 천도가 되었다.'라고 하였습니다.

이런 기록이 『법화경 영험록』에 있습니다. "이것이 사실이냐, 아니냐. 무슨 그런 전설 같은 이야기가 있느냐?"라고 할지도 모릅니다. 중요한 것은 이 이야기의 의미입니다. 법화경은 인간의 진정한 가치를 꿰뚫어 보고 그 가치를 최대한 드높이는 가르침입니다. 그런 까닭에 법화경을 사경해서 다른 사람에게 읽게 한다는 그 정신 하나만으로 이미 천도가 되었다는 것입니다. 모든 사람은 본래 그대로 부처님이라는 사실을 법화경은 누누이 강조하고 있기 때문에 충분히 가능합니다.

우리는 본래 부처님이다

이제 "삼아승지겁을 닦아야 성불한다."라고 하는 시대는 끝났습니다. 그런 방편은 더 이상 필요 없고 먹혀들지 않습니다. "깨달아야 부처가 된다."는 말도 틀렸습니다. 그런 조건이나 방편에서도 벗어나야 합니다. 깨닫지 않아도 부처님입니다. 깨닫고 깨닫지 않는 것에 아무 상관없이 우리는 본래 부처님입니다.

성불이라고 하는 답도 없는 이야기만 늘어놓고 무한한 생을 거듭하면서 기다릴 것입니까. 오늘 이 순간 우리가 부처로 살지 않는다면 우리는 언제, 어느 세월에, 어디에 가서 부처로 살겠습니까. 저기 앉아 계시는 노보살님이 지금 이 순간 부처가 아니면 어느 세월에 어디에 가서 다시 부처가 되겠습니까.

오늘 이 순간 우리는 부처여야 합니다. 스스로가 부처임을 알아야 합니다. 내가 부처임을 믿어야 합니다. 달리 다른 기회가 없습니다. 삼아승지겁을 기다렸다가 되는 부처는 없습니다. 어쩌면 이것은 불교계의 폭탄 선언일지도 모릅니다. 그러나 제가 보기에는 모든 조사 스님이나 부처님이나 경전에서 분명히 그렇게 말씀하고 계십니다. 사람이 그대로 부처님입니다.

누가 부처인가

법화경 방편품에는 누가 부처님인지에 대해서 나옵니다. 우리들은 부처님 앞에 가서 정성을 다해 삼배하고 백팔배를 합니다. 그 정도도 힘들어서 싫다고 부처님 앞에 와서 손이나 한번 번쩍 들고 인사하는 사람이 있다면, 그도 부처님입니다. 지극한 정성으로 염불을 오래하는 것이 아니라 '나무불' 한마디만 해도, 그는 부처님입니다. 술에 취했는지 복잡한 정신을 가지고 부처님에게 꽃한 송이 올리고 자기가 꽃을 올린 것도 모르는 망상이 많은 이 사람도, 그대로 부처님입니다. 어른들이 탑을 쌓고 공양 올리는 것을 보고 어린아이들이 '우리도 탑을 쌓자.'고 하면서 모래를 쌓고 물을 붓고, 물이 모자라면 오줌을 싸서 모래를 뭉쳐 부처님 탑이라고 장난을 쳐도, 그들도 또한 부처님입니다. 그렇게 법화경에 명문明文이 되어 나와 있습니다.

부처가 되기는 이렇게 쉽고 확실합니다. 그런데 왜 우리는 깨달아야만 부처가 된다고 합니까. 왜 삼아승지겁을 기다려야 깨달을 수 있다고 합니까. 그런 방편에 걸려들지 말아야 합니다. 방편에서 벗어나야 합니다. 내일 죽을지 모레 죽을지 모르는 사람이 오늘 부처가 안 되고 언제 또 부처가 되는 날이 오겠습니까.

오늘 안 된다면 부처 되는 날은 없습니다. 그대로 사람이 부처님입니다. 다른 나라 불교는 어떤지 모르지만 한국불교에서는 쉽게 들을 수 있는 이야기가 아니고 쉽게 할 수 있는 이야기도 아닙니다. 그러나 저는 그러한 근거를 경전이나 어록에서 확연하게 보았습니다. 그 기록만을 모아서 『사람이 부처님이다』라는 책도 썼고 『당신은 부처님』이라는 책도 썼습니다.

천 불 만 불의 의미

절마다 불상을 많이 모셔 놓았습니다. 불사를 하기 위한 방편입니다. 방편이기는 하지만 이 많고 많은 불상이 의미하는 바가 있습니다. 세상의 많고 많은 사람들, 한 사람 한 사람이 그대로 부처님이라는 사실입니다. 그렇기 때문에 『천불경』이 있고 『삼천불 명호경』이 있고 『만불명호경』이 있습니다.

우리 한 사람 한 사람이 그대로 부처님입니다. 그것을 알고 불사를 한다면 한 집에 천 불 만 불을 모셔도 괜찮습니다. 그런데 그 의미를 모르고 한 사람이 한 분의 불상을 모시는 경우도 많습니다. 부처의 의미를 모르고 부처를 모셔서 무엇하겠습니까. 수많은 사람 한 분 한 분이 다 부처님이라는 뜻으로 절마다 이렇게 많은 불상을 모시는 것입니다. 만약에 부처님이 석가모니 한 분뿐이라면 불상은 하나만 모셔도 됩니다. 그런데 그것이 아닙니다.

절을 알면 불교가 보이고 불교를 알면 절이 보인다고 했습니다. 절에는 왜 저렇게 많은 부처님을 모셨을까요. 불사를 하기 위한 것만은 아닙니다. 거기에는 모두가 부처라고 하는 큰 의미가 있습니다. 그 의미를 안다면 절마다 지금 계시는 부처님의 열 곱절 백 곱절 부처님을 모셔도 괜찮고 허물이 없습니다. 불상으로 모신 부처님이 아무리 많아도 서울시민의 숫자에도 미치지 못할 것입니다. 어디 사람뿐입니까. 사람 숫자보다 더 많은 생명체가 있습니다. 그들이 모두 부처님이라는 이치를 안다면, 지구상에 70억 인구가 있으니 봉은사에 70억 부처님을 모셔야 성이 찰 것입니다.

지금 그대로 부처님

부처님은 깨닫고 나서 가슴속에 40여 년간 묻어 두었다가 법화경에 와서야 비로소 '너희들도 그대로 부처님이다.'라고 말씀하셨습니다. 우리가 한 단계 성장한 불자가 되고 참으로 불교를 똑바로 아는 불자가 되어야 부처님께서 마지막으로 전해 주고자 했던 '당신은 부처님'이라고 하는 말씀이 이해가 될 것입니다.

제바달다 같은 사람도 부처님이다

법화경 제바달다품에 나오는 제바달다는 불교에서 조달調達이라고 하는데, 그는 부처님을 죽이려고 여러 번 시도했던 인물입니다. 실제로 요즘도 인도에 가면 제바달다가 올라가서 돌을 굴렸던 언덕이 있습니다. 그 언덕 바로 아래는 평탄한 길인데 그 길로 부처님이 제자를 데리고 지나갈 때 무리를 데리고 숨어 있던 제바달다가 부처님을 향해 돌을 굴렸습니다. 또 사나운 코끼리에게 술을 먹여서 그 코끼리를 부처님 앞에 풀어놓기도 하였습니다. 그렇게 극악무도한 짓을 한 제바달다가 법화경 제바달다품에서는 부처님이 될 것이라고 수기를 받고, 부처님은 '그는 나의 스승이다.'라고까지 표현하였습니다.

그 나쁜 놈이 어떻게 부처님이냐? 그것은 법화경을 공부하면서 앞으로 말씀드리게 될 것입니다. 우선 결론을 말씀드리면 우리 모두는 지금 있는 그대로 부처님이라고 하는 사실입니다. 마음에 번뇌 망상이 있고, 몸에 수많은 병고가 있고, 모순투성이고, 사람의 얼굴을 뒤집어쓰고 있으니 사람이라고 하지 속은 사람 아니지 않을까 할 정도로 사람인지 짐승인지 모를 삶을 사는 이라고 해도, 그는 그대로 하늘 같은 부처님입니다. 이것은 너무나도 확실하고 틀림없는 사실입니다. 이러한 것을 우리는 잘 이해해야 합니다. 이해하고 믿고 그것이 사실로 느껴져야 합니다.

우리가 가진 능력이 부처님의 능력이다

한 살짜리 어린아이가 뒤뚱뒤뚱 걷고 말도 못하면서도 제 부모와 숨바꼭질을 합니다. 자기한테 좀 싫게 하면 울 줄도 압니다. 사람이 그대로 부처님이라고 한 법화경의 말씀이 맞습니다. 부처가 아니고서야 어떻게 한 살짜리 아기가 숨바꼭질을 할까요. 부처가 아니고서야 어떻게 울 줄을 알까요. 화내고 울고 웃고 숨바꼭질할 줄 알고, 저 싫으면 싫다 하고 좋은 건 좋다 하는 한 살짜리 어린아이도 갖고 있는 이 능력이 대단한 것입니다.

세상에 어느 부처가 있어서 그럴 줄 알겠습니까. 세계에서 제일 잘난 부처님인 석굴암 부처가 그럴 수 있습니까. 석굴암 부처님은 당신 앞에 놔둔 돈을 누가 훔쳐 가도 훔쳐 간다고 말할 줄을 모릅니다. 무릎을 때려 봐야 내 손만 아프지 석굴암 부처님은 까딱도 안 합니다.

그동안 우리는 '인간은 번뇌 망상투성이다, 업장투성이다, 죄인이다.'라고 하는 엉터리 가르침으로 스스로를 옭아맸습니다. 이 속박에서 벗어나야 합니다. 불교는 인간 해방의 가르침입니다. 그 이치를 잘 이해하지 못하니까 스스로를 옭아매고, 스스로를 비하하고, 업장투성이라고 하였습니다. 업장이 그대로 부처의 능력입니다.

부처가 아니고는 그렇게 변덕을 부리지 못합니다. 부처마다 얼굴이 다르고 능력이 다르고 표현이 다를 뿐입니다. 인간의 번뇌 망상, 죄업과 업장으로부터 가슴 툭 터지게 해방되어야 합니다. 지금 이대로 완전한 사람, 사람 부처, 부처 사람으로 살아야 합니다. 이러한 내용이 바로 인불사상人佛思想입니다. 이 인불사상이 제가 깨달은 불교입니다.

2강

따뜻함만이
기억에 남는다

선교율 대법회, 이 불사의 의미

이번에 봉은사에서 기획한 선교율 대법회禪敎律大法會는 '수행 도량 봉은사가 초전법륜의 녹야원으로 거듭난다.'는 타이틀을 걸었습니다. '한국불교의 새로운 도약을 위한 선교율 대법회'라는 타이틀도 있습니다. 거창하기는 하지만 시의적절한 표어라고 봅니다.

사찰에서는 불사를 많이 합니다. 부처님을 조성하고 전각을 짓고 탑을 세우는 이런저런 불사들이 다 좋은 불사지만 '봉은사가 초전법륜의 녹야원으로 거듭 태어난다.'고 하는 취지의 불사야말로 진정한 불사이고, 가치 있고 의미 있고 보람 있는 불사가 아닐까 하는 생각을 저는 한 달 동안 곰곰이 하였습니다.

지금 승려나 불자들의 주변을 살펴보면, 우리들의 신앙생활이 과연 부처님의 근본정신에 맞는 신앙생활인가 점검해 볼 때 부처님 근본정신에 입각해서 산다고 당당하게 말할 수가 없습니다. 이러한 차제에 봉은사가 초전법륜의 녹야원으로 거듭난다고 하는 이 불사는 불자들 모두가 부처님의 근본정신을 다시 일으키는 운동이기도 하고 부처님 전법의 원력을 다시 일으키는 운동이기도 합니다.

전법의 중요성

우리 중생의 삶은 어리석고 몽매해서 캄캄한 밤중에 방향도 모른 채 이리 가다 부딪치고 저리 가다 부딪치며 갈팡질팡 헤매는 것과 같습니다. 어둠 속 횃불도 없고 반딧불도 없는 상황에서 우리가 걸음을 옮긴다면 가는 곳마다 부딪치고 넘어질 것입니다. 그 길은 보나 마나 상처투성이, 피투성이의 길입니다.

부처님께서는 중생들이 살아가는 모습을 그렇게 보았습니다. 그래서 사람 사람들에게 지혜의 등불을 밝혀 주기 위해서 인도의 뜨거운 햇볕을 무릅쓰고 80노구가 될 때까지 곳곳을 유행遊行하며 애써 법을 전했습니다. 부처님은 절박한 심정으로 법을 전하셨습니다. 이번 기회에 봉은사에서부터라도 부처님이 하셨던 그 전법의 원력을 요원의 불길처럼 일으켜야 합니다. 선교율 대법회를 통해서 초전법륜의 녹야원을 거듭 탄생시키는 이 일이 의미 있고 보람 있는 불사입니다. 그러한 취지로 봉은사에서도 3년여 세월을 '한번 우리가 정진해 보자.' 하는 계획을 세운 것으로 압니다.

불사에 임하는 우리의 과제

이 선교율 법회를 제대로 된 대작불사大作佛事라고 명명할 때 우리들의 과제는 무엇일까요. 무엇을 하면서 이 대작불사에 참여해야 할까요. 세 가지로 정리해 보았습니다.

첫째, 배워야 한다

유학有學이면 유식有識입니다. 배움이 있으면 아는 것이 있습니다. 불학不學이면 무식無識입니다. 배우지 않으면 무식합니다. 불자라면 적어도 불교에 한해서만은 많이 배워야 합니다. 우리 불자들에게는 팔만대장경이라고 하는 과제가 있습니다. 부처님께서 설하신 팔만대장경을 다 소화해야 불자의 의무를 다하는 것입니다. 불교만큼 깊고 오묘한 진리의 가르침이 없습니다. 그럼에도 승속僧俗을 포함한 우리 불자들은 그렇게 열심히 공부하지 않습니다. 공부를 하지 않으니 불교를 제대로 알 수 없습니다. 알아야 면장을 할텐데 모르니 면장을 할 수가 없습니다.

이번 선교율 법회에서 교敎에 해당하는 법사로 초청된 저는 교재를 법화경으로 정했습니다. 법화경은 팔만대장경이라고 하는 많고 많은 교설 가운데 '부처님 교설의 완성'입니다. 법화경 이상 더 나아갈 경전이 없습니다. 불서佛書를 포함해서 인류가 남긴 수억만 종류의 설법 중에 단 한 권을 선택할 수밖에 없는 처지라면 저는 서슴없이 법화경을 선택할 것입니다. 부처님 제자라서 하는 소리가 아니라 경전을 읽고 제대로 이해한 사람이라면 당연히 그렇

게 할 것입니다. 그래서 이 막중한 불사에서 교학教學을 담당할 교
재로 법화경을 지정했습니다.

둘째, 수행을 하라

유수유지有修有智입니다. 수행을 제대로 하면 지혜가 생깁니다.
다행히 봉은사에서도 철야 다라니 기도를 3년 동안 하기로 계획
을 세워서 열심히 정진 중입니다. 닦지 않으면 지혜가 없습니다.
부처님의 6년 고행과 마지막 7일간의 선정이라고 하는 것은 반복
에서 온 것입니다. 화두를 드는 것이나 염불을 하는 것, 진언을
외우는 것, 다라니를 외우는 것, 절을 하는 것, 금강경과 법화경
을 수백 번 읽고 수백 번 사경하는 것은 모두 반복입니다. 그렇게
반복하는 것이 수행입니다.

수행은 반복입니다. 달리 수행이 아닙니다. 반복을 통해 우리들
마음속에 내재해 있던 상상하지도 못했던 지혜가 나옵니다.

셋째, 복을 지어라

유작유복有作有福입니다. 지음이 있으면 복이 있게 되어 있습니
다. 덮어놓고 빈다고 복이 오는 것이 아닙니다. 그 사실을 알아야
합니다. 흔히 보시를 이야기할 때 재시財施, 법시法施, 무외시無畏
施를 말합니다. 꼭 그런 보시가 아니라도 복을 지어야 합니다. 짓
지 않으면 내게 다시 돌아올 복이 없습니다. 부처님께서는 가장
효과적인 복 짓는 방법을 선택하셨습니다.

저는 가끔 "이 세상에서 제일 부자는 누구인가." 하는 질문을 합니다. 제일 부자는 세계적으로 이름 있는 그룹의 회장이 아니라 부처님입니다. 봉은사만 하더라도 서울 강남 봉은사의 값이 얼마나 되겠습니까. 봉은사는 전부 부처님 앞으로 등기가 되어 있습니다. 부처님은 어마어마한 부자입니다. 조계사도 부처님 앞으로 등기가 되어 있습니다. 서울의 3대 사찰 중 하나인 도선사 역시 부처님 앞으로 등기가 되어 있습니다.

서울을 벗어나면 법주사가 있습니다. 얼마나 훌륭한 도량입니까. 예전에 총무원에 있을 때 어느 종교단체에서 백지수표를 주면서 '얼마든지 당신 쓰고 싶은 액수를 써라. 그 대신 속리산 법주사를 달라.'는 제안을 했습니다. 그런데 그때 총무원장이 거절을 했습니다. 법주사 하나만 하더라도 그만큼 어마어마한 재산입니다. 설악산, 오대산, 가야산, 팔공산, 불국사 등 명산대찰名山大刹이 모두 부처님 앞으로 등기가 되어 있습니다. 부처님은 어찌하여 이토록 부자입니까. 무슨 복을 지었기에 이토록 부자인가요.

부처님은 보시를 많이 하신 분입니다. 법화경에 '나는 대시주大施主다.'라는 말이 있습니다. 보시를 하는 시주 중에서도 가장 큰 시주라고 스스로 말씀하셨습니다. 그런데 부처님은 평생을 통해서 밥 한 그릇 시주한 적 없고 돈 한 푼 시주한 적 없습니다. 부처님은 오로지 진리의 가르침을 중생들에게 시주했습니다. 진리의 가르침은 때로는 물질로 전환될 수 있습니다. 그것은 당연한 것이기도 합니다. 신기한 일입니다.

일요일 시내 사찰은 봉은사뿐만 아니라 어느 절 할 것 없이 온갖 공양과 쌀과 돈이 산더미처럼 모이는 날입니다. 매월 초하루, 보름, 관음재일, 지장재일 할 것 없이 온갖 공양이 산처럼 쌓입니다. 이것이 다 부처님 복입니다. 부처님의 재산입니다. 우리 부처님의 제자들은 그렇게 부처님의 재산에 의지해서 살아가고 있습니다. 이 사실을 알아야 합니다.

돈이 좋은데 그 재산을 어떻게 해서 모을 수 있는가. 어째서 부처님은 그토록 부자가 되었는가. 제가 가만히 연구해 보니 부처님은 법을 보시해서 부자가 되었습니다. 이것은 대단한 일입니다. 여러분들도 부자가 되고 싶을 것입니다. 우리는 부처님이 부자가 된 방법에 착안해야 합니다. 부자가 되려면 법을 보시하십시오. 물질 보시도 좋지만, 물질 보시는 보시한 만큼만 돌아옵니다. 그런데 법은 그렇지 않습니다. 백 배 천 배로 돌아옵니다.

석가모니 부처님은 누구에게 밥 한 그릇 보시한 적 없고 단돈만 원을 보시한 적이 없습니다. 그런데 오늘날 도처에 부처님의 재산이 있는 것은 오로지 법을 보시했기 때문입니다. 부처님 당신이 80노구를 이끌고 인도의 뜨거운 햇볕을 견뎌 가면서 한 사람이라도 일깨워 주려고 법을 보시했기 때문입니다.

지어 놓은 복은 자신을 따른다

부처님 시대에 어느 마을의 촌장이 부처님께 와서 이런 말을 했습니다.

"부처님은 수행을 많이 하셨으니 인간의 길흉화복吉凶禍福을 마음대로 좌지우지할 수 있다는 말을 들었습니다. 부처님이시여, 당신은 세상에서 존경받는 분입니다. 또 정각을 이루신 분입니다. 부처님께서는 사람이 죽은 뒤에, 설사 그 사람이 복을 짓지 않았다 하더라도 천상에 나게 해 줄 수 있습니까?"

그러자 부처님이 대답하셨습니다.

"나는 도리어 당신에게 묻고 싶다. 그대가 생각나는 대로 대답해 보라. 만약에 어떤 사람이 온갖 악행을 저지르고, 사람을 죽이고, 도둑질을 하고, 거짓말을 하고, 여러 삿된 행위를 했다고 하자. 그런데 그 사람이 죽은 뒤에 많은 사람이 '이 사람을 천상에 태어나게 해 주십시오.'라고 기도하고 합장하고 그를 위해서 천배만배 절을 한다면 그 사람은 천상에 태어날 수 있겠는가?"

촌장은 이치대로 생각하고는 대답했습니다.

"아닙니다. 부처님이시여, 그 사람은 천상에 태어나지 못할 것입니다."

부처님이 다시 물었습니다.

"만약 어떤 사람이 호수에 큰 바윗덩이를 던졌다고 하자. 그때 만약 사람들이 모여서 '바위야, 떠올라라. 바위야, 떠올라라.'라고 하면서 기도하고 합장하고 절을 한다면 그 기도의 힘, 그 합장의 힘으로 바위가 물에서 떠오르겠는가?"

촌장이 말했습니다.

"그렇지 않습니다. 바위가 떠오를 리 없습니다."

부처님이 다시 말씀하셨습니다.

"그와 마찬가지다. 많은 악행을 저지른 사람이 있다면 다른 사람들이 아무리 기도하고 죽은 뒤에 천상에 나기를 기도해 준다 하더라도 악취惡趣에 떨어질 수밖에 없는 이치다."

부처님은 촌장에게 또 물으셨습니다.

"누가 깊은 못에 기름 항아리를 던졌다고 하자. 그 기름 항아리가 깨져서 기름이 물 위로 떠올랐는데 사람들이 모여서 '기름아, 가라앉아라. 기름아, 가라앉아라.'라고 하면서 기도하고 합장하고 절을 한다면 그 힘으로 떠 있는 기름이 못의 바닥으로 가라앉겠는가?"

"아닙니다. 떠오른 기름이 바닥에 가라앉을 리 없습니다."

부처님이 말씀하셨습니다.

"그와 마찬가지다. 바른 행과 선행을 많이 쌓은 사람은 다른 사람들이 아무리 빌어도 나쁘게 될 리 없고 악취에 떨어질 리가 없다. 그 사람이 몸이 쇠약하여 나중에 죽게 된다면 틀림없이 천상에 태어나리라."

부처님의 말씀은 무척이나 명명백백합니다. 그런데 우리는 무엇에 홀린 양 이 같은 진리의 말씀을 두고 엉뚱한 생각을 합니다. 엉뚱한 생각을 하지 않으려면 제대로 배워야 합니다. 제대로 닦아야 지혜가 생깁니다. 제대로 지어야 복이 옵니다. 제대로 짓지 않으면 복이 올 리 없습니다.

자신이 지은 복은 아무리 누가 빼앗아 가려 해도 빼앗아 갈 수 없습니다. 기름이 한번 물에 뜨면 아무리 가라앉으라고 기도한들 가라앉을 리 없습니다. 자신이 지어 놓은 복은 안 받으려고 거부하고 물리쳐도 어쩔 수 없이 받게 됩니다. 아무리 복이 싫어도, 명예가 싫어도, 돈이 싫어도 복이 그 사람을 따르는데 어떻게 할 것입니까. 그 사람은 틀림없이 복 속에 파묻혀 살게 됩니다. 지어 놓은 복은 너무나도 당연하게 따라오기 마련입니다. 그런 의미에서라도 정직하게 생각하고 진리대로 살자고 하는 운동이 필요합니다.

좋은 결과를 위한 네 가지 요긴한 법

불교 수행에서든 인생에서든 우리가 제대로 된 결과를 얻어 내려면 마땅히 알아야 한다고 경전에서 전하는 네 가지 요긴한 법이 있습니다. 친근선우親近善友, 청문정법聽聞正法, 여리사유如理思惟, 여법수증如法修證이 그것입니다.

첫째, 친근선우親近善友

친근선우는 선지식을 만나는 것입니다. 선지식은 안내자입니다. 선지식 하면 대개 '사람'을 생각하지만 요즘은 사람에 의한 선지식은 거의 없다고 보는 것이 좋습니다. 선지식이 없는 요즘 무엇을 선지식으로 삼을 것인가. 부처님 가르침을 선지식으로 삼아야 합니다. 부처님 가르침은 책으로 남아 있습니다. 그래서 책이 선지식입니다. 그것을 제쳐 놓고 사람에게 현혹되어 잘못된 길을 가는 사람들을 많이 봅니다.

열반경에는 '의법불의인依法不依人'이라는 말이 나옵니다. 법을 의지하지 사람을 의지하지 말라는 뜻입니다. 법은 부처님의 가르침입니다. 하늘같이 믿었던 부처님이 열반에 드시니 부처님을 믿고 따르던 사람들이 얼마나 실망이 컸겠습니까. 그럴 때 부처님은 유언처럼 말씀하셨습니다. "나도 사람이다. 사람을 의지하지 말라. 내 가르침을 의지하라. 가르침은 영원하다." 우리는 가르침을 선지식으로 삼아야 합니다.

그 옛날의 훌륭한 선지식이나 도인들은 그만두고라도 근래에 우리와 시대를 같이했던 선지식을 한 분 꼽으라면 성철 스님을 꼽습니다. 국민선사라고도 하고 대표선사라고도 하는 성철 스님의 교육방침을 말씀드리면 사람에 따라서 세 가지 다른 방침을 가지고 있었습니다. 제가 분류하기를 대내용對內用 교육, 대외용對外用 교육, 여성용女性用 교육입니다.

대내용 교육은 당신과 가장 가까운 사람, 당신 상좌들을 위한 교육입니다. 성철 스님은 상좌들에게 경經을 보게 했습니다. '유학有學이라야 유식有識'이기 때문입니다. 불교를 알고 싶으면 일단 공부를 해야 합니다. 그래서 많고 많은 경전과 어록을 공부하게 했습니다.

대외용 교육은 무조건 참선을 하게 한 것입니다. 그런데 처음부터 참선만 교육하신 것은 아닙니다. 성철 스님이 선방의 방장으로 계시면서 처음에는 백일법문百日法門을 통해서 참선하는 사람에게도 오전 중에는 경전 공부를 시키려고 하였습니다. 유명한 성철 스님의 백일법문이 그래서 시작된 것입니다. 모든 사람이 경전 공부를 할 수 있도록 하는 시간을 마련했지만 그 일을 2년 정도 하고는 이어 나가지 못했습니다. '선방이 강원인 줄 아느냐?'는 비난이 쏟아졌기 때문입니다. 그러니까 당신 말을 들을 사람이 아닌 사람들에게 맞추기 위해서 함구하고 수좌오계首座五戒를 내렸습니다. '참선하는 수좌들은 책 보지 마라. 경전 보지 마라.'는 등의 수좌오계를 내리면서 수좌들을 책과 가까이하지 못하도록 하였습니다. 그것이 대외용 교육입니다.

여성용 교육은 다라니와 절입니다. 아비라기도, 능엄주, 삼천배입니다.

제가 성철 스님의 살림 밑천을 공개하자고 해서 하는 소리가 아닙니다. 여기서 꼭 살펴야 할 것은, 만약 지금 이 순간 우리가 성철 스님에게 지도받을 기회가 생긴다면 가장 가깝고 가장 아끼는 사람에게 시켰던 그 교육을 따라야 하지 않겠는가 하는 뜻으로 드린 말씀입니다.

선교율 중에서 교학적敎學的으로 이야기하다 보니 불자라면 불교에 한해서만은 유식有識해야 한다는 그 말씀을 꼭 드리고 싶었습니다. 불자라면 불교에 한해서만은 유식해야 합니다. 다른 분야는 제가 이야기할 바 아닙니다. 우리에게 팔만대장경이라고 하는 것도 있는데, 다만 불교에 한해서만큼은 팔만대장경까지는 아니더라도 팔십대장경 정도는 공부해야 하지 않겠나 하는 것입니다.

불자들은 그런 과제가 눈앞에 있는데도 대부분 여기에 큰 관심을 갖지 않습니다. 선우善友라는 것, 선지식이라고 하는 것을 사람에게 두지 말고 경전과 어록에 두어서 경전과 어록을 선지식으로 생각하면 얼마든지 친근선우할 수 있습니다.

둘째, 청문정법聽聞正法

정법을 들어야 합니다. 바른 이치, 바른 법을 들어야 하는데 사람들은 바른 법을 들으려 하지 않고 그저 내 마음에 맞는 소리만을 들으려고 합니다. 바른 이치인가, 바른 법인가, 부처님 가르침 중에서 최상승의 법인가를 생각하지 않습니다. 이것도 우리 불자가 새로 생각하고 거듭나야 할 문제입니다.

셋째, 여리사유如理思惟 여리사량如理思量

이치와 같이 사유할 줄 알아야 합니다. 법사가 무엇을 이야기하고, 경전에 무슨 이야기가 있고, 누가 뭐라고 한다면 그것이 이치에 맞는지 안 맞는지 스스로 사유해야 합니다. 누가 뭐라 카더라 식의 그 '카더라'가 문제를 일으키는데 불교 안에서도 그렇습니다. 어떤 스님이 뭐라고 하더라, 먼저 절에 다닌 불자가 뭐라고 하더라, 이렇게 하면 좋다더라 등 이치에 맞는지 법에 맞는지를 생각해 보지 않고 그저 남들이 하는 '카더라'만 따라가서는 안 됩니다.

이치와 같이 사유하는 능력이 있으면 절대 삿된 길로 가지 않습니다. 사실 인류가 종교를 갖기 전에는 삿된 길이 없었습니다. 종교를 갖고 나서 삿된 길이 시작되었습니다. 특히 불교를 믿는다고 하면서, 천하에 둘도 없는 공부를 하면서, 인류의 최고 가는 스승인 부처님 가르침을 따라가는 불자가 되어서 만약 삿된 길로 간다면 그보다 더 애석하고 원통한 일이 없습니다. 저는 그런 것을 볼 때마다 정말 가슴이 아픕니다. 부처님과 인연을 맺어 놓고 삿된 길을 갈 바에는 차라리 불교를 믿지 않는 편이 나을 것입니다. 믿지 않으면 적어도 삿된 길은 가지 않기 때문입니다.

넷째, 여법수증如法修證

법대로 가르침대로 수행하자는 것입니다. 여기 봉은사를 수행도량이라고 명명했기 때문에 또 이런 말씀을 드리는 것입니다.

묘법연화경

법화경의 구체적인 이름은 묘법연화경妙法蓮華經입니다. '아름다운 나이' '아름다운 시절'이라는 뜻으로 묘령妙齡이라는 말을 쓰는 것처럼 '묘할 묘妙' 자는 미묘하다, 아름답다는 뜻입니다.

알고 보면 법이 그렇게 아름다울 수가 없어서 묘법입니다. 사실 아름답다고만 표현하면 부족한 설명이기 때문에 '묘법이 무엇인가.'는 두고두고 우리가 참구해야 할 일입니다. 무상심심無上甚深 미묘한 이치, 아름다운 이치인 묘법을 묘법연화경은 연꽃에 비유해서 가르쳤습니다.

연꽃같이 미묘한 가르침

연꽃에는 여러 특징이 있습니다. 그 가운데 두 가지만 말한다면, 첫째, 처염상정處染常淨입니다. 연꽃은 더러운 곳에 있으면서도 항상 깨끗합니다. 잎도 깨끗하고 꽃도 깨끗해서 흙도 묻지 않고 물도 묻지 않습니다. 그러나 연꽃은 흙탕물, 진흙탕을 떠나서 존재할 수 없습니다. 진흙탕 속의 연뿌리를 보면 저렇게 못생긴 뿌리에서 무슨 꽃이 필까 상상이 안 될 정도입니다. 그런데 그 못생긴 연뿌리가 더러운 진흙탕에 잠겨서 깨끗하고 아름다운 연꽃을 피웁니다. 굳이 진흙탕에서 피면서도 그 더러움에 젖지 않는 연꽃은 사람을 닮았습니다.

사람은 더럽고 추한 면으로 보자면 팔만사천 번뇌, 탐진치 삼독과 좋지 않은 면으로 가득합니다. 사람이 저지른 악행이 텔레비전이나 신문에 뉴스로 보도되면 치가 떨려서 볼 수가 없습니다. 평소에 우리 인간은 너무 엉터리 같은 면을 가졌습니다. 그런데 가만히 들여다보면, 사람의 그런 이면에는 어디에도 비할 데 없는 기가 막힌 능력인 신통묘용神通妙用이 있습니다. 중요한 것은 그렇게 볼 수 있는 안목입니다. 안목이 있는 사람이 본다면 사람이야말로 고스란히 신통한 존재이고 참으로 존귀한 존재입니다. 있는 그대로 부처님과 다를 바 없습니다.

그 신통하고 존귀한 사람을 무엇으로 불러야 좋을까요? 안목을 가지고 사람의 진정한 가치를 본 성인들의 입에서는 '사람을 하나님이라고 부르자.' '사람을 신이라고 부르자.' '사람을 부처라고 부르자.'라는 말이 나옵니다.

연꽃의 둘째 특징은 화과동시花果同時입니다. 꽃과 열매가 동시에 있다는 점입니다. 꽃이 져야 열매를 맺는 다른 꽃들과 달리 연꽃은 꽃이 맺힐 때 연씨도 같이 생겨서 꽃과 열매가 같은 시간을 함께합니다. 사람도 그렇습니다. 어린 사람이든 늙은 사람이든, 선한 사람이든 악한 사람이든 그 속에 부처라고 하는 열매가 늘 함께 있습니다. 사람 역시 연꽃처럼 화과동시입니다. 꽃은 원인, 인因이고, 연씨는 결과인 과果, 열매입니다.

사람의 오묘하고 불가사의함을 법화경에서 연꽃에 비유한 것은 진흙탕에서 아름다운 꽃을 피우는 연꽃처럼, 사람도 거친 세상을 살지만 내면에 고귀한 진리가 있기 때문입니다. 연꽃에 꽃과 열매가 동시에 있는 것처럼, 사람도 중생과 부처가 동시에 있습니다. 사람의 그 오묘함을 꽃으로 이야기하려니 연꽃 외에 달리 비유할 꽃이 없는 것입니다.

사람이 무엇인가

우리나라는 물론이고 세계에서 가장 아름다운 사찰은 불국사입니다. 그 불국사에서 가장 아름다운 구조물은 다보탑입니다. 뒤에 견보탑품이 나오지만 '많을 다多', '보배 보寶', 다보多寶라고 하는 이 이름은 사람을 상징합니다. 법화경에 나오는 세상에서 가장 아름다운 구조물인 이 다보탑은 바로 세상에서 가장 아름답고 존귀하고 고귀한 존재인 사람을 뜻하는 것입니다.

우리는 '사람이 부처다, 사람이 하나님이다, 사람이 신이다.'라는 말을 처음 듣는 것이 아닙니다. 그런데 그 '사람'에 대해서 한 시간이라도 참구해 본 적 있습니까? 사람이 부처고 하나님이고 신이라는 말을 들었다면 스스로 '왜 사람이 부처일까, 왜 사람이 신일까, 왜 사람이 하나님일까?'에 대해 사유해 봐야 합니다.

공자는 "내가 하루 종일 먹지도 않고 밤새도록 자지도 않고 생각해 봐야 다른 것이 없더라. 공부하는 것만 같지 못하더라[오상종일불식吾嘗終日不食하고 종야불침終夜不寢하나 이사지무익而思之無益이니 불여학야不如學也니라]."라고 하였습니다. 저는 아무리 생각해 봐도 "사람같이 존귀한 존재가 없고 사람 외에 달리 부처라고 할 게 없더라."라고 하는 결론에 이르렀습니다.

모든 대승경전과 조사 스님의 어록은 한결같이 그렇게 이야기합니다. 그래서 법화경에서는 그렇게 존귀하고 미묘한 사람을 연꽃으로 표현하기도 하고 다보탑으로 표현하기도 합니다.

서품序品

법화경은 모두 28품品으로 이루어져 있습니다. 품은 요즘 말로 하면 장[章, chapter]이란 뜻입니다. 모두 28품으로 이루어진 법화경은 품마다 내용이 분명하고 이야기가 독특합니다. 그 첫 번째 품은 서품입니다. 서품에서는 이 법회를 듣는 청중을 소개합니다. 또 법회가 있기 전의 상서를 보여 주는데 무슨 인연으로 상서가 있는지 미륵보살이 묻고 문수보살이 답을 하는 이야기가 산문과 게송으로 나옵니다.

법회의 청중

금강경에는 부처님을 항상 따라다니는 제자 1250명이 청중이지만 법화경에는 그보다 많은 청중이 나옵니다. 다종다양한 청중입니다. 비구, 비구니, 보살, 천룡팔부, 온갖 아수라, 가루라, 긴나라, 건달바 등 눈에 보이지 않는 신들까지 모두 법화경의 청중입니다. 심지어 천하의 무도한 악인인 제바달다 역시 법화경에는 청중으로 되어 있습니다. 이런 것이 법화경이 갖고 있는 오묘한 이치입니다. '모든 생명 있는 것은 다 공히 부처님'이라는 사실을 알려주기 위해서 법화경에는 청중이 다양하게 많습니다.

저는 이와 같은 사실들을 보고 들었습니다.
어느 날 부처님께서 왕사성 기사굴 산중에 계셨습니다.
큰스님[大比丘]들 일만 이천 명과 함께 하셨는데, 그들은 모두 아라한의 경지에 오른 이들로서 모든 누漏가 이미 다하고 더 이상은 번뇌가 없었습니다. 자신의 진정한 이익을 얻어서 존재의 속박이 다 없어진 상태라 그 마음은 아주 자유로웠습니다.

－『법화경』「서품」1, 2 [1]

---

1) 『법화경』「서품」1, 2 : 경전 원문번호, 무비 스님, 불광출판부, 2008. 이하 설명생략

그 많은 청중 가운데 부처님의 제자인 큰스님들에 대한 이야기를 대표로 서술합니다. 여기에 '그들은 모두 자신의 진정한 이익을 얻었다.'라는 대목이 나옵니다.

　우리는 하루하루 열심히 노력하며 살아가고 있습니다. 스스로의 판단으로 최선의 길이라 생각하며 오늘을 살아갑니다. 여기 선교율 법회에 오신 분들은 '오늘 나의 삶 중에서는 이 법회에 가는 것이 최선의 길이다.'라고 생각했기 때문에 이 자리에 왔을 것입니다. 다른 일을 선택한 분들은 그의 하루뿐인 오늘에서 최선의 일이고 가장 가치 있는 일이기 때문에 그 일을 선택했을 것입니다. 모두가 그렇습니다. 누구나 언제든지 자기의 지혜와 깜냥으로 무게를 달아서 그것을 최선의 길이라 생각하고 움직입니다. 법회 가는 것을 최선의 길이라 생각한 사람은 법회에 가고, 놀러 가는 것을 최선의 길이라 생각한 사람은 놀러 가고, 집에서 낮잠 자는 것을 최선의 길이라 생각한 사람은 낮잠을 잡니다.

　그런데 왕사성 기사굴 산중 법화경 회상에 청중으로 온 큰스님들은 진정으로 자신에게 이익한 일을 얻었다고 하였습니다. 자신의 진정한 이익에 대해서 냉정하게 사유할 줄 아는 사람들이 모여 있다는 것입니다. '지금 내가 하고 있는 이 일이 과연 나에게 진실로 이익한 것인가?' 우리도 늘 그것을 생각해야 합니다. 오늘만이 아니라 내일을 생각하고 내생來生을 생각하고 먼 미래를 생각했을 때 이것이 진정 나에게 이익한 것입니까?

　자신의 진정한 이익을 얻은 법화경의 청중은 또 '존재의 속박이 다 없어진 상태'라고 하였습니다. 모든 속박은 '있다.'고 생각하는 데서 시작됩니다. 오늘 법회에 오는 것도 여러분들에게 하나의 속박이었을 것입니다. 법회가 있다고 하는 것, 거기에 이익이 있다고 생각하는 것으로부터 우리는 속박되고 얽매이기 시작합니다. 이런 것들도 사실은 깊은 의미가 있습니다. '존재의 속박'이라고 하는 이 말만 가지고 불교를 다 설명할 수도 있습니다.

법회의 상서

그 때 세존世尊께서는 사부대중에게 둘러싸여 온갖 공양과 공경과 존중과 찬탄을 받으셨습니다. 여러 보살들을 위하여 대승경전을 설하시니 그 이름은 무량의경無量義經이었습니다. 그것은 오직 보살들을 가르치는 법이며, 부처님께서 매우 아끼고 보호하시며 늘 마음에 두고 계신 것입니다. 부처님께서는 이 경전을 다 설하시고 나서 가부좌를 맺고 앉으시어 무량의처라는 삼매에 들어가시어 몸도 마음도 조용히 움직이지 않으시었습니다.

그 때에 하늘에서는 만다라 꽃과 큰 만다라 꽃과 만수사 꽃과 큰 만수사 꽃을 비 오듯 내리어 부처님과 여러 대중들에게 뿌렸습니다. 그러니 온 세계는 여섯 가지로 진동하였습니다.

－『법화경』「서품」10

법화경에는 특별히 법회에 대한 상서祥瑞가 있습니다. 우리에게는 이 법화경 법회야말로 인생에서 가장 상서로운 일입니다. 하늘에선 꽃비가 내리고 땅은 여섯 가지로 진동합니다. 이 진동이 강도 100도, 1000도 되는 지진처럼 표현이 됩니다. 그런데 실제로 그런 지진이 일어난다면 어떻게 되겠습니까? 불교 경전을 대하면 이런 데서 막힙니다. "이것이 도대체 무슨 소리인가? 땅이 여섯 가지로 진동하다니 지구가 다 갈라지란 말인가?"

　　그런 것이 아닙니다. 상징적인 의미가 있기 때문에 그런 표현을 한 것입니다. 제대로 읽어 낸 사람들은 이런 것을 두고 기가 막힌 표현이라고 합니다. 우리의 삶은 안이비설신의眼耳鼻舌身意 육근六根을 통해서 형성되는데 땅이 여섯 가지로 진동한다는 것은 내 삶의 전 영역이 전율한다는 것을 표현한 것입니다.

　　뒤에 가면 6종 18상이라든지 열여덟 곳으로 광명이 비친다든지 하는 내용이 나옵니다. 사람이 살아가는 모든 삶의 영역을 6근 또는 18상, 18계라고 합니다. 6근, 6진, 6식을 다 합친 열여덟 가지 상이 우리 삶의 전 영역입니다. 그것이 전율을 일으킬 정도로 감동스럽다는 것을 6근 진동으로 말했습니다.

　　저는 법회를 제대로 못하니까 지금 법회를 해도 아무런 상서나 감동이 없습니다. 그런데 부처님은 법회를 하기 전에 청중이 모여서 아직 입도 떼지 않았는데 벌써 그 법력과 분위기로써 모든 사람을 전율시킵니다. 땅이 흔들리는 정도가 아니라 우리의 온몸이 떨리고 우리의 의식세계 전체가 흔들리면서 크게 감동하는 것입니다.

방편을 버리니 불교가 쉽다

법화경은 그동안 많은 경전에서 설해 온 것과 전혀 다른 내용입니다. 많은 경전에는 참선을 해야 하고, 수행을 해야 하고, 37조도품을 닦아야 하고, 삼아승지겁이라고 하는 길고 긴 세월 동안 수행을 해야 한다는 표현이 나오는데 법화경에서는 그런 것을 모두 인정하지 않습니다. 그래서 서품이 끝나고 방편품에 가면 5천 명이 자리를 박차고 일어나 이 법회를 나가는 장면이 나옵니다.

놀라지 마시기 바랍니다. 법화경에서는 '몸이 부처다.'라고 말하고 있습니다. 선가禪家에서는 '마음이 부처다.'라는 '심즉시불心卽是佛'이라는 표현을 쓰는데 그렇게 마음이 부처라고 하는 시대도 이미 지나갔다는 것입니다. 법화경에서는 아예 이 몸 그대로 부처라고 합니다. 이 몸은 조금만 부딪쳐도 상하고 다치고, 병투성이, 고통투성이, 추함투성이지만 그러나 우리에게 이 몸 외에 다시 뭐가 있습니까. 이 몸 그대로가 부처입니다.

그동안 공부한 불교는 열심히 수행해야 하고, 어떻게 해야 하고 하는 등의 조건이 많았습니다. '무엇 무엇을 하면'이라는 가정 속에서 늘 '무슨 무슨 공부를 해야 하는데'라는 것이 우리를 짓눌렀습니다. 법화경에서는 그런 것 역시 모두 방편이라고 합니다. '내가 방편으로 이야기한 것이다. 너희들을 그 방편으로 붙들어 두려고 이야기한 것이지 진짜가 아니다.'라는 이야기를 부처님이 합니다.

그러니까 그동안 방편불교를 공부해 온 5천 명의 사람들이 이해하지 못하고 자리를 박차고 일어났습니다. 부처님이 설법하시는데 5천 명의 제자가 자리를 박차고 나갔다고 하는 이런 사건이 법화경에 기록되어 있습니다. 이 오천퇴석五千退席이 역사적인 사실이든 경전상에만 있는 이야기든 오히려 법화경의 무게를 더하는 일화입니다. 법화경이 시시한 경이 아니라 소승적인 마음을 가지고 편협하고 치우친 곳에 떨어져 있는 사람, 집착해 있는 사람은 도저히 이해할 수 없는 커다란 대승의 경전이라는 것입니다. '삼아승지겁이라고 하는 세월을 수행해야 비로소 부처가 되지, 어찌 이 몸뚱이 그대로가 하늘 같은 부처냐.'라고 하는 소리가 법화경에서는 전혀 해당되지 않습니다.

지금 세상은 얼마나 크게 발전했습니까. 불교도 달라져야 할 때가 되었습니다. 불교 안에서 최상승의 내용을 찾아서 그것을 진정한 불교라고 해야 할 때가 된 것입니다. 방편에 매달려 있던 사람들에게는 힘 빠지는 내용일 수도 있지만, 힘을 빼야 합니다. 그동안 우리는 너무 경직되어 있었습니다. 수행한다고 하는 목표를 '오매일여(寤寐一如, 한결같이 화두를 참구함)'라는 하늘처럼 높은 관문으로 설정해 놓고, 거기에는 단 한 계단도 올라가지 못하면서 갈등만 하고 있었습니다. 관문은 높은데 한 발자국도 올라갈 수 없고, 관문은 뛰어넘어야겠고, 평생 갈등만 하다가 한 번도 깨달은 삶을 누리지 못했습니다.

법화경은 그런 모든 갈등으로부터 해방시키는 가르침입니다. 그래서 법화경에서는 보이지도 않고 만져지지도 않는 모호하기 이를 데 없는 '마음이 부처다.'라는 말 대신 내가 늘 가지고 있는 눈에 보이는 '이 몸이 부처다.'라고 합니다. 내가 가지고 있는 이 모습 그대로 부처입니다. 얼마나 쉽습니까. 알고 보면 불교가 아주 쉽습니다.

인생의 답안지

예전에 제가 법화경을 번역하면서 '이것이 불교다'라는 부제를 붙였습니다. 법화경, 이것이 불교입니다. 이것이야말로 진정한 불교입니다. 그동안은 방편불교였습니다. 열반을 앞두고 부처님은 법화경에서 '이것은 내가 비장秘藏해 두었던 경전'이라는 말씀을 합니다. '며칠 안에 내가 죽을 텐데, 죽기 전에 내가 비장해 두었던 최후의 카드를 너희에게 보여 준다.'는 말입니다. 다른 경전들이 아무리 답을 찾으려 해도 찾을 수 없는 조건 많고 답도 없는 문제만의 경전이었다면 법화경은 답만 내놓은 경전입니다. 문제도 없이 답만 내놓습니다.

법화경은 사람이 부처라는 결론만 이야기합니다. 이것이 다른 경전과 다른 점입니다. 그래서 법화경은 부처님 교설의 완성입니다. 법화경과 화엄경 외에는 거의 모든 경전이 미완성의 경전입니다. 심지어 우리가 소의경전이라고 하는 금강경까지도 그렇습니다. 공부를 하지 않으면 이런 사정을 모릅니다. 우리는 이 대작 불사, 진정한 불사, 참으로 의미 있는 불사를 하면서 먼저 배워야 합니다.

삼작운동

제가 삼작운동三作運動을 말했습니다. 배우자. 닦자. 짓자. 열심히 공부하자. 열심히 수행하자. 열심히 복을 짓자. 부처님이 복을 지었듯이 우리도 그렇게 한번 복을 짓자. 우리라고 왜 부처님이 복을 짓듯이 고급 복을 못 짓겠는가. 저급한 복만 자꾸 눈에 들어오는가.

이제 우리 자신도 향상될 때가 되었습니다. 부처님도 사람이고 우리도 사람인데 부처님의 복 짓는 법을 우리가 좀 배웁시다. 부처님의 복 짓는 법이 경전에 뻔히 있는데 그걸 제쳐 놓고 왜 중생들이 지어낸 복 짓는 방법밖에 모릅니까. '피기장부아역彼其丈夫我亦'이라는 말이 있습니다. '그도 장부이고 나도 또한 장부다.' 조사 스님들이 이런 기가 막힌 표현을 해 놓았습니다. 그것이 사실이기도 합니다.

제가 선교율 법사 중에 교학자라 그런지 말이 좀 많습니다. 모처럼 좋은 도량에서 선교율 대작 불사를 열어 법석을 마련해 주니 놀기 좋은 물이 되었습니다. 법사가 설법하기 좋은 물이 되어서 이야기가 많습니다.

3강

처음도 좋고
중간도 좋고
끝도 좋아야 한다

법화경 활용하기

이 세상에 불교 공부 교재는 많습니다. 그런데 불교를 믿고 깨닫는 데 있어서 경전보다 더 좋은 교재가 없습니다. 저는 '금강경은 전 인류의 교과서'라고까지 하였습니다. 법화경을 그렇게 말하기는 어렵습니다. 조금 차원이 다른 경전이기 때문입니다. 그러나 불교에 관심이 있고 믿음이 있는 사람에게 법화경보다 더 좋은 교재가 없습니다. 법화경 안에도 스스로 '경 중의 왕'이라는 표현이 나옵니다.

'하늘에 무수한 별이 있지만 보름달이 최고이듯이 법화경도 또한 그와 같다.' '이 세상에는 별의별 개울물 강물이 있지만 바다가 최고이듯이 법화경도 그와 같다.' 이런 표현들이 법화경에 여러 번 나옵니다. 여러분이 진정으로 불교가 무엇인지를 이해하고 싶다면 법화경을 깊이 있게 공부하고 사경하시기 바랍니다. 법화경에는 인생에 교훈이 될 만한 아기자기한 재미있는 비유도 많습니다. 그런 비유들을 기억해서 다른 사람에게 전하면 좋은 전법 자료가 됩니다.

법화경의 영험

법화경에서는 영험 이야기도 빼놓을 수 없습니다. 돌아가신 이들을 법화경을 통해 천도하는 이야기는 무수히 많지만, 더 중요한 천도는 살아 있는 나 자신을 천도하는 일입니다. 죽지도 않은 나 자신을 천도하라니 무슨 말인가요. 자기의 본정신을 잃고 경계에만 끄달려 다닌다면 이 또한 나무에 의지하고 풀에 의지한 영가들과 조금도 다를 바가 없습니다. 법화경을 제대로 깨달아서 우리들 자신이 경계에 끄달리는 영가의 차원에서 벗어나는 것이 살아 있는 영가 천도입니다. 그래서 진정한 사람 가치를 충분히 하는 일, 이것이 급한 일입니다.

광명

부처님이 광명을 놓아 온 우주를 환히 비추자 그 빛 속에 별별 사람의 모습과 불법을 이해하고 수행하는 모습이 다 나타났습니다.

"장차 무슨 이익이 있다고 이러한 광명을 놓으십니까?

부처님이 보리도량에서 얻은 미묘한 법을

설하시려는 것입니까?

저희들을 위하여 수기授記를 주시려는 것입니까?

　－『법화경』「서품」29

미륵보살이 문수보살에게 묻습니다. 이어서 그 뜻을 설해 달라고 간청합니다.

이름의 비밀

문수사리보살이시여, 사부대중과 용과 신들이

모두 보살님을 우러러 뵈오니

무슨 뜻인지 말씀하여 주소서."

　－『법화경』「서품」29

문수보살은 경전상에서 '과거 천불의 스승'이라는 표현을 합니다. 지혜를 통해서 일천一千 부처님을 부처가 되게 하는 스승이 문수보살입니다. 보살의 이름은 불교가 사람들에게 일러 주고자 하는 숭고하고 좋은 뜻을 상징합니다. 문수는 지혜, 보현은 지혜의 실천, 관세음은 자비, 지장보살은 서원, 원력을 뜻합니다. 저는 이것을 불명호의 비밀, 보살명호의 비밀이라고 표현합니다. 그 사실을 몰라야 할 사람에게는 비밀이고 모를 때는 비밀이지만 아는 사람에게는 비밀이 아닙니다.

부처님 명호와 보살의 명호 속에 담긴 비밀은 선교율 법회에서 교敎가 밝혀야 할 내용입니다. 기존의 신앙심을 가지고 있는 불자들에겐 충격이나 놀라움이 될지 모르지만 경학을 전문으로 공부하는 사람들은 그러한 것을 밝히고 이야기할 수밖에 없음을 감안하고 들어 주셔야 합니다.

오대법장

과거 천불의 스승이라고 하는 문수보살이 부처님이 광명을 놓는 문제에 대해 과거의 사례를 들어 이야기합니다.

이 때에 문수사리보살이 미륵보살마하살과 여러 보살들에게 말씀하였습니다.
"선남자들이여, 내 생각으로는 아마 부처님께서 큰 법문을 말씀하시며, 큰 법의 비를 내리시며, 큰 법의 소라를 부시며, 큰 법의 북을 치시며, 큰 법의 뜻을 연설하시리라 여겨집니다.
- 『법화경』「서품」30

이 대목을 오대법장五大法章이라고 하는데 큰 법문, 큰 법의 비, 큰 법의 소라, 큰 법의 북, 큰 법의 뜻, 이렇게 큰 법[大法]이라는 말이 다섯 번 나오기 때문입니다.

부처님은 그동안 이 세상에 없던 무수한 법문을 이야기해 왔습니다. 전통 교학의 입장에서는 부처님이 성도하시고 40여 년이 지난 후부터 법화경의 이치를 말하기 시작했다고 봅니다. 부처님이 40년 이상 무수한 법문을 했지만 가슴속에 묻어 두었던 진정한 법문을 하려는 큰 불사를 앞두었기 때문에 이렇게 상서로운 광명을 놓은 것입니다.

상서를 보인 이유

오늘 부처님께서 광명을 놓으심도 그와 같아서 모든 중생들로 하여금 세상 사람들이 믿기 어려운 법문을 듣고 알게 하시려고 이러한 상서祥瑞를 나타내신 것입니다.

– 『법화경』 「서품」 31

'세상 사람들이 믿기 어려운 법문'이라고 한 대목을 꼭 기억하기 바랍니다. 40년간 부처님 앞에서 법문을 들은 큰 제자들이 이 법문을 받아들이지 못하고 결국 5천 명이나 법석에서 일어나 법당 밖으로 나가는 사건이 실제이든 상징이든 법화경에 기록되어 있습니다. 그만큼 '믿기 어려운 법문'이라고 여기 나와 있습니다.

봉은사에서 발간하는 「판전」 2012년 1월호에는 저의 강의가 요약되어 실렸는데 타이틀로 '사람 외에 달리 다른 부처가 있겠는가'라고 나왔습니다. 우리는 지금 마음속으로 온갖 꼼수를 다 부리고 삽니다. 남은 몰라도 스스로는 그것을 압니다. 그런 우리 자신을 보고 '꼼수 부려도 괜찮다, 당신은 부처님이다.'라고 말한다면 믿을 사람이 몇이나 되겠습니까.

'음모, 시기, 질투, 분노… 이런 것으로 꽉 차 있는데 어찌하여 이러한 나 자신을 부처라 하는가. 하느님이라 하는가.' 믿기 어려울 것입니다. 그래서 여기 '믿기 어려운 법문을 듣고 알게 하시려고 이러한 상서를 나타내신 것입니다.'라는 말이 먼저 나왔습니다. 이 법화경이 끝날 때까지 여러분은 '당신은 부처님'이라는 말을 수백 번 반복해서 들을 것입니다. 착한 일을 하고 봉사를 잘한다고 해서 보살이 되고 부처가 되는 것이 아닙니다. 그런 권선징악은 유치원에서도 가르칩니다.

'부처님이라고 하는 이 사실에는 다른 뜻이 더 있을 것이다. 선량하고, 의리 있고, 점잖고, 사람 됨됨이가 뛰어난 것만으로 부처라고 하지는 않을 것이다.' 이러한 내용을 자꾸만 듣다 보면 결국 '믿기 어려운 것이 아니구나.' 하고 이해할 때가 있을 것입니다.

경전 속 이름의 비밀

이제 부처님 이름의 비밀, 보살 이름의 비밀을 제대로 이야기할 단계가 왔습니다.

여러 선남자들이여, 과거에 한량없고 그지없고 불가사의한 아승지겁 전에 부처님이 계셨습니다. 이름은 일월등명日月燈明 여래·응공·정변지·명행족·선서·세간해·무상사·조어장부·천인사·불·세존이셨습니다.

– 『법화경』 「서품」 32

인간의 역사는 기껏해야 2~3만 년이고 지구 역사는 60~70억 년입니다. 그런데 여기에 '한량없고 그지없고 불가사의한 아승지겁 전에'라는 말이 나옵니다.

가로 세로 높이가 각각 40자 되는 거대한 반석이 있습니다. 그 반석에 깃털처럼 가벼운 옷을 입은 하늘의 선녀가 100년에 한 번씩 내려와서 놀다가 갑니다. 선녀들이 입은 얇은 옷깃이 반석을 스쳐 반석이 다 닳아 없어졌을 때를 1겁이라고 합니다. 겁에 대한 여러 이야기 중의 하나입니다.

고작 60~70억 년의 지구 역사를 아승지겁이라고 하는 이 긴 세월에 비교할 수 없습니다. 그러한 한량없고 그지없고 불가사의한 아승지겁 전에 부처님이 계셨습니다. 이름이 일월등명日月燈明입니다. 일日은 해, 태양이 떠서 환하게 밝습니다. 월月은 달, 밤에는 달이 떠서 환합니다. 등燈은 등불입니다. 해도 달도 없을 때는 등불을 켜서 환하게 밝힙니다. 이 세 가지만 있으면 어떤 어둠도 밝힐 수 있습니다. 무엇으로 밝히든지 환하게 밝히므로 명明입니다.

부처님이 처음 법화경을 시작할 때 광명을 놓아서 1만8천 국토를 보였습니다. 인간 삶의 전 영역을 18계라고 합니다. 이것 외에 다른 삶의 모습이 없습니다. 그 모든 삶을 지혜의 빛으로 비춰 본다는 뜻입니다. 일월등명은 그러한 의미입니다.

석가모니 부처님의 스승을 연등 부처님이라고 합니다. 법화경뿐만 아니라 금강경에도 나오는 이야기입니다. 석가모니 부처님은 평범한 인간이었는데 깨달음을 터득하고 나서 부처라는 소리를 듣습니다. 그리고 당당하게 지혜의 길을 보여 주셨습니다. 그 석가모니 부처님의 스승이 연등 부처님입니다. 연등燃燈은 '지혜의 등불을 켠다.'는 뜻입니다. 결국 석가모니 부처님이 깨달음으로 해서 지혜의 등불을 밝히게 되었다는 뜻입니다. 이런 것이 경전의 비밀입니다. 아는 사람에게는 비밀이 아니지만 모를 때는 그런 것이 비밀입니다.

저도 어릴 때는 '과거 연등 부처님 계셔서 억만 년 전에 그 연등불에게서 이러고저러고 배우고 닦아 석가모니 부처님이 되었나 보다.'라고 알고 그것을 철저히 믿었습니다. 그러나 경전을 좀 더 보고 사유하다 보니 어느 날 '아, 이것은 부처님께서 지혜의 깨달음을 터득한 것을 바로 당신의 스승이라고 한 말이구나!'라고 알게 되었습니다.

이 시대는 그 어느 것도 환하게 다 밝혀진 시대입니다. 경전은 그러한 것을 또 제대로 알아야 한다고 말하고 있습니다. 부처님 중의 부처님이라고 하는 비로자나불은 법신불法身佛입니다. 법신불을 광명변조光明遍照라 합니다. 지혜의 광명이 가득 흘러넘친다는 뜻입니다. 아미타불은 무량광無量光이라고 합니다. 한량없는 광명입니다. 이런 것이 부처님 이름에 숨어 있는 비밀입니다.

아는 사람은 경전에서 이렇게 이야기하는 것을 듣자마자 바로 압니다. 비밀도 아닙니다. 그렇지만 모르는 사람에겐 영원히 비밀로 남아 있습니다. 이러한 이야기들은 다음에 또 말씀드릴 기회가 있을 것입니다.

처음도 좋고 중간도 좋고 끝도 좋아야 한다

(일월등명불이) 정법을 연설하시니 처음도 훌륭하고 중간도 훌륭하고 끝도 훌륭하였습니다.

－『법화경』「서품」 32

우리는 흔히 '유종의 미'라는 표현을 하는데 유종의 미만 가지고는 안 됩니다. 처음도 좋아야 하고 중간도 좋아야 하고 끝도 좋아야 합니다. 어떤 일을 하든지 그렇습니다. 여행을 할 때도 마찬가지입니다. 다같이 여행을 잘 하고, 돌아올 때 싸워서 다시는 친구고 뭐고 없다면 어떻게 되겠습니까. 처음도 좋고 중간도 좋고 끝도 좋아야 합니다.

경전은 '부처님이 설법하시는 것이 그러했다.'고 단순히 써 놓은 것이 아닙니다. 우리 삶의 모든 영역에서 그렇게 하라는 것입니다.

가정생활도 그렇습니다. 처음도 좋고 중간도 좋고 끝도 좋아야 합니다. 경전을 모두 일상생활에 도입해서 해석해야 합니다.

부처님은 무엇을 가르쳤는가

(일월등명불은) 이치는 심원하고, 말씀은 능숙하고 미묘하며, 순수하고 복잡하지 않았으며, 맑고 깨끗한 범행을 갖추었습니다.

— 『법화경』 「서품」 32

경전을 해석하다 보면 별 뜻도 없는 것을 논리적으로 복잡하고 어렵게 설명하는 경우가 많습니다. 일월등명불은 그렇지 않았다는 것입니다. 맑고 깨끗한 범행을 갖춘 일월등명불은 어떤 법문을 했을까요? 경전에서는 일월등명불의 가르침이라고 했지만 석가모니 부처님이 깨달음을 얻고 우리에게 가르치신 내용들이 그대로 나옵니다.

성문에게는 사성제를 가르치다

성문聲聞을 구하는 이에게는 네 가지 진리[四諦法]를 알맞게 말씀하여 나고 늙고 병들고 죽음을 벗어나서 궁극에는 열반을 이루게 하셨습니다.

— 『법화경』 「서품」 32

성문에게 고苦·집集·멸滅·도道라고 하는 네 가지 진리, 사성제四聖諦를 가르쳤습니다. 냉정하게 말하자면 이것은 불교에서 초등학교 정도의 과정입니다. '인생은 괴롭다. 괴로움은 원인이 있다. 이것저것 모였기 때문에 괴로움이 있다. 그러면 그 괴로움을 소멸해야 한다. 소멸하려면 방법이 있는데 팔정도八正道가 그것이다.' 이것이 가장 초보적인 불교의 가르침입니다. 그래서 일월등명불은 성문을 구하는 이에게 사성제를 이야기해서 생로병사에서 벗어나게 했습니다.

불교 안에는 그보다 더 낮은 차원으로 인천인과교人天因果敎도 있습니다. 복을 구하고 승진을 구하고 합격을 구하고, 매매가 성사되기를 바라고 건강을 바라는 사람들이 다 와서 기도하면 성취가 된다고 하는 인천인과교는 불교의 차원에는 들어가지 않지만 그 나름대로 근기나 수준에 따라 그러한 믿음이 필요한 사람들이 있기에 불교 안에 펼쳐 놓았습니다.

벽지불에게는 십이인연을 설하다

벽지불辟支佛을 구하는 이에게는 열두 가지 인연을 알맞게 말씀하셨고,

- 『법화경』「서품」 32

① 무명(無明: 무지) ② 행(行: 잠재적 형성력) ③ 식(識: 식별작용) ④ 명색(名色: 이름과 형태, 인식 대상) ⑤ 육입(六入: 눈, 귀, 코, 혀, 몸, 뜻 등의 감각기관) ⑥ 촉(觸: 감관과 대상 간의 접촉) ⑦ 수(受: 감수작용) ⑧ 애(愛: 맹목적 충동, 망집, 갈망에 비유되는 것) ⑨ 취(取: 집착) ⑩ 유(有: 생존) ⑪ 생(生: 태어나는 것) ⑫ 노사(老死: 무상한 모습)가 십이인연입니다. 이것이 일월등명불이 벽지불인 연각緣覺에게 가르친 중학교 수준의 가르침입니다. 사성제를 공부해서 조금 차원이 높아진 사람들이 이것을 배웁니다.

십이인연은 우리 불자들이 잘 외우는 반야심경에 근거해서 설명하면 쉽습니다. 반야심경에는 '무고집멸도無苦集滅道'라고 해서 사성제도 없고, '무안이비설신의無眼耳鼻舌身意 무무명無無明 역무무명진亦無無明盡 내지乃至 무노사無老死 역무노사진亦無老死盡'이라고 해서 십이인연도 없다고 했습니다. 법화경보다 차원이 훨씬 아래인 반야심경에도 공空이 나옵니다. 벽지불에서 공부하는 내용은 인연의 이치인 연각緣覺의 이치이고 공의 이치입니다.

보살에게는 육바라밀을 가르치다

여러 보살들을 위해서는 여섯 가지 바라밀다를 알맞게 말씀하여 최상의 깨달음을 얻어 일체의 지혜[一切種智]를 이루게 하시었습니다.

－『법화경』「서품」32

보살의 길을 가는 사람에게는 육바라밀을 이야기했습니다. 이 것은 고등학교 수준입니다. 육바라밀은 자리이타가 겸해 있습니다. 보시, 지계, 인욕은 다른 사람을 이롭게 하는 이타利他이고, 정진, 선정, 지혜는 자신을 이롭게 하는 자리自利입니다. 자기에게 이로운 것을 통해서 다른 사람을 이롭게 하는 것이 자리이타自利利他입니다. 자리이타가 보살의 길이고 보살의 덕목입니다.

반야심경에서는 공을 이야기하면서 아직 육바라밀을 이야기하지 못하고 있습니다. 연기나 공은 제대로 이해하기 어렵지만 그것을 터득하기만 하면 우리 삶에 어마어마한 이익이 있습니다. 하지만 경전을 앞에 놓고 한 치의 오차도 없이 냉정하게 이야기하기로 한다면 사성제는 초등학교 수준의 수행 방법이고, 연기의 이치인 십이인연과 공空은 중학교 수준의 수행이고, 육바라밀은 고등학생이 수행하는 과정입니다.

법화경은 인불사상을 가르친다

그러면 법화경에서 가르치는 차원은 무엇일까요. 법화경은 서두에서 말했듯이 '사람이 그대로 부처님'이라는 사실을 가르칩니다. 온갖 탐진치 삼독과 팔만사천 번뇌를 가지고 있는 그대로 부처님입니다. 이 차원이 법화경의 차원입니다.

법화경에는 '육바라밀을 닦자, 공을 실천해야 한다, 팔정도를 닦자.' 등의 이야기가 없습니다. '부처면 다고, 부처면 됐지, 더 이상 다른 이야기가 무슨 필요가 있겠는가.' 하는 차원입니다. 오직 우리가 있는 그대로 부처라는 사실을 일깨워 주는 것이 법화경입니다. 이 사실을 알리기 위해 법화경에서는 별별 비유를 다 듭니다.

예를 들어서 어떤 장자의 아들이 어릴 때 길을 잃고 50년 세월 동안 거지가 되어 혼자 돌아다니다, 어느 날 거부장자가 된 아버지 집에 이르러 50년 전 잃어버린 아버지를 만나게 됩니다. 그리고 그는 한순간에 아버지가 이룩해 놓은 어마어마한 재산을 그대로 자기 재산으로 쓸 수 있게 됩니다.

또 어떤 거지가 있었는데 굉장한 부자 친구를 만났습니다. 부자 친구는 거지 친구에게 한턱 잘 대접했습니다. 술까지 대접받아 거나하게 취한 거지 친구가 잠든 사이에, 공무로 여행을 가야 하는 부자 친구는 잠든 거지 친구의 옷 주머니에 값으로 헤아릴 수 없는 대단한 가치의 무가보無價寶라고 하는 보석을 넣어 주고 떠납니다. 그런데 거지 친구는 그 사실을 모르고 오랜 세월을 계속 거지로 살았습니다. 그러다 어느 날 그 부자 친구를 다시 만나게 되었습니다. "이 사람아, 내가 그때 넣어 준 보석은 어떻게 하고 아직도 거지로 살고 있는가!" 부자 친구가 거지 친구의 주머니를 보니 무가보의 보석이 그대로 있었습니다.

거지인 채로 보석을 가지고 다니고, 거부장자의 아들로서 거지 생활을 하고 있다는 이런 이야기는 무엇을 뜻합니까? 우리가 모르고 있을 뿐 우리는 현재 이대로, 어떤 상황이든 지금 이대로 완전무결한 사람 부처라는 사실을 말해 줍니다. 우리는 그대로 사람 부처요 부처 사람입니다. 사람 부처요 부처인 사람이라고 하는 이 사실을 명확히 이해하고 깨달으며 살자고 하는 것이 법화경의 근본 취지이고 종지입니다.

그러나 사람의 근기가 각각 다르고 수준이 다르기 때문에 석가모니 부처님도 일월등명 부처님도 사람의 수준에 따라 사성제와 팔정도를 이야기하고 십이인연을 이야기하고 육바라밀을 이야기했습니다.

너도 부처님 나도 부처님

다음에 또 부처님이 계시었으니 역시 이름이 일월등명이시고, 그 다음에 또 부처님이 계시었으니 역시 이름이 일월등명이셨습니다. 이와 같이 이만 부처님이 계시었는데 다 같이 이름이 일월등명이셨고, 성도 똑 같이 파라타頗羅墮이셨습니다.

  – 『법화경』 「서품」 33

처음 부처님도 일월등명, 중간 부처님도 일월등명, 전불후불前佛後佛이 모두 일월등명입니다. 일월등명이란 '깨달음의 지혜'라고 하였습니다. 부처는 이미 지혜를 뜻합니다. 그런데도 지혜라고만 하면 못 알아들어서 '저 태양을 보아라. 태양이 없을 때는 저 달을 보라. 달이 없을 때는 저 등불을 보라. 일월등日月燈으로써 밝힌다[明].'라고까지 해서 경전은 둔하디 둔한 중생을 낱낱이 일깨웁니다.

그런데 왜 하필 2만 부처님일까요? 2는 상대적인 숫자입니다.

이 세상은 '나'와 '너'같이 상대적으로 이루어져 있습니다. 하지만 지혜의 눈을 뜨고 보면 나도 너도, 너도 나도, 모두가 다 같이 부처님입니다. 2만이라는 숫자는 그것을 상징합니다.

지혜는 빛이다

아무리 많은 부처님이 이 세상에 등장한다 하더라도 부처님은 오로지 지혜를 뜻할 뿐입니다. 그래서 첫 부처님이나 나중 부처님이나 다 같이 이름이 일월등명입니다. 일월등명은 지혜를 뜻합니다.

흔히 불교를 지혜와 자비의 종교라고 합니다. 그런데 자비를 자비롭게 하는 것은 지혜입니다. 지혜를 먼저 터득하고 그 지혜에 의해서 자비의 실천을 하도록 하는 것입니다. 우리는 단순히 지혜를 짐작하고 적당하게 자비를 짐작하고 말지만, 그 지혜를 속속들이 공부하면 무상심심 미묘한 이치가 있고 자비 또한 그렇게 단순한 것이 아닙니다. 무엇을 어떻게 해야 훌륭한 자비 실천이 될 것인가 하는 것도 부처님이 실천하신 내용과 연관시켜서 알아볼 일입니다.

이만불이 똑같이 일월등명이다

그래서 저는 '이만 부처님이 계시었는데 다 같이 이름이 일월등명이었습니다.'라는 대목을 중요하게 생각합니다. 이름을 지을 재주가 없어서 2만 명에게 똑같은 이름을 지었겠습니까. 초등학생에게 이름을 지으라 해도 열 개는 지을 텐데 어째서 2만 부처님에게 한 이름을 지었을까요. 이런 것을 사정없이 분석하고 따지고 파헤쳐서 경전이 우리에게 이해시키려는 것을 알아야 합니다.

앞사람도 일월등명, 뒷사람도 일월등명, 옆 사람도 일월등명인 것에는 참으로 심오한 뜻이 담겨 있습니다. 일월등명은 지혜입니다. 불교는 처음부터 끝까지 지혜를 강조합니다. 지혜가 있으면 모든 문제가 해결되기 때문입니다. 그래서 우리는 끊임없이 지혜를 갈고 닦아야 합니다. 법화경의 열쇠는 여기에 있습니다. 그 나머지는 우리들의 신념을 좀 더 확고히 해 주는 내용입니다.

지혜가 없다면 상처투성이 삶을 살아간다

금강경에도 나오지만 지금 이 순간 뭐가 어찌되어 이 세상이 캄캄해진다고 합시다. 태양도 없어지고 달도 없어지고 전깃불도 없어졌다고 합시다. 어떻게 되겠습니까. 빛 없이 어디를 갈 수 있겠습니까. 밖을 나간들 집으로 돌아갈 수 있겠습니까? 곳곳에서 피투성이, 상처투성이의 삶을 살 것입니다. '집에 못 돌아간다.'고 하는 이 말도 잘 이해해야 합니다. 밝음이 없다면 집에 못 돌아가고 상처투성이, 피투성이의 삶을 살 수밖에 없습니다.

지혜가 빛입니다. 그동안 우리는 자의든 타의든 상처투성이의 인생을 살아왔습니다. 되돌아보면 그것은 무조건 지혜가 없었기 때문입니다. 내가 어리석어서 그렇다고 이해하면 틀림없습니다. '아닌데요? 내 자식이 죽어서 그런데요?' 이런 말에 할 말이 없을 것 같지만 아닙니다. 부처님은 냉정하신 분입니다. 설사 자식이 죽어서 상처받았다 해도 그것은 당신이 어리석기 때문입니다.

부처님은 수많은 중생과 제자가 따를 무렵 코살라족이라고 하는 이웃 나라의 침공을 받아서 자신의 석가족 가빌라성이 사라지는 모습을 두 눈으로 똑똑히 보았습니다. 그리고 그 아픔은 사지를 마디마디 칼로 자르는 듯한 절절지해節節支解였지만 부처님은 상相이 없었기에 상처로 남지는 않았다고 금강경에서 말씀하십니다.

지혜가 그렇게 소중하다는 것입니다. 지혜만 갖추고 산다면 상처받을 일도 안 할뿐더러 외부에 의해서 상처받지도 않을 것입니다. 눈도 있고 햇빛도 있어서 모든 사물을 환하게 볼 수 있으면 집에 돌아갈 때 무슨 도구를 이용하든지 상처받지 않고 다치지 않고 잘 돌아갈 수 있습니다. 햇빛이 있기 때문입니다. 지혜가 있기 때문입니다. 우리 인생에 지혜가 있다면 그 어떤 상황에서도 상처받지 않고 잘 살 수 있습니다. 금강경에도 그러한 표현이 있는데 법화경에는 오죽하겠습니까. 그래서 2만 부처님이 이 세상에 오셨는데 똑같이 이름이 일월등명입니다.

불교를 만난 여러분들은 어떻게 하든지 지혜를 갈고 닦을 줄 알아야 합니다. 자신이 어떻게 할 바를 모른다면 부처님 지혜의 가르침인 경전에서 지혜를 찾아야 합니다. 반야심경을 외워 보든지, 천수경을 외워 보든지, 아니면 법화경을 한번 읽어 보십시오. 거기서 내게 부족한 지혜를 찾아 어떻게 하든지 지혜로써 우리 인생을 잘 가꾸고 닦을 줄 알아야 합니다. 이러한 메시지가 법화경 서두에 담겨 있습니다. 앞의 부처나 뒤의 부처나 똑같이 일월등명입니다. 여기에는 엄청난 교훈이 있다는 사실을 기억하면 좋겠습니다.

시간의 진실

2만 일월등명 부처님 중에 마지막 부처님에게는 출가 전에 여덟 왕자가 있었습니다. 아버지가 출가하여 깨달음을 얻자 여덟 왕자도 출가하였고 그중 맨 마지막 왕자가 석가모니의 스승이라고 '이야기되는' 연등불이 되었습니다. 저는 '이야기되는'이라고 경전의 비유를 터놓고 말씀드리겠습니다. 지구의 역사는 70억 년밖에 안 되니 여기 나오는 이야기들은 지구가 천 번 만 번 생기기도 전의 이야기입니다.

그때에 일월등명 부처님이 계셨고, 그리고 세월이 흘러서 석가모니 부처님이 계셨고, 2600년의 세월이 흘러서 우리는 오늘 이 순간을 살고 있습니다. 경전 속에는 지구보다 수천 년 전의 오랜 세월이 나오는데 불교에 있어서 공간의 문제도 이해해야겠지만 시간의 문제도 중요합니다.

법성게法性偈에는 '무량원겁즉일념無量遠劫卽一念 일념즉시무량겁一念卽是無量劫, 한량없는 먼 겁이 한 생각이요 한 생각이 곧 한량없는 겁이로다.'라는 게송이 있습니다. 우리의 지금 이 순간 삶 속에 지구가 수천 번 생기기 이전의 무한한 과거와, 지구가 수만 번 반복된 다음의 무한한 미래가 내재되어 있다는 것입니다.

여기 있는 종이나 책도 그렇습니다. 책을 만든 지는 10년이 되었더라도 종이의 원료인 나무의 역사는 얼마이고, 나무의 나이가 50~60년이라면 그 나무의 원료가 된 물과 공기의 역사는 또 얼마인가요? 1200년 전 신라 때 만든 불상은 그 형태만의 역사가 1200년입니다. 그렇다면 재료인 돌의 역사는 얼마인가요? 금방 생겼다 사라지는 종이의 역사나, 인생의 역사나, 꽃 한 송이의 역사에 이르기까지 근원을 추적해 본다면 우리로서는 도저히 상상할 수 없는 길고 긴 세월이 그 속에 스며 있습니다.

우리 인생을 두고 100세 시대라고 하지만 천 배 만 배의 역사보다 더 오랠 것이고 앞으로도 천 배 만 배의 역사보다 더 오랜 삶일 것입니다. 형태는 바뀌겠지만 우리 본질의 역사는 그와 같습니다. 그러한 내용들을 이 속에 다 담고 있습니다.

법화경 서품 하나만 연구하고 분석하더라도 몇 년을 연구해야 할 내용입니다. 경전을 읽을 때 섣불리 판단하지 말고 깊고 깊은 오묘한 뜻을 궁구해서 제대로 이해하려는 자세가 필요합니다.

문수보살과 미륵보살의 과거

(그 왕자들이) 맨 나중에 성불한 분의 이름이 연등불燃燈佛이었습니다.

– 『법화경』 「서품」 38

일월등명불이 2만 명이 나왔습니다. 한 부처님이 나오고 그 다음 부처님으로 이어지는 시간이 얼마였겠습니까. 그 최후 부처님에게 여덟 왕자가 있었고 그들의 스승은 묘광보살이었으며 여덟 왕자 중 맨 나중에 성불한 사람이 무수한 세월 전의 석가모니의 스승인 연등불입니다.

묘광보살의 팔백 제자 중에 한 사람의 이름이 구명求名이니, 이양利養을 탐하고, 여러 경전을 읽기는 하였지만 뜻을 분명하게 알지 못하고 많이 잊어버리므로 구명이라 이름하였습니다.

– 『법화경』 「서품」 39

일월등명불이 『무량의경』을 설할 때 보살이 있었는데 묘광보살이었습니다. 여덟 왕자의 스승이기도 한 묘광보살이라고 하는 이는 문수보살의 전신前身입니다. 묘광이라는 이름 역시 지혜를 뜻합니다. 그 제자 중에 구명求名이라는 이가 있었는데 '이름을 구한다.'는 뜻입니다. 그는 이름을 구하고 자기에게 좋은 것을 탐하고 여러 경전을 읽었지만 뜻을 알지 못하고 많이 잊어버렸습니다.

사실 경전을 읽기만 하는 것으로도 장한 일입니다. 우리도 이런 삶을 삽니다. 불교를 좋아해서 놀러 가지 않고 법회에 나오지만 그러면서 명예를 구하고 놀기 좋아하고 자기를 칭찬하면 또 좋아합니다. 이런 우리와 똑같은 사람이 경전에 있었습니다.

이 사람도 선근善根을 심은 인연으로 한량없는 백 천 만 억의 수많은 부처님을 만나서 공양하고 공경하며, 존중하고 찬탄하였습니다.
미륵보살이여, 그 때의 묘광보살은 딴 사람이 아니라 곧 나 문수며, 구명보살은 그대였습니다."
– 『법화경』「서품」39

"그때 그 구명이 바로 너야. 그때 훌륭했던 묘광보살은 바로 나야." 문수보살이 미륵보살을 앞혀 놓고 이렇게 이야기하는 것이 눈에 선합니다. 어째서 옛날에 놀기 좋아하고 이양을 탐하는 사람이 미륵보살이 되었습니까? 미륵보살은 누구입니까? 이러한 것도 그 뜻을 잘 이해해야 합니다.

미륵보살은 석가모니 이후의 미래의 부처님이며 우리의 희망입니다. 미륵보살은 미래의 부처로 화현하신 분입니다. 불자들은 마음속에 부처 되기를 원하고 있습니다. 그래서 인사도 "성불하십시오."라고 하는 것입니다. 그런 불자들에게 미륵보살은 바로 그들이 바라는 미래입니다. 그런 의미를 미륵보살이라고 하는 이름이 가지고 있습니다.

그런데 그렇게 자신의 이익만 챙기고, 이름 좋아하고, 경전은 좋아하지만 아무것도 모르고 그냥 넘기는 이가 어떻게 미륵보살이 되었느냐? 제가 한 가지 재미있는 말씀을 드리겠습니다. 콩나물 법문이라는 것입니다.

콩나물 법문

여러분, 콩나물시루에 콩을 안치고 물을 한번 줘 보십시오. 물을 부으면 물이 주르륵 다 빠져나가 버립니다. 콩나물을 기르는 사람들은 물이 빠지는 줄 알면서도 끊임없이 물을 줍니다. 그러다가 일주일쯤 되면 콩이 상당히 부풀고 싹이 납니다. 계속해서 물을 더 주면 먹을 수 있을 만치 콩나물이 자라 있습니다. 바로 이것이 우리가 가는 길이고 미륵보살이 걸어간 길입니다.

처음에는 경전을 읽어도 무슨 뜻인지 이해하지 못합니다. 그래도 끊임없이 읽고, 법회에도 기를 쓰고 동참해 보는 것입니다. 그렇게 해도 하나도 남는 게 없습니다. 물이 다 빠져나가는 콩나물시루와 같습니다. 그런데 물이 다 빠져나갔어도 어느새 콩나물은 자라 있습니다. 우리의 지혜도 그런 과정을 통해서 자신도 모르게 자라고 있습니다. 이것이 콩나물 법문입니다. 다른 것은 다 잊어도 콩나물 법문 하나만이라도 잘 기억하시기 바랍니다.

일체에
묘법의 도장을 찍자

묘법妙法

선교율에서 교학에 해당하는 이 법회 시간에 우리는 법화경을 공부하고 있습니다. 법화경의 본래 이름은 묘법연화경입니다. 묘법연화경을 배우면서 우리들의 화두는 묘법妙法이 되어야 합니다.

무엇이 묘법일까

무엇이 묘법일까? 내 삶에 있어서, 내 사업에 있어서, 인간 관계에 있어서, 나의 생활에 있어서 이 묘법이 어떻게 적용되어야 할까? 이러한 문제를 화두로 생각하고 이 법회가 있는 동안 묘법의 이치를 잘 터득해야 할 것입니다.

묘법妙法에서 '묘妙'는 아름답다, 미묘하다는 뜻이고 '법法'은 모든 이치와 사물, 유형무형의 모든 존재를 말합니다. 물론 부처님의 가르침도 법입니다. 부처님은 이 세상에 존재하는 모든 이치와 모든 존재에 대해서 가르치셨습니다. 그것이 다 법입니다. 그 가르침을 터득한 것이 지혜이고, 아직 나의 지혜가 되지 않았다면 바깥의 경계 대상입니다. 그 대상들과 내가 이해하는 지혜, 이 모든 것을 아울러 말하여 법法입니다.

몇 해 전 숭례문이 불에 탔습니다. 저는 '한 사람의 미친 장난에 의해서 숭례문이 탈 수 있겠는가.'라는 생각을 해 보았습니다. 숭례문崇禮門은 예를 존중하고 숭상하는 문입니다. 우리나라는 일찍이 동방예의지국이라고 해서 공자도 한때 우리나라에 오고자 했습니다. 공자는 탐구하는 마음, 학구적인 마음, 다른 나라까지 가서 무엇인가 배우고자 하는 마음이 불타오르는 사람이었을 것입니다. 그렇게 열정이 많았기에 자기의 가르침이 제일 잘 실현되고 있다는 우리나라에 오고 싶어했을 것입니다. 그런 공자를 말리며 제자들이 "오랑캐 나라인데 뭐하러 가려고 하십니까."라고 하자 공자는 "군자가 사는 곳인데 문제될 것이 무엇이 있는가?"라고 하였습니다.

군자가 사는 나라는 예의를 숭상하는 나라입니다. 그런데 '예의를 숭상하는 문'이 불에 탔습니다. 이제 더 이상 사람들이 예의를 숭상하지 않는 장안에서, 예의를 숭상한다는 문이 있을 이유가 없었기 때문에, 어쩌면 숭례문이 스스로 불탔는지도 모릅니다. 우리 불자들은 눈에 보이는 가시적인 현상에만 치우칠 일이 아닙니다.

불교는 인과의 원리를 가르치는 종교입니다. 모든 것이 연기의 관계 속에서 형성되고 굴러가고 있다고 보는 것이 불교의 시각입니다.

수백, 수천 년 동안 예의를 숭상해 온 나라에서 예의를 얼마나 숭상하지 않았으면 숭례문이 불에 탔겠습니까. 숭례문을 새로 짓는다고 보도하지만, 예의에 대한 아무 실천이 없다면 숭례문을 천 개 만 개 세운들 무슨 의미가 있겠습니까. 이런 문제까지도 이치대로 볼 줄 아는 시각과 생각이 불교를 공부하는 불자 여러분에게 있어야 합니다.

문은 타 버려 없어졌어도 사람과 사람 사이에 예의가 다시 세워진다면 아름다운 예의의 국가가 다시 세워지는 것입니다. 그것이야말로 숭례문을 새로 세우는 일입니다. 저는 그렇게 생각합니다. 이런 것 또한 미묘한 이치, 묘법에 해당됩니다. 묘법이라고 하는 낱말 속에는 그와 같은 의미도 포함되어 있습니다.

모든 것이 묘법이다

법화경을 공부하는 동안 우리는 화두를 '묘법'에 두어야 합니다. 묘법이 무엇인지 처음부터 끝까지 깊이 있게, 폭넓게 이해하고 실천해야 합니다. 그러려면 묘법이라고 하는 도장을 모든 문제, 모든 사람, 모든 관계, 모든 일에 낱낱이 찍읍시다. 내가 하는 일상생활, 일체 일에 묘법의 도장을 찍읍시다. 그래서 그 이치를 관조하고 터득해야 합니다. 묘법을 환히 나의 살림살이로 만들어서 생활에 적용할 줄 알아야 합니다. 이것이 우리가 묘법연화경을 제대로 공부하는 일입니다.

방편품

법화경은 모두 28품으로 되어 있습니다. 서품이 끝나고 이제 방편품方便品으로 들어가는데 여기서부터 본론입니다. 법화경의 전반부에서 이 방편품이 중요한 품으로 되어 있습니다.

지엽과 열매

불교에서는 방편이라는 말을 많이 씁니다. 어찌 보면 그동안 알고 있던 불교는 100퍼센트 방편불교라고 봐도 틀린 말이 아닙니다. 법화경은 그동안의 방편불교를 활짝 열고 그 안에 있는 진실을 찾아내는 가르침입니다. 그동안의 나머지 가르침은 지엽이고 법화경 가르침은 충실한 열매입니다.

방편

오늘 우리가 이 법회가 열리는 봉은사 법왕루에 들어오기까지는 모두 이곳에 오기 위한 방편이었습니다. 밖에서 아무리 기둥을 만졌어도 그것은 법왕루 밖에서 맴도는 것에 불과했습니다. 법회 자리에 들어와서 딱 좌정을 해야 비로소 법왕루 안에 들어온 것입니다. 오늘만을 기준으로 말씀드린다면, 집에서부터 차를 타고 봉은사까지 와서 대웅전에 참배하고 기웃거리고 만날 사람을 만난 것은 모두 방편이었습니다. 법화경을 공부하는 이 순간이야말로 오늘의 중심이고 오늘 내가 할 일의 진실입니다. 나머지는 지엽입니다.

그와 같이 불법도 많은 방편을 거쳐서 비로소 부처님이 가르쳐 주고자 하셨던 부처님의 진실에 딱 들어오게 하는 가르침이 있습니다. 바로 이 법화경입니다.

불교의 열매

법화경 안에 이런 말이 있습니다. '40여 년 세월 동안 나는 방편불교만 이야기해 왔다. 그동안 내 가슴속에만 있던, 참으로 제자들에게 전해 주고 싶은 그 내용을 말하지 못했는데 이제 내가 죽음을 앞두고 비로소 말할 때가 되었다.'

만일 그동안 법화경이 아닌 불교를 신봉하고 실천했다면 그것은 법화경의 진실에 들어오기 위한 방편이었다고 생각해야 합니다. 최소한 법화경에 의해서 불교를 판단하기로 하면 그렇습니다.

회삼귀일

결론을 말씀드리면 법화경은 회삼귀일會三歸一의 가르침입니다. 삼승을 모아서 일승[一佛乘]으로 돌아가게 하는 가르침입니다. 성문聲聞, 연각緣覺, 보살菩薩은 삼승三乘입니다. 일불승一佛乘은 부처의 경지입니다. 그동안 성문, 연각, 보살에 대한 많은 가르침을 이야기했는데 그것은 일불승으로 돌아가게 하기 위한 방편이었습니다. 그래서 그동안의 가르침은 지엽이고 법화경의 가르침이야말로 충실한 열매입니다.

부처님의 지혜를 찬탄하다

그 때 세존이 삼매三昧에서 조용히 일어나시어 사리불에게
말씀하시었습니다.

"모든 부처님의 지혜는 매우 깊고 한량이 없으며, 그 지혜
의 문은 이해하기도 어렵고 들어가기도 어려워서 일체 성문
들이나 벽지불辟支佛들은 알 수가 없느니라. 무슨 까닭인가
하면, 부처님은 일찍이 백 천 만 억의 무수한 부처님을 친
근親近하여 모든 부처님의 한량없는 도법道法을 모두 수행하
고 용맹 정진하였으므로 그 명성이 널리 퍼졌으며, 깊고 깊
은 미증유未曾有한 법을 성취하여 알맞게 말씀하신 것이므
로 그 뜻을 알기 어려우니라.

– 『법화경』 「방편품」 1

문득 이렇게 부처님은 당신이 터득하고 깨달으신 부처의 경지
를 잔뜩 칭찬합니다. 이것은 미증유의 법이며 그동안은 그것을 편
의상 알맞게 이야기해 왔을 뿐이라고 말씀하십니다.

사리불이여, 내가 성불한 뒤로 갖가지 인연과 갖가지 비유로써 여러 가지 교법教法을 널리 말하며 수없는 방편으로 중생들을 인도하여 온갖 집착을 떠나게 하였으니,

　－『법화경』「방편품」 2

불교에는 인과, 인연, 연기와 비유가 아주 많이 나옵니다. 법화경에서도 갖가지 비유로써 여러 가지 교법을 말했습니다. 또 '수없는 방편으로 중생들을 인도하여 온갖 집착을 떠나게 했다.'고까지 부처님 당시에도 이야기하였습니다.

그런데 부처님이 열반하신 이후로는 부처님 제자들이 각자 성향과 필요에 따라서 더 많은 방편을 만들었습니다. 우리나라에 불교가 들어와서 만들어진 방편도 무수히 많습니다. 어쩌면 우리는 방편불교 속에서도 그것이 방편인 줄 모르고 불교의 진실인 양 알고 있습니다. 여기에 부처님의 지혜에 대해서 또 이런 표현을 합니다.

사리불이여, 여래의 지견은 넓고 크고 심원하여 한량없는 마음과 걸림 없는 변재와 힘과 두려움 없음과 선정과 해탈과 삼매에 끝없는 데까지 깊이 들어가 일체 미증유한 법을 성취하였느니라.

　－『법화경』「방편품」 2

부처님은 한량없는 마음인 자慈 비悲 희喜 사捨의 사무량심四無量心, 사무애변四無礙辯, 십력十力, 사무소외四無所畏, 선정禪定, 해탈解脫, 삼매三昧 등의 문제에까지 깊이 들어가 미증유한 법을 터득했습니다. 그 모든 것을 통해 한량없고 그지없는 법을 모두 성취하였습니다.

사리불이여, 여래는 가지가지로 분별하여 모든 법을 능숙하게 설하므로 말씨가 부드러워 대중의 마음을 기쁘게 하느니라. 사리불이여, 요점만 들어 말하자면 한량없고 그지없는 미증유한 법을 부처님이 모두 성취하였느니라.

　　- 『법화경』 「방편품」 3

이렇게 말씀해 놓고 어느 경전에도 존재하지 않는 아주 특별한 부처님의 태도를 보여 줍니다. 그것을 삼지삼청三止三請이라고 합니다.

자비하신 부처님이 법문을 꺼리다

부처님은 가슴 깊이 묻어 두었던 부처의 살림살이에 대해 스스로 이렇게 칭찬을 늘어놓고는 '그만두자[止]. 이야기할 게 뭐 있나. 괜히 비방만 할 것이다. 에이, 그만두자.'고 하시는 것입니다. 부처님은 자비하신 분인데 어찌하여 서두만 꺼내 놓고 말을 거두시는 가. 이 또한 신기한 이야기입니다. 이것이 법화경에만 있는 삼지삼청장三止三請章입니다.

그만두어라. 사리불이여, 굳이 다시 말할 것이 없느니라. 왜 냐하면, 부처님이 성취한 제일이며 회유하고 알기 어려운 법은 오직 부처님과 부처님만이 모든 법의 실상實相을 철저 히 깨달았기 때문이니라.

– 『법화경』「방편품」 4

'부처가 부처에게만 통할 수 있는 내용인데 너희들에게 이야기 할 것 없으니 그만두자.'고 하면서도 부처님은 미련이 남았는지 당 신이 깨달으신 모든 존재의 실상을 언급합니다. 소위 십여시라고 하는 열 가지 이치도 여기서 소개합니다.

십여시

십여시十如是라고 하는 열 가지 이치는 방편품의 아주 중요한 내 용입니다. 십여시만 가지고 논문을 써서 박사 학위를 받은 사람도 여럿입니다. 십여시의 내용은 다음과 같습니다.

여시상如是相, 모든 법의 이러한 모양, 모습이다.

이러한 성품[如是性], 모든 것은 각자의 성질이 있다.

이러한 본체[如是體], 눈에는 보이지 않지만 본체가 있다.

이러한 힘[如是力], 모든 존재는 그 나름의 힘이 있다.

예를 들어서 여러분이 깔고 앉은 방석이 가진 힘은 사람이 대신하지 못합니다. 방석만이 제 역할을 할 수 있는 힘이 있습니다. 오늘 나눠 준 주보는 종이 몇 장이지만, 주보만이 할 수 있는 힘을 가지고 있습니다. 그러니 사람은 오죽하겠습니까. 모든 것에는 그 나름의 힘이 있습니다. 이것이 부처님이 파악하신 존재의 실상입니다.

이러한 작용[如是作], 쓸모없는 사람, 쓸모없는 물건은 아무것도 없다.

이러한 원인[如是因], 모든 존재에 대한 각자의 원인이 있다.

이러한 연유[如是緣], 이러한 사연이 또한 각각 다르다.

이러한 결과[如是果], 일체 존재의 결과는 각각 다르다.

이러한 보응[如是報], 전부 그 과보가 있다.

이러한 시작과 끝과 구경[如是本末究竟].

모든 존재는 이 십여시를 가지고 있습니다. 간단하게 말했지만 설명하자고 하면 끝이 없습니다. 예를 들어 연필이 있다고 하면 이 연필에 대한 십여시를 다 설명하지 못합니다. 사람 역시 갑이라는 사람에 대해 설명하려면 그 설명이 무한합니다. 어떤 소소한 물건에 대한 설명만 하더라도 한 권의 책이 되고도 남습니다.

그럼에도 경전에서는 함축적으로 '십여시'라고 간단히 줄여 버립니다. 그 속에 있는 무궁무진한 뜻은 우리가 헤아려야 합니다. 우리는 경전 하나를 놓고도 그 속에 담긴 무궁무진한 뜻을 대충 흘려버리고 사유할 줄 모릅니다. 경전을 읽으면 공덕이 있다고 하니 그냥 건성으로 읽는 것입니다. 다른 경전도 그렇지만 특히 법화경은 무궁무진한 뜻을 지니고 있습니다. 경전 한 구절을 두고 100년이든 200년이든 줄기차게 낱낱이 이야기하고 있을 수 있다면 좋겠지만 그럴 만한 입장이 아니므로, 다만 경전은 이러한 형태로 이루어져 있다고 말씀드리고 넘어가겠습니다.

아무튼 부처님께서는 법문을 마다하시면서도, 당신은 모든 존재에 대해 이 모든 법의 실상을 깨달았다고 십여시에 대해 말합니다. '부처님의 이러한 지혜를 아는 사람들이 드물다.'고 하시면서 스스로 별별 칭찬을 다 합니다. 그러자 부처님의 상수제자이며 지혜제일인 사리불이 그냥 있을 수가 없습니다. 왜냐하면 사리불은 이 법석의 책임자이기 때문입니다.

사리불이 세 번 청하다

법석을 열어 놓고 큰 법을 설하려고 시작하는데 부처님께서 당신이 깨달으신 법을 잔뜩 칭찬만 해 놓고 법문하기를 '그만두자.'고 하니 모인 청중이 안타까워하고 궁금해합니다. 그러자 사리불이 이런 청을 합니다.

이 때 사리불이 사부대중들의 의심을 알아차리고, 자기 자신도 분명히 알지 못하여 부처님께 말씀드렸습니다.

"세존이시여, 무슨 인연으로 '모든 부처님의 제일 방편이신 매우 깊고 미묘하여 이해하기 어려운 법'이라고 은근하게 찬탄하십니까? 제가 예전부터 지금까지 한 번도 부처님께서 이렇게 말씀하시는 것을 듣지 못하였으니, 지금 사부대중이 모두 다 궁금해하고 있으니 바라옵건대 세존께서 이 일에 대해 말씀하여 주십시오. 세존께서는 무슨 일로 '매우 깊고 미묘하여 이해하기 어려운 법'이라고 은근히 찬탄하십니까?"

– 『법화경』 「방편품」 11

사리불이 청하자 부처님은 말씀하십니다.

이 때 부처님께서 사리불에게 말씀하셨습니다.

"그만두자, 그만두자, 더 이상 말할 것이 아니니라. 만약 이 일을 말한다면 모든 세간과 천신들과 사람들이 모두 놀라고 의심하리라."

– 『법화경』 「방편품」 14

도대체 무슨 법을 이야기하려고 부처님은 이렇게 뜸을 들입니까. 과연 뜸을 들임입니까, 아니면 진정으로 그만두어서 말하지 않기 위함입니까. 부처님께서 이렇게 두 번째로 그만두자고 하자 사리불이 다시 말씀드립니다.

"세존이시여, 원컨대 말씀하여 주십시오. 원컨대 말씀하여 주십시오. 왜냐하면 이 회상會上에 있는 무수한 백 천 만 억 아승지 중생들은 일찍이 여러 부처님을 친견하여 모두 근根이 영리하며 지혜가 명철하여 부처님의 말씀을 들으면 능히 공경하고 믿을 것입니다."
- 『법화경』「방편품」15

이렇게까지 하면서 두 번째로 청합니다. 부처님께서 또 '그만두어라.'고 하시면서 다음과 같은 경고를 하십니다.

"만약 이 일을 말한다면 모든 세간의 천신과 인간 사람과 아수라들이 모두 놀라고 의심하며 매우 교만한 비구들이 큰 구렁텅이에 떨어지리라."
- 『법화경』「방편품」16

세상에 부처님이 이러실 수 있습니까. 부처님은 자비심이 뛰어나기 때문에 씨앗을 뿌려도 잘 가꾸어진 옥토에만 뿌리는 것이 아니라 척박한 모래땅이나 자갈밭, 심지어 바위 위에도 뿌리는 분입니다. 마음 순화가 잘되어 선량하고 부처님 법을 잘 알아들을 수 있는 사람에게만 부처님 법을 설하는 것이 아닙니다. 그런 사람은 가만히 두어도 잘합니다. 지장경에서 '강강중생'이라고 표현한 아주 악한 사람, 말 안 듣고 고집 세고 못되고 나쁜 짓만 생각하는 중생, 땅으로 치면 아주 척박한 땅과 같은 사람에게까지도 부처님은 가르침을 펴서 기어이 그 사람을 진리의 길로 인도하려고 합니다. 그것이 부처님 마음이고 일반적인 불교인데 도대체 얼마나 위대한 가르침을 설하려고 부처님께서 세 번까지 '그만두자.'고 합니까.

사리불도 보통 제자가 아니므로 그런 부처님에게 다시 법문을 청합니다. 부처님이 그만두자고 하는데도 사리불은 기어이 세 번을 청해서 부처님의 법을 들으려고 합니다. 만약 세 번까지 청했는데 들어주지 않으면 부처님과는 결별입니다.

세상일에서도 두 번 이상 청하지 않습니다. 두 번이 예의입니다. 세 번까지 할 때는 저쪽에서 들어주거나 아니면 결별인 것입니다. 그래서 청할 때도 잘 청해야 합니다. 세 번째로 청한다는 것은 내 인생을 다 걸고, 당신과의 그동안의 인연을 다 걸고 청한다는 각오로 해야 합니다. 듣는 사람도 그것을 이해하고 들어야 합니다.

사리불은 그러한 내용을 잘 압니다. 그래서 부처님의 상수제자인 사리불은 40년 부처님과의 인연 관계를 걸고 부처님께 법을 세 번 청합니다. 만약에 세 번 청했는데 부처님이 안 들어주셨다면 사리불 역시 부처님과의 관계를 끊어야 했을 것입니다. 이 사실을 잘 아는 사리불이 산문으로도 게송으로도 세 번이나 법을 청합니다. 참 대단한 내용입니다.

"최상의 양족존 부처님이시여,
제일 가는 그 법을 말씀하여 주소서.
저는 부처님의 장자長子입니다.
원컨대 분별하여 말씀하여 주소서.
여기 모인 수 없는 여러 대중들은
이 법을 공경하고 믿을 것입니다.
부처님이 지나간 여러 세상에서
이러한 이들을 교화敎化하였습니다.
모두 다 일심으로 합장하고서
부처님의 말씀을 듣고자 합니다.
우리들 일 천 이 백 여러 대중과
그밖에도 부처님의 도를 구하는 많은 사람들이
여기 모인 대중들을 위하여
분별하여 말씀해 주시기를 원합니다.
이들은 이 법을 듣기만 하면

모두 다 크고 큰 환희심을 낼 것입니다."

– 『법화경』「방편품」17

　이렇게 사리불이 부처님과의 모든 인연을 걸고 부처님께 법을 세 번 청하였습니다. 이런 사연들이 법화경에 있습니다.

사리불

　사리불은 부처님을 만나기 전에 이미 제자가 250명이나 되는 훌륭한 종교 지도자였습니다. 그런데 어느 날 사리불과 목건련이 길을 가다가, 멀리서 봐도 품격이 드러나는 비구가 노란 가사를 입고 가는 모습을 보고 어떤 사람일까 궁금하였습니다. 탐구심이 높은 사리불과 목건련이 그 사람을 쫓아갔습니다.

　부처님의 첫 제자인 오비구 중 한 사람인 마승馬勝비구가 혼자서 탁발을 가는 중이었습니다. 그의 아름다운 모습, 품격, 태도에다 고개를 돌리는 것이며 발걸음을 내딛는 것 하나하나가 매우 근사하고 교양이 넘쳐서 사리불은 인사를 하고 물었습니다.

　"훌륭해 보이십니다. 당신은 도대체 어떤 스승을 모시고 어떤 가르침을 따르기에 인격이 그렇게 훌륭해 보입니까?"

　그러자 마승비구가 대답합니다.

　"싯다르타 태자가 출가해서 도를 이루고 지금 막 교화를 펴기 시작했는데 나는 그분의 제자입니다."

사리불은 배우고 싶은 열정이 넘치는 사람이므로 '그분은 도대체 어떤 가르침을 펴기에 당신 같은 인격자가 제자로 있느냐.'고 물었습니다.

마승비구가 자신은 초보자라서 아는 게 없기 때문에 이야기해줄 수 없다고 하는데도 사리불은 한마디만 해 달라고 조릅니다. 마승비구가 마지못해 대답하였습니다.

"글쎄요. 한 가지는 전해 줄 수 있습니다. 이런 말을 저는 자주 듣습니다. '제법종연생諸法從緣生 제법종연멸諸法從緣滅, 우리가 행하는 일체 일은 전부 인연에 의해서 생기는 것이고 또 모든 것은 인연에 의해서 소멸한다.' 우리 부처님 큰 사문께서는 항상 이와 같은 이치를 말씀하십니다."

그 소리를 듣고 사리불과 목건련은 귀가 번쩍 뜨였습니다. 모든 존재는 그만 한 원인과 조건과 인연에 의해서 생기게 됩니다. 사업이 흥하고 망하는 것에서부터 사람들이 이 세상을 살아가는 것, 동물이나 식물, 봄이 오고 가을이 오는 것 등 두두물물, 일체가 인연에 의해서 돌아갑니다. 그런데 사리불과 목건련은 그런 말을 처음 들었습니다. 세상의 기원이나 물질의 기원에 대해서 몰랐는데 그동안 의심하던 것이 그 한마디에 다 해결이 되었습니다. '아, 그와 같구나. 그야말로 콩 심은 데 콩 나고, 해가 지니 어둡고 해가 뜨니 밝아지는 것이다. 모든 미세한 문제까지 그와 같은 가르침으로 해결이 되는구나.'

"제발 빨리 우리를 그 스승에게 데려다주십시오."

사리불과 목건련은 탁발 가는 마승비구를 졸라서 자신의 제자들까지도 데리고 부처님께 귀의하였습니다.

사리불과 목건련은 진리를 알고자 하는 마음이 그렇게 넘쳤던 분들입니다. 목건련과 사리불이 들어온 이후 두 사람이 부처님의 오른팔과 왼팔과 같은 역할을 했습니다. 불교 역사상 최고의 사찰인 기원정사祇園精舍를 설계하고 도면, 자재 구입, 공사 감독, 완성 허가까지 모두 사리불이 한 일이었습니다. 기원정사에서는 금강경이 설해졌습니다. 부처님은 기원정사가 마음에 들어서 그곳에서 25년간 사셨다는 기록이 있습니다.

삼지삼청三止三請

부처님은 진리에는 밝았지만 세상 사는 일에서는 사리불보다 못했습니다. 사리불은 진리에도 밝고 세상살이에도 훤했는데 그런 분이 지금 법화경에서 그야말로 부처님과 맞짱을 뜨는 것이 이 삼지삼청 대목입니다. '만약 설해 주지 않으면 나는 인연을 끊겠다는 심정으로 부처님과의 40년 인연을 걸고 세 번째까지 청합니다.'라는 내용입니다.

이 속에 숨은 의미를 조금만 설명했지만, 좀 더 드러내고 부각한다면 엄청난 의미가 담겨 있습니다. 이렇게 부처님이 '그만두자.'고 세 번을 거절하고 사리불이 청법하기를 세 번 했다고 하여 이 대목을 '삼지삼청장三止三請章'이라고 합니다. 이 삼지삼청도 미묘한 이야기지만 여기에 또 불교사에서 희유한 사건이 일어납니다. 바로 5천 명이 퇴석하는 이야기입니다.

오천 명이 퇴석하다

사리불이 정성을 다해서 부처님께 법문을 청하자 드디어 부처님이 허락하십니다.

이 때 세존께서 사리불에게 말씀하셨습니다.

"그대가 이제 은근하게 세 번이나 청하였으니 어찌 말하지 않을 수 있겠는가. 그대는 자세히 듣고 잘 생각하라. 내 이제 그대들을 위해서 분별하여 해설하리라."

이 말씀을 하실 때에 법회중에 있던 비구·비구니와 우바새·우바이들 오천五千 명이 자리에서 일어나 부처님께 예배하고 물러갔습니다.

－『법화경』「방편품」18

그런데 그때 '부처님이 그렇게까지 뺄 게 뭐 있느냐. 40년 동안 우리에게 할 소리 다 했고, 우리도 들을 것 다 듣고, 우리도 다 증득한 바다.'라고 생각하고 있던 5천 명이 자리를 박차고 법석에서 나간 것입니다. 하늘 같은 부처님 법석에서, 앉아 있던 청중이 5천 명이나 자리를 박차고 나간다고 하는 이 사건은 놀라운 일입니다.

콧대 높은 비구만 나간 것이 아니고 비구니도 따라 나가고 청신사 청신녀도 나가 버립니다. 이러한 사건이 부처님 역사상에 있었습니다.

왜냐하면, 이 사람들은 죄의 뿌리가 깊고 무거우며 매우 교만해서 얻지 못하고도 얻었노라 하고, 깨닫지 못하고도 깨달았노라 하는 이들이었습니다. 이러한 허물이 있으므로 법회에 머물러 있지 아니하였습니다. 그리고 세존께서도 묵묵히 계시면서 그들을 말리지 아니하였습니다.

– 『법화경』「방편품」18

5천 명이 다 나가는데도 부처님은 말리지 않습니다. 섭섭해하지도 않으십니다. 섭섭하다기보다는 더 매정한 소리를 하십니다.

"이제 여기 있는 대중은 더 이상 잎과 가지는 없고
오로지 열매들만 있구나.

– 『법화경』「방편품」19

지엽은 다 나갔습니다. 껍질은 다 나가고 알맹이만 여기 남았다고 하니 이런 말을 들은 남아 있는 사람들은 얼마나 기분이 좋았겠습니까.

사리불이여, 저와 같이 교만한 사람들은
물러가도 또한 좋다.
그대들은 자세히 들어라.
그대들을 위하여 말하리라."
사리불이 말하였습니다.
"예, 세존이시여, 원컨대 듣고자 합니다."
— 『법화경』 「방편품」 19

법화경의 본론이 시작되려고 할 때 이 5천 명의 퇴석에 대한 교훈을 우리가 잘 알아야 합니다. 어디를 가도 우리 불자들은, 설사 부처님이라 할지라도 하심下心하는 태도, 겸손한 태도를 가져야 합니다. 사리불이나 목건련처럼 배우고자 하는 열정을 가져야 합니다. 그것은 남을 위한 것이 아닙니다. 공부는 자기 자신에 대한 예의입니다.

신문 하나도 알뜰하게 읽고, 뭔가 깨치려 하고 뭔가 교훈을 삼으려는 자세, 이것은 나이, 학력, 승속에 관계없습니다. 무엇이든지 하나라도 깨치려 하고 눈을 뜨려 하고 알려고 하는 자세가 바로 자기 자신에 대한 예의입니다. 자기 자신에 대한 예의를 제대로 안 지키는 사람이 남으로부터 무슨 대접을 받으려고 합니까.

이제 한번 곰곰이 생각해 봐야 합니다. 언제 내가 나 자신을 사람 취급했는가, 나는 얼마나 공부를 열심히 했는가, 나의 개안開眼을 위해 얼마나 나 자신에게 예의를 차렸는가. 그 예의는 바로 공부입니다. 이 땅에 일찍이 대승불교라고 하는 위대한 가르침이 들어와서 참으로 우리는 다행입니다. 공부할 거리가 정말 많습니다. 팔만대장경이 전부 우리가 마스터해야 할 교재입니다.

하심

불교에는 하심下心이라는 말이 있습니다. 행자실에는 으레 이 글이 걸려 있습니다. 스님이 되려고 출가해서 제일 먼저 보는 글귀입니다. 그걸 보는 순간 '아, 불교는 바로 이거구나.' 하고 하심을 먼저 배우라는 뜻입니다. '아래 하下'에 '마음 심心' 자, 하심은 자기 마음을 끝없이 밑으로 낮춘다는 뜻입니다. 아무리 지식이 뛰어나고 경제적으로 억만장자이고 높은 위치에 있다고 하더라도, 또 다른 눈을 뜨고 보면 자신은 아무것도 아닙니다. 그래서 항상 하심하고 배우려는 자세가 필요합니다.

'범유하심자凡有下心者는 만복자귀의萬福自歸依.' 이 말도 스님들이 절에 와서 처음 배우는 『초발심자경문』에 나오는 말입니다. '무릇 자기 마음을 낮추는 사람은 만 가지 복이 저절로 돌아온다.'

인간관계에 있어서 늘 마음을 낮추고 겸손하고 배우려는 태도를 가진다면, 모두 그 사람을 좋아하고 그 사람부터 챙깁니다. 자기 마음 하나만 낮추면 만 가지 복이 저절로 돌아오게 되어 있습니다. '부절아만不折我慢이면 학법무익學法無益'이라는 말도 있습니다. 아만은 '내가 잘났다. 내가 아는 게 많다.'는 자만심입니다. 그걸 꺾지 않는다면 고준한 법문을 들어도 아무런 이익이 없습니다. 자만심이 꽉 들어차 있어서 법문이 들어갈 자리가 없는 것입니다.

옛날에 어떤 장군이 선사에게 와서 법을 물었습니다. 선사가 말없이 계속 차만 따르니까 차가 찻잔을 흘러넘쳐서 방석을 적셨습니다.

장군이 물었습니다.

"스님, 왜 그렇게 차를 따릅니까? 방석이 다 젖었습니다."

선사는 그제야 찻주전자를 옆에 놓고는 말합니다.

"당신이 나에게 법문을 들으러 온 모양인데 당신의 마음이 아만으로 꽉 차서 넘쳐 나는데 내 법문 들어갈 자리가 어디 있습니까?"

진짜 고수는 이렇게 차 한 잔을 따르면서도 하고자 하는 법문을 다 합니다. 고수들은 저처럼 말을 많이 안 합니다. 차만 따라도 훌륭한 법문입니다. 방석이 젖었다 한들 무슨 문제입니까. 한 사람을 깨우칠 수 있다면 집 몇 채가 날아가도 그 값을 합니다.

"예. 스님, 잘못했습니다."

장군이 무릎을 치고 비로소 깨닫게 되었습니다.

하나하나 유심히 들여다보고 뭔가를 알려고 한다면 세상에는 전부 교훈 되는 것, 내게 유익한 것들뿐입니다.

오천퇴석

부처님 법상에서 5천 명이 퇴석을 하였습니다. 자리를 박차고 나간 5천 명은 못났지만, 못난 사람의 행동이 뒷사람에게 큰 교훈을 남겼습니다. 선한 사람은 선한 것이 본보기가 되고, 악한 사람의 악한 짓은 그렇게 하면 안 된다는 교훈을 줍니다. 세상에 헛것은 하나도 없습니다. 그것을 내가 어떻게 받아들이고 활용하느냐에 따라 다를 뿐입니다.

자기를 낮추고 자기를 비울 줄 알면 모든 문제는 다 풀리게 되어 있습니다. 자기를 낮추는 사람에게는 인생길이 저절로 열립니다. 사업을 하든지 공부를 하든지, 사람 관계든 어떤 일에 있어서든 자기를 낮추고 비울 줄 알면 모든 일이 다 풀리게 되어 있습니다. 5천 명이 부처님 법석에서 이렇게 자리를 박차고 나감으로 해서 우리를 돌아보게 하고 경각심을 일깨우는 길이 되었습니다.

자기를 높이는 것은 자기 자신에게 얼마나 해악이 되는가요. 어떤 분야에서든 자기 발전을 위해서는 자기를 비우고 열심히 정진해야 합니다. 이렇게 마음을 모아 공부하는 일이 자기 자신에 대한 예의이고 진정으로 자신을 위하는 일입니다.

5강

인생의 봄,
우리는 무슨 사연으로 왔는가
설사 목적 없이 왔다 하더라도
지금부터 인생의 목표를 만들면 된다

인생의 봄, 사람의 가치

날씨가 따뜻합니다. 비로소 봄이 오는 것 같습니다. 계절이 봄으로 바뀌면 그것을 내 인생에 이끌어서 '과연 나 자신의 봄은 무엇일까?'를 생각해 봐야 합니다. 거울을 봤을 때 자기의 모습이 가을에 접어들었거나 혹은 겨울에 가깝다손 치더라도 우리는 불생불멸不生不滅 진여불성眞如佛性의 위대한 존재입니다. 눈에 비치는 개개인의 모습은 각양각색이라도 본질의 입장에서는 불생불멸, 영원한 생명[무량수無量壽], 영원한 광명[무량광無量光]입니다. 이것이 우리들의 참모습입니다.

그것을 부처님에게 배웠습니다. 부처님은 일찍이 그것을 깨달으시고 '신기하고 신기하다. 참으로 이렇게 신기할 수 있단 말인가?'라고 탄복하셨습니다. 출신이나 삶으로 볼 때 석가모니에게 이 세상에서 신기한 일이 무엇이 있었겠습니까. 인간 존재의 실상에 눈을 뜨고서 모든 사람이 여래의 지혜와 덕상을 다 갖추고 있는 것을 보고 '신기하고 신기하다.'는 표현을 하신 것입니다.

모두 여래와 같다

2700여 년 전 인도 불가촉천민들의 삶이 어떠했겠습니까. 지금 이 법회에 동참한 여러분처럼 이렇게 좋은 옷을 입고 깨끗이 단장하고 잘생기고 건강한 모습이 아닙니다. 인도의 불가촉천민은 지금도 동물인지 사람인지 분간이 어려울 정도의 삶을 살아갑니다. 비가 오면 집 안에 있는 것보다 밖으로 나가는 편이 낫습니다. 비가 새어 들어 집 안에 흙이 떨어지고 시커먼 물이 떨어집니다.

깨닫고 난 후 부처님은 그들의 삶의 모습을 보고도 '신기하고 신기하다.'라고 하였습니다. 무엇이 신기한가요? 당신은 태자의 신분으로 호의호식하고 손에 흙 한 번 묻히지 않고 살았습니다. 그 호화로운 삶을 등지고 결연히 출가해서 6년 동안 피나는 고행을 했습니다. 금지옥엽으로 자란 귀하디귀한 태자 출신으로 그런 고행을 한다는 것은 우리의 상상을 초월합니다. 보통 고행이 아니었을 것입니다.

부처님은 인생에서 그러한 투자와 희생을 치르고 나서 깨달음을 얻었습니다. 그런데 깨닫고 보니 불가촉천민도 부처님 당신과 똑같다는 것을 알았습니다. 당신이 그만한 희생과 고행을 치르고서 얻어 낸 불생불멸, 무량광, 무량수, 한량없는 광명, 한량없는 생명이 부처님만의 것이 아니라 모든 사람이 이미 하나같이 다 갖추고 있는 무량공덕 생명이라는 사실을 안 것입니다. 큰 희생을 치르고 얻어 낸 불생불멸의 영원한 생명을 억만분의 일도 차이 없이 이미 모두 그대로 가지고 있는 모습을 보니 얼마나 놀라웠겠습니까. 그래서 '신기하고 신기하다. 모두가 여래의 지혜와 덕상을 다 같이 갖추고 있구나.'라는 말씀을 하셨습니다.

아는 것과 모르는 것의 차이

부처님과 중생은 단지 그러한 사실을 아는 것과 모르는 것의 차이입니다. 사람들은 자기 자신이 억만 가치를 지닌 다이아몬드인데도 스스로를 흙덩이로 돌덩이로 알고 있습니다. 누구나 똑같이 억만금의 다이아몬드를 가지고 있는데 자기에게는 그런 것이 없다고 착각을 하고 있습니다. 인간 존재의 고귀하고 위대한 가치는 부처님이 6년 고행을 했다고 해서 비로소 얻어진 것이 아닙니다. 부처님의 고행과는 아무 상관없이 인간은 본래 그러한 가치를 지니고 있습니다. 고행을 해서 더해진 것은 0.001퍼센트도 없습니다. 부처님에게 고행하기 전과 고행한 이후에 달라진 것은 '알고 모르고'의 차이일 뿐입니다.

옛날 우리나라 시골에서 고려청자의 가치를 모르는 사람은 청자를 개밥 그릇으로 사용했습니다. 그것이 고려청자인 줄 아는 사람들은 플라스틱이나 스테인리스 그릇을 리어카로 한가득 싣고 와서 그 개밥 그릇 하나와 바꿨습니다. 그래도 아는 사람의 이익이 천 배 만 배입니다. 아는 사람에게는 청자의 가치가 수십 억이어도 모르는 사람에게는 스테인리스 그릇 하나보다도 못합니다. 앎과 모름의 차이가 그와 같습니다.

부처님이 우리와 특별히 다른 점은 없습니다. 우리 인간 존재의 실상은 참으로 고귀하고 위대할뿐더러 지극히 높은 가치를 지니고 있습니다. 이 사실을 다만 부처님이 깨달았을 뿐입니다. 그것을 일러서 '부처'라 하고 혹은 '신'이라 하고 혹은 '하나님'이라고 합니다. 다만 그렇게 부를 수 있는 안목을 가진 사람만이 그렇게 부른다는 것입니다.

우리는 무슨 사연으로 왔는가

이제 나올 내용은 부처님오신날 법회 때 법문으로 으레 등장하는 내용입니다. 부처님이 이 세상에 왜 오셨습니까. '일대사인연으로 오셨습니다.'

법화경에서 그 이유를 '일대사인연一大事因緣, 하나의 큰 사연이 있었다.'고 밝혔습니다. 이와 같은 큰 사연이 있어서 부처님은 이 땅에 왔습니다. 그러면 우리는 무슨 사연으로 김씨 집안에, 이씨 집안에, 박씨 집안에 이렇게 태어났습니까? 그 태어남에 대한 목적이 설사 없었다손 치더라도 이제 우리가 불법을 만나고 이 세상에서 가장 위대하며 진정한 진리의 가르침을 만났다면, 지금부터라도 우리 인생의 목표를 세워야 합니다. '나도 오늘 이 순간부터는 이러한 사연으로 이 세상에 태어났다.'고 스스로 만들면 되는 것입니다.

처음부터 인생의 목표를 준비해 놓은 사람은 없습니다. 설사 어제까지는 다른 목표였다손 치더라도 오늘 법화경의 이 대목을 만남으로 해서 우리 인생의 목표 설정을 수정해서 보다 나은 방향으로 나아갈 수 있는 것입니다. 그것이 우리가 날로 발전하고 우리 인생의 보물을 잊지 않고 늘 우리의 삶 속에 살리는 일이 됩니다.

우리의 나이가 70세가 됐든, 80, 90, 100세가 됐든 상관없이 언제나 인생의 봄을 느끼고 누리고 자기의 열정과 의지로써 살아간다면 이보다 더 훌륭한 삶이 어디에 있겠습니까. 참으로 불법과 불교를 만난 보람이 그 가운데 있을 것입니다.

화엄경에서 부처님께서 '신기하고 신기하여라. 모든 사람이 다 여래의 지혜와 덕상을 갖추고 있구나. 단지 모를 뿐이구나. 그래서 나는 여러분들에게 이 일을 알려 주려고 한다.'고 하신 말씀과 오늘 법화경에서 '나는 일대사인연으로 이 땅에 왔다.'라고 하는 말씀이 같은 의미입니다.

마땅히 부처님이 설한 법을 믿으라

앞서 오천퇴석五千退席 이야기가 있었습니다. 좀 배웠다고 하는 5천 명의 비구, 비구니와 우바새, 우바이들이 '우리도 알 만치 아는 사람들인데 법문 뭐 더 들을 게 있겠나.' 하고 부처님 법석에서 자리를 박차고 나간 일입니다. 석가모니 부처님 회상에서 실제 있었던 이야기거나 아니면 경전에만 있는 이야기거나 간에 이런 사건은 놀랍습니다.

말세의 복

앞으로 훗날 어떤 후손이 오든 상관없이 지금 현재는 우리가 말세의 사람들입니다. 그래서 좋습니다. 우리는 가장 늦게 살고 있기 때문에 우리 앞에 살아온 사람들의 경험과 깨달음과 그들의 지식을 다 섭렵하여 알 수가 있습니다. 그동안 인간의 진정한 가치에 대해서 밝힌 숱한 종교, 철학, 성인의 가르침을 다 접할 수 있습니다. 우리가 달마 스님보다 늦게 태어났기 때문에 달마 스님을 압니다. 말세 사람일수록 복이 더 많다는 사실을 알아야 합니다. 우리는 원효 스님보다 늦게 태어났으므로 원효 스님을 압니다. 만약에 원효 스님보다 먼저 태어났다면 원효 스님을 몰랐겠지요. 세계에 자랑할 수 있는 원효 같은 성자, 의상 같은 성자를 몰랐다면 얼마나 통탄할 일입니까.

부처님께서 사리불에게 말씀하셨습니다.

"이렇게 미묘한 법은 모든 부처님 여래가 항상 때가 되어야 말씀하느니라. 마치 우담바라꽃이 때가 되어야 한 번 피는 것과 같으니라.

– 『법화경』「방편품」20

여기 경전에 '미묘한 법은 여래가 항상 때가 되어야 말씀한다.' 고 하였습니다. 법화경은 부처님이 80세 열반을 앞두고 마지막 8년간 설한 것으로 되어 있습니다. 그전에 법문을 들은 것은 불완전한 가르침이었다는 것입니다. 그럼에도 불구하고 그 5천 명이 자기들 스스로 다 들었다, 다 알았다 생각하고 자리에서 물러났다고 하는 것은 안타까운 일입니다.

'마치 우담바라꽃이 때가 되어야 한 번 피는 것과 같으니라.'라고 하였습니다. 우담바라꽃은 봉은사의 미륵부처님보다 더 큽니다. 현미경을 들이대어서 보는 풀잠자리 알이 아닙니다. 우리 불자들은 제발 그런 수준이 되어서는 안 됩니다. 우담바라꽃이 아무 데나 피는 것이 아니고 현미경을 들이대어야 보이는 정도가 아닙니다. 그런 우담바라꽃이라면 무슨 의미가 있겠습니까. 경전에 마침 우담바라꽃이 나왔으니 드리는 말씀입니다.

사리불이여, 그대들은 마땅히 부처님이 설한 법을 믿어라. 말이 결코 허망하지 아니하니라. 사리불이여, 모든 부처님들이 마땅한 대로 법을 말하는 그 뜻을 이해하기 어려우니라. 왜냐하면, 내가 무수한 방편과 갖가지 인연과 비유와 말로써 법을 설하느니라. 이 법은 생각하고 분별하는 것으로는 이해할 수 없느니라. 오직 부처님들만 능히 아시느니라.

- 『법화경』「방편품」 20

'사리불이여, 그대들은 마땅히 부처님이 설한 법을 믿어라.'라고 하였습니다. '내 말은 결코 허망하지 않다. 그리고 마땅한 대로 법을 말하는 그 뜻을 이해하기 어렵다.'

여법如法한 내용을 그대로 이야기하면 참으로 이해하기 어렵습니다. 그래서 부처님께서 당신의 깨달음에 대해 가르침의 수준을 낮춰서 어린아이를 달래듯이, 유치원생에게 하듯이 이야기하니 겨우 청중들이 알아들었습니다. 이것이 부처님이 깨달으신 그대로 법화경을 설하려니 청중들이 도대체 이해를 못한다는 것입니다.

'무수한 방편과 갖가지 인연과 비유와 말로써 법을 설했다.'

불교에는 숱한 방편이 있습니다. 비유도 많습니다. 온갖 인과 이야기, 인연 이야기가 있습니다. 그것은 모두 부처님께서 깨달으신 내용을 이해시키기 위한 노파심에서 하신 말씀입니다.

개시오입불지견開示悟入佛知見

왜냐하면 부처님 세존은 오직 하나의 큰 일 인연[一大事因緣]으로 세상에 출현하느니라.

— 『법화경』 「방편품」 21

일대사인연一大事因緣을 '하나의 큰 일 인연'이라고 제가 글자대로 번역했습니다. 부처님께서 오신 데는 일대사인연이라고 하는 큰 사연이 있었습니다.

사리불이여, 무엇을 '부처님 세존은 오직 하나의 큰 일 인연으로 세상에 출현한다.' 하는가. 부처님 세존은 중생들로 하여금 부처님의 지견知見을 열어서[開] 청정하게 하기 위하여 세상에 출현하며, 중생에게 부처님의 지견을 보여 주기[示] 위하여 세상에 출현하며, 중생으로 하여금 부처님의 지견을 깨닫게[悟] 하기 위하여 세상에 출현하며, 중생으로 하여금 부처님의 지견의 길에 들어가게[入] 하기 위하여 세상에 출현하느니라. 사리불이여, 이것을 모든 부처님이 하나의 큰 일 인연을 위하여 세상에 출현한 것이라 하느니라."

— 『법화경』 「방편품」 21

부처님오신 날 법문에 으레 등장하는 구절입니다. 부처님이 세상에 출현하시게 된 목적, 사연…. 일대사인연은 간단하게 말하자면 '개시오입불지견開示悟入佛知見'을 하기 위해서입니다. 지견이라고 하는 말은 지혜라는 뜻도 됩니다. 부처님이 깨달으신 그 지혜를 사람들에게 열어 주고[開], 보여 주고[示], 깨닫게 해 주고[悟], 그 지혜 속에 들어가게 해 주기[入] 위하여 부처님이 세상에 왔습니다. 부처님께서 깨달음을 이루신 그 지혜란 부처님 살림살이의 전부이고 부처님 정신세계의 전체입니다. 그 지혜, 그 깨달음을 현대에 와서 '인류사에 있어서 가장 큰 사건'이라고 표현합니다.

부처님의 깨달음은 보리수나무 아래서 새벽별을 보는 순간 혼자 여여하게 왔습니다. 천둥 번개가 치고 빌딩이 무너지고 쓰나미가 오듯이 온 사건이 아니고 마치 연꽃이 조용히 이슬을 맞고 피듯이 소리 없이 온 사건입니다. 그 조용한 사건을 왜 인류사에 있어서 가장 큰 사건이라고 하였을까요.

불교와는 아무 상관없이 부처님 이전에 돌아가신 분들도, 영가들도, 현재의 사람들도, 미래에 올 사람들도 부처님이 깨달으신 그 사건으로 인해 모두가 똑같이 부처가 되었기 때문입니다. 과거의 사람들도, 미래의 사람들도, 현재의 사람들도 모두가 부처님입니다. 지금 이대로 우리 모두가 부처님입니다. 이러한 엄청난 사실을 만 중생에게 열어 주고, 보여 주고, 깨닫게 해 주고, 그 세계 속에 들어가게 해 주겠다는 것이 부처님이 이 땅에 오신 목적입니다. 그것이 불교가 이 땅에 있는 이유입니다.

지금 우리가 불교를 어떤 수준으로 좋아하는지는 각자의 취향과 익혀 온 불교에 따라서 다를 것입니다. 그렇지만 법화경을 앞에 놓고 다른 이야기를 할 수가 없습니다. 불교적 수준이 낮다 하더라도 법화경을 앞에 놓고는 법화경대로 이야기할 수밖에 없는 것입니다.

눈멀게 하지 않겠다

지금도 여기저기서 대혜 스님이 지은 『서장』 강의가 행해지고 있습니다. 대혜 스님은 불교역사상 열 손가락 안에 들어가는 대선지식이고 간화선을 창시한 분입니다. 대혜 선사가 이런 말을 했습니다.

"나는 차라리 모든 중생을 대신해서 지옥의 고통을 받을지언정 이 입으로 불법을 가지고 사람들의 정情에 맞추어 적당히 이야기하고 사람들의 눈을 멀게 하지는 않겠다."

선사다운 말씀입니다. 이러한 원願이 있어야 합니다. 이해하든 못하든 상관없습니다. 적당하게 이야기하면 듣는 사람들은 불교가 그것만인 줄 압니다. 그렇게 하면 사람들의 눈을 멀게 하고 불교적 안목을 멀게 합니다.

법화경 불교는 다른 불교와는 차원이 다릅니다. 그래서 이런 이야기를 할 수밖에 없는 것입니다. 대혜 스님의 말씀처럼 차라리 중생들의 지옥 고통을 대신 받을지언정 인정에 맞춰서 여러분들의 수준에 맞춰서 불교에 대한 눈을 어둡게 할 수는 없다는 것입니다. 이런 말이 여러분들에게 거스르는 인연인 역연逆緣이 된다

113

하더라도 이야기해 주는 사람에게 큰 복이 되고 결국 듣는 사람에게 또 큰 복이 되는 것입니다. 이 사실을 알아야 합니다.

역연으로도 가르치다

인연에도 역으로 거스르는 역연逆緣이라는 것이 있고 그대로 따라 주는 순연順緣이 있습니다. 예를 들어서 아이를 교육시키려는 부모들은 마음이 아프기는 하지만 때로 아이들에게 회초리를 들 수가 있고 심하게 꾸짖을 수가 있습니다. 심지어 밥을 굶길 수도 있습니다. 황벽 스님 같은 이도 자기 어머니를 굶겨서 죽게 했습니다.

'황벽 스님이 선지식이 되어 수천 명 대중을 모아 놓고 큰 설법을 한단다.'라고 해서 고향에서 그 소문을 들은 어머니가 잘난 아들을 보러 갔습니다. 그런데 황벽 스님은 어머니에게 밥 한 그릇 주지 못하게 하고 쫓아냈습니다. 수백 리 길을 아들을 보고자 걸어갔는데 문전에서 쫓겨난 어머니는 결국 굶어 죽고 말았습니다. 그런데 그 어머니가 죽는 순간에 비로소 깨달음을 얻었습니다. '내가 너에게 쫓겨나지 않았다면 이러한 진리에 대한 눈을 뜰 수 없었을 텐데.' 어머니는 아들에게 쫓겨남으로 해서 인간적인 정을 다 떼어 버리고 그보다 훨씬 차원 높은 진리의 세계, 다른 세계를 볼 수 있었습니다.

'네가 밥을 주고 좋은 방에다 나를 두고 큰 절의 대선지식의 어머니라고 시자를 몇 딸려 주고 나를 위했더라면 내 꼴이 어떻게 되었겠는가. 내 인생은 그것으로 끝났을 것 아닌가. 하지만 나는

내 아들로부터 쫓겨났고 굶어 죽는 지경에까지 이름으로 해서 비로소 진리에 대한 눈을 뜨게 되었다.'

어머니는 아들로 인해 인간적인 차원을 초월한 훨씬 차원 높은 다른 삶을 살게 되었다고 찬사를 합니다. 이것이 역연입니다. 역으로 가르치는 것도 좋은 교훈입니다.

그런데 만일 우리가 황벽 스님의 어머니와 같은 처지라면 무엇을 선택하겠습니까. 눈 감아도 좋으니 아들에게 대접을 받다가 돌아올 것인가, 설사 굶어 죽는 한이 있더라도 다른 차원의 어떤 큰 안목에 눈뜨는 길을 택할 것인가. 불교에는 이런 선택을 해야 하는 경우가 있습니다.

저는 낯선 사람에게는 그렇게 하지 않지만, 저와 좀 아는 사람들이 가끔 저에게 뭘 가져왔는데 필요하지 않은 물건이면 바로 그 자리에서 돌려보냅니다. 옆에 있는 사람들이 "그거 받아 주면 되지. 다음에 다른 것 해 오라고 말하면 되지."라고 하지만, "다음에는 이렇게 하지 마세요."라고 하면 절대 교육이 안 됩니다. 오해하든 말든 상관없습니다. 좀 섭섭하더라도 물건을 풀지도 못하게 하고 그 자리에서 가져가라 해야 그 사람에게 제대로 된 교육이 됩니다. 이런 것도 역연입니다.

매일매일이 축제다

부처님께서 일대사인연으로 오셨는데 그 일대사인연이라고 하는 것은 부처님 지견知見의 인연입니다. 지견이라고 하는 깨달음의 안목을 우리에게 열어 주고, 보여 주고, 깨닫게 해 주고, 들어가게 해 주기 위해서 부처님이 왔습니다. 그 지견은 위대한 인간의 가치입니다.

인간이라고 하는 위대한 존재는 무엇을 수행해서 되는 것이 아니고 새롭게 얻어지는 것도 아닙니다. 우리가 본래 갖추고 있는 그 사실입니다. 이것 하나 제대로 이해하게 하고 그것을 제대로 누리게 하면 끝입니다. 자기 처지가 어떻든 아무 상관없습니다.

우리 인생의 가치를 진정 알게 된다면, 현재 자기 처지가 어떻든 조금도 상관없이 무량대복이 하루아침에 굴러 들어온 것입니다. 현재 이대로 인생은 매우 큰 축제입니다. 이루 말할 수 없이 큰 축제를 우리는 매일매일 이 자리에서 펼치고 있습니다. 초를 켜고 음식을 장만해야 축제가 아닙니다. 인생의 가치를 진정 알고 보면 현재 이대로 인생은 어마어마한 축제입니다.

이 사실을 부처님은 우리에게 이해시키려고 하는 것입니다. 모든 사람이 있는 그대로 부처라고 하는 이 사실 말입니다. 부처님의 이러한 지견이 '나 혼자만의 주장이 아니다.'라고 해서 다음으로 오불장이 나옵니다. 부처님의 지견을 깨달은 모든 이에게서 보증받는 내용입니다.

오불장

오불장五佛章이라고 하는 것은 다섯 부처님의 이야기입니다. 부처님은 '사람 사람이 다 부처다.'라고 하는 지견을 모든 사람에게 개시오입開示悟入하려는 의미로 이 땅에 왔습니다. 이것은 부처님 혼자만의 주장이 아니고 '모든 부처님과 깨달은 모든 이에게 공히 보증받은 것'이라는 것이 오불장의 내용입니다.

제불장

부처님께서 사리불에게 말씀하셨습니다.

"모든 여래는 다만 보살들만을 교화하시기 때문에 모든 하 시는 일이 항상 한 가지 일을 위함이니, 오직 부처님의 지견 을 중생들에게 보여주고 깨닫게 함이니라. 사리불이여, 여 래는 다만 일불승一佛乘으로써 중생들에게 법을 말씀하시 는 것이요, 이승二乘이나 삼승三乘의 다른 법이 없느니라. 사 리불이여, 모든 시방세계의 여러 부처님들의 법도 또한 그 러하니라.

    – 『법화경』「방편품」 22

사리불에게 하신 말씀의 서두가 '모든 여래는'이라는 말씀입니 다. 오불장 중에서 제불장諸佛章의 내용입니다.

부처님은 일불승一佛乘으로써 중생들에게 법을 말씀하셨고, 이 승二乘이나 삼승三乘은 없다고 하였습니다. 일불승一佛乘은 '모두가 하나인 부처'라는 가르침입니다. 이 가르침에 이승이나 삼승은 없 습니다. 이승二乘은 성문, 연각입니다. 삼승三乘은 성문, 연각에 보살승까지 이야기하는 것입니다. 현재 자기 지위가 어떻든 궁극적으로 모든 사람은 그대로 부처입니다. 다만 방편으로 편의상 이승삼승을 설정해 놓은 것입니다. 우리가 어떤 형태의 삶을 살든지 모두가 일승인 부처입니다. 이것이 법화경의 안목입니다.

일승이 아닌 것은 방편일 뿐이다

우리가 사는 세계에서는 국가든 사회든 조직이든 별별 소임이 있고 직책이 있고 계급이 있습니다. 그런데 그것은 편의상 만들어 놓은 것이지 사람에게 본래로 그런 차이가 있는 것은 절대 아닙니다. 입는 옷에서 차이가 있을 수 있지만 옷은 옷일 뿐 그 사람이 아닙니다. 그것이 본질은 아니라는 것입니다.

불법에 있어서도 성문, 연각, 보살, 수다원, 사다함, 아나함, 아라한 등을 이야기하지만 이것 역시 편의상 하는 이야기입니다. 인간의 본질을 봐야 합니다. 본질은 일불승입니다. 본래 우리는 사람인 부처일 뿐이고 부처인 사람일 뿐입니다. 이것이 법화경 불교입니다.

회삼귀일

경전의 근본 취지를 종지宗旨라고 합니다. 법화경의 종지는 '회삼귀일會三歸一'입니다. 삼승을 모아서 일승으로 돌아간다는 것입니다. '삼三'은 성문, 연각, 보살이라는 삼승三乘을 말합니다. 이것을 더 부연해서 이해하자면 천양지차로 다른 인간의 모든 삶의 형태입니다.

우리는 각양각색의 모습으로 차별화된 삶을 살아갑니다. 승복을 입고, 여자 옷을 입고, 남자 옷을 입고, 어린아이의 옷을 입고, 어른의 옷을 입고, 나이든 사람의 얼굴을 하고, 젊은 사람의 얼굴을 하고 살아갑니다. 이러한 차별현상을 '삼三'이라고 표현했습니다. 우리는 이렇게 차별한 현상들을 갖고 살아가는데 결국에는 '귀일歸一'입니다. 그 본질과 내용에 있어서 일불승인 하나로 돌아갑니다. 일불승은 법화경에서 가장 중요한 이야기입니다. 모두가 동등한 부처님이라는 것입니다. 이것이 법화경의 종지입니다.

과거불장

사리불이여, 과거의 여러 부처님들이 한량없고 수 없는 방편과 갖가지 인연과 비유와 말로써 중생들을 위하여 온갖 법을 연설하시는데 이 법은 모두 일불승을 위한 것이니라.

－『법화경』「방편품」 23

'오직 일불승'이라는 말은 '오직 부처님이라고 하는 이 사실 하나뿐'이라는 말입니다. 불교에 팔만대장경이 있습니다. 얼마나 많은 경전입니까. 이 순간 불교를 이야기하는 사람들의 설법은 우리나라는 말할 것 없고 전 세계적으로도 셀 수 없이 많습니다. 불교를 설명하는 책은 또 얼마나 많은지 모릅니다. 그런데 그것이 모두 일불승을 위한 것입니다.

일체지

이 모든 중생들이 부처님께 법을 듣고는 필경에 일체 지혜
를 얻었느니라.

- 『법화경』 「방편품」 23

모든 것의 평등한 입장과 차별된 입장을 공히 다 깨달아 아는
지혜가 일체지一切智입니다. 우리 눈앞에 펼쳐져 있는 모습은 모두
차별의 모습입니다.

지혜智慧라고 할 때 '지智' 자는 그 차별된 현상을 아는 것입니
다. 우리는 차별도 잘 알아야 합니다. 우리 삶이 김씨, 박씨, 이
씨, 스님, 신도 등 눈만 뜨면 온갖 차별된 모습이기 때문입니다.
이렇게 차별하기 때문에 서로를 알아볼 수 있습니다. 만약 차별하
지 않다면 구별하여 알아볼 수가 없습니다. 이 차별을 아는 것을
'지智'라고 합니다.

그런데 그보다 더 중요한 것이 있습니다. '혜慧'입니다. 혜慧는
평등한 이치를 아는 것입니다. 모두가 부처라고 하는 사실을 아는
것, 부처라고 하는 사실을 이해하는 것입니다. 누구든지 드러난
차별은 알지만 드러나지 않게 동일한 그 평등함을 아는 '혜'를 갖
기는 어렵습니다. 차별적인 입장과 평등한 입장을 우리는 잘 알아

야 합니다.

이 둘을 합쳐서 '지혜'라고 합니다. 평등과 차별에 걸리지 않아야 합니다. 우리는 모두 똑같이 부처라고 고집하면서도 때로는 우리가 차별되었다는 것을 수용하고 이해해야 합니다. 차별된 것을 수용하고 이해하면서 또한 평등한 것도 이해해야 합니다.

스님들이 신도님들을 데리고 절에 옵니다. 예를 들어 그분들이 저를 찾아왔다면, 제대로 예법을 가르친 스님은 스님 먼저 저에게 절을 하고 스님의 예배가 끝나면 신도는 그때 저에게 예배를 합니다. 이런 것은 얼마나 불평등하고 차별합니까. 그렇지만 절의 예법은 그렇습니다.

그 차별을 지키면서도 내면에는 똑같이 부처님입니다. 신도나 스님이나 똑같이 부처님입니다. 그런 차별과 평등을 원융圓融하게 이해해야 합니다. 스님이나 신도나 똑같이 부처님이라고 하면서 그냥 막 나가 버리는 것은 또 치우친 소견입니다. 어디에도 치우치지 않게 이해하고 행동해야 합니다. 이것이 중도中道적 견해에 의한 중도적 삶입니다.

미래불장

사리불이여, 미래의 모든 부처님들도 세상에 출현하시면 또한 한량없고 수 없는 방편과 갖가지 인연과 비유와 말로써 중생들을 위하여 온갖 법을 연설하시는데 이 법은 모두 일불승을 위한 것이니라. 이 모든 중생들이 부처님께 법을 듣고는 필경에 일체 지혜를 얻으리라.

- 『법화경』「방편품」 24

이것은 오불장 중 미래불장未來佛章의 내용입니다. 앞서 모든 부처님[諸佛]과 과거 부처님이 일불승을 설했다는 이야기가 나왔습니다. 미래의 부처님들도 온갖 법을 설한 이유가 일불승을 위한 것입니다. 일一이라고 하는 것은 '동일하다, 평등하다, 하나다, 우리 모두는 평등한 부처의 입장이다.'라는 뜻입니다. 모든 중생이 부처님께 법을 듣고는 차별과 평등의 입장을 모두 이해하는 지혜를 얻게 됩니다.

화엄경에서도 부처님 당신이 깨닫고 보니 '그 불가촉천민인 짐승인지 사람인지 분간이 안 되는 사람들까지도 여래의 지혜와 덕상을 고스란히 갖추고 있더라. 억만분의 일도 부족함이 없더라.'는 것이었습니다.

석가모니 부처님은 태자의 지위를 헌신짝처럼 버리고 6년 동안 피나는 고행을 했습니다. 그런 고행을 하고 얻어 낸 부처 자리인데, 불가촉천민도 이미 당신과 똑같으니 억울하기도 했을 것입니다. 그러면서 너무나도 신기한 것입니다. 그래서 부처님은 '참으로 신기하고 신기하다.'라고 말하였습니다. 부처님께서 신기하다고 말한 대목이 팔만대장경 중에 딱 그 자리입니다. 얼마나 신기했겠습니까.

'부처의 지혜와 덕상을 그대로 모든 사람이 갖추고 있더라.' 여기 미래 부처님도 같은 말을 하고 있습니다. 과거 부처님, 미래 부처님이 나왔고, 다음으로 현재 부처님이 나옵니다.

현재불장

사리불이여, 현재 시방세계의 한량없는 백 천 만 억 국토에 계시는 여러 부처님 세존께서 중생들의 이익과 행복을 위하시니라. 이 여러 부처님들도 한량없고 수 없는 방편과 갖가지 인연과 비유와 말로써 중생들을 위하여 온갖 법을 연설하시는데 이 법은 모두 일불승을 위한 것이니라.

– 『법화경』 「방편품」 25

인과법문을 하든지, 아함경을 이야기하든지, 금강경을 이야기하든지, 무엇을 이야기하든 그 설법의 귀결점은 끝내 일불승입니다. 현재 부처님도 그렇고 미래 부처님도 그렇고 과거 부처님도 그러했습니다.

불교 교재 중에 법화경보다 더 위대한 교재가 없습니다. 세상에 수억만 종류의 서적이 있는데 그중에서 단 한 권을 선택하라면 두말할 나위 없이 법화경입니다. 법화경의 이치는 참으로 깊고 오묘합니다. 법화경은 불교 교설의 완성이고 부처님 교설의 완성입니다. 불완전한 다른 경전의 말씀들도 궁극에 가서는 법화경에서 이야기하고자 하는 일불승을 위한 것입니다. 이 하나의 이치를 위해서 부처님은 이 땅에 오셨습니다.

'내가 이 땅에 온 큰 사연이 하나 있는데 그것은 바로 모든 중생에게 일불승, 모든 사람이 부처라고 하는 사실을 깨우쳐 주기 위함이다.' 이것이 부처님의 일대사인연인데, 석가모니 부처님 혼자만의 일이 아닙니다. 모든 부처님, 과거 부처님, 미래 부처님, 현재 부처님이 다 그러한 이유로 왔습니다.

석가불장

다음으로 경전에 '나도 또한 그렇다.'는 말이 나옵니다. 이것은 오불장 중에서 석가불장釋迦佛章입니다.

사리불이여, 지금 나도 또한 그와 같아서 여러 중생들이 가지가지 욕망에 깊이 집착함을 알고 그 본 성품을 따라서 갖가지 인연과 비유와 말과 방편으로써 법을 설하노라.
– 『법화경』 「방편품」 26

불교에 말이 좀 많습니까. 비유와 방편은 또 좀 많습니까. 시대가 바뀌면 그 시대에 맞는, 경전에도 없는 무수한 방편을 또 만들어 냅니다. 지역과 민족과 시대에 맞는 방편이 필요하기 때문입니다.

불교는 처음부터 그 방편들을 개방해 놓았습니다. 다른 종교에서처럼 '누구의 말씀이 맞다, 안 맞다.' 하는 검증을 통해서 계속 잘라 내는 것이 아닙니다. 불교는 정반대로 '아라한이 설한 경전, 보살이 설한 경전, 거사가 설한 경전, 그 모두 좋다, 좋다.'라고 해서 팔만대장경에 다 수록해 놓았습니다. 왜냐하면 그분들이 설하신 경전은 그 나름대로 의미가 있고, 그러한 근기의 사람들에게 맞는 방편이기 때문입니다. 산에 올라가는데 코스가 하나뿐이 아닙니다. 여러 길이 있을 수 있습니다. 방향 또한 여러 방향이 있을 수 있습니다. 갖가지 인연과 비유와 말과 방편으로써 법을 설하는 것입니다. 그런데 이 하나의 사실은 알아야 합니다.

부처님 교설의 완성

사리불이여, 이렇게 하는 것은 모두 일불승과 일체 지혜를 얻게 하려는 연고니라. 사리불이여, 시방세계에는 이승도 없는데 하물며 삼승이 있겠는가.

- 『법화경』 「방편품」 26

'성문, 연각도 없는데 하물며 보살이 있겠는가.'라는 말입니다. 이승二乘도 없고 삼승三乘도 없습니다. 내용을 알고 보면 그저 부처인 보살, 부처인 성문, 부처인 연각입니다. 부처님이 이제 곧 열반에 드실 텐데 무엇을 숨기겠습니까. 다시 무슨 방편을 새로 또 꾸미고 있겠습니까. 할 이야기를 다 하는 것입니다.

　법화경은 부처님이 열반을 앞두고 설한 경이기 때문에 더 이상 못할 소리가 없습니다. 그래서 법화경을 부처님 교설의 완성이라고 하는 것입니다.

불교를 화반탁출하다

사리불이여, 부처님이 다섯 가지 흐리고 나쁜 세상[五濁惡世]에 출현하였으니, 이른바 겁의 흐림·번뇌의 흐림·중생의 흐림·견해의 흐림·수명의 흐림이니라. 이와 같이 사리불이여, 겁이 흐리고 어지러운 시대에는 중생들의 번뇌가 많아 아끼고 탐하고 시기 질투하여 나쁜 근성을 이루고 있으므로 부처님들이 방편력으로써 일불승에서 쪼개고 나누어 삼승을 설하느니라.

　　　　　　　　　　　　 － 『법화경』 「방편품」 26

　흔히 오탁악세라고 합니다. 세월이 흐를수록 온갖 정보가 많아지고 지식이 많아지지만 겁이 흐리고 시대가 악해져서 중생들이 번뇌가 많고 아끼고 탐하고 시기하고 질투하는 나쁜 근성을 이룹니다. 그래서 본질은 본래 부처인데도 중생들이 자꾸 옆길로 새어나갑니다. 이러한 이들을 다 감싸고 교화하기 위해서 부처님들은 하는 수 없이 방편력으로써 일불승에서 쪼개고 나누어 삼승을 설했습니다. 삼승만이 아니라 여러 수천만승을 설했습니다.

우리나라 불교 안에도 서울경기불교 다르고 영남불교 다르고 호남불교, 강원불교가 다 다릅니다. 손바닥만 한 이 나라에서도 불교가 상당히 다른데 일본불교와 중국불교, 대만불교, 베트남불교는 또 얼마나 다르겠습니까. 같은 불교라 해도 지역이나 민족이나 생활습관에 따라서 별별 방편을 다 가질 수밖에 없습니다. 그러나 꼭 기억해야 할 것은 이 모든 과정이 결국 일불승을 설하기 위함이라는 사실입니다.

사리불이여, 만일 나의 제자로서 스스로 아라한이나 벽지불의 경지를 얻었노라고 하는 이들이 부처님 여래가 보살들만을 교화하는 줄을 듣지 못하고 알지 못한다면 이 사람은 부처님의 제자도 아니며 아라한도 아니고 벽지불도 아니니라."
– 『법화경』 「방편품」 27

'여래가 보살들만을 교화한다.'는 말은 법화경 교설이 가장 완벽하고 완성된 교설이기 때문에 보살 정도의 최고 수준을 가진 사람들만이 이 최고 수준의 교설을 듣고 이해한다는 말입니다. 법화경이 말하고자 하는 내용을 모른다면 아라한이니 벽지불이니 큰 스님이니 작은 스님이니 종사니 대종사니 대덕이니 중덕이니 하는 것은 전부 엉터리라는 말입니다. 일불승을 모른다면 전부 헛소리입니다. 일불승의 이치를 알면 그 다음에는 자유롭게 이런저런 방편을 쓸 수가 있습니다.

어린아이가 울면 어른이 '저 밖에 호랑이 왔다.'고 말합니다. 옆에 앉아서 그 소리를 듣는 어른은 싱긋 웃습니다. 어린아이는 호랑이 왔다는 소리를 듣고는 '아, 호랑이가 왔는가 보다. 이 세상에서 제일 무서운 짐승이 왔는가 보다.' 하고 울음을 뚝 그칩니다. 옆에 앉아 있는 어른이 싱긋이 웃는 것은 '호랑이가 왔다.'고 하는 그 소리가 무슨 의미인지 알기 때문입니다. 자기도 그렇게 성장해 왔기 때문에 다시 그런 방편이 필요하지 않지만, 그 방편을 이해하고 수용하는 것입니다. 그런 것은 거짓말이 아니라 방편입니다. 하지만 방편이라는 미명하에 거짓말을 해서는 안 됩니다.

법화경 공부를 하다 보면 불교 전반을 화반탁출和盤托出합니다. 떡을 쪄서 잘라서 나누는 것이 아니라 소반째 드러내 놓고 이야기하는 입장입니다. 그동안 우리가 알게 모르게 배워 왔던 잡다한 불교를 한자리에 다 쏟아내 놓고 불교의 최종적인 종지宗旨, 궁극적 종지는 무엇인가를 정리하는 것입니다. 그런 가르침이 법화경입니다.

6강

풀리지 않는 매듭을 푸는 열쇠가
이 경전, 법화경 안에 다 있다

심즉시불

부처님께서는 법화경을 통해서 인간의 가장 존귀하고 깊은 내용을 남김없이 설파하셨습니다. 불교가 중국에 전래되고 선불교가 비로소 세상에 드러나면서 선불교의 선사들이 당신들의 깨달음을 표현하는 데 있어 그 내용이 법화경의 내용과 유사한 면이 아주 많았습니다. '심즉시불心卽是佛, 마음이 부처다.'라고 하는 선사들의 말을 흔히 들어 봤을 것입니다.

마음과 부처님과 중생

화엄경에는 '심불급중생시삼무차별心佛及衆生是三無差別'이라는 말이 나옵니다. '마음과 부처님과 중생, 이 셋은 차별이 없다.'는 말입니다. 중생을 부처라 해도 좋고, 마음을 부처라 해도 좋고, 사람을 부처라 해도 좋습니다. 이 셋은 똑같은 의미를 가집니다. 대승경전에는 다 그렇게 표현됩니다.

법화경은 더 말할 나위가 없습니다. 이러한 경지에 일찍이 들어왔다고 하더라도 자신의 마음으로부터 썩 믿음이 가지 않고 확신이 안 섭니다. 그렇기 때문에 여러 방법을 동원해서 사람들의 눈을 뜨게 하고 마음을 열게 하려고 조사 스님들이 다시 표현한 것이 심즉시불心卽是佛입니다. 마음이 곧 부처입니다.

날마다 부처를 안고 잔다

야야포불면夜夜抱佛眠 조조환공기朝朝還共起
욕식불거처欲識佛去處 지저어성시只這語聲是
'밤마다 부처님을 안고 자고
아침마다 부처님과 함께 일어난다.
부처가 간 곳을 알고 싶은가.
일어나고 말하고 부르면 대답하는 바로 이것이니라.'
라고 하는 유명한 선시禪詩도 있습니다.

이런 게송들은 선불교의 절정입니다. 스님들의 방에서는 이런 글귀를 써서 액자에 넣어 붙여 놓은 것을 흔히 볼 수 있습니다.

'밤마다 부처님을 안고 자고 아침마다 부처님과 함께 일어난다.' 안고 잔다거나 함께 일어난다는 표현도 사실은 간격이 있는 표현입니다. 본인이 부처인데 따로 부처를 안고 잘 일이 있겠습니까.

자기 자신이 부처인데 안고 잘 이유가 없습니다. 함께 일어난다는 것도 상당히 근접한 표현이지만 또 좀 거리가 있습니다. 자신이 일어나는데 누구하고 함께 일어날 게 있습니까. 그러나 말로 하자니 그렇게 표현을 하는 것입니다.

법화경을 앞에 놓고 법화경의 궁극적 의미를 속임 없이 이야기한다면 바로 이러한 경지입니다. 이러한 이야기를 앞에서도 많이 했지만 앞으로 본격적으로 할 것입니다.

지엽은 없고 충실한 열매만 남았다

부처님은 법화경을 설하기 전에 상당히 뜸을 들였습니다. 그러다 보니 법문을 많이 듣고 연륜이 높고 상당히 높은 공부를 했다는 제자들 중에서도 5천 명이나 되는 이들이 자리를 박차고 일어났습니다. '40년이 넘는 세월 동안 이야기 다 해 놓고 뭐 또 할 이야기가 있다고 부처님은 뜸을 들이나?'라고 해서 법석에서 자리를 박차고 일어난 제자들입니다. 여기 '게송으로 거듭 밝히다'라고 하는 것은 다시 복습하는 내용입니다. 복습하면서 미처 못다 한 내용을 좀 더 구체적으로 이야기하려는 것입니다.

이 때 세존께서 이 뜻을 거듭 펴려고 게송으로 말씀하셨습니다.
"비구나 비구니로서 높은 교만심을 가졌거나
우바새로서 아만이 있거나

우바이로서 믿지 않는 이와 같은

사부대중들이 그 수효가 오천 명이라.

자신의 허물은 스스로 보지 못하고

계행戒行에도 잘못됨이 있느니라.

- 『법화경』「방편품」 28

이 사람들이 도덕적으로 무슨 잘못을 하고 사회적으로 지탄받을 행동을 했다고 해서 '계행에도 잘못됨이 있느니라.'고 표현한 것이 아닙니다. '자신의 허물을 스스로 보지 못한다.' 하는 것도 사회적으로 지탄받을 큰 허물은 아닙니다. 불교에서 허물이니 계행이니 하는 것은 우리가 도덕적으로 생각하는 것과는 전혀 다른 차원입니다. 특히 대승불교의 꽃이라고 할 수 있는 법화경에 와서는 더욱 그렇습니다.

'부처님의 가르침이 그렇게 다양하고 많은데 진실로 부처님의 가슴 깊은 곳에 있는 진정한 마음, 참뜻은 도대체 무엇인가.'에 관심이 있는 사람들에게는 법화경이 딱 맞는 경전입니다. 법화경은 부처님이 진실로 가슴속에 묻어 두었던 이야기를 풀어놓은 경전입니다. 이제 대중의 근기도 어느 정도 성숙했으니 내 속의 이야기를 하겠다, 듣는 사람의 근기와 상관없이 그동안 비밀로 묻어 두었던 이야기를 해도 되겠다는 차원에서 부처님이 최후로 하신 이야기입니다.

여기 이 대중들은 이제 지엽枝葉은 없고

오직 충실한 열매뿐이니라.

— 『법화경』「방편품」 28

5천 명이라고 하는 가지나 잎은 다 떨어져 나갔습니다. 이제 부처님의 진실을 들을 만한 충실한 열매만 남았습니다.

방편을 설한 이유

사리불이여, 잘 들어라.

모든 부처님들이 얻은 법은

한량없는 방편의 힘으로

중생들을 위해서 말씀하느니라.

중생들의 마음에 생각하는 일과 갖가지로 행하는 도와

그러한 욕망과 성품과

전생에 지은 착하고 나쁜 업을

부처님은 이미 다 알고 여러 가지 인연과

비유와 말과 방편으로

그 모두들을 기쁘게 하려 하느니라.

— 『법화경』「방편품」 29

'방편으로 그 모두들을 기쁘게 하려고 했다.'고 하는 법화경의 이 이야기는 법화경 이전이나 법화경 이외의 불교와 다릅니다. 저는 법화경을 이야기하면서 계속 법화경을 다른 불교와 차별화하고 있습니다. 법화경과 다른 경전의 불교는 차별될 수밖에 없습니다. 이런 구별을 여러분이 비난하든 아니면 마음속으로 받아들이든 저는 이 자리에서 곧이곧대로 정직하게 법화경의 이치를 이야기해야 합니다.

지난번에 대혜 선사 이야기를 했듯이 "차라리 모든 중생을 대신해서 지옥의 고통을 받을지언정 내가 이 입으로 인정에 끄달려서 불법을 왜곡되게 말할 수는 없다."는 것입니다. 상대가 무엇을 생각하고 원하고 마음에 두고 있을지를 다 압니다. 하지만 그 때문에 뻔히 아는 불법을 왜곡되게 이야기할 수 없다고 대혜 스님도 말씀하신 것입니다.

부처님도 그동안에는 알고 있는 불교를 왜곡되게 말씀하셨습니다. 어린아이를 달래고 우는 아이에게 사탕 주는 식으로 사탕발림 차원의 불교 교설이 많았습니다. 90퍼센트가 넘을 것입니다. 그러나 부처님이 머지않아 열반에 들리라는 것을 알면서 당신이 깨달은 바를 솔직하게 다 이야기하지 못하고 눈을 감는다면 천추의 한이 될 것입니다. 법화경에 와서는 그런 여한을 없애기 위해서 진실을 이야기하는 것입니다.

중생을 기쁘게 하기 위해 방편을 말했다

중생들이 마음에 생각하는 것, 갖가지 행하는 도, 욕망, 성품, 전생에 지은 일, 착한 일, 나쁜 일, 이런 것을 부처님은 다 알고 있습니다. 그래서 할 수 없이 인연 이야기, 인과 이야기를 해 왔습니다. 귀에 고소하게 들리는 인과 이야기를 하면 좋아하는 사람들이 많습니다. 전설의 고향이라든지 전설 따라 삼천리 같은 이야기를 좋아하는 근기들이 또 있습니다. 그래서 부처님도 그런 이야기를 많이 해 왔습니다.

제가 법화경 입장에서 곰곰 생각해 보면 부처님이 측은하다는 생각도 듭니다. '저런 이야기를 하시면서 속은 안 편할 텐데…' 그러나 중생들의 근기를 감안해서는 그런 이야기를 안 할 수도 없는 상황입니다. 상대가 전생에 지은 착하고 나쁜 업을 부처님은 이미 다 알기에 여러 가지 인연 이야기를 하고 여러 가지 비유를 말합니다. 그런 것이 방편입니다. 부처님은 중생들을 모두 기쁘게 하기 위해서 방편을 이야기하였습니다.

구부경

경전을 내용이나 형식에 따라서 구부경九部經으로 나눕니다.

혹은 수다라修多羅를 말하고 가타伽陀와
본사本事도 말하고 본생本生과 미증유未曾有와

인연과 비유譬喩와 기야祇夜와

우바제사경優婆提舍經을 말하느니라.

　- 『법화경』「방편품」29

수다라는 산문으로 된 경전입니다. 가타는 고기송孤起頌이라고
해서 법구경같이 시 형식으로 게송만 있는 것입니다. 본사는 제
자들의 과거 인연이나 업을 이야기하는 것입니다. 그 제자가 과거
에 그렇게 살았든지 안 살았든지는 상관없습니다. 미륵보살을 앞
혀 놓고 '저 사람은 과거에 구명보살이었다. 신심이 있어서 공부는
열심히 하면서도 한편으로는 이름 좋아하고 칭찬받기 좋아하고
명예 좋아하고 돈 좋아해서 열심히 정진하면서도 공부하는 것은
다 까먹어 버린다. 또 공부할 때는 이 법회에 참석하지만 일어서
면 명예 좋아하고 돈 좋아하고 높은 사람들 만나기 좋아한다. 족
성가族姓家에 노닌다.'라고 하는 장면이 법화경에 나옵니다.

이렇게 미륵보살의 전생을 이야기합니다. 족성가族姓家는 이름
있는 사람들입니다. 그런 사람들과 친해서 왔다 갔다 하면 자기도
뭔가 되는 양 생각하는 사람들이 있는데 미륵보살의 과거가 그러
했다는 것입니다. 이런 것이 본사입니다. 경전에 그런 내용이 많습
니다.

미륵보살은 부처님이 자신의 전생 이야기 하는 것을 들어도 '내
이름 팔아서 부처님은 저런 이야기를 하지만 저 이야기는 부처님

혼자 지어낸 이야기인데, 뭐 내가 상관할 바 있나?' 하고 다 알고 있습니다. 중생을 깨우치고 중생을 편안하게 하기 위해서 부처님은 있는 이야기, 없는 이야기를 사정없이 다 합니다. 부처님은 천하의 이야기꾼입니다. 본사라고 하는 제자들의 낱낱 과거인연을 이야기하면 얼마나 많은 이야기를 더 할 수 있겠습니까.

본생은 부처님의 전생담입니다. 그것도 사실 깨 놓고 이야기하면 전부 꾸며 낸 이야기입니다. 부처님이 녹야원이라고 하는 사슴동산에서 법문을 많이 하셨으니 문득 비유를 들기를 '내가 과거 수만 세월 전에 사슴으로서 사슴의 왕 노릇을 했노라.'라고 하면서 이야기를 하셨습니다. 부처님은 보는 족족 이야깃거리를 만듭니다.

어떤 스님은 법문이 있는 날 경은 안 보고 아침 신문을 읽고 가서 법문을 한다고 합니다. 옛날에 그런 스님이 있었습니다. 부처님도 사슴동산에 뛰노는 사슴을 보다가 사슴을 가지고 사람들을 깨우쳐 주면 되겠다 해서 이야기하시고, 뱀을 보면 뱀 이야기로 중생들을 깨우쳐 주면 되겠다 해서 이야기를 하십니다.

미증유는 불가사의하고 희유한 이야기입니다. 인연에 대한 이야기도 하고 비유를 드는 이야기도 합니다. 기야는 중송重頌입니다. 거듭 게송으로 밝히는 것인데 지금 우리가 기야를 공부하고 있습니다. 우바제사경은 논의論議 또는 문답問答입니다. 문답 식으로 이야기하고 토론 형식으로 이야기하는 것을 우바제사경이라고 합니다.

이렇게 경전을 내용과 형식으로 나누면 아홉 가지가 됩니다. 그래서 구부경九部經이라고 합니다. 뒤에는 십이부경十二部經이라는 말도 나옵니다. 구부경 내지 십이부경은 팔만대장경을 내용별로 정리했을 때 그렇게 나눈다는 것입니다.

십이부는 구부경에 세 가지를 더 보탠 것입니다. 자설自說이라고 해서 부처님 스스로 말하는 것이 그 하나입니다. 부처님은 대개 제자들의 상황을 보고 이야기하거나 제자들이 질문을 했을 때 거기에 맞게 대답해 주어서 그것이 초기경전이 되었습니다. 불교의 초기경전 중 특히 아함부 경전 같은 것을 보면 거의 그런 식으로 되어 있습니다. 그런데 대승경전으로 오면 그런 형식을 벗어나는 것이 많습니다. 그것을 '스스로 자自', '말씀 설說' 자를 써서 자설이라고 합니다. 제자들이 묻지 않는데도 부처님이 먼저 이야기하는 것입니다. 다음으로는 방편方便이 있습니다. 부처님은 방편을 잘 씁니다. 지금 우리가 법화경에서 공부하고 있는 부분도 방편품입니다. 다음에는 수기授記입니다. 이것도 대승경전에 와서 있는 것입니다. '앞으로 누구누구는 얼마의 세월이 지난 뒤에 부처가 될 것이다.'라고 이야기하는 내용입니다. 그것을 좀 더 확실하게 드러내고 이야기하자면 '앞으로 그대는 얼마 후에 부처가 될 것이다.'라고 하는 것이 아니라 '바로 지금 당신은 부처님이다.'라는 것이 진정한 수기입니다. 진정한 수기는 지금 여기에서 이루어집니다.

법화경을 다른 표현으로 하면 수기경입니다. 수기에 대한 이야기가 많습니다. 사리불이나 목건련이나 기타 부처님의 십대 제자에게 수기를 주고, 심지어 제바달다품에서는 '제바달다까지도 부처님이다.'라는 이야기로 연결이 됩니다. 법화경에 나오는 이런 수기는 대승경전에만 있고 초기경전에는 없습니다.

구부경에 자설, 방편, 수기를 합하면 십이부경입니다. 구부경 또는 십이부경이라는 표현은 불교에서 흔히 나오는 말입니다.

모든 문제 해결의 열쇠

둔한 근기들은 소승법小乘法을 좋아하고
나고 죽는 일을 탐하고 집착하여
한량없는 부처님을 만나도
깊고 묘한 도는 행하지 않고
온갖 고통에 시달리기에
그들에게 열반의 도리를 말하느니라.
  - 『법화경』 「방편품」 29

다른 경전에서는 열반을 상당히 높은 경지로 보고 '열반을 증득한다. 열반을 얻는다.'고 하는데 법화경에서는 열반을 시시한 것으로 유치원생이나 좋아하는 수준으로 봅니다. '둔한 근기들이 소승법을 좋아하고 나고 죽는 일을 탐하고 집착한다.'고 하였습니다.

생사 문제가 중요한 문제이기는 합니다. 선禪불교에도 생사를 해탈해야 한다는 의미로 '생사해탈'이라는 표현이 자주 나옵니다. 그런데 대승불교에서는 생사해탈을 크게 중요하게 여기지 않습니다. 대승불교에서는 보살행을 어떻게 할 것인가가 중요합니다.

열심히 일하는 사람에게는 비가 오는 날이건 갠 날이건 상관이 없습니다. 게으른 사람이 비 오는 것을 핑계로 댑니다. 이슬비가 내리면 '놀기 좋다.'고 합니다. 부지런한 사람은 이슬비가 내리면 '오늘 일하기 좋다.'고 합니다. 세상사나 불법이나 그 사람의 견해에 따라서 모든 게 그렇게 달라집니다.

법화경과 같은 불교 최고 경전을 깊이 있게 읽고 사유하고 그 속에 담겨 있는 내용을 제대로 찾아낸다면 우리에게 보통 큰 도움이 아닙니다. 마음이 확 열립니다. 사람 관계에 있어서도 마찬가지입니다. 회사에서나 개인적인 일에서나 사람 관계에서 풀리지 않는 어떤 매듭이 있다면 그 매듭을 푸는 열쇠는 이 경전 속에 다 들어 있습니다. 그저 부처님의 경전이겠거니 해서 마음을 담아 읽지 않아서 그렇지 법화경 속에 모든 일이 다 풀리는 엄청난 해결의 열쇠가 들어 있습니다.

한량없는 부처님

'소승들은 생사 문제를 탐하고 집착한다. 한량없는 부처님을 만나도 깊고 미묘한 도를 행하지 않는다.'고 하였습니다. '한량없는 부처님'은 이루 헤아릴 수 없는 부처님입니다. 대승경전에서 이 말 한마디만 이해하면 제가 늘 주장하는 '사람이 부처님이다.' '당신은 부처님'이라고 하는 인불사상을 이해할 수 있습니다. 인불사상이야말로 최대승最大乘이고 가장 큰 가르침입니다.

그러면 그 한량없는 부처님은 누구인가? 석가모니 부처님을 두고 하는 소리가 아닙니다. 경전상에 나오는 부처님을 두고 하는 소리도 아닙니다. 법당에 무수한 부처님을 모셔 놓은 것도 사실은 한량없는 부처님을 이해시키기 위한 하나의 표본일 뿐입니다. 불교에서 무수히 이야기되는 한량없는 부처님이라는 것은 사람 사람 모든 생명을 뜻합니다. 사람 사람 모든 생명이 한량없는 부처님입니다. 한량없는 부처님을 이렇게 해석하지 않으면 이 구절 하나도 우리가 제대로 이해하지 못하는 것입니다.

'한량없는 부처님'이라고 하는 경전의 이 한마디만 이해해도 법화경뿐만 아니라 불교의 근본적인 취지를 다 풀게 됩니다. 이 열쇠 하나면 불교의 궁극적 의미를 다 풀 수가 있습니다. 둔한 근기는 '깊고 미묘한 도는 행하지도 않고 온갖 고통에 시달리기에 그들에게 열반의 도리를 말하느니라.'라고 하였습니다. 열반을 얻으면 편안합니다. 온갖 고통이 다 사라지고 망상번뇌가 다 사라지는 것이 열반입니다. 이렇게 부처님이 이야기를 해 왔습니다.

내가 이러한 방편을 마련한 것은
중생들을 부처님의 지혜에 들어가게 한 것이지만
그대들에게는 일찍이 성불하리라고
말하지 않았느니라.
- 『법화경』 「방편품」 30

부처님이 열반이라고 하는 방편을 마련하고 구부경전, 십이부 경전을 마련한 것은 중생을 전부 부처님이 깨달으신 그 지혜에 들어가게 하려고 한 방편이었습니다. 그러면서도 그동안 부처님은 중생들에게 '당신은 부처님' '사람은 부처님이다.'라는 말씀을 안 했다는 것입니다. 법화경 이전에는 한 번도 그런 법문을 안 했습니다. 그런데 법화경에 와서 끊임없이 모두가 부처를 이룬다고 토로합니다.

소승불교라든지 근본불교를 신봉하는 남방불교 국가에서는 성불成佛이라는 말이 없습니다. '모든 사람이 다 불성佛性을 가지고 있다.'라든지 '부처가 될 것이다.'라고 하는 표현이 없습니다. 부처님은 오직 석가모니 한 분뿐이라고만 알고 있습니다. 전해진 경전이 다르고 소견이 다르기 때문입니다.

지금이 그 때다

내가 그런 말을 하지 않은 것은

그런 말을 할 때가 되지 않았기 때문이니라.

지금 바로 그 때가 되었으므로

결정코 대승법을 말하는 것이니라.

- 『법화경』 「방편품」 30

부처님은 72세가 될 때까지 왜 '그대들이 성불하리라.'는 말을 안 했을까요? 아직 때가 안 되었기 때문입니다. 그런데 지금 바로 그 때가 되었으므로 대승법을 말하는 것입니다. 얼마나 환희스러운 내용입니까.

부처님이 40여 년 동안 말씀하시지 않고 참았던 내용을 이제야 말씀하시는 것인데, 어찌하여 내가 만날 수 있게 되었느냐. 40년 간 부처님의 가슴속에만 사무쳤던 진실을 지금 우리가 만나려는 순간입니다. 불교에 신심이 있고 진정으로 불법을 알고 싶은 마음이 있는 사람들이라면 이런 대목에서 감동을 하고 눈물을 흘립니다. 그 만남의 내용이 법화경입니다.

불교를 왜 믿는가

이제 우리 불자들은 차원이 달라져야 합니다. 자기가 알고 있는 구태의연한 불교 보따리를 들고 절에 와서, 스님이 무슨 이야기를 하든 법사가 무슨 이야기를 하든 내 불교는 따로 있다고 하면서 자기 보따리 풀어 놓고 자기 불교 하다가 고스란히 그 보따리를 가지고 집으로 간다면 자기 집에서나 하지 차비 들이고 신 닳아 가면서 절에 왜 옵니까?

물론 그동안 알고 있던 불교도 소중합니다. 그러나 알고 있던 것은 좀 내려놓고 도대체 법사가 무슨 말을 하는지, 자기 소리를 하는지, 부처님 말씀을 하는지, 대승경전을 펴놓고 제대로 전해 주는지 한번 들어 보려는 자세가 있어야 합니다. 믿지 않아도 잘 사는데 불교를 왜 믿습니까.

불교를 공부하는 것은 내 마음이 좀 더 열리고 커져서 모든 대상과 경계를 수용하자는 것입니다. '경계'라는 말은 불교에서 쓰는 말로 '대상'이라는 뜻입니다. 나 아닌 다른 사람, 그 사람에게 일어나는 문제는 경계입니다.

평소에 싫어하던 사람이 국회의원에 당선됐습니다. 그렇다고 기분만 나빠하고 있으면 어쩔 것입니까. 결국은 수용해야 합니다. 좋은 것도 안 좋은 것도 다 수용할 줄 아는 마음, 그런 마음 씀씀이를 하자고 불교를 공부합니다. 집안에서 일어났든 회사에서 일어났든 친구 사이에서 일어났든 정치상에서 일어났든 내 마음에 들지 않는 상황, 험악한 경계, 추한 경계 등 어떤 좋지 않은 경계라도 내가 이해하고 수용하고 슬기롭게 소화해 내자고 불교 공부를 하는 것입니다. 그런 마음 씀씀이를 공부하는 것이야말로 여기서 말하는 열반입니다. 열반은 활기찬 보살행은 못 되지만 그 나름대로 편안한 마음은 가질 수 있습니다.

나의 이 구부九部 경법經法은
중생들의 근기를 수순하여 설한 것이니라.
모두 이 대승법에 들어가게 하는 기본을 삼으려고
이 구부경법을 설하였느니라."
　─『법화경』「방편품」30

그러나 무엇보다 중요한 것은 대승법입니다. 모두가 부처라고 하는 이 사실입니다. 이 대승법에 들어가게 하는 기본을 삼으려고 부처님은 그동안 구부경九部經이라고 하는 아홉 가지의 형식과 여러 내용을 설하였습니다.

손가락 하나 들 줄 아는 것, 우주를 포함한 나의 진여불성, 나의 부처자리가 그 손가락과 함께 들고 있다

인간을 어떻게 이해할 것인가

법화경은 28장[品]으로 이루어져 있습니다. 그중 앞 14품 중에서는 방편품이 제일 중요한 품이고, 뒤 14품 중에서는 여래수량품이 제일 중요한 품입니다. 그래서 이 두 품을 법화경의 눈, 법화경의 안목이라고 합니다.

법화경의 중심사상은 인불사상人佛思想입니다. 인불사상은 '사람이 곧 부처님이다.'라고 하는 사상입니다. 요즘 저는 이것을 좀 더 친근한 말로 '당신은 부처님'이라고 표현합니다. 사람을 부를 때

'당신'이라고 하지 소나 말을 보고 '당신'이라고 하지 않습니다. 그래서 '사람이 부처님입니다.'라는 말이나 '당신은 부처님'이라고 하는 말은 같은 말입니다. 사람에 대한 최고의 찬사가 '당신은 부처님'입니다.

부처님오신날을 맞이해서 봉은사의 현수막에 '당신은 부처님'이라는 문구가 걸려 있었습니다. 제가 한 말이지만 반가웠습니다. 여러 불교 행사가 있는데 큰 현수막을 걸어 놓고 거기에 '당신은 부처님'이라고 써 놓고 사람을 반기면 그보다 더 좋은 인사가 없습니다. '나 스스로도 그렇게 생각하지 않는데, 내 가정에서조차 크게 칭찬받는 사람이 아닌데, 이 절 행사에 오니 나에게 부처님이라고 하는구나.' 하고 자신의 가치에 대해 다시 한 번 생각하게 된다는 말을 많이 들었습니다. 저도 요 근래 마음이 젖어 있었는데 '당신은 부처님'이라고 하는 현수막을 보고 많이 밝아졌고 위안을 받았습니다. '못난 나에게도 당신은 부처님이라고 불러 주니 나에게도 부처의 씨앗이 있나 보다.'라고 생각했습니다.

불교의 가장 핵심 되는 가르침은 인간을 어떻게 이해할 것인가 하는 문제입니다. 인간의 진정한 가치를 제대로 이해하고, 이해한 대로 스스로의 삶을 살고, 또 남도 그렇게 이해하는 것입니다. 불교에서 인간을 이해한 수준이 어느 정도인가 하면, 사람이 부처라고 하는 수준입니다. 이러한 부처님 교설을 가장 잘 밑받침하는 경전이 법화경입니다. 그렇기 때문에 선교율 법회에서 다른 경전보다 최후 가르침이고 경 중의 왕이라고 하는 법화경을 선택하여 우리가 공부하고 있는 것입니다.

법화경은 더 이상 올라갈 데가 없는 가장 높은 가르침입니다. 법화경을 이해하는 것이 불교를 가장 바르게 이해하는 길입니다. 그 진실한 뜻을 이해하고 못 하고는 각자의 몫이고, 언젠가 이해할 날이 있으리라는 기대감에서 이렇게 법회를 이끌어 가고 있습니다.

곧 부처님오신날 행사가 있습니다. 어제는 전국에서 제등행렬이 있었습니다. 저는 부처님오신날 여러분에게 무엇을 선물할까 하다가 '무비 스님의 법화경 이야기'라는 부제가 달린 『사람이 부처님이다』라는 책을 선물로 준비했습니다. 이 책은 법화경의 부분 부분을 이야기했지만 법화경을 푸는 열쇠가 되는 책입니다. 부처님의 높고 높은 가르침을 우리가 배우는 것도 중요하지만 그것을 얼마나 나와 이웃에게 실천하는가가 또 중요한 문제입니다. 마침 우리가 공부하는 방편품이 법화경의 핵심이 되는 내용이고, 그것은 한마디로 『사람이 부처님이다』라고 하는 이 책의 제목과 같습니다. 오늘 법공양이 잘되었습니다.

모두가 이미 성불하였다

여러 부처님이 열반에 드신 후 사리에 공양하는 사람이

천 만 억의 탑을 세울 때 금과 은과 파리와

자거와 마노와 매괴와 유리와 진주 등으로 만들고

아름답고 훌륭한 장엄거리로써 찬란하게 탑을 꾸미며,

또는 석굴을 파서 불당을 짓기도 하고,

전단향과 침수향으로 짓기도 하고,

목밀木樒나무나 다른 재목이나

벽돌이나 진흙으로 짓기도 하고,

넓은 벌판에 흙을 쌓아서 불당을 짓거나,

또는 아이들이 장난으로 모래를 쌓아 불탑을 만든다면

이런 사람들은 모두 이미 성불하였느니라.

－『법화경』「방편품」41

우리 불자들 중에 부처님과 인연 맺고 이 정도 일에 동참하지 않은 사람이 없습니다. 제 나름대로 모두 크게 작게 온갖 불사에 동참했습니다. 그런데 이런 행위를 했다고 해서 부처님이 된다는 것이 아닙니다. 경전 속의 숨은 뜻을 잘 알아야 합니다. 부처님에게는 법화경이라고 하는 최상승의 가르침을 앞에 두고 이것을 어떻게 하면 잘 가르칠까 하는 것이 숙제였습니다.

누구나 방광을 한다

계현戒賢 스님 밑에 신찬神贊 스님이라고 하는 상좌가 있었습니다. 그는 백장百丈 스님 밑에 가서 공부를 하고 다시 은사 스님에게로 돌아왔습니다. 어느 날 은사 스님이 목욕을 하고 있는데 이 상좌 스님이 스승의 등을 밀면서 말했습니다.

"법당은 좋은데 영험은 없구나."

은사 스님이 가만히 들으니 자신을 놀리는 것 같았습니다. 휙 돌아보았는데 상좌 스님이 다음에 턱 던지는 말은 더 가관이었습니다.

"영험은 없는 부처가 방광은 하는구나."

방광한다는 말은 광명을 놓는다는 말입니다. 누군가 부르면 돌아볼 수 있고 대답할 수 있고, 누가 내 발을 밟으면 신경질을 낼 수 있고, 칭찬을 하면 기분이 좋아지기도 합니다. 이렇게 반응하는 일이 모두 방광입니다. 영험 없는 부처라도 방광은 할 줄 압니다. 살아 있는 사람은 모두 다 방광을 하기 때문입니다. 방광할 줄 아는 이가 진정한 부처입니다.

바로 이런 이유로 법화경에서 이런저런 불사에 동참하거나 심지어 어린아이가 장난으로 탑을 만들어도 부처가 될 것이라고 이야기한 것입니다. 선불교에서는 선불교대로 그것을 표현합니다.

나도 부처다

열반경에는 광액도아廣額屠兒라는 백정 이야기가 있습니다. 이마가 번질번질한 백정이 어느 날 소를 잡는 칼을 도마에 척 꽂으며 '나도 천千 부처님 중 하나다.'라고 하였다는 겁니다. 사실 소를 잡을 줄 아는 그 능력이 부처입니다. 공덕을 쌓고 수행을 쌓아서 부처가 된다는 말에는 더 이상 답이 없습니다.

법화경은 비밀하고 요긴한 가르침입니다. 그런데 아는 사람에게는 이미 비밀이 아닙니다. 백정이 '나도 이 순간부터 부처다.'라는 사실을 아는 순간, 그 사람은 '소 잡는 부처'가 되었습니다. 부처가 된 다음 자기 직업을 때려치울 사람이 아닙니다. 그래도 역시 그는 소 잡는 부처입니다.

사람이 부처입니다. 이 '사람'은 조건이 없는 사람, 그냥 사람입니다. 사기꾼이나 도둑놈도 이 '사람'이라는 말 속에 다 들어갑니다. 그도 부르면 돌아볼 수 있습니다. 그도 역시 방광하는 부처입니다. 만약에 불교의 이러한 가르침이 없다면 우리같이 못난 사람이나 세속에서 일상생활을 하는 사람들은 어쩌겠습니까. 모두가 부처입니다. 사람이 부처입니다. 이것이 불교의 궁극적 답입니다. 그런데 이런 것이 쉽게 이해되지 않습니다.

구지 화상을 흉내 낸 동자

만약 어떤 사람이 부처님을 위해서
부처님의 형상을 조성하거나
불상의 여러 가지 모양들을 조각한
이들도 모두 이미 성불하였느니라.
칠보로 부처님의 형상을 조성하거나
황동이나 백동이나 함석이나 연이나 주석이나
철·나무·진흙으로 만들거나 아교나 옻칠과 천으로
불상을 조성한 이들도 이러한 여러 사람들은
모두 이미 성불하였느니라.

채색으로 불상을 그려서

일백 가지 복이 원만하게 장엄한 탱화를 만들 때

제가 스스로 하거나 남을 시켜 하더라도

이러한 이들 모두 이미 성불하였느니라.

어린아이들이 소꿉장난으로 나무 꼬챙이나 붓이나

또는 손가락이나 손톱 따위로 불상을 그린다 해도

이와 같은 이들이 점점 공덕을 쌓으며

큰 자비심을 갖추어서 모두 이미 성불하였느니라.

다만 여러 보살이 되어 한량없는 중생들을

제도하여 해탈케 하였느니라.

ㅡ『법화경』「방편품」 42

경전대로라면 부처 되기가 참 쉽습니다. 된다는 것도 틀린 말입니다. 이미 부처가 되어 있는 상태를 우리는 그저 '아, 이미 부처가 되어 있구나.' 하고 이해하면 그뿐입니다. 따로 된 부처는 없습니다. 본래 부처입니다. 나뭇잎을 따서 손톱으로 불상을 그리는 것은 어쩌면 불경죄일 수도 있습니다. 그러나 이것은 이미 죄다 복이다 할 문제가 아닙니다.

구지 화상

구지 화상은 평생 손가락 하나만 세우는 것으로써 법문을 다

했습니다. 이 노스님이 출타를 했을 때 마침 손님이 왔습니다. 늘 구지 화상의 법문을 보아 왔던 동자가 자기도 법문을 할 수 있다고 법을 물으라고 했습니다. 손님이 법을 묻자 동자는 구지 화상처럼 손가락을 하나 들었습니다. 나중에 그 사실을 노스님인 구지 화상에게 이야기하자 스님은 '무엇이 도냐?' 하고 동자에게 물었습니다. 동자가 무심코 손가락을 들자 스승은 그 순간 동자의 손가락을 차고 있던 계도戒刀로 베어 버렸습니다. 옛날 스님들은 여러 용도로 쓰려고 칼을 들고 다닙니다.

손가락을 잘렸으니 얼마나 아팠겠습니까. 동자가 울면서 도망을 가는데 노스님이 '동자야.' 하고 불렀습니다. 울면서 도망가면서도 동자가 휙 뒤를 돌아보자 노스님이 손가락을 세워 보였습니다. 그 순간 동자에겐 천지가 무너졌습니다. 선어록禪語錄에 기록되어 있는 이야기입니다.

물결은 물의 한 표현일 뿐

이런 이야기나 법화경 방편품에 나오는 여러 일화가 다 똑같습니다. 물결은 물의 한 표현입니다. 불자가 할 수 있는 온갖 일은 다 진여불성에서 나옵니다.

진짜 최상승 불교는 사람을 힘들게 하지 않습니다. 졸음을 쫓으며 송곳으로 허벅지를 찌르고 뾰족한 나무를 깎아 목에 세워 놓고 공부에 정진하거나, 남을 시켜서 불사에 동참하거나, 손톱 따위로 불상을 그려도 결과는 다 이미 성불입니다. 무엇을 하든 각자 성향에 따라서 하는 수행의 한 표현일 뿐입니다. 그것과 상관없이 성불은 이미 되어 있는 것입니다.

부처님은 출가 전 향락 생활과 출가 후 6년간의 고행을 통해서 향락 생활도 틀린 것이고 고행도 틀린 것임을 이야기했습니다. 그래서 궁극에는 중도中道를 이야기합니다.

그대의 보물

선禪의 일화 중에 마조 스님 이야기가 있습니다. 마조馬祖 스님 밑에는 도인이 깨가 쏟아지듯 쏟아졌다는 표현이 있을 정도로 마조 스님은 큰 도인입니다.

젊은 날 대주혜해大珠慧海 스님이 마조 스님에게 와서 인사를 했습니다.

"자네가 여기 뭐하러 왔는가?"

마조 스님이 물었습니다.

"부처 되려고 여기까지 왔습니다."

대주 스님이 말하자 마조 스님이 말했습니다.

"그대의 집에 무진장한 보물이 있거늘 자기 집 보물을 팽개쳐 버리고 다시 무엇을 하자는 것인가?"

"제 보물은 무엇입니까?"

대주 스님이 묻자 마조 스님이 대답했습니다.

"그대가 나에게 묻는 것이다."

이 속에는 어마어마한 의미가 있습니다. 아침에 일어나서 지금까지 우리는 내 보물의 표현을 수천 번 했습니다. 그럼에도 불구하고 진정한 보물을 알지 못하고 있습니다. 불교 안에는 법을 전하느니 법을 받느니 하는 말이 많습니다. 법을 전한다고 하지만 누가 그 법을 주고 누가 그 법을 받습니까. "네가 나에게 묻는 그 사실이 너의 진정한 보물이다." 이 사실만 잘 알면 되는 것입니다.

네 가지 의지할 것

열반경이나 지도론에는 법사의法四依가 나옵니다. 법에 대해서 네 가지 의지해야 할 것을 일러 준 것입니다. 부처님이 열반을 앞두고 유언처럼 하신 말씀이므로 우리가 염두에 두고 새겨야 합니다.

그 첫째는 '의법불의인依法不依人'입니다. 법에 의지하고 사람에게 의지하지 말라는 것입니다. 법은 사람을 포함한 천지만물 삼라만상이 이미 가지고 있는 존재의 원리입니다. 가짜 법도 있습니다. 천지만물 삼라만상의 존재 원리를 깨달으시고 그것을 중생들에게 일러 주기 위해서 부처님이나 조사 스님이 횡설수설해 놓은 가르침입니다.

삼귀의三歸依할 때의 부처님 가르침도 사실은 가짜 법입니다. 진짜 법을 설명한 설명서에 불과합니다. 예를 들어서 라디오를 하나 샀다면 라디오를 어떻게 사용할 것인지 설명서가 달려 있습니다. 그렇다고 그 설명서가 라디오는 아닙니다. 진짜는 라디오입니다.

요즘 설명서가 얼마나 많습니까. 차를 사도 설명서가 한두 권씩은 딸려 옵니다. 차에 대한 모든 내용이 설명서에 다 들어 있습니다. 그래도 그 설명서가 차는 아닙니다. 법도 마찬가지입니다. 경전이라고 하는 것은 설명서이고 진짜 법은 우리들 자신입니다.

삼라만상 모든 것의 존재 원리가 법입니다. 부처님은 그것을 깨달으시고 우리에게 일러 주고자 하셨습니다. 그런데 하도 사람들이 둔하고 여러 근기이다 보니 이런저런 이야기로써 팔만사천 법문이라는 설명서를 일러 주셨습니다. 그러면서 부처님은 '모든 것의 존재 원리를 이해하고 의지하라. 그도 아니면 나의 가르침에 의지하라. 결코 사람을 의지하지 말라.'라고 하셨습니다.

출가해서 절에 들어오면 맨 처음 공부하는 것이 천수경입니다. 제대로 된 사찰이라면 그보다 먼저 가르치는 것이 초발심자경문입니다. 초발심자경문에 '약이인악고若以人惡故로 불수광명不受光明하면 타갱락참거의墮坑落壍去矣라' 하는 내용이 나옵니다.

어떤 사람이 길을 가는데 마침 밤이고 캄캄합니다. 그런데 저만치 등불을 들고 가는 사람이 있습니다. 의지할 것은 그 사람이 든 등불뿐입니다. 그래서 가까이 가 보니 그 등불을 든 사람은 아주 나쁜 놈으로 소문이 난 사람입니다. 늘 손가락질 받고 대면하기도 싫고 이름도 거론하기 싫은 사람입니다. 그런데 캄캄한 밤, 등불을 가진 사람은 그 사람뿐입니다. 어떻게 해야 할까요?

그에 대한 답이 '약이인악고若以人惡故로 불수광명不受光明하면 타갱락참거의墮坑落壍去矣'입니다. 만약에 그 사람이 나쁘다고 해서 그 사람이 들고 있는 등불의 빛까지도 내가 받아들이지 않고 수용하지 않는다면 혼자 어두운 길을 가다가 물에 빠지거나 넘어져서 다치거나 아예 구렁텅이에 떨어져서 죽으리라는 내용입니다.

등불은 죄가 없습니다. 법도 문제가 없습니다. 다만 누가 들고 있는가 하는 사람이 문제일 뿐입니다. 사람이 싫다고 해서 그가 들고 있는 등불 빛까지 안 받아들이면 참으로 어리석은 일입니다. '빛이라고 하는 진리를 받아들이고 의지하라. 다만 그것을 든 사람을 의지하지 말라.'라고 부처님이 네 가지 의지할 것 중에 첫 번째를 말씀하셨습니다.

요의경을 의지하라

부처님이 유언처럼 말씀하신 법에 대한 네 가지 의지할 것인 법사의 중에 두 번째는 '의요의依了義 불의불요의不依不了義'입니다. '요의경了義經을 의지하고 불요의경不了義經을 의지하지 말라.'입니다.

불교에 경전이 무수히 많습니다. 그런데 부처님께서 당신이 워낙 말씀을 많이 해 놨으니까 당신 입으로 '전부 다 의지할 것이 못 된다.'고 하셨습니다. 그 많은 경전 중에서 어디에서든지 통하는 진리의 가르침만을 의지하라는 것입니다. 그 이외 것은 임시방편이니 너무 의지하지 말라, 어떤 특정한 국가, 특정한 민족, 어느 시대에만 맞는 것이라면 너무 생각하지 말라는 것입니다. 부처님은 그 사람의 병에 따라서, 그 사람의 문제에 따라서 딱 그 사람에게 맞는 처방을 내렸습니다.

그 처방이 모든 사람에게 통한다고 생각하면 오산입니다. 특정 사람에게만 통하는 처방을 불요의경이라고 합니다. 모든 사람에

157

게 통하는 처방은 요의경입니다. 대승경大乘經은 요의경입니다.

불교 가르침이라고 해서 덮어놓고 허겁지겁 쫓아다니면 안 됩니다. 요의경, 완전한 경, 대승경전만 의지하도록 하고 그 외의 것은 무시해도 좋다는 말씀을 부처님 당신이 직접 하셨습니다. 이왕에 불교를 공부하는 우리는 가능하면 대승경전을 공부하는 것이 바람직합니다. 절마다 있는 불교대학에서도 대승경전을 교재로 하는 것이 바람직합니다. 경전만큼 좋은 교재가 없습니다. 그것이 '의요의 불의불요의'입니다.

지혜를 의지하라

법에 대한 네 가지 의지할 것인 법사의 중에 네 번째는 '의지불의식依智不依識'입니다. '지혜를 의지하지 알음알이를 의지하지 말라.' 이것은 부처님의 유언 중 하나입니다.

우리는 일상을 사는 데도 지혜롭게 살아야 하고 불교를 이해하는 데도 지혜롭게 이해해야 합니다. 불교를 지혜로써 이해해야 합니다. 불교에서 지혜가 가장 중요합니다.

그래서 법화경을 설할 때도 맨 처음 사리불이 등장했습니다. 사리불이 부처님의 제자 중에 지혜제일이기 때문입니다. 법회 전 부처님이 광명을 풀어놓은 것도 전부 지혜를 표현하기 위함입니다. 불교는 지혜의 종교이고 지혜를 깨우치는 종교입니다. 지혜만 밝으면 다른 여러 가지를 구차하고 복잡하게 생각할 필요가 없습니다.

우주와 함께 부르는 노래

만약 어떤 사람이 탑이나 등상불等像佛이나 탱화에

꽃과 향과 깃발과 일산으로써 공경 공양하였거나,

또는 남을 시켜 풍악 울리고 북 치고 소라 불고 퉁소와

저와 거문고와 공후와 비파와 징과 요령 등

이러한 여러 가지 아름다운 음악으로 불상에 공양하였거나,

또는 환희한 마음으로 부처님의 공덕을 노래하거나,

내지 아주 작은 음성으로 공양하더라도

이러한 이들 모두 이미 성불하였느니라."

— 『법화경』 「방편품」 43

합창단처럼 우렁차게 노래하는 것은 물론이고 설사 작은 소리로 노래해도 나의 부처는 온 우주처럼 100퍼센트 드러납니다. 절의 행사 때 삼귀의를 한다거나 찬불가를 부를 때 익숙하지 않거나 음치인 사람은 작은 음성으로 겨우겨우 흉내를 냅니다. 설사 그렇다 하더라도 거기에는 이미 나의 부처가 온 우주와 같이 100퍼센트 드러나 있는 것입니다.

모든 문제는 법화경에 근거하여 풀 수 있습니다. 그 답은 '사람이 부처님이다.'입니다. 남을 상대했을 때 곧 '당신은 부처님'이라고 하는 사상입니다. 이것이 불교의 진수이고 불교 최궁극의 가르침입니다.

8강

눈을 뜨고 보니
본래 스스로 갖추고 있다

적문과 본문

법화경은 경 중의 왕입니다. 그래서 오랜 세월 많은 사람들이 이 경전을 연구한 내용을 글로 남겼습니다. 그 많은 분들이 서로의 이론을 가지고 법화경을 공부할 만큼 연구거리가 많은 경전입니다.

그런데 하나의 공통된 해석이 있습니다. 법화경을 해석하면서 부처님을 적문과 본문으로 나누어 설명하는 것입니다. 이것은 또 이 세상과 우리들 자신을 해석하는 길이기도 합니다. 적문迹門과 적불迹佛은 자취로서의 부처님, 역사적인 부처님입니다. 본문本門과 본불本佛은 본체로서의 부처님, 궁극적 차원에서의 부처님입니다. 적인迹人은 자취로서의 사람입니다. 본인本人은 본체로서의 사람입니다.

역사적인 차원에서의 사람과 궁극적 차원에서의 사람은 다릅니다. 우리에게 보여지는 것들, 나이가 몇 살이고, 어느 가문에 태어나서, 교육이 어떻고, 직업이 무엇이고, 외모가 어떻다는 것은 다 각각 차별하여 다릅니다. 이것은 현상이고 역사적인 사람입니다. 적문입니다. 그러나 궁극적 차원에서의 사람은 모두가 평등합니다. 화엄경에서 '심불급중생시삼무차별心佛及衆生是三無差別, 마음과 부처와 중생, 이 셋은 차별이 없다.'고 말했듯이 궁극적 차원의 사람은 부처님과 동일한 자리입니다.

본래의 사람은 본래 부처님[本佛]과 차별이 없습니다. 깨달은 분은 그것이 너무나도 명확하게 보이기 때문에 그런 말씀을 안 할 수가 없습니다. 그래서 대승경전에서는 궁극적인 차원을 크게 부각시킵니다. 진정으로 문제가 되고 우리가 제대로 알아야 할 것은 궁극적 차원의 우리들이라는 것입니다. 그 점을 상당히 깊이 있게 말씀하신 경전이 바로 이 법화경입니다.

모든 사람의 궁극적 차원은 부처입니다. 부처보다 더 좋은 표현이 있다면 더 좋은 표현을 써도 됩니다. 더 좋은 표현이 없으므로 궁극적 차원에서의 사람의 모습은 바로 부처라고 말하는 것입니다. 그것을 법화경은 끊임없이 말하고 있습니다.

현실 속에서 우리는 역사적인 모습으로 서로를 상대합니다. 어떨 때는 그것과 관계없이 우리 모두가 가지고 있는 마음을 가지고 이야기할 때도 있습니다. 육신만 가지고 문제 삼을 때가 있고 마음만 가지고 문제 삼을 때가 있으면서 아주 자유롭게 마음과 육신이 서로를 넘나듭니다.

우리가 사람을 이해하고 부처님을 이해하고 삼라만상을 이해할 때도 눈에 보이는 차원과 아울러서 눈에 보이지 않는 궁극적 차원을 꼭 함께 이해하는 것이 바람직합니다. 스스로의 가치도 그렇게 이해해야 하고 상대의 가치도 그렇게 이해해 줘야 합니다. 이러한 경전의 말씀, 부처님 깨달음의 말씀을 통해 '사람이 부처님'이라는 내용을 명확히 이해할 때 우리의 삶은 진정으로 가치 있는 삶이 됩니다. 인간으로서 이 세상에 태어난 보람과 의미를 십분 이해할 수 있습니다.

소중한 7일

"내가 처음 보리도량에 앉아 나무를 바라보고
또는 거닐면서 삼칠일 동안에
이러한 일들을 깊이 생각하였느니라.
– 『법화경』 「방편품」 49

세상에는 분명히 바른 이치가 있고 인생을 살아가는 데도 분명히 바른 길이 있어서 그 길을 따라가면 바르고 편안합니다. 그런데도 불구하고 중생은 어리석어서 그 길을 가지 않고 고통을 겪습니다.

부처님이 그러한 모습을 보시고서 마음이 괴롭고 아팠습니다.

자비스러운 사람의 마음은 그렇습니다. 이웃의 아픔은 물론이고 신문지상에 나오는 불행한 사람들의 안타까운 사연만 들어도 마음이 아프고 괴롭습니다.

불교 역사에서 가장 소중한 시간이 있다면 부처님이 6년 고행을 끝내고 바른 선정에 들었던 그 일주일입니다. 부처님은 세속에서는 향락에 빠져 살았고, 출가를 해서는 고행에 빠져서 고행을 했습니다. 그런데 고행으로 거의 죽음 직전에 '향락의 삶도 올바르지 못하고 고행의 삶도 바람직한 일이 아니다.'라는 사실을 깨닫고 고행을 접기로 결심하고 목동녀가 끓여 온 우유 공양을 받습니다.

니련선하에 가서 6년 동안 씻지 않았던 피골이 상접한 몸을 씻고 우유죽을 먹고 정신을 차리고 정상적인 사고를 하면서 정상적인 선정에 들었던 그 일주일이 불교사에서는 매우 소중한 시간입니다.

'내가 얻은 이 지혜는 미묘하기 최상이며 제일이지만
중생들의 근기가 암둔闇鈍하여
어리석고 눈 어두운 일에 즐겨 집착하는지라
이와 같은 무리들을 어떻게 제도할 수 있을까?'
라고 생각하였느니라.
- 『법화경』「방편품」 49

부처님이 바른 선정에 들어 드디어 깨달음을 얻고 보니 당신이 깨달은 진리는 너무 깊고 오묘하여 누구에게나 이야기해 줄 수 있는 이치가 아니었습니다. 그래서 '어떻게 하나. 내가 이것을 중생에게 설명을 해 줘야 할 것인가?' 하고 삼칠일(21일)을 고민하였습니다.

불교에서는 흔히 칠일기도를 한다, 삼칠일기도를 한다, 칠칠재(49재)를 지낸다 하면서 7일을 중심으로 의식과 행사가 치러집니다. 불교 역사에서 가장 소중하고 값진 부처님 깨달음의 일주일에 맞추어 짜인 시간입니다. 부처님이 바른 선정에 들었던 그와 같은 시간을 일주일간 용맹정진한다든지, 삼칠일 기도를 한다든지 하면서 우리가 따라 하는 것입니다. 법화경에 이렇게 분명히 근거가 있습니다.

이 때에 여러 범천왕과 제석천왕들과 이 세상을
보호하는 사천왕과 대자재천왕과 여러 천신 대중들과
그들의 권속 백 천 만 대중들이
공경히 합장하고 예배하면서 나에게 법륜
굴리기를 청하거늘
내가 스스로 생각하기를
'만약 일불승만 찬탄하면 괴로움에 빠져 있는 저 중생들은
이 법을 믿을 수 없어서 법을 파괴하고 믿지 않는 까닭에
삼악도三惡道에 떨어질 것이니
내가 차라리 설법하는 일을 그만두고

빨리 열반에 들어버릴까.' 하였느니라.

- 『법화경』 「방편품」 49

부처님의 깨달음은 법화경의 표현으로 말하자면 '일불승의 경지'입니다. 모든 사람이 그대로 부처님과 동등한 경지라는 사실입니다. 그런데 부처님은 당신이 깨달으신 바를 그대로 설한다면 중생이 이 엄청난 진리를 이해하지 못하고 비난만 할 것이라는 것을 알았습니다. 중생이 부처님을 비난하는 죄까지 짓게 하면서 '이것을 내가 중생들에게 설법을 해야 하는가?' 하는 것을 부처님은 깨닫고 나서 삼칠일 동안 고민하셨습니다. 그때 천신 대중이 합장하고 예배하면서 부처님께 법륜 굴리기를 청하였습니다.

인류사 최대의 사건

부처님의 깨달음은 보통 사건이 아닙니다. 서양 종교, 서양 철학, 동양의 종교, 동양의 철학을 다 섭렵하고 불교도 완전히 마스터한 서양의 철학자는 이에 대해서 '부처님의 깨달음은 인류사에 있어서 최대의 사건'이라고 표현합니다.

인류 역사에 별별 큰 사건이 많습니다. 그런데 이름 없는 한 태자가 6년 고행 끝에 깨달음을 이룬 개인의 정신 혁명, 정신 변화를 인류사에 있어서 가장 큰 사건이라고 한 까닭은 무엇인가요.

부처님 이전에는 인간을 업장이 많고 죄덩어리의 쓸모없는 존재로 알았습니다. 그런데 부처님이 깨닫고 보니 모든 사람이 다 부처의 자질을 갖추고 있는 것이었습니다. 그래서 '모든 사람이 다 부처다.'라고 하는 일불승 선언을 합니다. 부처님 당대의 사람뿐만 아니라 앞으로 올 미래의 사람, 심지어 부처님이 오시기 전 그 많고 많은 과거의 사람들도 모두 부처님으로 격상시킨 대단한 사건입니다.

부처님의 깨달음은 한 개인의 깨달음이 아니라 인류사에 있어서 모든 사람, 모든 생명을 한꺼번에 부처로 격상시킨 사건이기 때문에 이것을 인류사에 있어서 가장 큰 사건이라고 한 것입니다. 참으로 적절한 표현입니다.

부처님의 일불승 선언, 법화경 화엄경과 같은 이러한 대승경전의 선언이 없었더라면 우리 인간이 그렇게 격상될 수 없었습니다. 그런데 그 사실을 알려 주어도 이해할 사람이 없고, 오히려 법을 파괴해서 삼악도에 빠질 것을 걱정해서 부처님이 '빨리 열반에 들어 버릴까?'라고 생각했다는 것은 참으로 아찔하고 위험천만한 순간입니다.

방편으로 삼승을 설하기로 하다

마침내 과거 부처님께서 행하신 방편의 일을 생각하고
'내가 지금 얻은 도에 대해서도
삼승을 알맞게 말하리라.' 하였느니라.

　－『법화경』「방편품」 50

사실은 모두가 부처의 삶인데, 부처의 삶만 가지고 이야기하다가는 아무도 믿을 사람이 없고 이해하는 사람이 없고 따를 사람도 없습니다. 그래서 부처님은 열반에 드는 대신 차원을 낮춰서 일승을 여러 가지로 쪼개고 나누어서 중생들의 근기에 맞게 이야기할 수밖에 없겠다고 생각하기에 이르렀습니다.

이렇게 생각할 때에 시방세계의 부처님이 모두 나타나서
아름다운 음성으로 나를 위로하며 깨우치시기를,
'선재善哉라. 석가모니불,
제일가는 도사導師여, 최상의 법을 얻어서
다른 여러 부처님이 행하신 것처럼
방편의 이치를 쓸지니라.
— 『법화경』「방편품」50

진정으로 진리를 깨달은 모든 사람들은 전부 다 같은 음성으로 석가모니 부처님이 그렇게 마음을 돌린 것을 찬탄합니다. 마치 어린아이가 모처럼 착한 일을 했을 때 부모들이 칭찬하는 것과 같이 그렇게 모든 부처님이 칭찬합니다.

먼저 중생의 고통을 편안하게 해 주고, 중생들이 일상적인 삶 속에서 겪는 자질구레한 문제까지도 낱낱이 치유하면서, 궁극에 가서는 인간의 궁극적 차원을 드러내어 일불승을 이해시키라는 것입니다.

방편과 궁극을 아우르다

우리 부처님들도 또한 가장 미묘한 제일의 법을 얻었지만

여러 종류의 중생들을 위하여

나누고 쪼개어서 삼승법을 설하노라.

– 『법화경』 「방편품」 50

오늘 아침에 저를 방문한 어떤 신도가 말했습니다. "법화경에 의지한 스님의 말씀은 원론적이고 고준하고 높은 법인 것은 사실인데 개개인의 자질구레한 문제들, 현재 내가 앓고 있는 문제들을 해결하는 방편의 이야기가 없어서 유감입니다."

저도 그것을 알지만 법화경을 앞에 놓고는 양심상 원론적인 이야기를 할 수밖에 없습니다. 나중에 지장경 이야기를 할 때는 다른 이야기를 할지 몰라도 법화경을 앞에 놓고 다른 이야기를 한다면 부처님이 용납하지 않으실 것입니다.

부처님이 깨달으신 경지는 '사람이 부처다.'라는 경지입니다. 사람이 그대로 부처님입니다. 이것이 진정한 주인공이고, 궁극의 차원이고, 참생명입니다. 그 참생명은 부처님의 한량없는 공덕 생명 그대로입니다. 모든 존재와 사람 사람 역시 부처님의 무량공덕 생

명 그대로입니다.

궁극적 차원은 하나입니다. 그렇지만 그것을 제대로 수용하는 사람이 몇이나 되겠습니까. 오히려 죄 많은 인간이고 업장 많은 중생이어서 고통에 윤회한다고 하는 말이 더 가깝게 다가옵니다. 그래서 석가모니 이전의 모든 부처님도 그러한 중생의 근기를 살펴서 일불승을 '나누고 쪼개어서 삼승법을 설하노라.'라고 하였습니다. 이것은 불교의 방편입니다.

불교라는 존재는 어떤 생명보다 활발발하게 살아서 움직이는 존재이기 때문에 전파된 지역과 사회와 환경에 따라서 수많은 방편을 가지고 중생을 제도해 왔습니다. 법화경을 부처님 당시에 설한 경전이라고 본다면 2500~2600년 전 부처님은 성문, 연각, 보살이라는, 기껏해야 아주 단순한 세 가지 방편을 말씀하셨는데 오늘날 이 시대에 우리나라만 해도 수십 수백만 가지의 방편이 있습니다.

같은 불교라고 해도 우리나라에 있는 방편이 중국이나 태국에는 없을 수 있습니다. 중국에 있는 방편이 우리나라에 없고, 태국에 있는 방편이 우리나라에 없는 경우가 많습니다. 앞으로도 10년 뒤 한국불교에서 어떤 방편이 생길지 모르고, 시대가 달라지는 이상 또 다른 방편이 생겨야 합니다.

그런데 법화경은 그 많고 많은 방편을 모두 통섭하고 융합합니다. 법화경의 안목이라고 하는 것은 불교경전 가르침 중에서도 최고의 통찰력을 가진 안목이기 때문입니다. 앞으로 어떤 방편이 생기더라도 법화경은 그것을 다 아우르고 통섭하고 융통할 것입니다.

또 방편이 아무리 성해도 역사적인 차원만 가지고 우리가 매달릴 수는 없습니다. 본질, 진정한 생명을 놓쳐서는 안 됩니다. 불교와 모든 존재의 궁극적인 차원은 모두가 부처님의 무량공덕 생명입니다. 변하지 않습니다. 그리고 그 궁극적 차원과 역사적인 차원이 딱 부러지게 나눠지는 것도 아닙니다. 우리의 몸과 마음이 서로 넘나들듯이 궁극적 차원과 역사적 차원이 서로 넘나듭니다. 우리 인간도 부처님도 그리고 삼라만상도 역사적인 현상적 차원이 있고 눈에 보이지 않지만 진정한 생명체인 궁극적 차원이 있습니다. 그것이 둘이면서 하나이고 하나이면서 둘입니다. 서로 넘나들기도 합니다. 앞으로 10년, 20년 후에 불교에 또 어떤 방편이 생기더라도 방편은 방편대로 우리가 다 수용하면서 한편 궁극적 참생명의 길을 놓쳐서는 안 됩니다.

보살을 위한 가르침

우리 부처님들도 또한 가장 미묘한 제일의 법을 얻었지만

여러 종류의 중생들을 위하여

나누고 쪼개어서 삼승법을 설하노라.

－『법화경』「방편품」50

저는 이런 구절을 들을 때 수백 번 고개가 끄덕여집니다. 일불승을 나누고 쪼개어서 설한 삼승법이 지금은 삼백승, 삼천승, 삼만승, 삼십만승에까지 이르렀습니다. 앞으로 더 많은 방편으로 나누고 쪼개어질 것입니다.

작은 지혜를 가지고 소승법을 좋아하여
스스로 성불할 것을 믿지 않는 까닭에
하는 수 없이 방편을 써서 나누고 쪼개어서
여러 가지 인과因果를 설하느니라.
- 『법화경』「방편품」50

중생이 스스로 부처라는 것을 믿지 않는 까닭에, 궁극적 차원은 잊어버리고 현상적 차원만 쫓아갑니다. 하는 수 없이 부처님은 인과를 설합니다.

불교에 입문할 때 인과 이야기에 매력을 많이 느낍니다. 저희도 어릴 때 인과 이야기를 들으면 아주 달콤했습니다. 그러니까 옛날 지혜로운 분들은 있는 인과 이야기도 하고 만들어 낸 인과 이야기도 하였습니다. 이러한 이야기의 목적은 결국 일불승을 설하기 위함입니다.

비록 삼승을 말했으나 오직 보살들을
교화하기 위함이니라.' 하시니라.

- 『법화경』「방편품」50

법화경에 이런 표현이 자주 나옵니다. 유치원 같은 차원을 이야기하지만 사실은 모두 일불승一佛乘으로 귀결시키기 위함이라는 것입니다. 이제 법화경에 와서는 일불승을 가르치면서 이것은 '오직 보살들을 교화하기 위함이니라.'라고 하였습니다. 법화경을 듣는 사람은 모두 보살이라는 말입니다.

우리는 좋든 싫든, 공부를 했든 안 했든, 오늘 절에 처음 왔든 여러 번 왔든 법화경을 듣고 있고, 적어도 법화경과 인연 있는 사람들이기 때문에 이미 무조건 최고 수준에 있는 보살입니다. 법화경을 들으며 얼떨결에 우리는 최고 학년이 되어 버렸습니다. 들어왔으니 이제 졸업만 남았습니다. 얼마나 쉽습니까. 법화경은 이렇게 쉽습니다.

지금도 선방에서는 용맹정진을 하면서 깨달음을 향해 온몸을 혹사하지만 법화경에는 그런 고생스러운 이야기가 없습니다. 최상승의 가르침을 탁 던져서 이해하면 그것으로 끝납니다.

부처님이 설하신 불교학개론

사리불이여, 마땅히 알아라.

거룩한 사자 같은 부처님들의 깊고 깨끗하고

미묘하신 말씀을 내가 듣고

'나무 제불諸佛'을 일컫고 나서 또 다시 생각하기를

'내가 홀로 흐린 세상에 출현하였으니

다른 부처님이 말씀하신 일과 같이

나도 또한 따라서 하리라.'

하였느니라.

- 『법화경』 「방편품」 50

부처님이 설법을 결심합니다. 그리고 이어서 석가모니 부처님이 걸어온 길을 간략하게 정리하는 내용이 나옵니다.

법화경은 불교 가르침의 종합서이고 불교개론서입니다. 부처님이 설하는 '불설불교학개론佛說佛教學概論'입니다. 그래서 불교의 기본적인 이야기가 다 들어 있습니다. 부처님 일대기가 나오고, 사성제 팔정도가 나오고, 별별 이야기가 다 나옵니다. 불교의 모든 것을 다 종합해서 융통시킨 통합서가 바로 법화경입니다. 부처님 가르침의 종합서입니다.

초전법륜

이러한 일을 생각하고 나서 곧 바라나시로 갔느니라.

모든 법의 적멸한 모양을 말로는 형용할 수 없지만

편리한 방편을 써서 다섯 비구들을 위하여 연설했느니라.

이것이 이름이 '법륜法輪을 굴린 일'이며

열반涅槃이라는 법과 아라한이라는 이름과

법보法寶와 승보僧寶라는

차별의 이름도 있게 되었느니라.

— 『법화경』「방편품」51

이 부분은 석가모니 부처님이 걸어온 길을 간략하게 정리한 것입니다. 부처님은 깨달음을 이루고 삼칠일을 고민하고 나서 바라나시의 녹야원으로 갔습니다. 이곳은 부처님이 처음 설법을 하신, 초전법륜初轉法輪을 굴리신 곳입니다.

이곳에서 부처님은 다섯 비구를 만납니다. 원래 이들은 부처님과 함께 6년을 고행하던 이들이었으나 부처님이 목욕하고 우유죽한 그릇 먹는 것을 보고 타락했다고 부처님을 떠난 이들입니다. 당시 고행주의자들이 그랬습니다.

또 바라나시는 지금도 그렇지만 인도에서 종교의 도시입니다. 모든 철인과 종교인과 도인과 사상가들이 항상 거기에 모여 있으니 그곳에서 통해야 선지식이 될 수 있었습니다. 부처님 역시 자신의 깨달음이 그곳에서 통하는지 그 모든 종교와 철학과 사상과 도를 다 제압할 수 있는지를 시험하러 그곳에 간 것입니다. 사슴이 뛰노는 녹야원에서 만난 다섯 비구를 위해 부처님이 처음 법을 설하였습니다. '처음 법륜法輪을 굴린 일'이 그것입니다. 그리고 부처님이 최초에 설하신 경전을 『초전법륜경』이라고 합니다.

부처님이 녹야원에서 맨 처음 법을 설할 때 고집멸도苦集滅道를 이야기했습니다. 고통을 이야기했으니 반대로 열반을 이야기 안 할 수가 없습니다. 열반을 증득한 사람은 아라한입니다.

이렇게 부처님이 법을 펴자 부처님의 설법은 법의 보물인 법보法寶가 되고, 당신의 말씀을 듣고 귀의한 다섯 비구와 제자들은 승보僧寶가 되었습니다. 그리고 설법하는 부처님은 불보佛寶입니다. 이렇게 불·법·승 삼보三寶가 비로소 탄생하게 되었습니다.

기본적이고 기초적인 불교 이야기가 이 법화경 속에 다 있습니다. 이것을 부연해서 설명하면 불교교양대학 3개월짜리 교재가 됩니다. 부처님이 맨 처음 무엇을 설법했는가. 고집멸도, 사성제, 팔정도, 십이인연을 설법했습니다. 그것을 교재로 불교교양대학에서 3개월을 공부합니다. 우리가 이미 다 배운 내용들이 나오니 새삼 반갑습니다.

열반의 도리

오랜 세월을 두고두고 열반의 도리를 찬탄하여
생사의 고통이 아주 없어진다고

나는 항상 이렇게 말하였느니라.

－『법화경』「방편품」51

　부처님은 오랫동안 열반을 이야기했습니다. 괴로운 사람은 편안한 것이 제일이기 때문입니다. 병고에 시달려 보면 이 세상 어떤 나쁜 사람이라도 '건강하다면, 그래 너는 100점짜리 인생이다.'라는 생각이 듭니다. 아마 건강한 여러분들은 이해하지 못할 것입니다.

　제 주변에도 공부 안 하고 놀기 좋아하며 평소에 보면 가관인 사람들이 있습니다. 그런 사람들이 오면 제가 건강하냐고 묻습니다. "아, 나야 건강하죠." "그래, 당신은 100점짜리 인생입니다." 제가 그 말을 수없이 했습니다. '공부 안 해도 좋다. 나쁜 짓 해도 좋다. 몸 건강하면 100점짜리 인생이지 뭐 걱정할 것이 있느냐.' 하는 마음이 저절로 듭니다. 이것이 불교에 해당하는지는 잘 모르겠습니다. 그러나 부처님이 오랜 세월 두고두고 열반의 도리를 찬탄하면서 몸이 아프든 마음이 아프든 아픈 사람들에게 '생사의 고통이 아주 없어진다고 나는 항상 이렇게 말하였느니라.'라고 하신 말씀에 저는 수긍이 갑니다.

소중한 순간

사리불이여, 마땅히 알아라.

나는 여러 불자들이

부처님의 도를 구하는 한량없는 천 만 억 사람들이

모두 다 공경하는 마음으로 부처님이 계신 곳에 와서

일찍이 부처님께서 방편으로 말씀하신

법문을 듣는 것을 보고,

나는 곧 생각하기를

'여래가 세상에 출현하신 것은

부처님의 지혜를 설하기 위함이니

지금이 바로 그 때이니라.'라고 하였느니라.

– 『법화경』「방편품」52

우리는 참으로 소중한 순간에 동참했습니다. 하루 중 값지지 않은 어느 시간이 있겠는가마는 그래도 생각해 보면 보람 없이 보낸 시간들도 많습니다. 그런데 여래가 성취하신 그 깨달음의 최고 경지를 이야기하는데 '지금이 바로 그 때이니라.'라고 하였습니다. 바로 오늘이고 지금이 바로 그 순간입니다.

이것을 과거 2500~2600년 전에 있었던 이야기라고 생각하지 마십시오. 우리가 법화경을 이 순간 만났다면 지금 바로 이 순간이 그 때입니다. 기원전 몇 월 며칠, 기원후 몇 월 며칠이라고 하는 기록이 불교에는 없습니다. 불교는 살아 있는 가르침이기 때문입니다. 경전에 '지금'이라고 하면 우리가 경전을 만나는 이 순간이 바로 '지금'입니다.

지금 우리는 부처님께서 터득한 그 지혜를 만났습니다. 그 지혜는 한마디로 '사람이 부처님이다.'라고 하는 안목입니다. 보통의 안목으로는 사람을 부처님으로 볼 수 없습니다. 사람이 부처님이라고 하는 것도 법화경을 빌려서 우리가 표현하는 것이지 법화경을 빌리지 아니하고는 감히 그런 말을 못합니다.

나의 참모습

사리불이여, 마땅히 알아라.
근기가 둔하고 지혜가 작은 이들과
현상에 집착하여 교만한 사람들은
이 법을 믿을 수 없느니라.
— 『법화경』「방편품」 52

근기가 둔하거나 지혜가 작은 이들이란 현상적이고 역사적인 차원의 인간입니다. 현상 차원에 사로잡혀 있는 사람들은 교만하여서 이 법을 믿을 수가 없습니다. 인간의 궁극적 차원에 대한 관심이 있고 거기에 마음이 가는 사람들이라야 이 법을 이해합니다. 그렇지 않고 눈앞에 보이는 우리 인간만을 보면 참 한심합니다. 그런데 평범한 인간이라고 하는 겉모습에 싸인 그 궁극적 차원은 어마어마한 보물입니다.

뒤의 오백제자수기품에 가면 '계주 비유'가 나옵니다. 부자인 친구가 거지 친구의 주머니에 값을 따질 수 없는 어마어마한 보석을 넣어 주었는데 거지 친구는 그것도 모르고 오랜 세월 계속 밥을 빌어먹으며 다녔다는 이야기입니다. 겉으로 보기에 우리가 가지고 있는 보자기는 모두 그만그만한 보자기입니다. 그러나 그 속에 들어 있는 우리들 개개인의 궁극적 차원은 우리들의 참모습이고 그것은 부처님의 무량공덕 생명과 똑같습니다.

육조혜능 대사 오도송

육조혜능 대사의 오도송悟道頌은 이와 같은 자성自性을 노래했습니다. 오도송은 깨달음을 이룬 노래라는 뜻으로 깨달은 사람들이 자신의 깨달음을 시로써 노래한 것입니다.

"내 자성이 본래 청정한 줄을 내 어찌 알았으랴.

내 자성이 본래 생멸이 없는 줄을 내 어찌 알았으랴.

내 자성이 본래 저절로 갖춰져 있는 줄을 내 어찌 알았으랴.

내 자성이 본래 동요가 없는 줄을 내 어찌 알았으랴.

내 자성이 능히 모든 것을 만들어 내는 줄을 내 어찌 알았으랴."

하기자성본자청정何期自性本自淸淨.

내 자신이 본래 청정합니다. 훌륭하고 뛰어나다고 하는 사실을 내가 어찌 상상이나 했겠습니까. 그런데 오늘 보니 너무나도 훌륭한 존재입니다.

하기자성본불생멸何期自性本不生滅.

나는 언제 태어나고 또 언제 죽을 것이라고만 생각하고 살았는데 내 자성 자리가 본래 생멸하지 않습니다. 불생불멸입니다. 생기지도 않고 소멸하지도 않는다는 이 사실을 나는 몰랐습니다. 이 어마어마한 사실을 내가 어찌 상상이나 했겠습니까.

하기자성본자구족何期自性本自具足.

혜능 스님은 원래 가난한 집안에 태어나서 나무 장사를 해서 어머니를 먹여 살리는 삶을 살았습니다. 그것만이 자기 삶의 전부인 줄 알았는데 그것은 역사적이고 현상적인 차원의 본인이었을 뿐, 눈을 뜨고 보니 재산이면 재산, 지혜면 지혜, 자비면 자비, 모든 것이 본래 자신 속에 가득히 갖춰져 있어서 조금도 부족함이 없다는 것을 알았습니다. 본래 스스로 구족하다는 사실을 어찌 상상이나 했겠습니까. 나무를 팔아서 겨우 연명해 가는 시골의 가난한 청년이 뭘 알았겠습니까. 그런데 눈을 뜨고 보니 모든 것이 다 갖춰져 있었습니다. 나의 존재는 어마어마한 보배며 근사한 존재라는 사실을 알게 된 것입니다.

하기자성본무동요何期自性本無動搖.

본래 아무런 동요가 없다고 하는 사실을 내가 어찌 알았겠습니까. 여기 흔들리고 저기 흔들리고 별별 차별현상에 다 흔들리면서 사는데 나의 궁극적인 차원에 눈을 뜨고 보니 전혀 그런 동요가 없는 것입니다. 나의 그런 궁극적 차원을 알게 되었습니다.

하기자성능생만법何期自性能生萬法.

능히 만법을 다 내가 만들어 냅니다. 일체유심조一切唯心造라는 말을 들어보았을 것입니다. 모든 것은 내 마음이 만들어 냅니다.

전부 내가 만들어 낸다고 하는 이 사실을 내가 어떻게 상상이나 했겠습니까.

이런 이야기를 육조혜능 스님이 깨닫고 나서 했습니다. 법화경의 이야기와 똑같습니다.

네 가지 법문 만나기의 어려움

과거 현재 미래의 부처님들이 법을 설하신 의식대로
나도 지금 그분들과 같이 하나의 법만을 설하리라.
모든 부처님이 이 세상에 출현하신 것은 매우 드물어
만나기 어려우며 설사 세상에 출현하시더라도
이러한 법문을 설하기는 더욱 어려우니라.
한량없이 오랜 겁에 이러한 법문을 듣기는 어렵고
이러한 법문을 얻어들을 수 있는 사람,
그러한 사람 되기는 더욱 어려우니라.
- 『법화경』「방편품」53

여기서는 사난장四難章이라고 해서 네 가지 법문 만나기 어려움을 이야기합니다.

첫째, 부처님 만나기 어렵습니다.

둘째, 부처님이 세상에 출현했다 하더라도 법화경과 같은 법문을 설하기는 어렵습니다. 부처님은 80생애를 사시면서 35세에 성도해서 70세가 될 때까지 법화경을 설하지 않았습니다. 죽음을 앞두고 마지막 8년에 걸쳐서 비로소 법화경을 설하셨습니다. 그러니까 그전에 죽은 사람들은 이 법문을 못 들었습니다.

셋째, 부처님이 설한다 하더라도 타이밍을 맞춰 듣기가 쉽지 않습니다. 그 순간 그 자리에 동참해야 듣는 것입니다. 제가 여기서 법화경을 이야기할 동안 오늘 이 자리에 못 온 분들은 못 듣습니다. 그래서 저는 모든 사람들이 기회 있을 때마다 손쉽게 법문을 듣도록 다음 카페 '염화실'을 열고 제가 설한 모든 법문을 올려 두고 있습니다.

넷째, 귀를 가지고 말을 듣지만 마음으로 제대로 받아들이기는 더욱 어렵습니다.

어렵다는 말이 네 마디 나오기 때문에 네 가지 어려움, 사난장四難章입니다. 부처님이 이 세상에 오기 어렵고, 부처님이 세상에 와도 이러한 법문 설하기가 어렵고, 설해도 듣기 어렵고, 듣는다고 하더라도 '그럼 그렇지.' 하며 마음으로 받아들이기가 어렵습니다.

우담바라 꽃이 피는 것보다 희유하다
마치 우담바라 꽃을 모든 사람들이 다 사랑하지만
천상과 인간에 매우 희유하여
때가 되어야 겨우 한 번 피느니라.
－『법화경』「방편품」 53

진짜 우담바라입니다. 풀잠자리 알 슬어 놓은 것이 아닙니다. 그것을 가지고 사기 치는 사찰이 그동안 얼마나 많았습니까. 우담바라 꽃은 여기 법화경에 이렇게 나와 있습니다. 이 법문을 듣고 기뻐하여 찬탄을 한마디만 하더라도 그는 벌써 모든 삼세三世의 부처님께 공양한 것입니다.

이러한 사람은 매우 희유하여
우담바라 꽃이 핀 것보다 나으리라."
－『법화경』「방편품」53

우담바라 꽃이 아무리 핀다 한들 무슨 의미가 있습니까. 꽃은 꽃일 뿐입니다. 오히려 이러한 법화경 진리의 말씀을 마음에 받아들이는 것이 우담바라 꽃이 피는 것보다 훨씬 수승하고 훌륭한 일입니다.

부처님께 불공하기는 쉽습니다. 이러한 법문, 대승법문인 법화경 법문을 듣고 기뻐하여 찬탄만 하더라도, 크게 표현 안 하고 속으로 '좋다.'라고 혼자 기뻐만 하더라도 삼세 모든 부처님께 공양한 것이 됩니다. 법화경은 참으로 좋습니다.

법화경 28품을 둘로 나누었을 때 앞 14품 중에서 가장 중요하다고 하는 방편품을 마칩니다.

9강
내게 있는 한 권의 경전,
불교는 쉽다 간결하다

비유품

법화경 세 번째 품인 비유품譬喻品을 공부할 차례입니다. 경전 중에 왕이라고 하는 법화경에는 수많은 비유가 있습니다. 그중에 비유품은 품 이름이 아예 비유품입니다. 여기에 '삼계가 불타는 집'이라고 하는 유명한 '화택유火宅喻'가 나옵니다.

비유로 가르치다

법화경 전편에 걸쳐서 나오는 비유 중에 일곱 가지 비유가 중요하다고 해서 칠유七喻라고 합니다. 또 구유九喻라고 해서 아홉 가지 비유, 혹은 이십오유二十五喻라고 해서 스물다섯 가지 비유를 꼽기도 합니다.

법화경 신해품에는 '궁자의 비유'가 나옵니다. 어린 아들을 잃어버린 아버지가 거부장자가 되었는데, 자식은 장성할 때까지 거지로 떠돌다가 그 아버지를 만나서 아버지의 재산을 고스란히 물려받는다는 내용입니다. 약초유품에는 '약초의 비유'가 나옵니다. 화성유품에는 마술을 부리듯이 '변화하여 만든 도시[化城]의 비유'가 나옵니다. 또 오백제자수기품에는 '계주의 비유'라고 해서 부자인 친구가 거지인 친구를 만나 평생 마음껏 써도 남을 값진 보배를 주머니에 넣어 주었는데, 그것도 모르고 거지 친구는 오랜 시간이 지난 후 부자 친구를 다시 만날 때까지 무가보를 주머니에 넣은 채 거지로 살았다는 이야기가 나옵니다. 이 모든 비유가 우리들 참생명을 바로 깨닫자는 내용입니다.

나에게 한 권의 경전이 있으니

한국의 대표 선사로 추앙받는 성철 스님은 출가하기 전에 동서고금의 많은 책을 보셨습니다. 그중에 『채근담』의 '아유일권경我有一卷經하니 불인지묵성不因紙墨成이라. 전개무일자展開無一字인데 상방대광명常放大光明입니다.'라는 구절에서 발심하여 출가를 했습니다.

'나에게 한 권의 경전이 있습니다. 그 경전은 종이와 먹으로 된 것이 아닙니다. 종이와 먹으로 된 경전은 펼치면 글자가 있지만 사람 사람이 모두 가지고 있는 경전은 종이와 먹으로 된 것이 아닙니다. 펼쳐 봐야 글자 한 자 없지만 항상 큰 광명을 놓고 있습니다.'라고 하는 내용입니다. 그 '한 권의 경전'은 자성 자리이고, 주인공이며, 늘 광명을 놓고 있는 살아 움직이는 진정한 참생명을 비유합니다.

이 순간 여러분도 법사의 법문 한마디 한마디를 놓치지 않고 들으면서 밖에 내리는 수많은 빗방울 소리까지도 낱낱이 놓치지 않고 다 들을 줄 압니다. 그것을 가능하게 하는 참생명이 무엇일까요. 그것을 바로 깨닫는 길을 법화경은 가르치고 있습니다. 수많은 비유를 통해서 가르치는데 그 모든 비유는 결국 아유일권경我有一卷經의 그 '한 권의 경전'으로 귀결됩니다.

사리불이 깨달음을 얻다

그 때에 사리불이 뛸 듯이 기뻐하여 자리에서 일어나 합장하고 부처님의 존안尊顔을 우러러보면서 부처님께 말씀드렸습니다.

– 『법화경』「비유품」1

부처님의 오른팔과 같은 상수제자인 사리불의 심정을 술회하는 내용입니다. 그동안의 불교에서 보면 청천벽력과도 같은 어마어마한 말씀을 부처님은 방편품에서 하셨습니다. 그 말씀을 듣고 사리불이 깨달음을 얻어서 그에 따른 감회를 이야기합니다. 사리불은 무엇을 들었기에 비로소 깨달았나요? 부처님이 성도한 후 40년간을 사리불에게 가르쳤는데 사리불은 왜 이제야 깨달음을 얻었나요?

방편품에는 부처님 앞에 와서 절을 한번 한 사실로 불도를 이뤄 마쳤다고 하는 이야기가 나옵니다. '나무불!' 염불 한마디로 불도를 마쳤습니다. 심지어 어린아이들이 모래를 쌓아 놓고 그것을 부처님의 탑이라고 장난을 쳐도 그것으로 이미 불도를 이루어 마쳤다고 나옵니다. 들꽃 한 송이 뜯어 봉은사의 미륵불 앞에 가서 예배 한번 하면 그것만으로 이미 불도를 이루어 마쳤습니다.

사리불은 법화경에 와서 비로소 그런 이야기를 들었습니다. 그런 사실들을 무슨 수행이라고 할 것이며, 그것이 무슨 공덕이며, 무슨 육바라밀이 되겠습니까. 그런데 그것은 그대로 참생명의 표현입니다.

한 권의 경전이 들지 아니하면 그런 행위를 할 수 없습니다. 우리가 여기 이렇게 앉아 있는 것도 참생명, 한 권의 경전이 들었기에 가능한 일입니다. 말을 하는 것이나 말을 듣는 것이나 모두 그 한 권의 경이 들어 있어서 작용하는 것입니다. 모두 펼쳐 봐야 글자 한 자 없지만 항상 큰 광명을 놓고 있는 경전의 한 표현입니다.

이러한 사실을 모르고서는 수천 수만 번 천도재를 지내도 그것은 천도가 아닙니다. 천도를 지내는 우리 또한 살아 있는 영가일 뿐 진정 살아 있는 참사람이 아닙니다. 진정 살아 있는 참사람 노릇을 하려면 바로 이 사실에 눈을 떠야 합니다.

숫자 0을 아무리 나열해도 그 앞에 1, 2, 3, 4와 같은 실수實數가 없다면 0은 그저 0일 뿐입니다. 그 실수, 실다운 숫자는 바로 참생명입니다. 이것이 우리의 삶에 자리하지 못한다면 우리 삶은 헛것입니다. 부처님은 바로 이러한 점을 우리에게 일깨운 것입니다. 이러한 사실을 모르는 우리의 삶은 영원히 영가로서 구천을 떠도는 것이고, 이 몸을 가지고 이 생을 살아도 마찬가지입니다.

그런데 거기에 실다운 숫자가 하나 자리매김한다면, 참생명에 대한 바른 이해와 눈뜸이 있다면, 그 사람은 당장 이 순간 이 자리에서 살아 있는 자기 영가를 천도해 마친 겁니다. 그것이 성불입니다. 우리 모두 어떤 방법을 동원하든지, 염불이든 참선이든 다라니든, 체질과 성향에 맞는 방법을 다 동원해서 참생명에 눈을 떠야 합니다. 사리불이 바로 그것을 깨달았습니다.

사리불의 고백

"이제 세존께 이러한 법문法門을 듣고 마음이 크게 기쁘고 전에 없던 일을 얻었습니다. 왜냐하면, 제가 예전에 이런 법문을 들었는데, 보살들은 수기授記를 받아 성불하리라 하였으나, 저희들은 그 일에 참여하지 못하여 매우 슬프고 상심하여 여래의 한량없는 지견知見을 잃었다고 하였습니다.

－『법화경』「비유품」2

천하의 사리불이 부처님의 오른팔과 같은 상수제자의 심정을 술회하는 내용입니다. 여기 나오는 '이러한 법문'은 보고 듣고 앉고 눕고 가고 오고 하는 이 사실이 곧 참나이며 참생명의 현현顯現이라고 하는 부처님의 법문입니다. 보살들이 수기를 받아 성불한다고 하는 법문을 사리불도 똑같은 자리에 앉아서 들었습니다.

눈이 열린 사람이라면 그 말을 듣는 순간 자신이 바로 부처라고 하는 사실을 이해합니다. 그러나 사리불이나 소승들은 그런 말씀이 자신과는 관계없는 것이라고 생각한 것입니다. 어떤 상황이든 상황은 같습니다. 그것을 어떻게 받아들이고 어떻게 느끼고 어떻게 이해하고 눈을 뜨느냐에 따라서 그 상황이 각자에게 다른 작용을 합니다.

상황은 같지만 받아들임은 다르다

우리가 잘 아는 우산 장수 이야기처럼, 비가 오는 날에는 "비가 와서 우산이 잘 팔리겠구나."라고 해석할 수 있고, "비가 와서 짚신이 안 팔리니 어쩌나." 하고 해석할 수도 있는 것입니다. 보살들은 이 법문을 듣고 이미 견성성불을 다 했는데 사리불은 '이 법문은 나하고 관계없는 것이다.'라고 생각했다는 고백을 이제 와서 합니다.

진리는 여여하다

세존이시여, 저는 항상 산림山林에나 나무 밑에 홀로 앉기도 하고 거닐기도 하면서 생각하기를, '우리들도 법의 성품에 함께 들어갔는데, 어찌하여 여래께서는 소승법小乘法으로 제도하시는가. 이것은 우리의 허물이요, 세존의 탓이 아니라.' 하였습니다. 그 까닭은, 만약 저희들이 성불의 원인까지 말씀하시기를 기다려서 최상의 깨달음을 성취하였더라면, 반드시 대승으로써 제도하였을 것이지만, 저희들은 방편으로 마땅함을 따라 말씀하신 것을 알지 못하고 부처님의 법문을 처음 듣고는 곧 그대로 믿어서 결과를 얻으려 하였습니다."

　　　　　－『법화경』「비유품」2

　　전부 법성法性이고 전부 불성佛性이며 전부 진여眞如입니다. 불자든 불자가 아니든, 불교를 비방하는 사람이든 불교를 폄하하고 해코지하는 사람이든 간에 누구든지 법의 성품이 함께 들어 있습니다. 하늘에는 항상 태양이 떠 있습니다. 눈 밝은 사람은 밝은 태양을 봅니다. 그러나 눈 어두운 사람은 태양이 수백 번 떠올라도 항상 세상이 캄캄합니다. 그것은 태양의 허물인가요, 눈 어두운 사람의 허물인가요.

　　사리불은 이제 깨달음을 얻고 '부처님이 왜 우리에게는 소승으로 제도하시는가.'라고 하면서, 그것은 '우리의 허물이요, 세존의 탓이 아니다.'라고 하였습니다.

법화경과 천도

　　마침 봉은사에 선망부모 천도를 입재하는 날입니다. 법화경을 앞에 놓고 있다 보니 천도와 연관된 법화경 이야기를 들려 드렸으면 합니다. 천도 하면 법화경입니다. 법화경은 경 중의 왕이기 때문입니다.

옛날에 한 효성이 지극한 사람이 법화경을 사경하면 부모님이 천도된다고 하는 말을 들었습니다. 그래서 자기는 까막눈이어서 글을 쓸 수 없어, 글을 쓸 줄 아는 사람에게 품값을 대고 법화경을 사경하게 하려고 몇 년간 돈을 모았습니다. 마침내 돈이 다 모여서 다음 날 글씨를 맡기려고 우선 시장에 가서 법화경을 한 벌 쓸 만치 좋은 종이를 사 왔습니다. 그는 무척 기쁘고 설레어서 잠이 안 왔지만, 머리맡에 새로 사 온 종이를 모셔 두고 잠을 청했습니다.

그날 밤, 그 사람의 꿈에 돌아가신 부모님이 나타났습니다. '네가 우리를 위해서 법화경을 사경하려고 돈을 모아서 종이를 사 왔구나. 우리는 그것만으로 이미 천도가 되었느니라. 그 인연 공덕으로 우리는 천상에 태어나게 되었다.'

꿈에 부모가 그렇게 말했다는 이야기가 『법화경 영험록』에 나옵니다. 법화경의 글자 한 자 쓰지 않았고 단지 법화경을 쓰려고 몇 년간 돈을 모아서 종이를 사 왔을 뿐인데도 그 부모가 천도되었다는 것입니다.

법화경 속에는 무궁무진한 의미가 담겨 있습니다. 제가 법화경을 이야기하면서 인불사상만으로 일관되게 이야기하고 있지만 그것이 다가 아닙니다. 그것은 제가 본 법화경일 뿐입니다. 저의 해설이 부처님 마음에 드는 법화경인지 아닌지는 알 수가 없습니다.

법화경은 비밀하고 요긴한 창고

법화경은 대단하고 무서운 경전입니다. 법화경을 부처님의 비밀하고 요긴한 창고라고 해서 '비요지장秘要之藏'이라고 합니다. 경전 안에도 법화경이 신비한 경전이고, 비밀한 경전이고, 경 중의 왕이라는 이야기가 자주 나옵니다.

모든 것은 마음이 짓는다

일체유심조一切唯心造입니다. 순수하게 믿고 받아들이면 받아들이는 대로 일이 이루어지고 부정적으로 생각하면 부정적으로 흘러갑니다. 모든 것이 내 마음 쓰기에 달렸습니다. 여러분도 당장 이번 여름 49일 동안 선망부모를 위해서 제대로 천도 한번 해 보자는 마음으로 법화경을 사경해 보기 바랍니다. 한글로 된 법화경이니 누구나 마음만 내면 끝까지 잘 쓰게 되어 있습니다. 그렇게 받아들인 사람에게는 그렇게 흘러가게 되어 있는 원리가 있습니다. 모든 일은 일체유심조의 원리라는 사실을 잊지 마시기 바랍니다.

게송으로 다시 설하다
"처음 부처님의 말씀을 듣고
마음속으로 매우 놀라고 의심하기를
'아마 마귀가 부처님의 모습을 지어
나의 마음을 어지럽게 하는가.' 하였습니다.
　－『법화경』「비유품」 7

방편품에서 손 한번 들 줄 알면 개이성불도皆已成佛道이고, 말한마디 할 줄 알면 개이성불도라고 하였습니다. 기쁘면 기뻐하고, 웃을 일이 있으면 웃고, 욕할 일이 있으면 욕 한마디 할 줄 아는 것이 바로 부처라는 것입니다. 불상 앞에 꽃 한 송이 올리고, 불상 앞에 손 한번 들고 '나무불' 염불 한마디 하는 이 사실이 모두 이미 성불이라고 하는 말을 듣고 사리불 역시 마음속으로 매우 놀라고 의심하였습니다.

왜 아니겠습니까. 대명천지, 지금 이렇게 밝은 세상이 왔고, 불교가 일반화되고, 불교를 모르는 사람이 없을 정도가 되었습니다. 서양 사람들이 오히려 동양 사람이나 한국 사람보다 불교를 더 잘 아는 시대가 되었습니다. 그럼에도 불구하고 '사람이 부처님이다.' '당신은 부처님'이라는 말이 쉽게 이해되지 않습니다.

부처님은 갖가지 인연과 비유와 방편으로 말씀하시니
그 마음이 바다와 같이 편안하고
의심의 그물이 찢어지는 소리를 들었습니다.
－『법화경』「비유품」7

사리불도 처음에는 '마귀가 부처님의 모습을 짓고 나와서 저렇게 하는가.' 의심했는데 알고 보니 '그렇구나 그렇구나.' 하고 무릎을 치게 되었다는 것입니다. 사리불이 특별한 뭔가를 해서 그 의심을 풀게 된 것이 아닙니다. 듣고 사유하고 명상하다 보니 그것이 답이고 그 외에는 답이 없다는 것을 안 것입니다.

쉬운 불교

부처님이 말씀하시기를
과거에 열반하신 한량없는 부처님들이
방편에 머물러 계시면서
역시 모두 이러한 법문을 말씀하셨고,
현재와 미래의 여러 부처님들 그 수효 한량없는 이들도
역시 여러 가지 방편으로
이러한 법문을 설하신다고 하시며,
지금 세존世尊께서도 탄생하시고 출가하시어
도를 이루고 법륜法輪을 굴리시는데
역시 방편으로 말씀하십니다.

－『법화경』「비유품」 7

중생들이 진실을 이야기하면 못 알아듣기 때문에 부처님은 그동안 방편 이야기만 무수히 했습니다. 그러나 진실은 손 한번 들줄 아는 그 사실이 부처라는 것입니다. 구지 화상은 손가락 하나세우는 것으로 평생 법문을 다 했습니다. 굳이 이런 선불교를 이

끌어 올 필요도 없습니다.

법화경은 오히려 더 쉽습니다. 꽃 한 송이 드는 사실, '나무불' 하고 염불 한마디 하는 그 사실이 부처라고 법화경은 말합니다. 그런데 중생이 못 알아들으니 방편을 말할 수밖에 없었습니다. 그 래서 현재 부처님, 미래의 부처님, 과거의 부처님, 그리고 세존 역 시 탄생하고 출가하고 성도하고 법륜을 굴리는 동안 끊임없이 방 편으로 말씀하셨습니다.

세존께서만 진실한 도를 말씀하시고
마군들은 이런 일이 없을 것입니다.
— 『법화경』 「비유품」 7

손 한번 드는 이 사실로 이미 불도를 이루어 마쳤습니다. 개이 성불도皆已成佛道라고 하는 이야기는 부처님 세존만이 할 수 있습 니다. 마구니는 감히 이런 말을 못합니다. 너무 엄청난 일이기 때 문입니다. 마구니에게 사람들의 마음을 혼란스럽게 만들고 마魔의 길로 빠뜨리기 위해서 이런 이야기를 하라고 해도 못합니다. 그렇 기 때문에 사리불은 마귀가 부처님이 된 것은 아니라는 것을 분명 히 알았습니다.

제가 의심의 그물에 들어간 까닭에
마귀의 소행이라 여겼습니다."
- 『법화경』「비유품」7

사리불이 의심 때문에 마귀의 소행이라고 생각했는데 알고 보
니 부처님의 말씀이 맞았다는 것입니다. 진실한 불법은 이렇게 쉽
습니다. 간단합니다. 다만 의심한 까닭에 납득이 되지 않을 뿐입
니다.

불교는 쉽고 간단하다

임제 스님이 스승인 황벽 스님에게 가서 물었습니다.

"불법이 무엇입니까?"

그러자 황벽 스님은 한 번에 20방망이씩 세 번에 걸쳐 60방을
후려쳤습니다.

스승이 그렇게 정성을 기울여서 진정한 불법을 가르쳐 주었지
만 임제 스님은 이해하지 못하고 대우 스님에게 갔습니다.

자초지종을 말하자 대우 스님은 "황벽 스님이 그렇게 친절하게
가르쳤건만 너는 어째서 여기까지 쫓아왔느냐?"라고 하였습니다.

이 한마디에 임제 스님은 눈을 뜨고 말했습니다.

"황벽불법무다자黃檗佛法無多子구나. 황벽의 불법이 몇 푼어치
안 되는군."

불법은 알고 보면 몇 푼어치 안 되는 것입니다. 말하고 듣고 웃고 떠드는 가운데 불법이 다 있습니다. 진짜 고급 불교는 그 가운데 다 있습니다. 잠 안 자고 일종식을 하고 여섯 번 예불하고 무릎을 찌르며 잠을 쫓는 불교는 사람을 고생시킵니다. 진짜 명품 불교는 사람을 고생시키지 않습니다. 명품 불교는 너무 쉽고 간단합니다. 다만 너무 쉽고 간단해서 재미가 없는지 우리들이 거기에 필(feel)이 안 꽂힐 뿐입니다.

성철 스님의 백일법문 테이프를 들으면, 봉암사에 함께 살던 청담 스님의 일화가 나옵니다. 청담 스님이 길에서 거지를 만났습니다. 시주를 받은 돈이니 나무아미타불 세 번만 부르면 돈을 주겠다고 하는데도 거지는 "내가 그걸 어떻게 불러요." 하고 꽁무니를 뺐다는 이야기입니다. "근기가 쪼그라들기 시작하면 저렇게까지 쪼그라든다. 세상에 이런 일이 다 있다."라면서 청담 스님이 외출에서 돌아오자마자 스님들을 불러서 이야기해 주었다는 에피소드입니다.

여기 사리불도 그러한 처지였습니다. 자기의 입장, 자기의 수준과 다른 근기를 만나면 이해가 안 되고 납득이 안 됩니다.

사리불에게 수기授記하다

"사리불이여, 화광불의 수명은 십이 소겁이니 왕자로 있으면서 성불하기 전의 세월은 제외한 것이니라. 그 나라의 백성들의 수명은 팔 소겁이니라. 화광여래가 이십 소겁을 지나고는 견만堅滿보살에게 최상의 깨달음에 대한 수기를 주면서 여러 비구들에게 말하기를, '이 견만보살이 이 다음에 부처님이 되리니, 이름을 화족안행華足安行 여래·아라하·삼먁삼불타라 하리라. 그 부처님의 국토도 역시 이와 같으리라.'고 하리라.

사리불이여, 이 화광불이 열반한 뒤에 정법正法이 세상에 머무는 것은 삼십이 소겁小劫이고, 상법像法도 역시 삼십이 소겁을 머물 것이니라."

– 『법화경』「비유품」10

사리불이 최초로 수기를 받는 자리입니다. 불교사에 있어서 최초로 가장 여법하게 수기를 받는 순간입니다. 그러나 저는 첫 시간부터 매 순간 여러분에게 수기를 주었습니다. 법화경에는 처음에는 여법하게 수기를 주다가 나중에는 5백 명, 또 2천 명에게 한꺼번에 수기를 주는 내용이 나옵니다. 무슨 엉터리 수기인가 싶지만 그렇지 않습니다. 이것이야말로 진정한 수기입니다.

법화경 상불경보살품에는 상불경보살이 나와서 눈에 보이는 누구에게나 '당신은 부처님입니다.'라고 합니다. 그런 것이 진짜 수기입니다. 우리는 부처입니다. 모든 생명, 모든 인간을 공히 부처님으로 이해해야 합니다. 부처님으로 받들어 섬겨야 합니다. 모두가 부처님이고, 모두를 부처님으로 이해하고 받들어 섬기면 그도 행복하고 나도 행복합니다.

우리가 부처가 아닐 이유가 어디에도 없습니다. 말하고, 듣고, 느끼고, 비 오는 것을 알고, 배고프면 음식을 먹고, 피곤하면 잠 잘 줄 아는 능력, 이것이야말로 진정 우리 참생명의 작용입니다. 이것은 우리들의 내면에 다 갖추어져 있는 사실입니다. 어디서 가져오는 능력이 아니고 누가 주는 능력도 아닙니다.

법화경을 통해 이것에 대해 이론으로라도 먼저 이해하고 훗날 여기에 대해 확실한 눈을 뜨고 부처로서 당당하게 살아간다면 불교를 만난 보람입니다. 인생 최고의 행운을 얻은 것입니다. 이것이 법화경을 읽는 보람입니다.

부처님의 지혜를 갈고 닦는 것, 우리 삶의 더위를 이기는 길이다

삶의 더위를 이기는 길

불교에 여러 가지 명목의 기도가 많은데 이렇게 더운 계절에 기도가 많이 겹쳐져 있습니다. 모두들 기도하는 데 노고가 많습니다.

옛날 중국 남쪽에서 참선하던 스님이 하도 더워서 선지식 스님한테 가서 물었습니다. "이 더위를 어떻게 하면 피할 수 있습니까?" 그러자 선지식 스님은 "펄펄 끓는 가마솥을 향해서 들어가 더위를 피하라."고 하였습니다. 그 더위는 자연의 더위를 말하기도 하지만 그보다는 우리 인생사에 있어서 고난과 어려움과 사람 관계의 온갖 갈등을 말합니다.

세상은 이렇게 발전했는데도 사람들은 늘 살기 어렵다고 합니다. 왜 그런가요? 인간세상의 현실은 마치 불이 활활 타오르고 있는 집이라고 해서 불교에서는 '화택火宅'이라고 표현합니다. 또 괴로움의 바다라고 해서 '고해苦海'라고도 합니다. 이 어려운 상황들이 우리가 이겨내야 할 삶의 더위입니다.

무엇으로 이 더위를 이겨내겠습니까? 부처님의 지혜를 갈고 닦고 그를 위해 열심히 참선하고 기도하고 다라니를 외우고 정진하는 것입니다. 현실을 잘 살펴보면 우리가 사는 사바세계는 반고반락半苦半樂의 세계입니다. 어떠한 인생에도 반은 낙이 있고 반은 고통이 있습니다. 지금은 무척 덥지만 얼마 안 있으면 선선한 가을이 돌아옵니다. 또 얼마 안 있으면 춥다고 야단일 것입니다. 모든 현상은 끊임없이 변합니다. 변하기 때문에 사실은 살 만합니다. 그 고비만 잘 넘기면 되기 때문입니다.

고통스러울 때 한 생각 제대로 돌이킨 사람은 마음의 문을 확열 수가 있습니다. 즐거울 때는 그렇게 생각을 성숙시키기 어렵습니다. 그래서 고통같이 수행하기 좋은 거름이 없습니다. 고통은 인간을 철들게 만들고 사람을 사람답게 만듭니다. 뜨거운 여름을 통해서 저렇게 곡식이 무럭무럭 자라고 잘 영글지 않습니까. 고통을 잘 견뎌 내고 한 생각 돌려 눈을 뜨면 크게 성숙하고 지혜를 터득합니다. 나아가서 현인이나 성인의 경지에까지 오를 수 있습니다.

성불의 열차를 탔다

앞에서 사리불이 수기받는 내용을 이야기했습니다. 우리는 그동안 부처님의 차원으로 살지 못했다는 것인데 그 이유가 무엇인지 사리불이 부처님께 방편과 진실에 관한 법을 청합니다.

이 때에 부처님께서 사리불에게 말씀하셨습니다.
"내가 먼저 말하지 않았던가. 부처님 세존은 갖가지 인연과
비유와 이야기와 방편으로 법을 설하는 것은 모두 최상의
깨달음을 위한 것이라고 말하지 않았느냐?
— 『법화경』 「비유품」 15

불교에서 모든 가르침의 최종 목표는 최상의 깨달음을 얻는 것
입니다. 물론 불교에 처음 입문할 때는 이런저런 각자의 사연으로
부처님께 귀의합니다. 사실 저도 절에 처음 들어올 때 "야, 신기
하다. 어떻게 이렇게 멋진 말이 있는가! 이거 공부 좀 더 하고 싶
다." 해서 들어온 것이지, 성불하려고 들어온 것이 아닙니다.

그러나 들어오고 보니 불교의 가르침을 몇 마디 더 공부하려
고 했던 처음의 그 꿈은 아주 단순하고 순박한 꿈이었습니다. 나
도 모르고 바라지도 않았던 결과로서 성불이라고 하는 엄청난 목
표가 주어졌습니다. 그런 결과를 부처님이 한 짐 지워준 것입니다.
그야말로 육조혜능 스님이 나무 한 짐 팔러 갔다가 다이아몬드를
한 짐 지고 온 역사와 같습니다.

불자들도 똑같습니다. 작고 소박한 소원 하나를 빌러 절에 왔

지만 알고 보니 우리는 모두 성불을 향해서 가는 열차 티켓을 끊은 것입니다. 열차에 이미 탔고 출발한 열차는 벌써 달리고 있습니다. 내리려야 내릴 수도 없습니다. 아무리 게으름 피워도 소용없습니다. 열심히 기도를 하든 안 하든, 참선을 알든 모르든, 불교교양대학을 다녔든 안 다녔든 간에 우리는 이미 성불의 열차를 탔습니다. 이것은 어마어마한 횡재입니다.

세 가지 수레로써 불타는 집에서 벗어나게 하다

'너희들이 좋아하고 가지고 싶어하던 희유稀有한 장난감이 여기 있는데, 너희들이 지금 와서 갖지 아니 하면 나중에 반드시 후회하리라. 저렇게 좋은 양이 끄는 수레[羊車]·사슴이 끄는 수레[鹿車]·소가 끄는 수레[牛車]들이 지금 대문 밖에 있다.'

– 『법화경』「비유품」19

우리는 본성이 부처이면서도 그동안 부처의 차원으로 살지 못하고 이런저런 삶의 고통 속에서 살아왔습니다. "지혜 있는 사람은 비유로써 밝힌다."라고 하면서 부처님께서 화택의 비유를 이야기합니다. 이 이야기에서 중요한 것은 화택보다 세 가지 수레와 큰 수레의 이야기입니다. 부처님은 수레를 통해 우리의 고통을 제거해 주려는 것입니다.

불타는 집이라고 한 화택火宅에는 30여 명이나 되는 아이들이 놀고 있습니다. 재미난 놀이에 정신이 팔려 있는 아이들에게 불이 났으니 나오라고 하면 말을 안 들을 것이 뻔합니다. 그래서 이 아이들을 어떻게 하면 밖으로 끌어낼 수 있을까 아버지가 궁리를 하다가 '아이들이 평소에 장난감을 좋아하니까 갖고 싶어하던 장난감을 주는 수밖에 없다.'고 생각했습니다.

화택 속에서 놀고 있는 아이들이 좋아하는 장난감은 신기하게도 요즘 아이들도 좋아하는 자동차입니다. 옛날 자동차는 수레입니다. 아버지가 수레로써 아이들을 유혹합니다. "양이 끄는 수레, 사슴이 끄는 수레, 소가 끄는 수레가 문 밖에 있다. 너희에게 그 수레들을 마음껏 갖고 놀도록 할 것이다. 양이 끄는 수레를 타고 싶은 아이는 양이 끄는 수레를 타고, 사슴을 좋아하는 아이는 사슴이 끄는 수레를 타고, 소가 끄는 수레를 좋아하는 아이는 소가 끄는 수레를 타게 해 주마. 그러니 집 밖으로 나가서 수레들이 있는 대로변으로 가자."

우리가 사는 이 세상은 불타는 집과 같습니다. 부처님은 모든 사람을 나의 아들딸이라고 합니다. 그들이 불속에서 불에 탈 지경에 이르렀는데 그냥 있을 수가 없기 때문에 아이들이 좋아하는 수레 장난감을 주기로 하고 유혹하는 것입니다. 양이 끄는 수레, 사슴이 끄는 수레, 소가 끄는 수레는 삼승三乘을 말합니다. 수레를 갖고 싶어서 아이들이 밖으로 나갑니다. 불타는 집에서는 일단 벗어난 것입니다.

거짓말은 아니다

아버지가 유혹하여 아이들이 세 가지 수레를 받으려고 화택에서 나왔습니다. 그런데 나와 보니 그 세 가지 수레가 없습니다. 이 세상에서 제일가는 부자인 아버지는 아이들에게 그 작고 시시한 차를 줄 것이 아니라 세상에서 제일 비싸고 제일 값지고 제일 근사한 차를 한 대씩 주기로 한 것입니다. 그것이 법화경의 표현으로 '대백우거大白牛車'입니다. 아주 크고, 흰 소가 끄는 수레입니다. 그 소는 다른 소보다 몸이 열 배나 크고 기운이 백 배나 세며, 그 소가 끄는 수레는 어마어마한 보물로써 화려하게 장식되었습니다.

아버지는 화택을 나온 아이들에게 상상도 못하던 화려한 수레를 한 대씩 주면서 이런 말을 합니다. "나는 천하 사람들에게 이런 값지고 화려한 수레를 다 주고도 남는다. 그런데 내 자식에게 왜 값싼 양이 끄는 수레, 사슴이 끄는 수레, 소가 끄는 수레를 주겠느냐. 나는 다만 내 아이들을 유혹하기 위해서 아이들 수준에 맞는 이야기를 해서 아이들을 화택에서 나오게 했을 뿐이다. 정작 내가 주는 것은 그런 시시한 수레가 아니다."

이것이 무슨 말입니까? 그 아버지는 아이들을 유혹해 낼 때는 아이들 수준에 맞는 아이들이 좋아하는 시시한 수레를 준다고 해놓고, 정작 아이들이 화택에서 나오고 나서는 상상도 못할 매우 크고 화려하고 값진 수레를 줍니다. 이것은 전부 우리에게 해당되는 말입니다.

부처님이 사리불에게 묻습니다. "내가 처음에 주겠다고 한 수레하고 지금 내가 준 수레는 다르다. 이것은 따지고 보면 거짓말이 아니냐? 아무리 더 좋은 걸 줬더라도 거짓말은 거짓말이다. 이것을 보고 내가 거짓말을 했다, 허망한 말을 했다고 할 것인가?" 그러자 사리불이 펄쩍 뜁니다. "그럴 리가 있습니까? 그럴 리가 있습니까? 아이들을 불타는 집에서 꺼낸 것만으로도 결코 거짓말이 아닙니다. 부처님은 거짓말을 한 것이 아닙니다. 세 가지의 수레를 안 줘도 좋습니다."

수레를 안 줘도 거짓말은 아닙니다. 아이들을 불타는 집에서 밖으로 꺼냈기 때문에 그것만으로도 아주 큰 소득입니다. 그런데 어마어마한 수레를 하나씩 더 줬는데 어찌 그것이 허망한 말이겠습니까. 사리불이 펄쩍 뛰면서 부처님께 아니라고 말합니다. 이미 약속한 세 가지 수레 대신 크고 좋은 수레를 주었지만, 부처님으로서는 그것을 받는 사람에게 한번 확인을 받아야 하기 때문에 사리불에게 그 말을 한 것입니다. 그러한 내용이 여기 그대로 적혀 있습니다.

일불승

부처님은 아예 존재하지도 않는 세 가지 수레를 주겠다고 유혹해서 아이들을 화택에서 나오게 하고, 결국은 그보다 천 배 만 배 화려한 진짜 수레를 줬기 때문에 결코 거짓말을 한 것이 아니라는 사실을 서로 확인하는 내용이 나왔습니다. 이것이 삼계화택의 비유입니다. 아이들은 이제 불타는 집에서도 나왔습니다. 사실 불타는 집에서 나오는 것은 별 문제가 아닙니다.

법화경에서 중요하게 여기는 것은 있지도 않은 세 가지 수레와 정작 최후에 가서 부처님이 주는 아주 화려하고 값진 수레의 이야기입니다. 화려하고 값진 수레라고 하는 것은 일불승一佛乘을 말합니다. 세 가지 수레라고 하는 것은 삼승三乘인 성문, 연각, 보살을 말합니다. 불교 공부를 하고 불교를 믿는 사람이라면 삼승과 일승의 관계 정도는 환하게 꿰뚫고 있어야 합니다.

다시 게송으로 밝히다

불자인 우리들은 불교 교리가 전반적으로 어떻게 갖춰져 있는지 알아야 합니다. 그러나 지금 당장 급한 것은 내가 가진 현재의 작은 소원을 성취하는 일이기도 합니다. 그것은 아무도 못 말리는 일이고 부처님도 인정해 주는 일입니다. 그런 우리를 전부 안고 가기 위해서 부처님은 방편과 비유를 써서 삼계의 화택에서 탈출시킵니다.

그러나 궁극적으로 우리가 가야 할 길은 부처의 삶이라는 것을 부처님은 우리에게 알려 줍니다. 이것을 다시 게송으로 장황하게 부연하는데 놓치기 아까운 내용들이 나옵니다. 법화경에서 공부할 거리가 많기 때문에 그 내용들을 대부분 생략하는데, 예를 들어 이런 구절들입니다.

부처님께서 이 뜻을 거듭 펴려고 게송으로 말씀하셨습니다.

"비유컨대 어떤 장자가 큰 저택을 가졌는데

그 집이 오래되어 낡고 또 퇴락하였느니라.

- 『법화경』 「비유품」 28

그 낡은 집에는 5백여 명이나 되는 식구들이 살고 있습니다. 식구들만 사는 것이 아니라 온갖 동물과 독한 벌레들이 살고 있습니다.

소리개와 올빼미·부엉이·독수리·까마귀·까치·

비둘기와 뻐꾸기며 뱀과 독사·살무사·전갈·지네·

그리마·도마뱀·노래기와 생쥐와 족제비와

살쾡이와 여러 가지 쥐들이며 이러한 독한 벌레들이

뒤섞여 달아나고 뛰어다니며 있었느니라.

- 『법화경』 「비유품」 29

요즘 우리가 사는 세상은 눈만 뜨면 온갖 비리, 부정부패의 뉴스입니다. 그런 것을 그 옛날에 법화경에서는 이렇게 표현했습니다. 경전에서 왜 죄도 없는 구렁이, 독수리, 까마귀를 이야기했겠습니까. 부처님은 자비스럽고 좋은 마음으로만 중생들을 위하는 것 같지만, 때로 이렇게 무서운 비유를 들기도 합니다.

이 곳 저 곳 간 곳마다 도깨비·망량귀魍魎鬼와

야차들과 악한 귀신들이 송장을 씹어 먹고

악독한 벌레들과 사나운 짐승들이 알을 까고 새끼 쳐서

몸에 품고 기르는데 야차들이 몰려와서

앞다퉈가며 잡아먹느니라.

먹고 나서 배부르면 나쁜 마음은 더욱 치성하여

싸우고 짖는 소리 무섭기가 한이 없네."

- 『법화경』「비유품」30

여기 악독한 벌레들은 전부 사람들이 살아가는 모습을 이야기하는 것입니다. 각 분야에 별별 사기꾼이 많습니다. 야차, 나찰을 본 적이 없지만 신문만 펼치면 수천 야차, 나찰이 등장합니다. 뉴스만 틀어도 야차와 나찰, 살쾡이, 독수리, 까치, 까마귀와 같은 것들이 버글버글합니다. 그런 것들은 높은 자리에 올라갈수록 더 많습니다.

뉴스에는 무슨 무슨 '대가성'이라는 말도 많이 나옵니다. 부모가 자식을 키우는 데도 대가를 보고 키우는데, 모르는 사람에게 수천만 원, 수억 원을 주면서 대가성 없다는 것은 말도 아닌 소리입니다. 그런데 대가성이 없다고 판단하는 판검사들은 대가를 얼마나 받았기에 그런 판단을 하는가요?

우리 불자들은 그런 것들도 명확하게 꿰뚫고 있어야 하고 좀 바른 소리를 해야 합니다. 그걸 법화경에서 올빼미, 부엉이, 독수리, 까마귀, 까치, 비둘기, 뻐꾸기, 도마뱀, 노리개, 생쥐, 족제비, 살쾡이라고 표현했습니다. 온갖 야차, 나찰, 귀신, 도깨비가 전부 그 이야기입니다. 부처님께서는 그것을 환히 꿰뚫어 보시고 세상이 이래선 안 되겠다고 하신 것입니다.

화택의 비유는 인간의 불행한 면을 드러냅니다. 부처님도 말씀하시고 싶지 않았겠지만 인간에게는 분명히 그런 면이 있기 때문에 그것을 직시하는 것입니다. 그리하여 다른 차원으로 눈을 돌리면 이 불행이 하나의 밑거름이 될 것이라는 것을 법화경은 가르치고 있습니다. 그 다른 차원이란 결국 인간의 참다운 불성, 인간이 본래로 가지고 있는 고귀한 가치에 초점을 맞추자는 것입니다. 그것이 일불승입니다.

눈을 돌려 스스로의 가치를 알아보자

화택을 나온 아이들에게 아버지는 어마어마한 큰 수레를 하나씩 주었습니다. 정말 수레를 주었다는 이야기가 아닙니다. 우리 모두의 가슴속에는 매우 화려하고 값으로 매길 수 없는 엄청난 가치의 수레가 이미 있다는 이야기입니다. 그것이 일불승입니다. 그 사실을 깊게 관찰하고 거기에 만족하십시오. 거기에 눈을 뜨고 그걸 가지고 인생을 한껏 누리고 사십시오.

그리고 '사기 좀 치지 마라. 남의 것 도둑질 좀 하지 마라. 어린 아이들 유괴하는 짓 좀 하지 마라. 남을 그렇게 억울하게 만들고 남을 불행하게 만들지 마라. 다 돈 때문에 하는 것 아니겠는가. 너의 가슴속에 그런 엄청난 보물이 있는데 왜 그것은 생각하지 않고 바깥에 있는 작은 이익을 탐하느냐?' 그런 이야기입니다.

부처님은 화택의 비유를 통해 궁극에 가서는 우리 가슴 가슴속에 있는 엄청난 인간 불성으로서의 가치에 눈을 뜨라고 가르칩니다. 법화경의 종지宗旨는 일불승一佛乘의 가치를 깨우쳐 주는 것입니다. 거기에 눈을 뜨면 아무것도 두려울 것이 없고 더 이상 바랄 것도 없습니다. 그보다 더 큰 성공은 없습니다.

세계 200여 나라의 대통령을 혼자 차지하는 것보다 더 훌륭한 길이 거기에 있습니다. 특별히 그 사람이 착해서 일불승을 가지는 것이 아니라 우리 모두의 가슴에는 누구라도 부처님이 내리신 엄청난 수레가 있는 것입니다. 우리가 인간이기 때문에 인간인 우리에게는 인간으로서의 존귀성이 있습니다. 그것을 부처라 합니다. 그 내용을 알면 '사람이 부처님이다.'라는 말이 안 나올 수가 없습니다.

불교에서만이라도 이러한 내용에 우리 불자들이 눈을 뜨고 이해가 깊어져야 합니다. 그것이 한 방울의 물, 두 방울의 물, 맑은 물이 되어 차츰차츰 번져서 세상을 다 맑게 할 수 있지 않을까요.

법화경을 경전의 왕이라고 한 이유가 바로 거기에 있습니다. 불교가 이와 같이 위대한 가르침입니다. 불교와 인연을 맺은 여러분들이라도 깊이 이해해서 이 일불승 사상이 더 널리 보급되고, 사람들이 자기의 진정한 보물에 눈을 뜨면 세상이 좀 달라질 수 있지 않을까 하는 생각을 해 봅니다.

11강

'법공양 운동을 하는 사람'
여러분이 나를
이렇게 기억해 주기 바란다

경전을 믿고 널리 전하기를 권하다

한 달 사이에 무덥던 날씨가 선선하게 바뀌었습니다. 더우면 더운 대로 시원하면 시원한 대로 공부하기 좋은 계절입니다. 모두들 몸이 건강하고 정신도 건강하도록 열심히 정진하시기 바랍니다.

경전은 부처님의 말씀입니다. 이것을 공부해서 세상사와 인생에 있어서 '진리다, 참다운 이치다.'라고 납득이 가고 '내가 이러한 바르고 참된 이치를 몰라서 어리석게 살았구나.'라고 이해하고 믿는다면 꿀 먹은 벙어리처럼 혼자 수용하고 말아서는 안 됩니다. 경전을 널리 전해야 합니다. 부처님은 깨달음을 다른 사람에게 전하는 일이 매우 절박하여 '송장을 타고서라도 뭍으로 나가 생명을 유지해야 하는 것처럼 절박한 일이다.'라는 비유를 했습니다.

어떤 사람이 항해를 나갔는데 배가 전복되어 사람들이 다 죽고 같이 배를 타고 가던 친구도 죽었습니다. 그런데 살아 있는 자신은 생명을 부지해야겠기에 떠내려가는 친구의 송장이라도 붙잡아 자기 몸을 의지했습니다. 친구였던 이의 송장을 타고서라도 뭍으로 나가는 사람의 절박한 심정으로 부처님은 법을 전한다는 것입니다. 부처님이 수많은 전생과 금생을 통해 쏟은 열정과 공을 생각한다면 충분히 이해할 수 있는 일입니다.

부처님의 심부름꾼

부처님은 이 법화경의 이치를 깨닫기까지 매우 큰 희생을 했습니다. 태자라고 하면 얼마나 호의호식하며 존경과 공양과 공경을 받았겠습니까. 그런데 부처님은 그 삶을 180도 전환하여 출가를 하였습니다.

6년이라고 하는 세월 동안 피나는 고행을 했습니다. 우리는 그것을 역사적인 사실이라고 이해하고 대강 흘려듣고 말지만 사실은 엄청난 일입니다. 부처님은 6년 고행 후 보리수나무 아래서 정각을 성취했습니다. 이것은 부처님이 태자의 지위를 버린 일이나 6년 고행한 일보다 더 큰 일입니다.

태자의 지위를 버렸던 사람은 많습니다. 고행한 사람은 더욱 많습니다. 그러나 정각을 성취한다는 것은 아무에게나 있는 일이 아님니다. 석가모니 부처님이 그러한 투자와 희생과 경력을 통해 깨달음을 성취하여 우리에게 고구정녕苦口丁寧하게 일러 주신 말씀이 이 경전들입니다. 이것을 우리가 열심히 공부하고 깊이 사유해서 각자 나름의 이해가 있고 감동이 있다면 가족과 친지, 이웃에게 열심히 전해야 합니다. 그것이 불자가 할 일이고 우리가 부처님께 공양하는 일입니다.

어릴 때 선생님이 심부름을 시키면 그날은 구름을 탄 것 같은 기분이었습니다. 자랑에 또 자랑거리였습니다. 그런데 우리는 부처님의 심부름꾼입니다. 부처님의 심부름꾼이라는 말은 법화경에도 나오는 말입니다. 부처님이 바라는 바를 경전을 통해서 이해하고 그 심부름을 한다면 얼마나 자랑스럽고 보람되겠습니까. 진리의 심부름은 참되고 바른 이치를 다른 사람에게 전하는 일입니다. 신심을 담아 곰곰이 생각해 보면 이 일은 대단한 일입니다.

진리를 전하는 이유

"그대 사리불이여, 내가 말한 이 진실한 법은
세간의 사람들에게 이익을 주려고 설하는 것이니라.
- 『법화경』 「비유품」 45

부처님이 법화경을 설하는 것은 진리의 가르침을 통해서 참되고 바른 이치를 전하여 세상 사람들의 삶에 큰 이익을 주고자 하는 것입니다.

> 만약 어떤 이가 이 법을 듣고 기뻐하여 받아 지니면
> 마땅히 알라. 이 사람은 퇴전하지 아니하는 보살이니라.
> 만일 어떤 이가 이 경을 믿고 받아 가지면
> 이 사람은 이미 지난 세상에서 부처님을 만나 뵙고
> 공경하고 공양하며 경전의 가르침까지 들었느니라.
>
> - 『법화경』 「비유품」 46

이 법은 일불승 사상, '사람이 부처님'이라고 하는 사상입니다. 지난 「봉은」 법회지를 보니 이 인불사상人佛思想을 실참 속에서 실천하는 아이디어를 공모하고 있었습니다. 저는 일상생활에서 '공양'이라는 말을 사용하는 운동을 하면 어떨까 하는 생각을 해 봤습니다. 부처님께 이바지하는 일을 공양이라고 합니다. 절에서는 때가 되면 무조건 누구에게나 분별하지 않고 '공양하십시오.'라고 합니다.

부처님께만 쓰는 말을 어찌하여 모든 사람에게 사용하는가. 거기에는 근본적으로 법화경의 인불사상이 깔려 있습니다. 당신도 부처님이므로 부처님처럼 공양받아 마땅하다는 것입니다. 당신이 그대로 불성인간임을 깨우쳐 주는 의미입니다. 그래서 이 '공양'이

라는 말을 쓸 수 있는 장소가 된다면 무조건 쓰는 운동을 전개하면 좋겠습니다.

불자 가정이라면 밥 먹으라는 말보다 '공양하십시오.'라는 말을 쓴다면 좋을 것입니다. 아이들에게도 무조건 '공양하십시오.'라고 하는 것입니다. 얼마나 품위 있습니까. 아이들이라도 당연히 부처님이니까 존칭을 쓰는 것입니다.

나는 법공양 운동을 하는 사람이다

공양 중에는 법공양이 제일입니다. 공교롭게도 오늘 제가 법공양으로 『당신은 부처님』이라는 책을 2천 부 준비해 왔는데 이 이야기를 할 수 있는 여건과 맞물렸습니다. 이 기회에 저에 관한 이야기를 해야겠습니다.

저는 무엇을 하는 사람인가. 법공양을 하는 사람입니다. 법공양에 제일 주력하는 사람입니다. 저는 25년간 법공양 운동을 해 왔습니다. 어느 날 송광사에 갔더니 보왕삼매론이 탁자에 놓여 있었습니다. 1988년 올림픽이 있던 해, 그것을 가지고 인쇄소에 가서 수만 장을 인쇄했습니다. 테이블까지 하나 맞춰서 범어사 일주문 앞에 놓고 그 위에 보왕삼매론을 잔뜩 쌓아 놓았습니다. 주변에 사진사가 있었는데 그에게 관리해 달라고 부탁했습니다. 그로써 저의 법공양 운동이 시작되었습니다. 88올림픽 때는 영어, 일본어 등으로 번역한 법구경을 짜깁기하여 여덟 페이지 되는 가벼운 책을 만들어서 선수촌 법당에 쌓아 놓기도 하였습니다.

한 장의 종이 경전, 한 페이지의 경전이라고 해서 일지경도 만들어서 법공양을 했습니다. 일지경뿐만 아니라 네모난 플라스틱에 부처님 경전 한 구절을 써서 범어사의 관광객이 많이 와서 쉬는 나무에 걸어 놓기도 하였습니다. 나무 그늘 아래 쉬면서 부처님 말씀을 한마디라도 알고 가라는 의미였습니다. 이것은 저의 창작이 아니라 경전에 근거한 일이었습니다.

설산동자처럼

옛날에 설산동자가 길을 가다가 법문 한 구절을 들었습니다. '제행무상諸行無常 시생멸법是生滅法, 제행은 무상하여 생멸이 있으니'라는 소리였습니다.

이 소리가 어디서 나왔는가 살펴보니 흉악한 나찰이 나와서 자기가 그 말을 했다고 하였습니다. 그런데 설산동자가 아무리 생각해도 그 구절만으로는 부족한 것 같았습니다. 그래서 나머지 구절까지 소개해 달라고 하니 나찰은 나머지 구절이 있지만 배가 고파서 전해 줄 수 없다고 하였습니다.

"나에게 공양을 주면 나머지 구절을 전해 주겠다."고 나찰이 말하였습니다.

"그럼 좋다. 당신은 무엇을 먹느냐?" 설산동자가 물었습니다.

"나는 사람의 뜨거운 피를 먹는다." 나찰이 대답했습니다.

아무리 둘러봐도 사람이라면 설산동자 한 사람뿐이었습니다.

"내가 나의 뜨거운 피를 주면 내 목숨이 사라지는데 어떻게 법문을 알아듣겠는가? 먼저 법문을 들려주면 그 후에 틀림없이 내 몸을 당신에게 공양하겠다."라고 설산동자가 말했습니다.

나찰이 그 약속을 믿고 '제행무상 시생멸법'의 다음 구절을 전해 주었습니다. '생멸멸이生滅滅已 적멸위락寂滅爲樂, 생멸을 멸하면 적멸의 낙이 있다.'

말을 마치고 나찰이 설산동자를 잡아먹으려 하였습니다. 설산동자는 이 귀중한 법문을 혼자만 듣고 죽을 수는 없으니 석벽에 그 구절을 적고 죽겠다고 하였습니다. 나찰이 허락하자 설산동자는 자기의 피를 짜서 석벽 곳곳에 그 구절을 쓰고는 "내가 나무에 올라가 떨어질 테니 당신이 받아 먹으시오." 하고는 떨어졌습니다.

그때 나찰이 문득 제석천으로 변하여 설산동자를 사뿐히 받아 내었습니다. 그러면서 "나는 당신의 수행을 시험하기 위해서 하늘에서 내려온 제석천이다. 당신은 참으로 갸륵하고 훌륭한 수행자다."라고 하였습니다.

그 설산동자가 석가모니의 전신이라고 하는 이야기가 열반경에 전해집니다.

부처님의 법을 전하는 공양

우리는 부처님께 공양을 올립니다. 음식을 공양하는 것에서 한 걸음 더 나아가 부처님의 법을 전해 준다면 더 값진 일이 될 것입니다. 『당신은 부처님』이라고 하는 책에는 법화경을 위시해서 화엄경의 인불사상, 달마 스님의 인불사상, 육조혜능 스님의 인불사상,

마조 스님의 인불사상, 임제 스님의 인불사상, 영명연수 스님의 인불사상, 심지어 성철 스님의 인불사상, 선시禪詩의 인불사상, 그리고 아름다운 불국사에서 보는 인불사상 이야기가 나옵니다.

이 세상에서 제일 아름다운 사찰이 불국사인데 그중에서도 가장 아름다운 탑이 다보탑입니다. '다보多寶'란 이 세상 보물을 가득 담고 있다는 뜻입니다. 무슨 보물이 다보가 되는가 하면 바로 사람입니다. 사람보다 더 값진 보물이 없습니다. 그런 뜻이 다보탑을 지은 본래의 뜻입니다. 돌덩이를 깎아서 아름답게 장식했다 한들 무슨 의미가 있겠습니까. 다보탑이 아름다운 것은 그 탑이 사람의 존귀함을 상징하기 때문입니다. 다보탑을 보면서 불자들만큼은 그러한 의미를 알아야 합니다.

경전은 부처님의 정신이다

만일 어떤 사람들이 그대의 말을 믿는다면
그는 곧 나를 친견한 것이며 그대 자신도 친견한 것이 되고
비구승과 모든 보살들을 친견한 것이니라.
법화경은 깊은 지혜가 있는 이를 위하여 설한 것이니
얕은 소견 가진 이가 들으면 미혹하여 이해하지 못하느니라.
- 『법화경』「비유품」 46

부처님을 친견한다는 것은 엄청난 일입니다. 아함부 경전에 박칼리경이 있습니다.

박칼리 비구가 어느 날 나이 들고 병이 들어서 신도님 집에서 숨을 거두게 되었습니다. 박칼리는 신도님에게 "부처님께 예배하고 눈감는 것이 소원입니다. 부처님께 그 말을 전해 주시오."라고 부탁하였습니다.

부처님이 소식을 듣고 달려와서 다정하게 위로의 말씀을 하셨습니다. 박칼리 비구가 감동하여 눈물을 흘리며 일어나 마지막으로 부처님께 절을 하려고 하였습니다. 그러자 부처님은 돌변하여 엄하게 말씀하셨습니다. "썩어 가는 몸뚱이가 썩어 가는 몸뚱이에게 절을 한 번 더 한들 무슨 의미가 있는가. 법을 보는 자는 나를 보는 것이고, 나를 본다고 하는 자는 법을 보는 것이다. 나의 가르침이 곧 나다."

곧 죽음을 앞에 둔 제자에게까지 부처님이 가르침을 주신 것입니다. 박칼리와 부처님은 얼마나 차원이 다릅니까. '나의 가르침이 곧 나다. 나를 보려는 자는 내 정신이 무엇인지를 알아야 한다.'라고 부처님이 말씀하셨습니다. 그러므로 부처님의 경전을 본다는 것은 부처님을 친견하는 일입니다. 부처님의 정신을 만나는 일입니다. 그러한 경전을 전하는 일은 부처님을 친견하도록 안내하는 일입니다.

뜻이 같은 사람들

저를 생각할 때 '저 스님은 법공양 운동 하는 사람이다.'라고 생각해 주면 좋겠습니다. '부처님 법을 많은 사람에게 전하는 운동을 하는 사람이다.'라고 기억해 주면 좋겠습니다. 만약에 제가 죽어서 저의 묘비명을 쓴다면 '법공양 운동 하던 사람이 여기 잠들었다.'라고 쓰면 좋겠습니다.

저는 대만의 정공 법사와 증엄 스님을 존경합니다. 대만의 정공 법사는 불타교육기금회를 통해 전 세계에 법공양을 전하는 사람입니다. 우리나라에도 얼마나 많은 법공양을 올렸는지 모릅니다. 저도 그 스님이 보내 준 책을 많이 받아 보았습니다.

부처님의 법을 만천하 사람에게 공양 올리고자 하는 그 뜻이 매우 감동적이어서 제가 흉내를 내려고 합니다. 저는 정공 법사를 한 번도 본 적 없지만 서로의 뜻이 같으니 항상 그 스님과 함께하고 있다고 생각합니다. 전할 수 있는 수단과 방법을 다 동원해서 많은 사람에게 부처님 가르침을 깨우쳐 주려고 하는 마음이 같습니다.

저는 일지경을 수십만 장 찍어서 많은 사람에게 법공양하지만 "저 봐라. 읽지도 않고 아무 데나 버리지 않느냐. 왜 그런 짓을 하느냐?"면서 사람들이 와서 안타까워하며 이야기를 합니다. 그러나 만 명이 가져가서 그중에 한 사람만 깨쳐도 천 배 만 배 소득이 있는 것이라고 믿습니다. 정공 법사는 전 세계에 수백만 권의 불서를 보냅니다. 그 가운데 한 사람이라도 거기에 감동하고 눈을 뜬다면 그 값을 했다고 보는 것입니다.

원력을 가진 사람의 정신은 그렇습니다. 이런 기회에 제가 하는 법공양 운동을 말씀드리는 것은 '사람으로 태어나 나도 저런 일을 해야겠다.'고 생각하는 사람이 단 한 사람이라도 나온다면 제 말이 그 값을 하는 것이라고 생각하기 때문입니다.

경전을 대하는 태도

사리불이여, 그대도 오히려 이 경전에 대하여

믿는 마음을 가지고야 들어갈 수 있거늘

하물며 다른 성문들이겠는가.

그들 다른 성문들도 부처님의 말씀을 믿음으로써

이 경을 수순隨順하지만 자신의 지혜는 아니니라.

– 『법화경』「비유품」 46

이 경전을 100퍼센트 이해한 뒤에 믿는 것은 어렵습니다. 조금만 이해해도 '부처님 말씀이니까.' 하고 믿고 들어가면 됩니다. 무조건 믿는다고 하는 것이 중요합니다.

경을 들을 수 없는 근기

또 사리불이여, 교만하고 게으르고

나라는 소견이 있는 이에게는 이 경전을 설하지 말라.

범부들은 소견이 얕아서 오욕五慾에만 탐착貪着하여
경전을 들어도 이해하지 못하니
그런 이들에게도 역시 설하지 말라.

– 『법화경』「비유품」47

　부처님은 씨앗을 뿌리되 심지어 바위에도 뿌리시는 분입니다. 바위에 씨앗을 뿌려 놓아도 그것이 바람에 날려가서 흙을 만나고 습기를 만나 싹을 틔웁니다. 불법의 이치가 그와 같습니다. 지금 여기서 법문을 못 듣더라도 미국 어디쯤 이민 가서 고생을 하다가 나중에야 새롭게 발심할 수도 있습니다. 실컷 공부하라고 할 때는 안 하고 엉뚱하게 다른 곳에 가서 고생만 하다가 부처님 생각이 나서 발심하는 사람들도 많습니다.

　그런데 여기 나온 말씀은 그와 반대입니다. '교만하고 게으르고 나라는 소견이 있는 이에게는 이 경전을 설하지 말라.'라고 하시니 이 무슨 말씀입니까? 형이하학적인 사람에게는 부처님의 말씀이 이해가 안 된다는 뜻입니다. 인간의 가치를 물질에만 두고 사는 사람에게는 이 말씀이 전혀 눈에 들어오지 않고 손에 잡히지도 않습니다. 똑같은 사람인데 사람의 차원이 그렇게 다릅니다.

부처님의 종자를 끊었으므로

이와 같은 죄의 과보를 받느니라.

만약 어쩌다가 낙타가 되고 당나귀로 태어나면

항상 무거운 짐을 몸에 싣고 채찍을 맞으면서

오직 생각하는 것은 물과 풀 뿐이요, 다른 것은 모르느니라.

－『법화경』「비유품」48

죄 없는 소나 말, 당나귀를 두고 하는 말이 아닙니다. 비유품의 47번과 48번은 진리를 등지고 경전을 비방하는 사람들의 이야기입니다. 진리를 등진 사람, 경전을 비방하고 훼방하는 사람들은 자나 깨나 의식주 문제에 마음이 묶여 삽니다. 우리가 사람으로 태어나 다행히 부처님 법을 만났는데 이때 다른 차원에 눈을 떠야 부처님 제자라고 할 수 있지 않겠습니까.

법화경은 우리 귀에 달콤한 소리만 하지 않습니다. 형이하학적인 것에만 마음 쓰고 사는 인간을 사정없이 꾸짖는 무서운 말도 합니다. 우리도 채찍을 맞을 땐 맞아야 합니다. 저는 법화경의 이 구절을 보고 얼마나 반성했는지 모릅니다.

승속을 막론하고 사람으로 태어나 의식주 문제에만 목을 매면 사람이라고 할 수 있겠습니까. 동물도 의식주 문제엔 열심이고 제 새끼를 위하는 정성은 사람보다 더합니다.

만약 사람으로 태어나면 귀머거리·소경·벙어리에
가난뱅이 등 이런 못난 것으로 자신을 장엄하리라.
－『법화경』「비유품」50

법화경을 등지고 비방한 사람들은 못난 것으로써 장엄을 합니다. 못난 것도 그 사람을 장엄한 것입니다. 어째서 장엄이라는 말을 썼을까요?

법화경을 등지고 비방한 사람들이란 사람이 살아가는 데 대한 참다운 이치를 등진 사람을 말합니다. 그가 어디 살든지, 어떤 종교를 믿든지 상관없습니다. 참다운 이치를 등진 사람의 삶은 겉으로는 번지르르해도 사실은 고통스러운 삶이라는 것입니다.

경전을 들을 수 있는 근기
만약 어떤 사람이 영리하여 지혜가 있고 총명해서
많이 듣고 모두 기억하여 부처님의 도를 구하는 이라면
이러한 사람들에게는 설하여 줄 것이니라.
－『법화경』「비유품」51

이것은 경을 들을 수 있는 사람의 경지입니다. 법화경 이야기에 귀가 솔깃한 사람이 영리하고 지혜가 있는 사람입니다.

만약 어떤 사람이 지난 세상에서
백 천 만 억 부처님을 친견하고
온갖 선근善根을 많이 심어서 마음이 깊고 견고하면
이러한 사람들에게 이 경전을 설할지니라."

— 『법화경』 「비유품」 51

백 천 만 억 부처님을 친견한다고 했는데 어디에 백 천 만 억
부처님이 있습니까. 우리가 알고 있는 불교 상식으로는 이런 말이
풀리지 않습니다. 모든 사람, 모든 생명을 부처님으로 섬길 때만
이 '백 천 만 억 부처님'이라고 하는 말이 성립됩니다. '공양하십시
오.'라는 말 속에 이미 '당신은 부처님'이라고 하는 의미가 포함된
것과 같은 이치입니다. 그래서 저는 일상에서 '공양'이라는 말을
쓰는 운동을 하자고 제안하는 것입니다.

'그 사람 신심 있다, 불교에 대한 지식이 있다.'는 말을 합니다.
그 말은 '그 사람은 자기 자신보다 남을 먼저 생각하는 사람이다.'
라는 뜻이기도 합니다. 경전에서는 그것을 '자미득도선도타自未得
度先度他'라고 표현합니다. 자기는 제도하지 못해도 남을 먼저 득도
케 하는 것입니다. 이것이 불심佛心입니다. 발심, 불심, 신심, 불교
에 대한 이해, 불교를 믿는다, 이 모든 말의 의미가 다 한결같습니
다. 자기는 다음으로 미루고 다른 사람을 우선하고 배려하는 것입
니다. 왜냐하면 그 다른 사람이 바로 부처님이기 때문입니다. 부처

님이 먼저 공양하시고, 부처님이 먼저 내리시고, 부처님이 먼저 차를 타시라고 하는 마음이 불자에겐 자연스럽게 스며 있습니다. 이것이 불심佛心입니다.

내가 누구인지 알아야 한다

오늘 여러분께 공양 올린 『당신은 부처님』이라는 책에는 여러 경전과 어록을 통해 우리가 왜 중생을 부처님으로 공경하고 찬탄해야 하는가에 대한 내용이 담겨 있습니다. 그중에 임제 스님의 사상도 있습니다.

우리나라 불교는 선불교가 주를 이룬다고 하지만 임제 스님의 사상을 본받고 있습니다. "임제 이전에 임제 없고, 임제 이후에 임제 없다."는 표현을 할 정도로 임제 스님을 칭찬합니다. 임제 이후의 스님들이 전부 임제 스님에게 줄을 섭니다. 임제 스님의 사상을 물려받으려는 것입니다.

임제 스님의 사상을 한마디로 말한다면 '흠소십마欠少什麼오, 지금 내가 부족한 것이 무엇이냐, 현재 이대로 완전하다.'고 하는 것입니다. 나의 조건이 좋아서 완전무결한 것이 아닙니다. '지금 나의 몸에 온갖 병고가 있더라도 나는 완전무결한 존재다.'라는 말입니다. 이 말은 곧 '당신은 부처님'이라는 말입니다.

지금 우리는 모두가 그대로 완전합니다. 이것이 불자들이 그토록 닮고 싶어하는 임제 스님의 사상입니다. 그 사실을 누구보다 잘 알면서도 불자는 땀 흘리며 기도하고 용맹정진합니다. 경전과 수행을 통해서 우리는 무엇을 깨달아야 합니까. 나 자신에 대한 존귀성입니다. 우리는 자신의 소중함을 모릅니다. 그것을 안다면 스스로 당당하고 행복합니다. 부러울 것이 아무것도 없습니다. 자기 자신을 알아야 합니다. '나는 지금 이대로 아무것도 부족한 것이 없다.' 이것을 깨닫고 느끼고 확신을 가지는 것이 우리들의 과제입니다.

이러한 대승경전을 통해 끊임없이 이 사상을 연마하는 것이 지금 우리가 해야 할 최선의 일입니다. 어느 날 무릎을 치며 '참으로 나는 현재 이대로 부처님이구나. 완전무결한 존재구나. 나만 그런 것이 아니라 모든 사람이 완전무결한 존재구나.'라고 느끼게 될 것입니다. 법화경의 어느 페이지를 펼쳐도 이것을 알리는 일불승 사상이고 인불사상입니다. 이것이 우리의 일상생활에도 적용된다면 더 나아갈 데가 없습니다. 당신은 부처님입니다.

'여기저기 돌아다니다가
우연히 고향으로 향하였다'
─법화경 신해품의 시작

무인무과無因無果의 진실

불교에서는 우리가 육신을 가지고 살아가는 현상을 연기緣起의 법칙으로 풉니다. 물론 궁극적 진리는 연기와 관계없습니다. 궁극적 진리는 무인무과無因無果입니다. 원인도 없고 결과도 없는 차원의 진리입니다. 우리 사람 사람의 가슴에 궁극적 차원이 있는가 하면, 눈에 보이는 현상적인 것은 모두가 연기의 원리로 형성되어 있습니다. 이것을 우리 불자들은 귀에 못이 박히도록 들어 왔을 것입니다.

우주법계가 연기로 이루어져 있다고 하는 법계연기法界緣起, 진여연기眞如緣起 등 불교에서는 연기라는 말을 많이 씁니다. 제가 이 자리에 있는 것도 여러분이 있기 때문이고, 제가 있기 때문에 여러분이 있습니다. 부모가 있어서 자식이 있고, 자식이 있어서 부모가 있습니다. 이러한 현상적인 것을 푸는 열쇠는 연기의 법칙에서 찾을 수 있습니다.

그런데 법화경은 그러한 현상적인 연기의 차원보다 더 높은 궁극적 차원에 이르는 내용을 담고 있습니다. 법화경은 부처님 최후, 최고의 말씀입니다. 부처님도 평소에는 연기의 이야기를 많이 하셨습니다. 그러나 부처님은 현상의 문제 해결의 차원보다 더 높은 차원을 보셨기 때문에 열반을 앞두고 그 이야기를 안 할 수가 없었던 것입니다. 그래서 최후로 제자에게 전하려 한 것이 법화경의 이치입니다.

법화경 서분을 보면 부처님이 법문하기를 꺼리자 사리불이 부처님께 세 번에 걸쳐 기어이 법을 청하는 삼지삼청三止三請의 광경이 나옵니다. 그러한 과정을 거치고 나서 비로소 부처님이 입을 떼는데 5천 명이나 되는 제자들이 법회 자리를 박차고 나오는 희대의 사건도 벌어졌습니다.

부처님은 이 법화경을 통해 당신 가슴에 있던 최고 수준의 법문을 전하고자 했기 때문에 법문이 어려울 수도 있고 불교를 통해 얻고자 하는 것에 괴리감이 있을 수도 있습니다. 하지만 불교에 몸담고 있는 이상 부처님께서 정말 마음에 두고 있던 진실, 비밀, 그 내용을 우리가 알아야 하지 않겠습니까. 그 진실을 탐구하다 보면 어느새 나도 그 길에 접어들어 있을 것입니다.

신해품

법화경 네 번째 품인 신해품信解品을 공부할 차례입니다. 신해信解는 믿음과 이해입니다. 무엇이 이해이고 무엇이 믿음입니까. 경전을 통해 이것을 깔끔하게 정리할 필요가 있습니다.

신해품에서 부처님의 4대 제자인 수보리, 마하가전연, 마하가섭, 마하목건련 성문이 자신들도 깨달음을 얻어서 믿고 이해함이 완전해졌다고 술회합니다. 이 성문들이 불교에 몸담고 법화경을 듣기까지 자신들의 신앙생활은 이러이러했다고 이야기합니다. 신해품에는 유명한 '궁자窮子의 비유'도 나옵니다. 이 품을 공부하는 동안 우리들 모두 각자 자신의 신앙생활을 점검해 보는 기회를 가졌으면 합니다.

믿음

믿음은 종교뿐만 아니라 일상생활을 하는 데 있어서도 중요합니다. 흔히 믿음을 손과 같다고 합니다. 손은 참 신기합니다. 이 법당도, 석굴암도, 컴퓨터도 손이 다 만들었습니다. 손을 잘 사용하면 이와 같이 위대한 것들을 만듭니다. 믿음이 있음으로 해서 훌륭한 가정 분위기를 만들기도 합니다. 이 법회에도 믿음이 저변에 깔려 있습니다. 지난밤 봉은사에서는 신도들이 모여 삼천배를 한다고 절이 떠나갈 듯 관세음보살을 부르며 정진했습니다. 신앙을 펼치고 땀을 흘리는 시간 역시 믿음에서 나옵니다.

믿음은 지팡이와 같습니다. 지팡이는 자기 몸무게의 30퍼센트를 지탱해 줍니다. 믿음도 내 인생의 무게를 30퍼센트 내지 반 정도는 지탱해 줍니다. 믿음은 땅과 같습니다. 땅이 없다면 지금 이 건물이 지탱할 수 없고, 우리가 걷지도 앉지도 눕지도 못합니다. 자동차도 땅을 의지해서 굴러다닙니다. 비행기 역시 땅을 박차고 올라가야 비로소 하늘을 날 수 있습니다. 불교에서 말하는 이런저런 믿음의 의미를 곰곰이 생각해 본다면 믿음이라는 것이 참으로 신기합니다.

4대 성문四大聲聞이 깨달음을 얻다

이 때에 혜명慧命 수보리와 마하가전연과 마하가섭과 마하목건련이 부처님께 미증유未曾有의 법을 들었습니다. 또 세존께서 사리불에게 최상의 깨달음에 대한 수기를 주시는 것을 보고 희유한 마음으로 한없이 기뻐서 자리에서 일어나 옷을 바르게 하고 오른쪽 어깨를 드러내어 진실을 보였습니다. 그리고 오른쪽 무릎을 땅에 대고 일심으로 합장하고 허리를 굽혀 공경하며 존안尊顔을 우러러보았습니다.

— 『법화경』 「신해품」 1

신해품은 가르침을 믿고 이해하는 내용입니다. 4대 성문인 수보리, 마하가전연, 마하가섭, 마하목건련이 자신이 걸어온 신앙생활의 길을 고스란히 부처님께 고백합니다.

부처님께 사뢰어 말씀하였습니다.

"저희들이 대중들 중에 상수제자上首弟子로서 나이는 늙었으며 스스로 생각하기를 '이미 열반을 얻었으며 더 할 일이 없다.'하고, 더 이상 최상의 깨달음을 구하려 하지 않았습니다. 세존께서 지난 옛적부터 법을 설하신 것이 오래 되셨는데 그 때 저희들이 자리에 있었으나 몸이 피로하여 공空과 형상이 없음[無相]과 지을 것이 없음[無作]만을 생각하였습니다. 보살의 법인 신통으로 유희함과 부처님의 세계를 청정하게 하는 것과 중생들을 성취하는 일은 마음에 즐거워하지 않았습니다.

- 『법화경』「신해품」 2

공空, 무상無相, 무작無作은 근본불교에서 끊임없이 이야기하는 것입니다. 법화경 이전의 불교는 대개 이 이야기입니다. 그것을 이 사람들도 공부해 왔습니다. 이제 법화경에 나오는 보살의 법은 보살행이고 이타행입니다. 남을 먼저 배려하는 것, 내가 득도하기 전에 남을 먼저 제도하는 것[自未得度先度他, 자미득도선도타]입니다. 내가 먼저 먹기보다는 자식부터 먹이는 어머니의 마음입니다. 부처님의 세계를 청정하게 하는 것은 불국토의 성취입니다. 그런데 법화경을 듣기 전까지는 4대 성문도 중생을 성취하는 일에 관심이 없었다는 것입니다. 불교가 전래되고 나서 이 정도의 세월이 흘렀는데 한국불교는 어디쯤 와 있습니까. 모두들 불교라는 것을 통해서 무엇에 관심이 있습니까. 4대 성문의 고백을 들으면서 우리의 현실과 각자의 신앙생활은 어떠한가 한번 생각해 볼 필요가 있습니다.

미증유의 법을 듣다

그 까닭은 세존께서 저희들로 하여금 삼계에서 벗어나 열반을 얻게 하였기 때문입니다. 또 지금 저희들은 나이가 이미 늙었으므로 부처님께서 보살들을 교화하시는 최상의 깨달음에 대하여는 조금도 좋아하는 마음을 내지 아니 하였습니다.

저희들이 오늘 부처님 앞에서 성문들에게 최상의 깨달음에 대한 수기를 주시는 것을 듣고는 마음이 매우 환희하여 미증유를 얻었습니다. 생각지도 아니하다가 이제 홀연히 희유稀有한 법을 듣고 매우 경사스럽고 다행스러우며 저희들로서는 큰 이익을 얻었습니다. 마치 한량없는 보물을 구하지도 않았는데 저절로 얻은 것과 같습니다.

- 『법화경』「신해품」 2

부처님도 처음엔 삼계에서 벗어나 내 한 몸 편히 살게 하는 열반을 얻게 하는 소승을 가르쳤습니다. 열반을 좋아하는 사람들이 있기 때문에 그런 사람들을 유인하기 위해서였습니다. 4대 성문도 그것이 습관이 되어서 그것이 불교인 양, 수행인 양 안착하여 왔습니다. 그래서 지금까지는 보살을 교화하는 마음을 내지 않았다고, 우리 모두를 포함해서 이분들이 고백합니다. 이들은 이제 법화경을 통해 미증유를 얻었다고 말합니다. 일찍이 있지 않았던 불가사의한 법을 들었다는 말입니다.

예전에 같이 공부하던 한 학인이 '절에는 왜 병 고치는 법을 안 가르치나?'고 했던 불평을 잊지 못합니다. 절에 특별한 신통이나 병 고치는 특별한 방법이 있는 줄 알고 출가한 사람들이 흔히 있었습니다. 일반 불자님들은 부처님 슬하에 오면서 과연 무엇을 바라고 무엇을 목적으로 왔습니까? 법화경을 공부하는 입장에서 마음속으로라도 한번쯤 계산해 볼 필요가 있습니다.

부처님의 4대 제자는 '마치 한량없는 보물을 구하지도 않았는데 저절로 얻은 것과 같다.'고 말합니다. 그동안 불교를 수행하여 내 삶만을 편하게 유지하려 했는데 보살정신, 툭 터진 삶을 듣게 되니 이러한 표현을 하게 된 것입니다.

오시교

천태지자 선사는 부처님의 모든 가르침을 다섯 가지로 분류하여 회통합니다. 그것을 교상판석敎相判釋이라고 했습니다. 교상판석은 경전해석법입니다. 법화경을 근거로 한 천태종의 교판은 오시교五時敎입니다.

1. 화엄시- 부처님이 성도 후 21일간 설함 / 화엄경
2. 녹원시- 12년간 설함 / 아함경
3. 방등시- 8년간 설함 / 유마경, 사익경, 금광명경, 승만경 등의 대승 경전
4. 반야시- 21년간 설함 / 여러 반야경
5. 법화열반시- 8년간 설함 / 법화경 / 열반경

아함십이방등팔阿含十二方等八

이십일재담반야二十一載談般若

종담법화우팔년終談法華又八年

최초화엄삼칠일最初華嚴三七日

궁자경악화엄시窮子驚愕華嚴時

제분정가아함시除糞定價阿含時

출입자재방등시出入自在方等時

영지보물반야시令知寶物般若時

전부가업법화시傳付家業法華時

이러한 내용의 근거도 법화경의 신해품에 나옵니다.

궁자의 비유

세존이시여, 저희들이 이제 비유를 들어서 이 뜻을 밝히겠습니다.

비유컨대 어떤 사람이 어린 시절에 아버지를 버리고 도망하여 집을 나가서 다른 지방에서 십 년, 이십 년, 내지 오십 년을 살았습니다. 나이는 이미 많아졌고 곤궁하기가 막심하여 사방으로 헤매면서 의식衣食을 구하여 여기 저기 돌아다니다가 우연히 고향으로 향하였습니다.

– 『법화경』「신해품」3

4대 성문이 세존에게 비유를 들어서 고백하고 있습니다. 4대 성문과 마찬가지로 우리도 이제 고향으로 향하고 있습니다. 고향이란 궁극적 차원의 안락처, 진정한 차원의 해탈입니다. 절의 일주문을 들어서는 순간, 너 나 할 것 없이 우리는 모두 이 고향을 향해 가고 있는 것입니다. 경전의 행간에 이러한 뜻이 숨어 있어서 설명하지 않으면 모릅니다. 경전이 어렵다는 것이 그런 점입니다.

지금까지 이런 궁극적 차원을 모르고 살았기 때문에 우리는 그동안 궁핍한 아들, 거지와 같고 날품이나 팔고 사는 수준으로 살았습니다. 그런 사람이 불교와 만난 것을 '우연히 고향에 머물렀다.'고 표현하고 있습니다.

그의 아버지는 일찍이 아들을 찾아다니다가 만나지 못하고, 중도에서 어느 도시에 머물러 살았습니다. 그 집은 매우 부유하여 재물이 한량없고 금·은·유리·산호·호박·파리·진주들이 창고마다 가득 차서 넘쳐 났습니다. 거기다가 노비와 시종들과 청지기 등 관리들도 많았습니다. 코끼리·말·수레·소·양이 무수히 많았으며, 전곡이나 돈을 빌려주고 이자를 받아들이는 일이 다른 지방에까지 퍼져서 이 집에는 장사하는 이들과 거간꾼들이 들끓었습니다.

— 『법화경』 「신해품」 3

이 어마어마한 부자는 부처님을 뜻합니다. 부처님은 우리 마음의 무량무변 복덕을 표현하기 때문에 이런 설명이 오히려 부족합니다.

그 때 빈궁한 아들이 이 마을 저 마을로 두루 돌아다니고, 이 지방과 저 지방을 지나다가 마침내 아버지가 살고 있는 도시에 이르렀습니다.

— 『법화경』 「신해품」 3

평범한 나그네의 여행 과정 속에는 우리 불자들이 이 불교 저 불교, 이 참선 저 참선 다 지나고 부처님이 전해 주고자 하는, 인간이 이르러 갈 수 있는 최고 성공의 길 법화경을 만났다는 이야기가 담겨 있습니다.

아버지는 언제나 아들을 생각하였습니다. 아들과 이별한 지가 벌써 오십 년이 되었으나 아직 다른 이에게는 이러한 사실을 한 번도 말하지 않고 마음속으로 홀로 한탄하였습니다.
— 『법화경』「신해품」 3

부처님이 50년이나 제자를 가르쳤으나 "너희는 나의 진정한 제자가 아니다."라는 말을 못하고 마음으로만 한탄하였습니다. "너 스스로 '내가 바로 부처다.'라는 확신을 가질 때 너는 진정한 나의 제자다."라고 하는 의미도 포함되어 있습니다.

'나이는 늙었고 재산은 많아서 금·은·진보가 창고에서 넘쳐나는데 자식이 없으니 어느 때든지 죽게 되면 재산은 모두 흩어져서 전해줄 데가 없겠구나.' 하고 은근히 기다리며 그 아들을 매일 못잊어하였습니다.
— 『법화경』「신해품」 3

온갖 보배가 넘쳐난다고 하는 것은 '사람이 부처님'이라는 사실입니다. 그에게 무량무변 공덕과 지혜가 있다면 우리에게 또한 무량무변 공덕과 지혜와 복덕이 있다고 하는 사실입니다. 이 사실을 일깨우지 못하면 장자의 재산을 아들에게 한 푼도 전하지 못하는 상황과 같습니다.

또 생각하기를 '내가 만약 아들을 만나서 재산을 전해 준다면 무한히 즐겁고 다시는 근심이 없으리라.' 하였습니다.
―『법화경』「신해품」3

사람들에게 '당신이 본래 부처님'이라고 하는 사실을 일깨워 준다면 부처님이 근심이 없을 것이라는 소리입니다. 남방불교에는 '성불成佛'이라는 말이 없습니다. 한 시대 한 지구 위에서 같은 불교를 하고 있지만 불교가 이렇게 차원이 다릅니다.

부자상봉父子相逢
세존이시여, 이 때에 궁한 아들은 품을 팔면서 이리저리 다니다가 우연히 아버지가 사는 집에 이르러 대문 옆에 머물렀습니다. 멀리서 그 아버지를 보니 사자좌獅子座에 앉아서 보배로 만든 궤로 발을 받들었고, 많은 바라문과 찰제리와

거사들이 공경히 둘러 모시고 있었습니다. 값이 천 만 냥이
나 되는 진주와 영락으로 몸을 장엄하였고, 시종과 하인들
이 흰털로 만든 불자拂子를 들고 좌우에 시위侍衛하였습니다.
보배 휘장을 치고 꽃을 새긴 번幡을 드리웠으며, 향수를 땅
에 뿌리고 여러 가지 훌륭한 꽃을 흩어놓았습니다. 보물들을
늘어놓고 내어주고 받아들이며 이러한 여러 가지 호화로운
장식들이 있어서 위엄과 덕이 높고 훌륭하여 보였습니다.
  -『법화경』「신해품」 4

거부장자는 부처님입니다. 곧 우리들의 내면을 그린 것입니다.
그것을 우리는 이해하지 못하고 믿지 못합니다. 신해품은 그것을
이해하고 믿도록 하는 과정입니다.

궁한 아들이 그 아버지가 큰 세력勢力을 가진 것을 보고는
곧 두려운 생각을 품고 여기에 온 것을 후회하면서 이렇게
생각하였습니다.
'저이는 아마 왕이거나 혹은 왕족일 터이니 내가 품을 팔고
삯을 받을 곳이 아니다. 다른 가난한 마을을 찾아가면 힘들
여 일할 곳이 있으리라. 거기 가서 품을 팔아 의식을 구하
면 쉽게 얻으리라. 만일 여기에 오래 있으면 나를 붙들어다

가 강제로 일을 시킬지도 모르는 일이다.' 이렇게 생각하고
는 빨리 그 곳을 떠났습니다.
　　－『법화경』「신해품」 4

이 자리에 있는 분들 중에 아직도 불교에 대해서 이런 생각을
하는 사람이 없지 않을 것입니다.

그 때에 부호인 장자는 사자좌에서 아들인 줄을 알아보고
크게 기뻐서 이렇게 생각하였습니다. '나의 창고에 가득한
재산을 이제 전해 줄 데가 있구나. 내가 항상 이 아들을 생
각하면서도 만날 수가 없었는데 이제 문득 스스로 왔으니
내 소원이 드디어 이루어졌구나. 내가 비록 나이는 늙었으
나 재산을 아끼는 마음이 변함이 없던 것은 이러한 까닭이
다.'라고 하였습니다.
　　－『법화경』「신해품」 5

장자가 재산을 가지고 있었던 것은 결국은 아들에게 전해 주려
고 했기 때문입니다. 부처님은 결국 우리들 자신에게 최후로 마지
막 한마디를 전하려고 하는 것입니다. '너도 나와 똑같은 부처다.'

이 한마디가 부처님의 모든 재산입니다. 이것을 제대로 믿느냐 이해하느냐는 우리들의 몫입니다. 이것이 제대로 와닿는다면 이 세상에 그 무엇도 부러울 것이 없습니다.

육조 스님도 그것을 알고 '내 자성 자리에 본래 모든 것이 구족해 있음을 내가 어찌 상상이나 했겠는가.'라는 표현을 했습니다. '내 마음속에 모든 것이 갖추어져 있다. 그런 사실은 어찌 내가 상상할 수 있었겠느냐.' 제대로 느끼고 제대로 알면 저절로 이런 말이 나옵니다. 가슴에서 저절로 터져 나오는 소리인데 어떻게 참을 수가 있겠습니까.

아들이 놀라 기절하다

그래서 곧 곁에 있는 사람을 빨리 보내어 데려오게 하였습니다. 그 때에 데리러 갔던 사람이 빨리 쫓아가서 붙드니 궁한 아들이 크게 놀라서 원통하다고 큰 소리로 부르짖었습니다. '나는 아무 잘못이 없는데 왜 붙드느냐.' 데리러 간 사람은 아들을 더욱 단단히 붙들고 강제로 끌고 가려고 하였습니다. 그 때에 궁한 아들은 스스로 생각하기를 '죄도 없이 붙들려 가게 되니 반드시 죽게 되리라.' 하고, 더욱 놀라서 기절하여 땅에 쓰러지고 말았습니다.

– 『법화경』「신해품」 6

이 구절은 궁자경악화엄시窮子驚愕華嚴時, 부처님께서 화엄경을 설하는 때를 말합니다. 부처님께서 화엄경을 설하자 '성문들도 화엄법회가 있다는 사실을 듣기만 했지 그 뜻에 대해서는 맹인과 같았고 귀머거리와 같았다.'는 말이 있습니다. 불교는 부처님의 가르침입니다. 착한 불자, 순수한 신앙심, 소박한 신앙심은 높이 살 수 있으나 그것만 가지고는 부족합니다.

경전에 이렇게 부처님이 하나하나 짚어서 가르쳐 주시는 법이 있습니다. 불자들이 그동안 불교에 들인 시간과 돈, 능력, 건강이 얼마입니까? 가르침을 잘 받아들여서 가장 효과적인 결과를 거둬내야 하지 않겠습니까?

화엄경을 불교에 대해 조금도 모르는 사람에게 읽어 주면 전혀 못 알아듣습니다. 법화경의 '사람이 부처다.'라고 하는 차원도 못 알아듣는 사람이 많을 것입니다. '나는 온갖 번뇌 덩어리다. 나는 남 눈치 보고 속일 생각만 하고 어떻게 하면 이익을 볼까 그것만 생각한다. 이런 내가 부처님이라니!' 하고 이해가 안 될 것입니다. 화엄경은 더욱 심합니다. 산천초목이 모두 부처님의 한량없는 설법이라고 하는 소리를 누가 알아듣겠습니까.

부처님은 깨달음을 성취하고 나서 당신의 깨달음을 음미하면서 법희선열에 도취되어 있었습니다. 그러한 기간이 21일입니다. 그 기간에 부처님이 정신적으로 누렸던 그 깨달음의 궁극적 차원을 고스란히 그려 놓은 것이 화엄경입니다.

화엄경이나 법화경을 경전성립사적인 차원에서 말하자면 이 경전들은 부처님 열반하시고 500~600년이 지난 다음에 성립된 경전입니다. 그러나 부처님과 동일한 깨달음을 얻은 뛰어난 분들이 부처님의 정신을 이어받아서 편찬한 경전입니다. 그래서 부처님이 최초에 깨닫고 나서 설한 법이라고 합니다. 부처님의 깨닫고 난 뒤의 정신세계를 고스란히 그린 경전이기 때문입니다.

여기 경전에 '아버지가 보니 아들이 기절했습니다.'라는 대목이 나옵니다. 부처님이 화엄경을 설하니 아무도 알아듣는 이가 없었다는 것입니다. 그래서 부처님은 수준을 낮춰서 아함부 경전을 설합니다. 아함부 경전은 유치원생, 초등학생의 수준입니다. 그렇기 때문에 아함부 경전에는 설화가 많습니다. 그런 것은 방편입니다. 법화경이나 화엄경은 방편이 거의 없습니다. 통째로 진리의 말씀입니다.

궁한 아들의 밥벌이

아버지가 멀리서 이 광경을 보고 심부름꾼에게 말하였습니다. '그 사람은 필요 없으니 억지로 데려오지 말라. 찬물을 낯에 뿌려서 다시 깨어나게 하고 더 이상 그 사람에게 말하지 말라.'

그 까닭은 아버지가 아들의 마음이 용렬庸劣한 줄을 알았고 자신의 호화로운 부귀영화가 아들에게 두려움이 되는 줄을 알았기 때문입니다. 자신의 아들임을 분명히 알았지마는, 일종의 방편으로서 자기의 아들이라는 말을 아무에게도 말하지 않고, 그 심부름꾼을 시켜서 아들에게 말하기를 '이제 내가 너를 놓아 줄 터이니 어디든 마음대로 가거라.' 하였습니다. 궁한 아들은 좋아라 기뻐서 어쩔 줄을 몰라 땅에서 일어나서 가난한 마을을 찾아가서 밥벌이를 하고 있었습니다."

- 『법화경』「신해품」 6

모두가 다 부처라는 사실을 부처님은 압니다. 그러나 처음부터 그 이야기를 하면 믿을 사람이 없습니다. 지금도 믿을 사람이 없는데 하물며 미개한 시대에 누가 그것을 믿었겠습니까. 거부인 장자는 궁자가 자신의 아들임을 알았지만 일종의 방편으로 자기의 아들이라는 말을 아무에게도 하지 않았습니다. 속으로만 '내 재산을 전부 물려받을 놈인데'라고 한 것입니다.

화엄경에도 '신기하고 신기하여라. 여래의 지혜와 덕상을 그대로 갖추고 있구나. 다만 모르고 있을 뿐이다.'라는 구절이 나옵니다. 부처님에게 왕자 출신으로서 신기한 것이 무엇이 있었겠습니까. 그런데 부처님이 신기하다는 말씀을 그 자리에서 했습니다. 모든 사람이 여래인 부처의 성품을 가지고 있는 것을 부처님이 신기하다고 한 것입니다.

경전에서 수없이 '네가 그대로 부처다. 현재 이대로 완전무결한 부처다.' '인간으로서의 감정과 모순을 그대로 가지고 있더라도 가지고 있는 그대로 부처다.'라고 이야기해도 우리에게 그것이 쉽게 먹혀들지 않습니다. 그래서 부처님은 할 수 없이 아들이 품팔이를 하든지 말든지, 칠성단에 가서 기도를 하든지 큰 바위 밑에 가서 기도를 하든지, 그대로 방편으로 하게 하는 것입니다.

2600여 년이 지난 지금 불교 안에는 온갖 방편이 많습니다. 부처님은 한 사람도 배척하지 않습니다. 전부 거둬들여서 성숙시켜서 본래 부처라고 하는 자리를 찾게 하는 것이 부처님의 자비입니다. 부처님은 오직 사람들이 자신의 가치를 모르고 깨닫지 못하는 것을 안타까워할 뿐입니다. 한때 한국 절에서 산신각, 칠성각을 없애는 운동을 했습니다. 그러나 그러한 근기도 너그럽게 받아들여야 합니다.

가난한 우리들이 이 부처 저 부처 둘러보고 이 지방 저 지방을 지나다가 마침내 아버지가 사는 도시에 이르러 드디어 법화경을 만납니다. 궁한 아들이 스스로 거부장자의 아들인 줄 모르고 '가난한 마을을 찾아가서 밥벌이를 하고 있었습니다.' 이 구절에 경전보다 열 배 스무 배의 풍부한 뜻이 숨어 있습니다. 그 뜻이 읽혀질 때마다 환희심이 일어납니다. 우리 역시 다음 법회 때까지 각자의 밥벌이를 하다가 본래 자리로 돌아오도록 합시다.

13강

불교는
마음관리하는 것이다

인생에서 가장 중요한 일은 사람에 대해서 잘 아는 일이다

어느새 제가 봉은사에 출입한 지 만 1년이 되었습니다. 지금 입시철이어서 대학에 진학하는 학생들은 수능시험이 끝나고 자기 점수를 계산해서 정시모집에는 어느 대학에 갈 것인지, 수시는 어디에 합격할 것인지, 마음에 드는 학교 학과에는 갈 수 있을 것인지가 보통 크고 어려운 문제가 아닙니다.

그런데 100세 인생이라고 하는 큰 그림을 펼쳐 놓고 보면 그것이 지금 생각하는 만큼 큰 문제가 아닙니다. 인생을 하루로 쳤을 때 18~19세면 아직도 신새벽입니다. 하루 가운데 오전 5시, 6시라는 시간이 그렇게 하루를 좌우하지 않습니다. 5시에서 조금 늦게 6시, 7시까지 늦잠을 자고 일어나도 아직 남은 하루가 깁니다.

비록 수능시험 결과가 욕심껏 나오지 않았고 바라는 학교에 합격할 성적이 못 된다 할지라도 또 다음 기회가 얼마든지 있습니다. 설사 원하는 대학을 갔다손 치더라도 거기에서 인생 문제가 다 해결되는 것도 아닙니다.

사람이 태어나서 제일 시급하고 중요한 문제는 '사람과 삶'을 이해하는 일입니다. 사람으로 태어났으니 사람이 어떻게 사는가, 어떻게 살 것인가, 사람이란 무엇인가를 아는 것이 제일 급하고 중요합니다. 사람에 대해서 잘 아는 것이 가능하다면 그 인생은 80퍼센트 이상 성공했다고 할 수 있습니다. 그것이 인생의 근본 문제입니다. 나머지는 전부 지엽입니다. 해도 그만 안 해도 그만인 부수적인 것들입니다. 그런데도 우리는 근본을 망각하고 지엽만 바라보고 삽니다. 그러다 보니 고민하지 않아도 될 고민을 하고, 걱정하지 않아도 될 걱정을 해 가면서, 하지 않아도 될 고생을 합니다.

불교는 마음관리다

불교가 무엇입니까. 화엄경에는 '봉행불교 상섭심奉行佛教常攝心'이라는 말이 있습니다. 불교를 봉행한다는 것은 불교를 실천한다는 뜻이고, 불교를 믿고, 불교를 알고, 불교의 가르침을 따른다는 뜻입니다.

불자들은 흔히 '나는 불교하는 사람이다.'라는 표현을 합니다. 한마디로 '불교한다.'라고도 합니다. 불교를 한다는 것은 무엇인가요? 상섭심입니다. '항상 상常', '거두어들일 섭攝', '마음 심心' 자를 써서, 항상 마음을 관리하는 일입니다. 마음관리를 제대로 하는 것이 '불교하는' 일입니다. 어떤 기도, 어떤 일이든 불교 안에서 하는 일 중에 가장 우선해야 되고 누구에게나 공통적으로 적용되는 일이 바로 마음을 관리하는 일입니다. '불교는 마음을 깨닫는 일이다.' '일체유심조一切唯心造, 모든 것은 마음 하기에 달렸다.'라는 말들은 경전에서 섭심을 지적해 낸 말씀으로 명언 중의 명언입니다.

대상을 탓하지 않는다

내가 아닌 대상을 불교에서는 경계라고 합니다. 나 아닌 것은 사건이나 사람이나 이웃이나 모두 경계인데 그 모든 대상들을 내가 어떻게 소화해 낼 것인가, 그것이 마음관리입니다. 마음관리를 잘하지 못해서 벌어진 상황들을 소화하지 못하면 자기 마음만 상처를 받습니다. 그렇게 되면 결국은 자기만 손해입니다. 소화를 잘 해내면 상처를 받지 않습니다.

상황이 어떻든 불교는 절대 상황을 탓하지 않습니다. 경계를 탓하고 대상을 탓하는 것은 천하에 어리석은 짓입니다. 자식이 시험을 잘 못 친 것도 역시 경계일 뿐입니다. 자식이라고 하는 가장 절친한 경계에까지도 내가 끄달리지 않아야 합니다. 자식이 시험을 잘 못 쳤는데 부모인 내 마음까지 상한다면 이중 삼중으로 손해입니다. 그 마음이 전해져서 신경질이 난다고 신경질을 내고, 일이 손에 안 잡히니까 일도 제대로 못하고, 화를 내지 말아야 할 사람에게 화를 내면 그 손해가 열 배, 스무 배로 번집니다. 내 마음에서 차단해야 합니다. 내 마음을 내가 잘 관리해야 합니다.

마음관리

세상은 언제나 내 마음에 들지 않습니다. 자녀가 하는 일도 마음에 안 들고, 부모가 하는 일도 마음에 안 듭니다. 이웃집에서 하는 일도 마음에 안 들고, 정치 상황도 마음에 안 듭니다. 온통 내 마음에 안 드는 상황입니다. 그런 상황을 어떻게 내 마음에서 관리하고 소화해 낼 것인가.

내 마음을 내가 돌리면 됩니다. 마음 하나 돌리면 마음에 안 든다고 할 것이 없습니다. 내가 내 마음을 쓰는 것입니다. 내 마음을 편안하게 해야 합니다. 내 마음을 편안하게 했을 때 거기에서 또 길이 나옵니다. 내 마음이 우유부단하여 여기 끄달리고 저기 끄달려서 '좋다, 안 좋다.' 흔들리기 시작하면 마음이 가라앉지 않습니다. 분명히 길은 있는데 마음이 가라앉지 않으니 그 분명한 길도 눈에 안 보이는 것입니다.

어떤 법회든 우리는 법회 전에 짧은 동안이라도 입정을 합니다. 내 마음을 한순간이라도 조용히 가라앉혀서 법사가 하는 말을 제대로 귀담아 듣기 위해서입니다. 그뿐만 아니라 법사가 미처 표현하지 못한 것도 소화해서 스스로 길을 찾아내는 지혜를 내기 위해서입니다.

지혜는 각자의 마음속에 다 있다

불교를 한다는 것은 내 마음을 관리하는 일이고, 마음관리라고 하는 것은 경계에 끄달리지 않는 일입니다. 심한 경우 부모가 돌아가셨다 하더라도 어떤 방법을 동원해서라도 내 마음에 상처를 덜 받도록 해야 합니다. 그것이 마음관리입니다. 어렵지만 답이 이미 정해져 있으니 어쩔 수 없습니다.

생각이 다르고 성향이 다르고 욕심이 다르고 업이 다른 이 모든 사람들을 부처님도 경전도 일일이 다 맞출 수 없습니다. 그러나 지혜는 각자의 마음속에 다 있습니다. 부처님이 법화경이나 화엄경에서 그 지혜를 이미 다 보여 주셨습니다. 그 지혜를 꺼내어 자기 마음을 잘 관리하는 것이 불교입니다.

믿고 이해하기

신해품은 믿고 이해하는 문제입니다. 부처님의 큰 제자인 사리불은 이미 법화경의 앞에 나왔습니다. 이제 가섭존자라든지 수보리, 마하가전련, 마하목건련이 자신들의 공부에 대해서 비유를 들어 이야기하고 있습니다. 이들은 50년 가까운 세월을 부처님을 따르며 공부한 제자들입니다. 그들이 비유를 든 것은 이러한 내용입니다.

궁자의 비유

옛날에 어떤 사람에게 어린 아들이 있었습니다. 그 아들이 어려서 집을 나가 평생 거지 행색을 하며 다니다가 장성하여 아버지를 만나게 됩니다. 아들을 찾으러 다니던 사이 아버지는 어느 도시에서 거부장자가 되었습니다. 아버지는 아들을 알아보고 반가워서 사람을 보내 데려오게 하지만 아들은 너무나도 으리으리한 집에서 사람이 찾아와 자기를 잡으려고 하니 놀라서 기절을 합니다.

부처님이 우리 중생들에게 주고자 하는 보물은 부처님의 깨달음 그 자체입니다. 화엄경을 설할 때가 바로 그 때입니다. 그런데 못난 자식은 놀라서 기절하고 맙니다. 그래서 화엄경을 설할 때를 궁자경악화엄시窮子驚愕華嚴時라고 표현합니다.

장자는 이 아들을 어떻게 해서라도 집에 데려오도록 형색이 초라한 두 사람을 보내어 아들의 수준에 맞게 거름을 친다든지 청소를 한다든지 화장실을 청소한다든지 하는 천한 일을 시킵니다. 이런 상황을 아함경을 설하는 때라고 봅니다. 제분정가아함시除糞定價阿含時입니다.

그런 천한 일만 하다가 아들이 차츰차츰 장자의 집 여러 곳을 자유롭게 출입하게 됩니다. 그러다 보니 조금씩 눈높이가 높아집니다. 그것을 부처님이 방등경을 설하던 시대라고 해서 출입자재방등시出入自在方等時라고 합니다.

그러다 보니 아들은 장자 집의 재산 상황을 훤히 알게 되는데 그 시기를 영지보물반야시令知寶物般若時라고 하여 금강경을 위시한 600부 반야경을 설하던 때를 말합니다.

아들은 장자의 재산 상황을 환하게 파악하지만 그것은 아직 장자의 재산일 뿐입니다. 그렇지만 상황을 안다고 하는 것은 중요합니다. 반야심경이니 금강경이니 하는 반야부 경전은 부처님의 재산 상황을 파악하는 수준입니다. 그때도 아들은 여전히 그 집의 일을 도와주는 사람입니다.

나중에 이 아들의 마음이 성숙하고 장자 집안의 재산 상황을 환하게 파악하게 되자 장자는 국가의 중요한 사람들을 집에 불러서 수백 명을 증인으로 앉혀 놓고 '본래 이 사람이 내 자식이었다.'는 선포를 합니다. '나는 머지않아 죽을 입장이므로 내 모든 재산을 이 자식에게 물려주니 여러분은 그리 아시오.'라고 하면서 가업을 전부 물려줍니다. 이때가 부처님이 법화경을 설하던 때라고 해서 전부가업법화시傳付家業法華時라고 합니다.

보물을 만났을 때

부처님께서 6년 고행을 해서 보리수 아래에서 큰 깨달음을 성취했습니다. 천하에 둘도 없는 훌륭한 성인으로 오늘 이 순간까지도 그분을 능가하는 인격자가 없습니다. 그분같이 지혜가 명철한 사람은 이 세상에 아무도 없습니다. 그와 같은 분의 모든 정신적 재산을 우리가 물려받게 되는 것이 바로 법화경 공부입니다. 정말 우리는 생각지도 않았던 보물을 이렇게 얻게 되었습니다.

육조혜능 대사가 나무 한 짐을 팔러 갔다가 금강경 읽는 소리를 들고 그 지게에 다이아몬드를 한 짐 짊어지고 왔습니다. 여기 법화경에서 수보리, 마하가전연, 마하가섭, 마하목건련 등 번쩍이는 제자들이 '우리들은 생각지 않았던 보물을 얻었습니다.'라고 한 것처럼 육조 스님도 금강경이라고 하는 전혀 생각지 않았던 횡재를 하고는 모시던 홀어머니를 살 수 있도록 준비해 주고 만 중생을 건지기 위해 출가를 합니다. 오조홍인 스님을 찾아가서 정식으로 불법을 배우고 불법을 전수받고 천하의 육조혜능 대사가 되는 것입니다.

육조혜능 스님에게 벌어진 사건과 이 법화경에서 4대 제자가 자신의 심정을 피력하는 내용이 똑같습니다. 이러한 길이 분명히 있습니다. 그런데 오늘날 우리들은 욕심이 너무 적습니다. 고작해야 '내 아이들이 공부 잘했으면' '우리 아파트가 비싼 값에 팔렸으면' '내 장사가 좀 잘 되었으면' '금년에는 승진 좀 했으면' 하는 정도입니다. 어떻게 보면 겸손하기도 하고 천진하기도 하고 순박하기도 합니다.

육조 스님은 생각지도 못했던 금강경 한 구절을 듣고서는 나무를 지고 갔던 그 지게에 주저없이 다이아몬드를 한 짐 지고 내려옵니다. 나무 한 짐이 80킬로그램쯤 될 것인데 다이아몬드 80킬로그램이면 그 값이 도대체 얼마입니까. 불법 안에는 그런 길이 있습니다. 지금도 대한민국 불자들이 중국의 육조혜능 스님을 계속해서 찾고 육조 스님이 교화를 펼쳤던 중국 보림사까지 가서 참배를 하고 많은 행적을 본받고 오는 상황입니다.

자기 그릇을 키워야 한다

"부처님도 또한 그와 같아서

저희들의 좁은 마음을 아시고는

너희들도 성불成佛하리라고 말씀하시지 않으셨습니다.

저희들에게 무루법無漏法을 얻어서

소승小乘을 성취한 성문제자聲聞弟子라고 말씀하셨습니다.
　- 『법화경』 「신해품」 19

　　부처님의 제자인 4대 성문도 처음에는 아버지를 알아보지 못하는 궁자와 같았습니다. 부처 노릇을 하면서 살겠다는 큰 욕심이 없었습니다. 그저 소승으로서 부처님 법문이나 듣고 기도나 좀 하고 자기의 안녕을 위해서 복이나 비는 정도였습니다. 그런데 그들은 부처님의 법을 들으면서 차츰차츰 그 그릇을 넓혀 갔습니다.

　　저희들은 부처님의 가르침을 따라 큰 보살들을 위하여

갖가지 인연과 갖가지 비유와

수많은 말로 최상의 도를 설하니

이에 여러 불자들이 저희에게 법을 듣고

밤낮으로 생각하여 부지런히 수행하였습니다.

이 때에 부처님이 그들에게 수기授記를 주었습니다.

'그대들은 오는 세상에 반드시 성불한다.' 하시면서
일체 모든 부처님의 비밀하게 간직한 법을
다만 보살들만을 위하여 참된 이치를 설하시고
저희들에게는 참되고 요긴한 이치를
설하시지 않으셨습니다.

— 『법화경』 「신해품」 19

4대 성문이 생각하기를 부처님이 자기들을 빼놓고 다만 보살만을 위해서 참된 이치를 설했다고 보고 있습니다. 그러나 부처님이 누구에게는 설하고 누구에게는 설하지 않았을 리 없습니다. 부처님은 이야기를 다 했는데 4대 성문의 귀에 아직 안 들어왔을 뿐입니다. 4대 성문 역시 자기와 상관없는 아주 수준 높은 사람들의 이야기라고만 생각한 것입니다.

이런 대목을 통해서 우리 자신은 어떤지 생각해 봐야 합니다. 불교 안에도 부처님이 가르치는 길이 분명히 여러 차원이 있습니다. 우리는 자신의 그릇대로 그 가르침을 받아들입니다. 법화경은 경 중의 왕이며, 부처님의 모든 재산인 깨달음의 세계가 전부 담겨 있습니다. 지금 우리는 이것을 모두 물려받고 우리도 부처로서 살아야 할 입장에 처해 있습니다.

그런데 '법화경 법회 가서 법문 들으면 복이 될라나' '장사가 잘 될라나' '승진을 할라나' '혹시 채점하는 사람이 실수를 해서 우리 아이들의 점수가 한두 점이라도 더 오를라나.' 하는 이런 횡재를 생각하면 안 됩니다. 그 횡재는 몇 푼어치 안 됩니다. 만약 우리의 수준이 그 정도라면 우리의 수준과 마음을 키워야 합니다. 소소한 일에 흔들리지 말고, 내 처지가 어떻든, 이웃집 사람이 나를 뭐라고 평가하든 상관없이 나의 마음이 대장부가 되어야 합니다. 누가 나에 대해 어떤 평가를 해도 다 수용하는 것입니다. '그래, 너의 수준은 그렇게밖에 안 될 거야. 말은 못해도 나는 내 삶의 길이 있어. 나에겐 보살의 길이 있어. 보다 큰 삶을 살 수 있는 길이 있어.'라고 생각할 수 있어야 합니다.

삶 속에서 구현하다

저 못난 아들이 아버지를 친근하게 모시면서
모든 재산을 맡았으나 가질 마음은 없었듯이
저희들도 불법의 보배를 입으로는 말하지만
원하는 뜻이 없는 것이 또한 이와 같습니다.

- 『법화경』「신해품」 20

못난 아들이 아버지를 친근하게 모시면서 모든 재산을 맡았으나 가질 마음은 없었던 것처럼 부처님 제자인 4대 성문도 마음이 찌질했다는 것입니다. 충청도 말로 찌질하다고 하는데 마음이 아주 좁아 터졌다는 뜻입니다.

불교에서 최고의 가르침이라고 하는 것은 바로 '사람이 그대로 부처님이다.' '내가 그대로 부처님이다.'라고 하는 이 사실입니다. 탐진치貪瞋癡 삼독과 온갖 감정과 온갖 마음의 모순을 가지고 있는 이대로 부처라고 하는 사실을 아는 것이 궁극적 답입니다. 결국은 거기에서 해결해야 합니다. 그것을 떠나서 아무 망상도 없고, 욕심도 없고, 팔만사천 번뇌, 탐진치 삼독이 다 사라진 데서 보살이니 부처니 논할 일이라고 한다면 영원히 부처도 모르고 보살도 모르게 됩니다. 탐진치 삼독 속에서, 세속 치다꺼리를 하며 살아가는 그 속에서 '아, 이 삶이 그대로 부처의 삶이구나.'라고 눈을 떠야 합니다.

생활을 바꾸고 나서 부처가 된다는 말이 절대로 아닙니다. 큰 도를 통했다고 하는 그 사람도 배고프면 밥 먹고 졸리면 자야 합니다. 도를 통해도 기분 좋은 일이 있으면 기분 좋고, 손해를 보면 기분이 나쁩니다. 그런데 도인은 '낙이불음樂而不淫 애이불상哀而不傷'입니다. 정말 가슴 아픈 일이 있어도, 가슴은 아프지만 상처는 받지 않습니다. 정말 내가 죽을 맛이라 하더라도 더 이상 상처받지 않고 그 일로 딱 끝내 버리는 것입니다.

상처 안 받고 사는 인생이 없습니다. 불교를 믿는 사람은, 상처를 안 받으면 더욱 좋고, 상처를 받았다 하더라도 그 상처가 오래 가지 않도록 백방으로 간구하는 것입니다. 반야심경도 외우고 천수경도 외우고 관세음보살도 불러 보고 지장보살도 불러 보고 부처님도 불러 봅니다. 방법은 그 속에 다 있습니다.

반야심경 한 편에도 방법은 다 있습니다. 법화경을 한 번 읽어도 방법이 다 있습니다. 상처를 안 받으면 최상이고, 받으면 적게 받고, 받아도 빨리 사라지게 하는 것이 애이불상입니다.

좋아할 만한 일도 그렇습니다. 우리는 좋은 일이 있으면 정신을 다 잃고 허우적거립니다. 그런데 도인은 즐거워하되 거기 빠지지 않습니다. 자기에게 돌아온 복은 좋은 일인데 당연히 즐겨야 합니다. 그러면서 빠지지 않습니다.

진짜 불교를 공부하는 영험은 상처를 받는 일이 있어도 덜 받는 것이고 상처를 받았다 하더라도 금방 사라지게 하는 것, 좋은 일이 있어도 도취하지 않고 담담해서 거기에 빠지지 않는 것입니다. 그런 것이 불교를 믿는 자세입니다. 그런 인품을 가진 인격자가 불자佛子입니다.

불자의 책임

저희들이 번뇌를 끊고 스스로 만족하게 여기면서
이 일만을 통달하고 더 이상 다른 일은 없으며
부처님의 국토를 청정하게 하고
중생들을 교화하는 일을 듣고서도
즐거운 마음이 전혀 없었습니다.
-『법화경』「신해품」20

이 말이 아주 중요합니다. '국토를 청정하게 하는 것'은 우리 식으로 표현하면 '불국토 건설'입니다. 이 소중한 불법을 많은 사람들에게 전하는 것입니다. 이 진리의 가르침을 통해서 사람들이 마음의 이치를 알고 세상의 이치를 알아서 고통을 덜 받고, 언제나 마음 편안하게 살 수 있도록 하는 것이 불국토 건설입니다. 이것이 불교적인 사회 정화입니다.

이런 중생 교화에 대해 4대 제자는 즐거운 마음이 전혀 없었다고 하였습니다. 마하가섭 아니라 마하목건련, 수보리라 하더라도 중생 교화를 외면하는 것은 제대로 된 불자의 태도가 아닙니다. 진정한 불교는 내가 일단 정화되고, 마음관리를 제대로 할 줄 알고, 내가 마음관리하듯이 다른 사람도 그렇게 마음을 쓸 수 있도록 가르쳐 주는 것입니다. 그것을 안 한다면 불교가 아닙니다. 자기 혼자만 편하고 사회 정화나 불국토 건설, 중생 교화에 전혀 마음이 없었다고 한 것은 소승들을 비판하는 이야기입니다. 지금도 절집 안에 이런 사람들이 무수히 많습니다. 일반 신도라 해도 절을 10년 이상 다닌 사람은 불교에서 프로니까 책임이 있습니다. 출가한 사람들은 더 말할 것도 없습니다.

그 책임은 불국토 건설이고 사회 정화며 중생 교화입니다. 사회 정화는 마음관리 잘하는 법을 배우고 그것을 부디 옆 사람에게 가르치는 것입니다. 그래서 한 사람 한 사람이 정화되면 그때 온 세상이 정화될 것입니다. 이것이 바로 불국토 건설이고 중생 교화입니다. 여기에 대해서 의지를 가지고 실천할 줄 알아야 제대로 된 불자입니다. 이들은 그것을 못했는데 그 까닭이 경전에 나옵니다.

그 까닭을 말하자면,

이 세상의 모든 법이 고요하고 비었으며

생生도 없고 멸滅도 없고 작고 큰 것도 모두 없고

샘도 없고[無漏] 작위作爲도 없으니

이렇게 생각하고 기쁜 마음이 없었습니다.

　　　　　　　　　－『법화경』「신해품」20

　세상이 이렇게 활발하게 움직이는데 이 사람들은 고요하고 비었다고 보았습니다. 허무감에 빠져 삶에 의욕 없이 공空만 아는 것입니다. '공한데 그까짓 것 무슨 중생 교화냐.'라는 것은 아주 소승적인 생각입니다. 대승적인 생각은 중생이 본래 부처라고 하는 사실을 철저하게 믿고, 부처인 중생을 교화한다고 하는 것입니다. 모두가 부처이지만 스스로 부처인 사실을 모르기에 부처인 중생을 교화합니다.

긴긴 밤

저희들이 긴긴 밤에

부처님의 지혜에는 탐착貪著하는 일도 없고

원하지도 아니하며

내가 얻은 법만이 최상이라 하였습니다.

-『법화경』「신해품」21

4대 성문도 부처님과 같은 높은 지혜에는 욕심을 한 번도 안 냈습니다. 요즘 평생 선방에서 공부한 사람들이 완전히 이런 상황에 있습니다. 입으로는 자나 깨나 '중생무변서원도衆生無邊誓願度'를 외우면서도 '중생이 아무리 많다 하여도 맹세코 내 건지리다.' 하는 말과는 달리 자기 참선만 외곬으로 합니다. 그 소견이 얼마나 좁은지 관광객이 요사채에 들어오는 것도 못 봐 줍니다. 지나다가 길을 몰라서 잠시 들른 사람일 뿐 품값을 줘도 거기 있을 사람들이 아니지 않습니까.

저도 큰절에 살면서 이런 일을 매일매일 겪습니다. 그러면서 스스로 자책합니다. 이 행간에는 이런 이야기들이 다 스며 있습니다. 4대 성문은 이 긴긴 밤에 부처님의 지혜에는 탐착하는 일이 없었다고 고백합니다. 부처님 지혜인데 탐착하면 어떻습니까.

탐진치 삼독이 없어야 한다고 가르치는 것은 유치원생 불교입니다. 대승경전에서는 '탐진치 삼독이 그대로 불법'이라고 합니다. 그것까지 못 본 사람들은 탐진치 삼독을 없애야 한다고만 합니다. 부처님은 만 중생을 다 건진다 했으니 부처님이야말로 이 세상에서 탐욕이 제일 많은 분입니다. 그것은 생명력입니다. 탐진치 삼독이 없으면 목석입니다.

　　저희들이 긴긴 밤에 공空한 법을 닦아 익혀서
　　삼계에서 벗어나서 모든 괴로움을 해탈解脫하고
　　남음이 있는 열반법의 최후의 몸에 머물면서
　　이만하면 부처님께서 가르친 도를 얻었으니
　　부처님의 깊은 은혜를 보답한다고 하였습니다.
　　－『법화경』「신해품」 21

　　평생 선방에 앉아 있으면서 바늘끝 하나 용납하지 못하는 마음을 쓰는 삶이 최상의 삶이고 최후의 수행을 하는 것이라고 생각을 하고 있다면 얼마나 큰 착각입니까. 이것은 저를 포함해서 하는 소리이지 절대 남만 보고 하는 소리가 아닙니다.

　　저희들이 비록 불자들에게 보살의 법을 설하여
　　부처님의 도를 구하라고 은근하게 말했지만
　　스스로는 이 법에서 길이 원하는 마음은 없었습니다.
　　－『법화경』「신해품」 21

오늘날 우리들에게도 적용되는 솔직한 고백입니다. 법화경이 2500~2600년 전의 책이 아닙니다. 오늘날 우리들의 온갖 생활 속에서 바로바로 적용되는 가르침입니다.

그래도 당신은 부처님
아들의 뜻이 용렬함을 장자가 이미 알고
방편의 힘으로써 그 마음을 조복調伏하고
그런 뒤에 모든 재물을 물려준 것과 같이
– 『법화경』「신해품」 22

궁자가 집안 출입이 자유자재해지고 지혜가 쌓여 갈 때 장자는 증인들을 불렀습니다. 국가 기관도 부르고 온갖 단체장도 불러서 '이 사람이 내 아들이다.'라고 소개하면서 궁자에게 자신의 재물을 다 물려 줍니다. 이것은 무엇입니까. 우리가 이런 삶을 살고 저런 삶을 살고 비판받을 만한 삶도 살지만 내용을 들여다보면 조금도 부족함이 없다는 사실을 이야기하려는 것입니다. 궁극적으로 '사람이 그대로 부처님'이라는 것이 부처님의 재산입니다. 다이아몬드를 한 짐 짊어지고 내려온 육조 스님도 자신은 하잘것없는 존재인 줄 알았습니다. 그런데 알고 보니 자신이 부처이고 하나님이고 전지전능한 신이라는 것입니다.

나의 존재가 위대하다

자성이 본래 청정한 줄 내 어찌 알았으리오.

자성이 본래 생멸 없음을 내 어찌 생각하였으리오.

자성이 본래 스스로 모두 갖추었음을 내 어찌 기대하였으리오.

자성이 본래 동요 없음을 내 어찌 예측했으리오.

자성이 그 자체로 능히 만법을 냄을 내 어찌 알았으리오.

하기자성본자청정何期自性本自淸淨

하기자성본불생멸何期自性本不生滅

하기자성본자구족何期自性本自具足

하기자성본무동요何期自性本無動搖

하기자성능생만법何期自性能生萬法

"내가 이러한 존재인 줄 왜 몰랐던가." 육조 스님의 오도송이 그
렇습니다. 내 자신 속에 모든 것이 전지전능하게 갖춰져 있다는
사실을 왜 몰랐던가. 내 자성이 뛰어나고 훌륭하다는 사실을 그동
안 왜 몰랐던가. 이것은 무릎을 치고 통탄하는 소리입니다.

자신을 그저 나무 한 짐 져서 겨우 연명하는, 아무것도 없이 부
족하기만 한 무지렁이인 줄로 알았는데 눈 한번 뜨고 보니 자기
자신이 매우 위대한 존재였던 것입니다. 육조 스님은 스스로를 시
골의 많은 나무꾼 중 한 사람일 뿐이라고 생각했을 수 있습니다.
그러나 사람이 많다고 그 가치가 덜할 리 없습니다. 70억, 80억
인구라 하더라도 한 사람 한 사람의 가치는 이 우주와도 바꾸지

않을 가치입니다.

여러분 중에 딱 한 사람을 지적해서 우리나라와 바꾸자고 한다면 누가 찬성하겠습니까. 아무도 없습니다. 인간은 그렇게 가치 있는 존재입니다. 그것을 불러서 신이라 하고 하나님이라 합니다. 부처님이라고 합니다. 그 사실을 법화경이 일깨우는 것입니다. '당신은 부처님'이라고 하는 이 말은 인간에 대한 최대의 찬사이고 가장 정상적인 찬사입니다. 사실 크게 대접하는 말도 아닙니다. 알고 보면 당연한 찬사이기 때문입니다. 법화경을 통해서 이러한 사실을 수천 수만 번 자꾸 들어서 우리의 잠재의식인 제8 아뢰야식 속에 깊이 뿌리내리게 해야 합니다. 그래서 그것이 나의 사상이 되어야 합니다.

삼승을 모아 일불승으로 돌아가다

중생들의 지난 세상 선근善根을 심은 것에

성숙成熟하고 미숙未熟함을 낱낱이 살피시며

갖가지로 헤아리고 분별하여 아시고서

일불승一佛乘을 나누어서 삼승법三乘法을 설하십니다."

- 『법화경』「신해품」 24

삼승을 모아서 일불승으로 돌아가는 것, 회삼귀일會三歸一이 법화경의 종지입니다. 모두가 본래 부처입니다. 그것이 일불승입니다. 현대 사회에는 삼승만 있는 것이 아닙니다. 지구상의 인구가 70억이라면 70억승이 있습니다. 사람마다 삶의 방법이 다르고 생각이 다르고 성품이 다릅니다. 각자대로 사는 것은 좋습니다. 그러나 그 뿌리는 부처라고 하는 사실을 잊지 맙시다.

70억이 70억승이 될 만큼 각자의 삶을 사는데 그 근본에 있어서는 모두가 본래 부처입니다. 그것이 회삼귀일과 같은 말입니다. 우리는 지금 어떤 사람이든 그대로 부처입니다. 각자 인연 따라서 자기 분수에 따라 살지만 근본 부처입니다. 다만 일승입니다. 그 사실을 부디 잊지 맙시다. 그리고 모든 사람을 부처로 대접합시다. 자기 자신을 부처라고 하는 사실을 잊지 말고 소중하게 인생을 삽시다.

사람 외에 하나님이 없습니다. 있으면 벌써 좌지우지했을 텐데 사람만이 사람을 좌지우지하고 야단법석을 떱니다. 바로 그가 신입니다. 그가 하나님입니다. 그것을 불교에서는 부처님이라고 합니다. 이러한 사실을 깊이 인식하자고 해서 우리는 경 중의 왕인 법화경을 공부하고 있습니다.

14강

부처님 법비를 맞고
불자인 우리들이 자란다

새로워져야 한다

합창단을 칭찬해 주려고 했더니 가 버렸습니다. 새해가 되니 합창단이 환골탈태해서 새파랗게 젊어지다 못해 어려졌습니다. 우리도 새해를 맞이해서, 만나기 어려운 거룩하신 부처님의 가르침을 만나는 이 시간을 통해 기왕이면 '내가 어떻게 변화해야 할 것인가.' '내가 어떻게 살아야 하는가.' 하는 문제를 짚어 봐야 합니다. 날마다 우리는 어딘가 조금씩 새로워지고 변화하고 발전해야 합니다. 지혜롭고 현명해져야 합니다. 그래서 궁극적으로 바람직한 삶, 행복한 삶을 가꿔 나가야 합니다.

약초유품

세상 전부가 약초입니다. 그 약초들이 싹이 트고 줄기가 자라고 꽃이 피고 열매가 맺어서 약이 되려면 비를 흠뻑 맞아야 합니다. 우리들 한 사람 한 사람이 부처님의 가르침을 통해 세상에서 뭔가 작은 역할이라도 하려면, 하다못해 열 시간 효과 있는 진통제 역할을 한다든지 감기약 역할을 한다든지 세상에 보탬이 되는 사람이 되려면 우리 역시 법의 비를 흠뻑 맞아야 합니다.

약초유품藥草喩品에서는 갖가지 약초가 비를 흠뻑 맞고 수분을 빨아들였을 때 무럭무럭 자라난다는 비유를 하면서 이를 통해 불교가 이 세상에 존재하는 이유를 표현합니다. 법화경을 경전의 왕이라고 합니다. 그 지혜의 가르침은 말할 나위 없고 문학적으로도 뛰어난 경전입니다. 법화경의 문학성을 이야기할 때는 이 약초유품을 늘 거론합니다. 부처님 말씀이 모두 구절구절 아름답고 미묘하고 눈여겨볼 만한 대목이지만 이 약초유품은 특히 선명하게 우리 생각 속에서 그려집니다.

봉은사 주보인 「봉은」 법회지에 매달 강의하는 경전 내용이 실리는데 페이지 제한이 있어서 언제나 발췌해서 싣습니다. 그런데 이 약초유품은 한 자도 빠뜨리지 않고 다 실었습니다. 특별히 페이지를 할애해서라도 약초유품의 내용을 다 싣고 싶은 욕심이 들었습니다.

위대한 물

산천, 넓은 벌판에 약초가 무성하게 자랍니다. 그런데 어느 날 구름이 일더니 비가 흠뻑 내리자 약초는 그 수분을 받아들이고 더욱 무럭무럭 자랍니다. 불교라고 하는 부처님의 가르침, 이 위대한 물을 듬뿍 받고 우리들 심성의 약초가 무럭무럭 자라납니다. 사람 사람의 심성의 약초가 무럭무럭 자라도록 하는 것이 불교가 세상에서 하는 일입니다.

여래의 무량무변 공덕

그 때 세존께서 마하가섭과 여러 큰 제자들에게 말씀하셨습니다.

"훌륭하고 훌륭하다. 가섭이여, 여래의 진실한 공덕功德을 잘 말하였으니 진실로 그대의 말과 같으니라. 여래는 또 한량없고 그지없는 아승지의 공덕이 있나니, 그대들이 만약 한량없는 억만 겁 동안 말한다 하여도 다할 수 없느니라.

– 『법화경』 「약초유품」 1

법화경에는 7유, 9유, 25유 등 다양한 비유가 있습니다. 비유품에서는 '화택의 비유'가 있었고 신해품에서는 '궁자의 비유'가 있었습니다. 부처님을 만나서 부처님의 가르침을 다 이해하고 보니 어마어마한 재산을 물려받은 것과 하나도 다를 바 없다는 비유였습니다. 지금까지 이렇게 어마어마한 여래의 진실한 공덕이 나왔는데, 여기 약초유품에서는 그것뿐만 아니라 여래는 한량없고 그지없는 아승지 공덕이 또 있다고 합니다.

무엇이 부처인가

우선 대승불교, 특히 법화경의 안목에 근거해서 '부처님'이라고 말할 때 과연 무엇이 부처님인지를 알아야 합니다. 2600여 년 전 인도 땅에 오셨던 석가모니 부처님을 콕 집어서 부처님이라고 이야기하는 것인가, 이 법당에 모셔 둔 한 분 한 분 부처님을 말하는가, 마음이 곧 부처라고 했으니 사람 사람의 마음을 뜻하는 것인가, 더 확대해서 모든 존재의 존재 원리, 삼라만상이 존재하는 그 나름대로의 원리와 법칙을 부처라고 하는가?

어느 것을 배제하고 '부처는 이것이다.'라고 치우치게 말할 수는 없습니다. 결론은 대승불교의 부처님은 그 모든 것을 다 포함하는 바입니다. 그것이 소위 부처님을 이해하는 중도적 관점입니다. 법화경의 부처님 역시 역사적인 석가모니 부처님이기도 하고, 우리의 마음이기도 하고, 세상에 존재하는 만물의 존재 원리이기도 합니다. 그 모든 의미를 다 포함합니다. 그중에서도 제일 가까운 것은 우리들 마음입니다. 역사적인 석가모니 부처님에게만 한정해서는 이 모든 무량공덕을 표현하기 어렵습니다. 우리 마음에서만이 그 무량공덕을 찾을 수 있습니다.

자기 자신을 한번 생각해 보십시오. 오늘 아침부터 지금까지 우

리들이 사량분별하고 보고 듣고 안 것은 그 양이 얼마입니까? 오
늘 우리 마음이 하루 동안 작용한 그 능력만 하더라도 한량없고
그지없는 공덕입니다. 이런 공덕을 또 자기가 살아온 시간에 더한
다면, 예를 들어서 80년, 90년 세월 동안 이러한 공덕이 있었다면
그 공덕은 얼마입니까.

　우리들 한 사람 한 사람이 본래 갖춘 능력이야말로 바로 여래입
니다. 부처님을 '세존世尊'이라고 부를 때는 세상의 가장 높은 어
르신을 칭하는 것이지만 부처님을 '여래如來'라고 할 때는 마음을
포함한 진리를 뜻합니다. 우리 마음자리가 갖추고 있는 한량없는
아승지 공덕이 여래입니다. 부처님을 그렇게 이해하면 '여래의 무
량무변 공덕'이라고 하는 대목이 쉽게 와닿습니다.

법비

가섭이여, 마땅히 알아라. 여래는 모든 법의 왕이므로 말하
는 것이 모두 허망하지 아니하니라.
모든 법에 대하여 지혜와 방편으로 말하나니 그 말하는 법
은 모두 온갖 지혜의 경지에 이르게 하느니라.
－『법화경』「약초유품」 2

　팔만사천 법문이 사량분별에서 나올 수는 없습니다. 그 법문은
모두 깨달음에서 나온 것들입니다. 약초유품에서 비유하듯이, 부

처님께서 설법하신 설법의 비를 흠뻑 맞으면 우리는 어디에 이르겠습니까. 지혜의 경지에 이릅니다.

> 여래는 모든 법의 돌아갈 바를 관찰하여 알며, 모든 중생의 깊은 마음으로 행할 것을 다 알아서 통달하여 걸림이 없으며, 또 모든 법을 끝까지 분명하게 잘 알아서 모든 중생에게 온갖 지혜를 보여 주느니라.
>
> ─ 『법화경』 「약초유품」 2

방편품에는 부처님이 오신 이유가 나왔습니다. 부처님은 일대사인연一大事因緣으로 오셨습니다. 그 큰 인연은 개시오입開示悟入이라고 하였습니다. 우리들에게 지혜를 열어서 보여 주고, 깨닫게 하고, 그 지혜에 들어가게 하기 위해서 오셨다고 하였습니다. 그래서 결국은 온갖 지혜의 경지에 이르게 합니다. 이것이 우리가 부처님 법의 비를 흠뻑 맞는 일입니다. 오늘 이 순간 우리는 선교율 법회라고 하는 방편을 통해서, 법사인 저를 통해서, 부족한 법이지만 법의 비를 맞는다고도 설명할 수 있습니다.

약초의 비유

가섭이여, 비유하면, 삼천대천세계의 산과 내와 계곡과 평지에 나서 자라는 초목과 숲과 온갖 약초들의 종류도 많고 이름과 모양도 각각 다르니라. 두터운 구름이 가득히 퍼져 삼천대천세계를 두루 덮고 일시에 큰비가 고루고루 흡족하게 내리면, 모든 초목과 숲과 온갖 약초들의 작은 뿌리·작은 줄기·작은 가지·작은 잎새와, 중간 뿌리·중간 줄기·중간 가지·중간 잎새와 큰 뿌리·큰 줄기·큰 가지·큰 잎새와 크고 작은 나무들이 상·중·하를 따라서 제각기 비를 받느니라. 한 구름에서 내리는 비지만 그 초목의 종류와 성질에 맞추어서 싹이 트고 자라고 꽃이 피고 열매가 맺느니라.

비록 한 땅에서 나고 한 비로 적시어서 주는 것이지마는 여러 가지 초목이 각각 차별이 있는 것이니라.

― 『법화경』 「약초유품」 3

눈에 선한 광경입니다. 우리는 이 많은 초목과 숲과 나무들 중에 어디에 해당될까요? 어느 한 가지에는 해당될 것입니다. 약초유품은 문학적으로도 표현이 아주 잘되어 있습니다. 아무리 작은 풀잎이라고 해도 수분을 받아들이지 못하면 살지 못합니다. 비와 이슬을 받아들여야 풀이 자라고 나무들이 자라듯이 우리들 심성도 부처님의 불법이라고 하는 진리를 받아들여야 자라납니다. 우리가 부처님과 인연 맺고 불교와 인연 맺어서 경전의 한 구절 한 페이지를 마음으로 새기고 받아들여서 곰곰 되씹는 과정이 법의 비를 맞는 과정입니다.

부처님 가르침의 법비는 경전에 근거한 비라야 합니다. 교법의 비입니다. 이 비를 맞을 때는 우리가 자라는 것을 인식하지 못하지만, 시간이 지나면 우리도 모르는 결에 우리들 심성이 저절로 자라나서 어느 순간 쑥 자란 우리들을 느낄 것입니다. 그런데 경전을 통해 불교를 공부해야 하는 입장이라면 무슨 경전을 공부해야 할까요?

제가 권한다면 금강경, 법화경, 화엄경입니다. 이 경전은 대승 불교의 삼대 경전입니다. 특히 봉은사 신도들은 화엄경 공부를 해야 합니다. 봉은사 판전에는 어느 절에도 없는 화엄경 경판이 모셔져 있기 때문입니다. 그것은 봉은사 신도님들이 모든 부처님의 법비를 한껏 맞기로 하자고 해서 만들어 놓은 것입니다. 아주 자랑스러운 것입니다. 판전을 보수하는 데 많은 분이 동참한 것도 흐뭇한 일입니다. 그래서 저는 이 봉은사에서는 금강경은 말할 것 없고, 욕심을 좀 더 내어 화엄경 공부까지 해야 하지 않겠나 하는 이야기를 꼭 해야겠다고 생각했습니다.

부처님은 모든 근기의 사람에게 한없는 법의 비를 뿌려 줍니다. 경전에는 풀에도 상중하 세 근기의 풀잎이 있다고 했습니다. 아무리 작은 풀잎이라 할지라도 비를 맞아야 자랍니다. 우리 역시 그렇습니다. 내가 어떤 근기이든 부처님 법의 비를 받고 진리의 가르침을 받아들여야만 제대로 성장합니다.

비유에서 법을 밝히다

가섭이여, 마땅히 알아라. 여래도 또한 그와 같아서 세상에
출현出現하는 것은 큰 구름이 일어나는 것과 같고, 큰 음성
으로 온 세계의 천신天神들과 사람과 아수라들에게 두루 외
치는 것은 저 큰 구름이 삼천대천세계를 두루 덮는 것과 같
으니라.

– 『법화경』「약초유품」 4

인도에서는 우기가 되면 시꺼먼 구름이 몰려오는데 그 구름의
두께가 대단합니다. 부처님이 세상에 출현했다고 하는 것은 마치
그 큰 구름이 몰려와서 세상을 온통 뒤덮는 것과 같습니다. 구름
처럼 부처님의 설법이 이 세상을 덮었습니다.

흔히 사람들의 근기를 두고 팔만사천 근기라고 합니다. 그 기본
은 상근기 중근기 하근기입니다. 여기에서 부연하여 상을 다시 상
중상, 상중중, 상중하로 나눌 수 있습니다. 중도 마찬가지로 중중
상, 중중중, 중중하로 나누고, 하도 하중상, 하중중, 하중하로 나
눕니다. 이렇게 아홉 가지가 되는데, 이것을 또 상중하로 나누고
상중하로 자꾸 나누다 보면 그 근기가 팔만사천 근기로 세분화된
다는 것입니다.

여기는 경문에 천신과 사람과 아수라가 나왔습니다. 천신天神은 상근기입니다. 사람은 중근기이고 아수라는 하근기입니다. 아수라는 싸움을 좋아하는데, 경쟁이 곧 싸움입니다. 그런 이들을 상대로 해서 큰 구름이 삼천대천세계를 덮는 것과 같이 구름처럼 일어난 부처님이 두루 외칩니다.

불교 안에서 편안함을 느껴야 한다

대중 가운데서 말하기를 '나는 여래·응공·정변지·명행족·선서·세간해·무상사·조어장부·천인사·불·세존이니라.

— 『법화경』 「약초유품」 4

부처님의 공능을 한두 가지로 말할 수가 없습니다. 그래서 열 가지 이름을 들어서 부처님의 공능을 표현합니다. 우리들도 마찬가지입니다. 누구의 아들 딸, 누구의 남편 아내, 누구의 아버지 어머니, 누구의 친구 등 생활 속에서 최소한 대여섯 가지의 역할을 다 합니다.

제도濟度되지 못한 이를 제도하게 하고, 이해하지 못하는 이를 이해하게 하고, 편안하지 못한 이를 편안하게 하고, 열반을 얻지 못한 이로 하여금 열반을 얻게 하느니라. 지금 세상과 뒷세상을 사실대로 아느니라.

－『법화경』「약초유품」 4

이것은 부처님의 역할입니다. 부처님은 우리를 편안하게 합니다. 우리가 불교에 몸을 담았다면 뭔가 편안해야 합니다. 부처님의 가르침에는 팔만사천 가지 방편이 있는데 관세음보살도 좋고 법화경도 좋고 다라니도 좋습니다. 무엇이든지 하나를 잡고 거기에서 편안함을 얻어야 합니다.

점점 도에 들어갈수록

나는 모든 것을 아는 이며, 모든 것을 보는 이니라. 도道를 아는 이며, 도를 열어 보이는 이며, 도를 설說하는 이니라. 그대들 천신과 사람과 아수라들도 다 모두 여기에 와야 하나니 법을 듣기 위함이니라.' 라고 하였느니라.

－『법화경』「약초유품」 4

비가 내려서 각양각색 산천초목을 적시면 산천초목은 제 몸이 크고 작고에 관계없이 모두 그 비를 맞고 수분을 받아들여야 합니다. 이것이 살아 있는 것들의 공통된 조건입니다.

이 때 무수한 천만 억 종류의 중생들이 부처님이 계신 곳에
와서 법을 듣고 있었느니라.
여래가 이 때에 중생들의 근기가 영리하고 우둔함과 정진하
고 게으름을 살피고, 그들이 감당할 만한 대로 법을 설하
여 갖가지 한량없는 이들을 모두 환희하게 하며 좋은 이익
을 얻게 하였느니라.
  - 『법화경』「약초유품」 4

불교가 하는 일, 불교를 통해 우리가 받아들여야 할 내용이 이
러합니다.

이 중생들이 법을 듣고는 이 현세現世에는 편안하고 내생來
生에는 좋은 곳에 태어나서 도로써 즐거움을 누리고 또한
법을 들으며, 법을 듣고는 모든 장애를 떠나고, 모든 법에
서 그의 능력을 따라서 점점 도에 들어가게 되느니라.
  - 『법화경』「약초유품」 4

우리는 모두 부처님 법의 비를 맞고, 나도 모르는 사이에 각자
의 바람직한 방향으로 조금씩 그 싹이 자라납니다. 현세는 편안하

고 내생에는 좋은 삶을 살아야 합니다. 내일이 중요합니다. 이 순간은 더더욱 중요합니다. 법화경을 더욱 열심히 읽고 사경도 열심히 하는 것이 우리가 부처님 법의 비를 맞는 일입니다. 더 높은 경지로 올라갈수록 불자로서 즐거움을 누리게 됩니다. 이 즐거움은 편안한 상태와 그 차원이 다릅니다.

삼초이목

약초유품을 배웠으면 삼초이목三草二木을 알아야 합니다. 삼초이목이란 세 종류의 풀과 두 종류의 나무를 말합니다.

> 일체 중생들이 내 법문을 들은 이는
> 힘을 따라 받아들여서 여러 지위에 머무나니
> 혹은 천신도 되고 사람도 되며 전륜성왕轉輪聖王과
> 제석천왕와 범천왕에 태어나나니
> 이를 일러 작은 약초라 하느니라.
> ─『법화경』「약초유품」14

불교 공부를 잘하면 세속적으로도 가장 우수한 사람으로 태어납니다. 이를 작은 약초라 합니다.

무루법無漏法을 알아서 열반을 중득하고

여섯 가지 신통을 얻었거나 삼명三明을 얻고 나서

산림 속에 홀로 있어서 선정을 닦아 익혀서

연각緣覺을 중득한 사람은

이를 일러 중간의 약초라 하느니라.

– 『법화경』「약초유품」14

　출세간적으로 보면 두 번째 약초입니다. 인연의 도리, 연기의 도리를 깨닫고 거기에 계합하여 사는 사람은 중간 약초쯤 됩니다. 천신이나 제석천왕이 시시하게 보이면 그 사람은 최소한도 연각의 단계입니다.

　세존의 경지를 구하여 나도 부처님이 될 수 있다고 하여

선정禪定을 닦아 정진하는 이는

이를 일러 상품의 약초라 하느니라.

– 『법화경』「약초유품」14

　세 번째는 다른 목적은 아무것도 없고 부처 되기 위해 존재하는 사람입니다. 그를 일러 상품의 약초라고 합니다. 우리가 무책

임하게 불교를 이야기할 때 '성불이 목적이다.'라고 말하는 사람이 있는데 그는 상품 약초입니다. 나도 부처가 될 수 있다 하여 공부하는 사람입니다.

또 어떤 불자들이 부처님의 도에 전념하여
자비로운 일을 늘 행하며 스스로 성불할 줄을 알아서
결정코 의심이 없는 이는 이를 일러 작은 나무라 하느니라.
– 『법화경』 「약초유품」 14

지난겨울 봉은사에서 김치를 만 포기 담갔습니다. 스님과 봉은사 신도님만 먹자고 하는 것이 아니라 주변 사람과 나누기 위해서입니다. 이것이 바로 자비로운 일을 늘 하는 것입니다. 이렇게 되면 성불은 당연히 따라옵니다.

앞서 상품의 약초는 남 생각 안 하고 자기 성불만을 목적으로 합니다. 그런 사람이 무수히 많습니다. 한국불교의 병폐는 '깨달음 지상주의' 때문이라고도 합니다. 자비로운 일을 늘 행하며 성불은 당연히 따라오는 것이라고 의심이 없는 것이 작은 나무입니다. 우리가 약초유품을 공부하면서 '삼초이목'을 꼭 외워야 합니다.

신통에 머물러서 불퇴전不退轉의 법륜法輪을 굴려

한량없는 백 천 억 중생들을 제도하는 이와 같은

보살들은 이를 일러 큰 나무라 하느니라."

　－『법화경』「약초유품」 14

불퇴전의 법륜을 굴린다는 말은 부처님이 불법의 이치, 모든 존재의 진정한 도리를 설하신 것에 대해서 더 이상 의심이 없고 물러서지 않는다는 말입니다. 자기가 그렇게 확신하고 다른 사람에게도 그런 믿음을 주는 사람이 불퇴전의 법륜을 굴리는 사람입니다. '이와 같은 보살들은'이라고 하면서 그런 사람이 보살이라는 표현을 했습니다.

진리에 대한 불퇴전의 믿음으로 한량없는 중생을 제도하는 이가 보살입니다. 부처님은 모든 존재의 원리를 깨달으시고 그 가르침을 펼치셨습니다. 당신의 깨달음을 더 많은 사람에게 가르치기 위해 80노구를 이끌고 전법을 하러 다니신 것은 보살행입니다. '백 천 억 중생들을 제도하는 이와 같은 보살들은 이를 일러 큰 나무라 하느니라.' 이것이 불교의 최종 목표입니다.

신행생활

세속적인 성공을 위해 불교를 하는 것은 작은 약초입니다. 인연의 도리라도 깨달아서 나 혼자라도 연각을 이루겠다고 하면 중간

285

약초입니다. 성불만을 목표로 한다면 상품의 약초입니다. 이것이
삼초三草입니다.

우리는 적어도 나무는 되어야 합니다. 이 품의 이름이 약초유
품이긴 하지만 사람을 점점 큰 나무로 이끌어 가고자 하는 부처
님 마음을 경전 안에서 읽을 수가 있습니다. 자비행을 늘 행하며
성불은 저절로 따라온다고 성불은 신경 쓰지 말자고 하는 사람은
삼초이목 가운데 작은 나무에 해당합니다. 봉은사에서 올해도 만
포기의 김장을 담가서 곳곳의 불우한 사람에게 나누는 것은 자비
행입니다. 1년 365일 그것만 할 수는 없지만 백분의 일이라도 보
살행은 보살행인 것입니다. 그런 일들이 차츰차츰 불퇴전이 되면
100퍼센트 큰 나무가 됩니다.

최고의 큰 나무는 결코 부처님 진리의 가르침에서 물러서지 않
는 꿋꿋한 신념을 가지고 백 천 억 중생을 제도하는 보현보살과
같은 보살행을 자기 삶의 전체로 생각하는 사람입니다.

법비를 맞는 우리들

오늘 우리는 약초유품을 통해 '삼초이목三草二木'이라고 하는 좋
은 공부를 했습니다. 우리는 항상 부처님 법의 비를 맞습니다. 집
에서 '절에 가야지.' 생각하는 그 순간부터 차츰차츰 법의 안개가
끼기 시작하고 온몸이 축축이 젖습니다. 절의 일주문을 들어서면
가랑비를 맞습니다. 이윽고 법당에 들어와서 기도 정진하고 경전
을 외우면 그 빗줄기가 차츰 굵어집니다. 기도 소리가 높아질수록

폭우가 심해집니다. 우리 영혼이 폭우를 맞습니다. 어디서든 관계없이 불교 공부를 할 때, 불교적인 모든 것과 관계를 맺을 때, 우리는 부처님의 법비를 맞는 것입니다.

약초유품에서 보여 주는 그림을 가슴에 그리면서 신행생활을 한다면 우리의 신행생활이 더 선명하고 뚜렷하게 다가올 것입니다.

싫어도 부처다,
그래 어떻게 할 것인가

수기품

법화경 28품 가운데 여섯 번째 품은 수기품授記品입니다. 법화
경에는 수기품, 오백제자수기품, 수학무학인기품 등 수기에 대한
품이 세 품이나 있습니다. 법화경의 전체적인 내용 역시 거의 수
기에 대한 내용입니다. 수기라고 하는 말은 사람 사람이 현재 그
대로 부처라고 하는 사실을 부처님 입으로 보증하는 일입니다. 그
사실은 앞에서도 누차 이야기가 있었고 사리불에게 수기를 주는
일도 있었습니다. 여기 수기품에서는 구체적인 사례를 들어 사리
불 이하 4대 성문이 수기를 받습니다.

경전에서 수기받는 내용은 상당한 형식을 갖춥니다. 아무나 수
기를 받을 수 없도록 되어 있습니다. 사리불 같은 경우에도 장황

하게 격식을 갖추어서 '사람이 그대로 부처'라는 사실을 이야기했습니다. 수기품에서는 4대 성문에 대해서도 그들이 앞으로 어느 나라에서 태어날 것이며, 국토의 수명은 어떻고, 이름은 무엇이며, 부처의 이름은 무엇이라고 하는 구체적인 예까지 들며 수기를 보증합니다.

법화경은 궁극의 가르침이다

봉은사는 들고 다니는 가방에도 '당신은 부처님'이라는 문구를 새기고, 여러 당우며 해우소에도 '당신은 부처님'이라고 쓴 표어를 붙여 놓았습니다. 다른 많은 사찰에서도 '당신이 부처님입니다.'라는 문구를 제작하여 곳곳에서 사용합니다.

얼마 전 부산에서 불교행사를 하면서 행사장을 장엄할 일이 걱정이었습니다. 고민 끝에 대형 현수막에 '당신은 부처님'이라고만 써서 걸었습니다. 법회 장소에 들어오는 사람은 모두 '당신은 부처님'이라는 현수막을 지나 법회장 안으로 들어왔습니다. 법회 분위기가 그렇게 좋을 수가 없었습니다. 모두 환희심이 났습니다.

불교를 공부하는 데는 경전이나 어록이나 선禪이나 교敎와 같은 여러 경로가 있습니다. 어느 경로로 가든지 정상은 하나입니다. 절에서 흔히 하는 인사인 "성불하십시오."라는 말에 그 정상이 어디인지가 다 나와 있습니다. '사람이 부처님이다.'라는 사실을 확신할 수 있도록 하는 것입니다. 그런데 보통 사람이 환골탈태하는 어떤 큰 변화와 계기가 있어서 부처님이 되는 것이 아닙니다. 우리는 모두 탐진치 삼독과 팔만사천 번뇌를 끌어안은 보통 사람 그대로 부처입니다. 그것을 법화경에서는 누누이 이야기하고 있습니다.

그래서 저는 예전에 낸 법화경 책에 '이것이 불교다'라고 소제목을 붙였습니다. 불교의 궁극적인 가르침은 '사람이 그대로 부처님'이라는 사실이기 때문입니다. 그것을 천명한 법화경이야말로 진정한 불교입니다. 이제 우리가 수기품을 보겠지만 수기라는 말 자체가 '사람 사람이 부처다.'라고 하는 것을 보증하는 말입니다.

법화경은 수기경이다

법화경은 부처님이 '머지않아 내가 열반에 들 것이다.' 하고 유언을 하는 것과 같은 입장에서 쓴 경전입니다. 유언을 한다면 가장 소중하고 중요한 이야기를 할 것입니다. 법화경은 부처님 가슴에 숨겨 두었던 비장의 카드를 내놓는 것과 똑같은 입장입니다. 그 비장의 카드란 그동안 삼아승지겁을 수행해야 한다느니 견성을 해야 한다느니 별별 조건을 다 붙여서 성불하는 이야기를 했지만 그것은 모두 방편이었다는 사실입니다. "그동안의 가르침은 그대들 생활을 단속하기 위해서 내가 만든 하나의 방편이었다. 사실에 있어서는 지금 현재 그대로 알든 모르든 우리는 모두 부처다." 라는 것입니다.

법화경은 수많은 방편을 다 내려놓고 모두가 부처라고 하는 사실을 보증하는 경전입니다. 그래서 법화경을 다른 이름으로 '수기경'이라고 합니다. 뒤의 수학무학인기품이나 오백제자수기품에 가면 2천 명에게 한꺼번에 수기를 줍니다. 최소한 이름이라도 특별히 따로 지어 줘야 할 텐데 똑같이 '보명여래'가 된다고 하거나 '보상여래'가 될 것이라고 하면서 품마다 똑같은 불명을 수기합니다. 이 뜻을 우리가 잘 알아야 합니다.

4대 성인이나 사리불에게 수기 줄 때와 같이 구체적으로 거창하게 설명하면서 수기하는 것은 사실 별 의미가 없는 것입니다. 상불경보살이 만나는 사람마다 '당신은 부처님입니다.'라고 수기하는 그 대목이야말로 법화경의 절정입니다. 그 무엇을 보더라도 '사람이 그대로 부처'라고 하는 사실에서 도저히 벗어날 길이 없습니다. 그렇기 때문에 법화경을 불교 경전의 완성이라 하고 불교 교학의 완성이라고 합니다. 더 이상의 가르침이 없습니다. '당신은 부처님'이라고 하는 법화경이 최상의 가르침입니다.

알아도 부처, 몰라도 부처

법화경의 이치를 공부해서 인간 존재의 진실한 모습을 살펴보면 우리들이 이 순간 이대로 진정으로 부처가 아닐 이유가 없습니다. 화엄경에서도 부처님께서 "내가 눈을 뜨고 보니 모든 사람이 여래의 지혜와 덕상을 갖추고 있다. 그들은 그 사실을 모를 뿐"이라고 하였습니다. 내가 부처라는 사실을 알아도 우리는 부처요, 몰라도 부처입니다.

중국에 화씨지벽和氏之璧 또는 연성지벽連城之璧이라고 하는 고사가 있습니다. 아주 큰 돌 속에 세상에 둘도 없는 옥이 있어서 그것을 왕에게 바쳤지만 왕은 그 보옥을 알아보지 못하고 오히려 왕을 속였다고 해서 돌을 바친 사람의 다리를 자르는 형벌을 내렸습니다. 옥을 바친 사람이 삼일 밤낮을 슬피 우니 그 우는 소리가 왕의 귀에까지 들어갔습니다. 왕은 옥 감정을 제일 잘하는 사람을 불러서 다시 그 돌을 감정하게 했습니다. 그랬더니 겉은 돌이지만 그 안에는 천하에 둘도 없는 보옥이 있었습니다. 그제야 왕은 돌을 바친 사람에게 우리나라만 한 땅덩이를 잘라 주었습니다.

이러한 고사처럼 모를 때는 우리가 그냥 아무렇게나 생긴 중생에 불과하다고 생각할지 모르지만, 부처님처럼 특출한 안목으로 보면 우리는 조금도 손색없는 부처입니다. 법화경은 대부분이 그 이야기입니다. 법화경뿐만이 아닙니다. 과거 조사 스님들도 모두 그렇게 보았습니다.

오대산에 문수보살이 없다

무착 선사가 일보일배를 하면서 오대산에 있는 문수보살을 친견하러 갔습니다. 그런데 그 모습을 보고 임제 스님이 "오대산에 문수보살이 없다. 오대산에 문수보살이 있다는 소식을 듣고 일보일배를 하고 가는 당신이야말로 진정 살아 있는 문수보살이다."라고 하였습니다.

임제 스님이 이 정도로 사람의 가치, 부처로서의 가치를 제대로 보았습니다. 그래서 우리는 "임제 이전에 임제 없고, 임제 이후에 임제 없다."는 말을 합니다. 임제 스님에 대한 최고의 찬사입니다.

임제 스님은 또 '살불살조殺佛殺祖'라는 말을 하였습니다. '부처가 나타나면 부처를 죽이고 조사가 나타나면 조사를 죽이라.'는 말입니다. 부처에도 유혹당하지 말고 조사에도 유혹당하지 말라는 뜻입니다. '너야말로 진짜 부처인데 자신 부처를 두고 바깥의 부처에 현혹당한다면 바깥의 그들을 당연히 죽여야 한다.'는 것입니다. 무서운 말이지만 속뜻은 '진정한 너 자신의 가치에 눈을 뜨라.'는 말입니다.

부처를 구하러 왔습니다

마조도일馬祖道一 선사 밑에 혜해慧海라는 스님이 찾아왔습니다. 마조 스님이 "어디서 왔는가?"를 묻고 "뭐하러 왔는가?"를 묻자, 혜해 스님은 "부처를 구하러 왔습니다."라고 답했습니다. 그러자 마조 스님이 "여긴 그런 것 없다. 자기 집 보물을 제쳐 놓고 여기까지 와서 뭘 찾겠다는 것이냐." 하고 답했습니다.

선가禪家에서 이런 이야기는 식은 죽 먹듯이 하는 소리입니다. 이런 소리를 자꾸 들으면 우리가 부처라는 사실에 세뇌되기도 합니다. 가만히 생각해 보면, 우리가 부처의 능력이 아니면 이렇게 살 수가 없습니다. 우리가 그대로 조금도 부족함이 없는 부처라는 사실을 경전을 통해서 알고, 조사 스님들을 통해서 확실히 이해하고, 스스로 궁리하여 그 나름대로 믿음도 갔다고 칩시다. 그런 다음에는 어떻게 살아야 합니까. 중생으로서의 온갖 부조리한 면은 어떻게 됩니까.

눈은 녹기 마련이다

봉은사 도량 구석구석에 눈이 잔뜩 있습니다. 조심해서 걷지 않으면 다칠 수가 있습니다. 그런데 머지않아 따뜻한 계절이 온다면 음지의 눈은 녹게 되어 있습니다. 그래서 돈오점수頓悟漸修라고 합니다. 자기 자신이 부처라고 하는 사실에 확신을 갖게 되면 좋지 않은 버릇들은 인연 따라서 묵은 눈이 녹듯이 녹아 버릴 것입니다. 그렇기 때문에 그 이후의 일은 걱정할 필요가 없습니다. 당장에 부처님 같은 행동이 나오지 않는 것도 걱정하지 않아도 됩니다. 일부러 그 업장을 녹이려고 노력할 필요도 없습니다. 각자 취향대로 인연 따라서 수행하는 것은 불자로서의 그냥 생활일 뿐입니다.

수행을 통해서 다시 부처가 되는 것이 아닙니다. 우리가 이 몸을 가지고 살아야 하기 때문에 생활에 필요한 업은 충실히 하면서도, 염불이든 사경이든 독경이든 기도든 불자로서의 일상생활을 각자 인연 따라서 하는 것입니다. 그것은 목적을 가지고 하는 일이 아닙니다. 수행을 통해 성불하겠다는 것은 두상안두頭上安頭라고 조사 스님들이 말했습니다. 머리 위에 또다시 머리를 올려 두는 일이라는 것입니다.

불교는 사람을 어렵게 하는 것이 아닙니다. 쉽게 해 주고 편안하게 해 주는 것입니다. 특별한 수행법을 통해서 머리 둘 달린 부처가 되리라고 생각해서는 안 됩니다. 제발 그런 착각을 하지 마십시오. 그대로 사람으로서 평범하게 사십시오. 생업을 열심히 하고 수행은 그저 취미로 하는 것입니다. 그마저도 인연 따라서 안

해도 상관없습니다. 경전은 눈가리개라고 조사 스님이 말한 적도 있습니다. 이런 사실을 알면 도를 찾아 열심히 쫓아다니던 사람들이 아주 편안해집니다. 그렇다고 아무것도 안 하는가 하면 그것도 아닙니다. 할 것을 제대로 다 합니다. 다만 '아, 그런 도리가 있구나.' 하고 마음을 쉬어 버리는 것입니다.

가섭은 광명여래가 되리라

가섭은 선禪의 제1조祖입니다. 모든 것을 다 끊어 버리는 두타행頭陀行을 자신의 수행법으로 생각하며 사는 사람입니다. 그가 가난한 집만 다니면서 탁발을 했다는 유명한 이야기도 있습니다.

이 때 세존께서 이 게송을 말씀하시고 여러 대중에게 이렇게 선언하시었습니다.

"나의 제자인 마하가섭은 오는 세상 삼백만 억 부처님 세존을 받들어 섬기고 공양 공경하며 존중 찬탄하면서 여러 부처님의 한량없는 큰 법을 널리 펴다가 최후의 몸으로 성불하리라.

– 『법화경』 「수기품」 1

삼백만 억 부처님을 섬긴다고 하였습니다. 지구 인구로도 다 채울 수 없는 숫자입니다. 그러니까 모든 사람, 모든 생명이 전부 부처라는 뜻입니다. 경전의 의미를 제대로 꿰뚫어 보면 불교는 쉽습니다. 물론 실천하기는 쉽지 않습니다. 그러나 이런 가르침으로 내 마음에 확신이 서면 모든 부처답지 못한 나의 요소들은 그야말로 음지의 눈이 봄이 오면 스스로 녹아 버리듯이 다 녹습니다. 아무리 두껍게 쌓인 눈이라도 봄이 되면 저절로 녹게 되어 있습니다. 안달복달하고 조급증을 낼 일이 아닙니다.

사실은 아니지만 진실이다

이름은 광명光明 여래·응공·정변지·명행족·선서·세간해·무상사·조어장부·천인사·불·세존이니라. 나라의 이름은 광덕光德이요, 겁의 이름은 대장엄大莊嚴이라 하리라.

그 부처님의 수명은 십이十二 소겁小劫이요, 정법正法은 이십 소겁이요, 상법像法도 또한 이십 소겁 동안 세상에 머물게 되리라. 그 나라의 경계는 장엄하게 꾸며져 있어서 온갖 더러운 것과 기와 조각·자갈·가시덤불·똥오줌 따위가 없느니라. 땅이 반듯하여 높은 데·낮은 데·구렁·둔덕이 없으며, 유리로 땅이 되고 보배 나무들이 줄을 지어 있으며, 황금 줄을 길 경계에 늘이고 보배 꽃을 흩어서 가는 곳마다 청정하리라.

그 나라의 보살들은 한량없는 천만 억이나 되고 성문들도

또한 무수하며 마의 장난이 없고 비록 마왕과 마의 백성이
있어도 모두 불법佛法을 옹호하느니라."

- 『법화경』「수기품」1

마하가섭이 성불했을 때의 세상을 표현하는 것입니다. 이것은
사실 부처님의 안목으로 볼 때의 세상이 이렇다는 것입니다. 지금
우리가 보는 현실은 마음에 안 드는 바가 많습니다. 부정부패가
심하고 비리가 너무 많고 힘이 없는 사람은 억울한 일을 당하며
삽니다. 그런데 우리가 진정으로 '모든 사람은 부처님'이라고 하는
확신을 갖고 산다면 바로 이 순간에 세상은 마하가섭이 보았듯이
그렇게 보인다는 것입니다.

화엄경에도 부처님께서 처음 성도成道하고 나서 "그 땅은 견고
하여 다이아몬드로 이루어졌더라."라고 하였습니다. 부다가야 보
리수나무 부근은 아무리 가 봐야 다이아몬드를 찾아볼 수 없고
돌자갈뿐입니다. 그러나 우리가 눈을 뜨고 나면 부처님이 표현한
대로 온 세상은 전부 다이아몬드로 깔려 있다고 할 정도로 찬탄
받아 마땅한 곳입니다. 세상을 찬탄하는 말로서 최대 찬사는 '당
신은 부처님'이라는 말입니다. '당신은 부처님'이라는 말은 인간에
대한 최대 찬사입니다.

불교의 절정

불교에는 경전도 무수히 많고 참선, 기도, 염불, 주력 등 방편도 무수히 많습니다. 그런데 그 절정은 인간의 완성입니다. 그리고 우리가 이미 완성되어 있다고 하는 사실을 아는 것입니다. 그 외에 다른 것이 아닙니다. 이를 곱씹고 곱씹어서 우리 자신이 부처라는 사실을 이해하기만 하면 됩니다. "오대산에 문수보살이 없다. 오대산을 찾아가는 그대야말로 문수다."라는 소리에 눈이 번쩍 뜨이고 중생으로부터 해방되고 해탈되어야 합니다.

『심청전』에서 심봉사가 눈을 뜰 때 천하의 맹인이 다 같이 눈을 뜹니다. 그것이 법화경의 도리이고 화엄경의 도리입니다. 심봉사가 눈을 뜨니 온 세상이 전부 부처의 세상입니다. 석가모니 부처님은 보리수 아래서 깨닫고 나니 온 천지가 다이아몬드로 가득 차 있다고 했습니다. 중생이 알음알이로 계산한다면 엉터리도 이런 엉터리가 없지만, 그것은 진실입니다. 사실은 아니지만 진실입니다. 다이아몬드보다 더 값진 보석이 있었다면 그것을 말했을 것입니다.

불교는 알고 보면 이런 것입니다. 모를 때는 뭐가 뭔지 모르겠고 캄캄합니다. 그래서 저는 예전에 낸 법화경 책에 '이것이 불교다'라고 부제를 붙였습니다. 법화경이야말로 불교 교설의 완성이기 때문입니다. 법화경은 부처님이 마지막으로 숨겨 두었던 비장의 카드입니다.

목건련, 수보리, 가전연이 수기를 청하다

이 때 대목건련과 수보리와 마하가전연이 모두 송구스러워 하면서 일심으로 합장하고 부처님의 존안尊顏을 우러러뵈옵고 눈을 깜박이지 아니하며 소리를 함께 하여 게송으로 말하였습니다.

– 『법화경』「수기품」 3

앞에서 사리불이 수기를 받았고 또 4대 성문 중 가섭존자가 수기를 받았습니다. 그것을 다 지켜본 나머지 성문들은 '가섭존자만 수기를 주고 우리한테는 안 주는가?'라고 할 수 있는 것입니다. 4대 성문 네 명에게 한꺼번에 수기를 주지 않고 이렇게 나눠서 주는 것도 경전을 서술해 가는 하나의 기술입니다. 남은 사람의 심리를 이용해서 수기를 받고자 하는 마음을 극대화할 수 있기 때문입니다.

"위대하시고 훌륭하시고 용맹하신
석가 세존釋迦世尊 법왕계서
저희들을 어여삐 여기시어
말씀을 일러주십시오.
만약 저희들의 마음을 살피시고 수기를 주신다면
마치 감로수甘露水를 뿌려 열을 식히고

서늘하게 하시는 것과 같을 것입니다.

흉년이 든 나라에서 온 사람이

홀연히 임금이 주는 음식을 받고도

송구스럽고 의심스러워서

감히 먹지 못하다가 임금의 먹으라는 명령을 받고서야

비로소 음식을 먹는 것과 같습니다."

– 『법화경』 「수기품」 3

수보리를 뺀 나머지 4대 성문이 이런 이야기를 하며 수기를 청하게 됩니다.

이 때 세존께서 여러 큰 제자들의 생각하는 바를 아시고 여러 비구들에게 말씀하시었습니다.

"여기 이 수보리는 오는 세상에서 삼백만 억 나유타 부처님을 받들어 섬기고 공양 공경하며 존중 찬탄하리라. 항상 범행을 닦아서 보살의 도를 구족하고 최후의 몸으로 성불하리라. 이름은 명상名相 여래·응공·정변지·명행족·선서·세간해·무상사·조어장부·천인사·불·세존이니라. 겁의 이름은 유보有寶요, 세계의 이름은 보생寶生이라 하리라."

– 『법화경』 「수기품」 4

똑같은 형식으로 이야기가 됩니다. '오는 세상에서 삼백만 억 나유타 부처님을' 받든다는 것은 날아가는 새까지도 다 포함하는 숫자입니다. 이것은 궁극적 차원에서 하는 이야기입니다. 그래서 법화경을 경전 중의 왕이라고 합니다. 이 이상 나아가는 경전이 없습니다. 법화경에는 부처님이 '그동안은 내가 여러분의 근기가 성숙하지 못해서 이런 이야기를 안 했지만, 이제 더 이상 내가 이야기할 기회가 없기 때문에 이 이야기를 한다.'고 되어 있습니다. 선교율 대법회에 법화경을 선택해서 이런 이야기를 듣는 인연을 만든 것은 다행이라고 생각합니다.

목건련은 전단향 여래가 되리라

이 때 세존께서 다시 대중들에게 말씀하셨습니다.

"내가 이제 그대들에게 말하노니, 여기 이 대 목건련은 마땅히 여러 가지 공양 거리로 팔천 부처님께 공양 공경하고 존중하며, 여러 부처님이 열반하신 뒤에는 각각 탑을 세우는데 높이는 일천 유순이요, 가로와 세로가 다 같이 오백 유순이니라. 금·은·유리·자거·마노·진주·매괴의 일곱 가지 보배로 만들어지고, 여러 가지 꽃과 영락과 바르는 향·가루향·사르는 향과 비단 일산과 당기·번기로 공양하리라. 그 뒤에도 또 이백만 억 부처님께 이와 같이 공양하리라."

− 『법화경』「수기품」 8

여기는 '이백만 억 부처님께 이와 같이 공양하리라.'고 하였습니다. 세계 인구가 70억인데 2백만억 부처님이라고 하였으니 이 구절 역시 모든 사람, 모든 생명이 다 부처님이라는 뜻입니다. 수기授記는 우리가 이 모습 이대로 부처라고 하는 사실을 보증하는 일입니다. 육조혜능 스님의 오도송에도 그것이 잘 드러나 있습니다.

"내 성품이 본래 청정하다는 사실을 내 어찌 알았으랴.

내 성품이 본래 불생불멸하다는 사실을 내 어찌 알았으랴.

내 성품에 본래 모든 것이 다 갖추어져 있다는 사실을 내 어찌 알았으랴.

내 성품이 본래 아무런 동요가 없다는 사실을 내 어찌 알았으랴.

내 성품이 능히 모든 존재와 이치를 만들어 낸다는 사실을 내 어찌 알았으랴."

라고 육조 스님이 깨닫고 나서 탄복하였습니다.

우리가 육조 스님과 다를 까닭이 없습니다. 육조 스님은 낫 놓고 기역 자도 몰랐던 천하의 무식한 나무꾼 총각이었습니다. 그야말로 시골에서 나무나 해다 파는 촌놈인 육조 스님이 금강경 한 구절을 듣고 바로 마음이 열려서 "나 자신이 정말 이와 같이 위대한 존재구나."라고 하였습니다. 이것은 모든 사람에게 똑같이 해당되는 이야기입니다. 그렇기 때문에 법화경에서 우리가 모두 이대로 부처라고 하는 사실을 수기하는 것입니다. 부처님이 우리에게 보증하는 것입니다.

이제는 우리 자신이 부처라고 하는 사실에서 도망갈 수 없고 부정하려야 부정할 수 없습니다. 우리는 이제 싫어도 부처입니다.

그래, 어떻게 할 것입니까.

여러분이 불자임을
무엇으로 표현할 것인가
사람이 눈에 들어오는
그 눈을 갖자는 것이다

화성유품

법화경 28품 중에서 제7품인 화성유품化城喩品을 이야기할 차례입니다. 화성유품은 화성유와 대통지승불에 대한 두 가지 내용으로 되어 있습니다. '화성의 비유'라고 하는 화성유化城喩를 쉬운 표현으로 하면 '마법의 성'입니다. 마술 같은 신통을 이용해서 가짜 도시를 임시로 만들어서 긴 여행을 하는 사람에게 쉬었다 갈 수 있도록 하는 것입니다. 오늘은 화성유에 앞서 대통지승불大通智勝佛에 관한 이야기를 먼저 하겠습니다.

대통지승불

법화경은 석가모니 부처님께서 설하신 것으로 되어 있습니다. 미혹한 중생을 깨우치기 위해 석가모니 부처님은 당신의 깨달음에 근거해서 여러 가지 이야기를 꾸며 내어 하는 경우가 많습니다. 그래서 이 경전의 뒤에 "내가 혹 있는 이야기를 하고, 혹 없는 이야기도 하고, 혹 내 이야기를 하고, 혹 남의 이야기도 한다."라는 내용이 나옵니다. 이렇게 하면서까지 많은 사람들을 교화시키고 눈을 뜨게 하려는 것입니다.

석가모니 부처님의 말씀을 통해 법화경에서 만나게 되는 중요한 두 분의 부처님이 있습니다. 앞서 나온 일월등명불日月燈明佛과 지금 나오는 대통지승불大通智勝佛입니다.

일日 : 태양

월月 : 달

등燈 : 등불, 태양도 달도 없을 때 대신 세상을 밝혀 주는 빛, 초나 기름이나 전기

명明: 이 모든 것은 세상을 밝히는 빛

그런데 이것이 그대로 부처님의 이름으로 되었습니다.

대大 : 광대하고

통通 : 툭 터진

지승智勝 : 지혜가 수승한 분

광대하게 툭 터진 위대한 지혜를 가지신 부처님이 대통지승불입니다.

일월등명불이나 대통지승불이나 이름의 속뜻은 깊은 의미에서 유사합니다. 두 부처님이 실제로 몇 년도에 어떤 나라에 있었건 아니건 그것은 중요하지 않습니다. 그를 통해 어떤 감동을 받고 어떤 깨달음을 얻느냐 하는 것이 중요합니다. 전통적으로 불교에서 인용하는 글들을 보면 단순히 '경전에'라고만 말합니다. 요즘 논문을 쓸 때는 '무슨 경전, 무슨 장경의 몇 페이지 내용을 인용했다.'라고 주해를 답니다.

옛날에 깨달음을 이루신 분이나 부처님 같은 분은 그 실재 여부를 전혀 문제 삼지 않았습니다. 오로지 우리 중생이 이분들을 통해 미혹한 마음을 떨어 버릴 수 있고 눈을 뜨고 깨달을 수 있다면, 실제로 존재했든 아니든 전혀 문제 삼지 않고 그대로 수용하는 자세입니다. 우리가 경전을 대할 때나 법문을 들을 때는 그런 점을 감안하고 들어야 합니다. 세세하게 어디에 있는 이야기냐, 몇 페이지 몇째 줄에 나오는 이야기냐, 역사적인 사실이냐 아니냐를 따진다면 불교의 실체를 이해하기 어렵습니다.

중도의 눈으로 보라

대통지승불의 이야기를 읽어 보기 전에 모든 존재는 양면성을 가지고 있다는 사실을 알아야 합니다. 우리 육신이나 마음이나 이 세상 천지만물은 양면성을 가지고 있습니다. 그것을 법화경에서는 본불(本佛, 궁극적 차원에서의 부처님)과 적불(迹佛, 역사적 차원의 부처님)이라고 표현합니다.

모든 사람이 눈으로 파악하는 현상적인 차원, 역사적인 차원의 내가 있지만 그것을 뛰어넘은 본래적인 입장, 궁극적 차원의 내가 있습니다. 이 양면을 우리가 동시에 이해해야 합니다. 양면을 함께 수용하고 함께 이해하는 것을 바른 견해, 정견正見이라고 합니다.

제 앞에 있는 마이크나 법당 마당의 풀 한 포기 등 모든 것이 그렇습니다. 금방 흩어져 허공 속으로 사라지는 저 구름 한 송이, 연기 한 가닥에도 허망하기 이를 데 없는 역사적인 차원이 있는가 하면 무량불 이전부터 무량불 이후까지 본래로 영원히 존재하는 궁극적인 차원이 있습니다. 그렇기 때문에 눈으로 보고 이해할 수 있는 현상에 미혹당하지 말고 거기에 속지 말아야 합니다.

모든 존재가 이러한 원리로 존재하기 때문에 이 원리를 제대로 파악하는 견해나 안목을 뭐라고 이름 지으면 좋을까 해서 생긴 말이 '중도정견中道正見'입니다. 중도를 불성, 진여, 마음, 본성, 열반과 같은 낱말의 또 다른 표현으로 설명하는 경우가 많은데 그것은 잘못되었습니다.

중도는 보는 방법입니다. 불성을 보든지 마음을 보든지 진여를 보든지 그 보는 방법이 무엇이냐 하는 것입니다. 어디에도 치우치지 않고 보는 것을 중도정견이라고 합니다. '눈앞에 보이는 역사적인 것과 궁극적 존재로서의 차원이 있다.' '궁극적 차원은 사람 사람이 본래로 부처이고 모든 사물은 그대로 진리이다.'라고까지 볼 줄 아는 입장입니다. 역사적인 차원과 궁극적 차원, 이 두 가지 입장 어디에도 치우치지 않고 볼 줄 알아야 중도적인 바른 소견을 가진 사람입니다. 한쪽으로만 치우쳐서는 중도가 아닙니다.

대통지승불의 이야기도 치우친 소견을 가지고 보면 '세상에 이런 이야기가 있었는가.'라고 생각하게 됩니다. 그러나 유형무형의 모든 존재는 부처님으로부터 지옥, 아귀, 축생, 산천초목, 천지만물에 이르기까지, 심지어 금방 흩어지고 마는 한 줄기 연기나 한 조각 구름에 이르기까지 역사적인 차원이 있고 궁극적인 차원이 동시에 존재합니다. 이것을 알면 대통지승불을 쉽게 이해하는 길이 열립니다.

존재의 두 가지 차원이 있다

여기에 찻잔이 하나 있습니다. 이 찻잔은 한 달 전에 만들었거나 일 년 전에 만든 것일 수 있습니다. 그러나 찻잔의 소재인 흙이나 돌의 본질은 언제부터 있었는지 모를 정도로 오래전일 것입니다. 모든 존재가 그렇습니다. 우리 육신도 외형적인 형태는 기껏해야 70~80년, 100년을 산다고 계산할 수 있지만 우리 육신을 형성하고 있는 지수화풍地水火風, 모든 존재의 근본 성품은 그 역사가 언제인지 모릅니다.

저는 가끔 묻습니다. 신라 때 석불石佛이 천 년이 되었다고 한다면 그 돌의 역사는 얼마나 되었는가. 조각은 천 년밖에 안 되었지만 돌의 역사가 천 년밖에 안 된 것은 아닙니다. 그 한 가지 사실만가지고 깊이 이해하기로 하면 모든 문제가 다 풀립니다. 우리 육신을 형성하고 있는 지수화풍 사대四大 역시 70~80년만의 역사가 아닙니다. 수억만 년의 역사를 가지고 있는 것이 우리 육신입니다.

모든 존재는 다 이런 차원이 있습니다. 이러한 궁극적 차원과 역사적 차원을 이해하지 못하면 법화경도 불교도 제대로 이해하지 못합니다. 그래서 천태지자 스님 같은 이들이 법화경을 해석할 때 본불本佛이니 적불迹佛이니, 본문本門이니 적문迹門이니 하는 이야기를 많이 했습니다. 소위 본불本佛이라고 하는 것은 궁극적인 차원을 말하는 것이고, 적불迹佛이라고 하는 것은 자취와 흔적이며 역사적인 차원으로서의 부처님을 말합니다. 이것은 부처님만의 이야기가 아니라 우리들 개개인의 문제이고 모든 현상의 문제입니다. 이 두 가지 면을 함께 볼 때 제대로 부처님을 이해하는 것이고 세상만사를 제대로 이해하는 것입니다.

대통지승불의 멸도滅度

부처님께서 여러 비구들에게 말씀하셨습니다.

"지나간 옛적 한량없고 그지없고 불가사의한 아승지겁 전에 그 때에 부처님이 계셨으니, 이름이 대통지승大通智勝 여래·응공·정변지·명행족·선서·세간해·무상사·조어장부·천인사·불·세존이시니라. 나라의 이름은 호성好城이요, 겁의 이름은 대상大相이었느니라.

비구들이여, 그 부처님이 열반하신 지가 매우 오래 되었느니라. 비유하면 마치 삼천대천세계에 있는 모든 땅덩이를 가령 어떤 사람이 갈아서 먹을 만들어 가지고 동방東方으로 가면서 일 천 국토를 지나서 먼지만한 점을 하나 찍고, 또 다시 일 천 국토를 지나가서 또 점을 하나 찍고 이렇게 하여 땅을 갈아서 만든 그 먹이 다하도록 갔다면 그대는 어떻게 생각하는가. 이 모든 국토를 수학을 잘하는 어떤 사람이나 그의 제자들이 그 수효를 다 알 수 있겠는가?"

"알지 못합니다, 세존이시여."

"비구들이여, 이 사람이 지나간 국토에서 그 점이 떨어진 것이나 떨어지지 않은 것을 모두 모아 부수어서 먼지를 만들어 그 먼지 하나로 한 겁을 친다 하더라도 그 부처님이 열반 涅槃하신 지는 이 숫자보다도 더 오래되셨느니라. 한량없고 그지없는 백천 만 억 아승지 겁이나 되지만 나는 여래지견 의 힘으로써 그렇게 오래 된 일을 마치 오늘의 일처럼 환하게 보느니라."

　- 『법화경』「화성유품」1

이렇게 화성유품의 서두가 시작됩니다. 범부는 아승지겁이라고 하는 길고 긴 시간을 상상할 수가 없습니다. 깨달으신 분은 보통 사람과 달라서 이렇게 길고 긴 세월을 이야기합니다. 대통지승불 이 오래전에 열반하셨다고 하는 이야기를 석가모니 부처님은 마치 오늘 일처럼 환히 봅니다. 이러한 내용을 우리가 이해할 수 있도록 앞서 제가 본불本佛과 적불迹佛에 대해 말씀드렸습니다. 대통지승불뿐만 아니고 모든 존재는 궁극적 차원이 있고 역사적인 차원이 있습니다. 우리들의 역사적인 차원은 기껏해야 70~80년이지만 궁극적 차원으로는 무수한 세월 이전부터 있어 왔습니다. 봉은사의 미륵불을 돌로 조각한 역사는 불과 몇십 년 안 되었지만 그 돌의 역사는 얼마인지 모를 정도로 아주 오래고 오래되었습니다.

모든 존재는 이와 같이 양면성을 지니고 있습니다. 우리는 그것을 같이 볼 줄 알아야 합니다. 역사적인 차원만 가지고 이야기할 수도 없고, 궁극적 차원만을 가지고 이야기해서도 안 됩니다. 이것을 같이 이야기하고 같이 수용해야 불교인의 관점에서 사는 것입니다. 이러한 원리를 가정이나 회사나 어떤 상황에서든 잘 이해하고 활용하면 풀리지 않을 문제가 없고 이해하지 못할 일이 아무것도 없습니다.

도道 속에 산다

대통지승불의 성도成道라는 대목에는 '십겁좌도량十劫坐道場 불법불현전佛法不現前'이라고 하는 유명한 구절이 나옵니다. '십 겁 동안 도량에 앉아 있었지만 불법이 나타나지 않더라.'는 말입니다. 선문에 자주 등장하는 내용입니다. 이 구절을 두고 선사 스님들이 얼마나 많은 법거량을 했는지 모릅니다. '왜 십 겁 동안 도량에 앉았는데 불법이 안 나타났느냐.'

고봉 스님 같은 이는 아무리 멍청이라도 한 철만 열심히 선을 하면 불법이 나타난다고 하였습니다. 한 철은 90일입니다. 빠르면

3일, 보통 사람도 7일이면 부처를 본다고 『선요』에서 표현했습니다. 그것이 불법입니다.

일 겁도 수수억만 년인데 십 겁이라고 하는 그 오랜 세월 동안 불법이 안 나타나고, 십 겁이 지난 뒤에야 비로소 불법이 나타났다고 하는 것은 무슨 뜻인가? 선사 스님들이 표현하기를 '본래로 우리가 부처님인데 다시 부처가 나타날 이유가 있느냐.'고 하였습니다. '그럴 이유가 없다. 그러니까 십겁좌도량 동안 불법이 나타나지 아니했다.'고 거량을 했습니다. 멋진 법거량입니다.

본래 부처인데 부처가 다시 나타날 이유가 무엇이 있습니까. 도道라고 하는 것은 한순간도 우리 인간의 삶을 떠나 있을 수 없습니다. 만약 한순간이라도 떠나 있는 것이라면 그것은 도라고 할 수 없다고도 하였습니다. 도를 좋아하든 좋아하지 않든, 도를 알든 모르든 우리는 이미 도道 속에 있고, 도로써 살아 오고 있고, 이리 가도 도고 저리 가도 도고, 캄캄해도 도고 밝아도 도입니다. 어떤 삶을 살아도 우리는 도 속에 삽니다. 궁극적 차원에서 보면 그렇다는 것입니다. 우리가 알든 모르든 관계없이 이러한 면을 다 가지고 있습니다. 본래로 도라고 하는, 본래로 불법이라고 하는 이 사실, 이러한 면을 다 가지고 있습니다. 이것이 천태 스님이 말씀하신 본불本佛, 본래 부처라고 하는 것입니다.

우리 모두가 가지고 있는 이러한 면은 태양과 같은 밝은 면입니다. 밝은 면만을 생각하는 사람은 밝은 면만을 생각하기 때문에 구름이 끼고 밤이 오고 어두운 것은 문제 삼지 않습니다. 그래서 제가 늘 부르짖는 말이 '사람이 부처님입니다.' '당신은 부처님'입니다. 법화경의 이러한 내용에 근거하였습니다.

대통지승불의 성도成道

부처님께서 여러 비구들에게 말씀하셨습니다.

"대통지승불의 수명壽命은 오백 사십만 억 나유타 겁이니라. 그 부처님이 처음 도량에 앉아서 마군들을 깨뜨리고 최상의 깨달음을 얻게 되었으나 불법佛法이 앞에 나타나지 아니하여 이와 같은 일 소겁으로부터 십 소겁이 되도록 가부좌를 틀고 앉아 몸과 마음을 동하지 않았지마는 불법은 오히려 앞에 나타나지 않았느니라."

- 『법화경』「화성유품」 3

본래 부처이기 때문에 부처가 나타날 이유가 없습니다. 도라고 하는 것은 한순간도 우리의 삶을 떠난 적이 없습니다. 우리는 탐진치 삼독과 팔만사천 번뇌를 지니고 있는 그대로 부처입니다. 탐욕과 성냄과 어리석음, 이 삼독을 빼놓고 따로 불법이 없기 때문입니다. 삼독이 그대로 불법입니다. 이런 것은 법화경에서만 할 수 있는 표현입니다.

예를 들어서 원석을 갖다 놓고 '이것이 바로 불상이다.'라거나 또는 '어떤 나무토막이든 그대로 불상이다.'라는 말도 가능합니다.

불상은 이미 그 소재 속에 다 들어 있어서 누군가가 거기에 새기기만 하면 됩니다. 새기는 일은 간단합니다. 시간만 가면 누가 새겨도 부처를 새길 수 있습니다. 얼굴이 잘나야 부처인 것이 아니고 못나야 부처인 것도 아닙니다. 그 형상을 문제 삼지 않습니다. 부처님의 형상을 우리가 이렇게 많이 만들어 놓았지만 얼굴이 똑같은 불상은 하나도 없습니다. 우리 얼굴이 다르듯이 불상의 얼굴도 다 다릅니다.

불자로서의 나

우리는 흔히 '불교를 통해서 세상을 알고 인생을 안다.'고 합니다. '불법을 깨닫는다.'는 표현도 가능한데, 그것은 무엇으로 증명할 수 있겠습니까. '불교를 믿는다, 불교를 안다, 도를 통했다, 견성했다, 성불을 했다.'는 것은 무엇으로 증명할 수 있습니까. 우리가 불자라는 것은 또 어떻게 표현됩니까.

난감한 일입니다. 여러분들은 불교 신자인데, 자신이 불교 신자라는 것이 가정에서나 사회에서 어떻게 표현되어야 하는가를 별로 고민하지 않습니다. 그래도 간혹 한 번씩 '내가 불교를 믿는 사람인데, 내가 불교를 공부하는 사람인데, 절밥을 먹은 것만 해도 수십 그릇인데'라는 생각이 들 때가 있을 것입니다.

십육 왕자十六王子의 찬탄

그 부처님이 출가出家하기 전에 십육명의 왕자가 있었느니라. 맏아들의 이름은 지적智積이었으며, 여러 아들들이 각각 여러 가지 진기한 놀이기구를 가지고 있었느니라. 아버지가 최상의 깨달음을 이루셨다는 말을 듣고는 모두 진기한 놀이기구를 버리고 부처님이 계신 곳으로 나아가는데 그 어머니들이 눈물을 흘리면서 전송하였느니라.

그들의 조부 전륜성왕이 일백 대신과 백 천 만 억 백성들에게 둘러싸여 함께 도량道場에 이르렀느니라.

– 『법화경』「화성유품」 5

대통지승불이 이러한 과정을 거쳐서 성불을 하시고 그 아들인 십육 왕자가 찬탄을 합니다. 앞에서 일월등명 부처님이나 여기 대통지승불이나 그 외에도 경전에는 많고 많은 부처님이 등장하는데 그 모든 부처님의 모델이 바로 석가모니 부처님입니다.

경전을 보면 석가모니 부처님의 일생을 조금씩 변형해 가면서 대통지승불이다, 아미타여래다, 아촉여래다, 무슨 부처다, 수십 수백만 부처님을 이야기하고 있다는 사실을 발견할 수 있습니다. 이런 경전성립사적인 깊은 이야기는 다른 자리에서 할 일이고, 여기는 조부 전륜성왕이 일백 대신과 백 천 만 억 백성들에게 둘러싸여 함께 자기 아들이 성불하였다는 소식을 듣고 몰려오는 이야기입니다. 석가모니 부처님의 아버지도 왜 안 그랬겠습니까. 그런 역사적 사실이 있었든 없었든 그 마음은 똑같았을 것입니다.

> 모두 다 대통지승 여래를 가까이 모시고 공양 공경하며 존
> 중 찬탄하였느니라. 그 곳에 이르러서는 머리를 숙여 발 아
> 래에 예배하고 부처님을 여러 번 돌고는 일심으로 합장하여
> 세존을 우러러 바라보며 게송으로 말하였느니라.
> - 『법화경』「화성유품」 5

그리고 나서 이들이 부르는 게송은 '대통지승불이 출가하고 수도를 해서 성불했다.'고 찬탄하는 내용입니다. 우리가 법문하기 전에 찬불가를 부르듯이 아버지도 자식들도 모두 이렇게 몰려와서 깨달은 이를 위해 노래를 부릅니다. 불교의 의식이 전부 경전에 근거한 것입니다.

십육 왕자가 법을 청하다

아버지 되는 부왕이 대통지승불의 성불을 게송으로 찬탄하고, 이제 대통지승불의 아들들인 십육 왕자가 법을 청합니다.

이 때 십육 왕자는 게송으로 부처님을 찬탄하고 나서 세존께 법륜을 굴리시기를 청하면서 다 같이 이렇게 말하였느니라. '세존께서 설하시는 법문은 매우 편안합니다. 모든 천신들과 사람들을 어여삐 여기시어 이롭게 하여주십시오.'라고 하였느니라.

그리고 다시 게송으로 말하였느니라.

'세상의 영웅이시며 짝할 사람 없으시어

온갖 복으로 장엄하시고 가장 높은 지혜를 얻으셨으니

세상 사람들을 위하여 법을 설하십시오.'

― 『법화경』 「화성유품」 7

한 분이 부처가 되고 나면, 첫째 가장 가까운 아버지 그리고 자식들로부터 주변에 있는 모든 이들이 그 성인을 위하고 그 성인의 깨달음을 만 국민에게 펴서 모든 국민을 길상스럽고 복되게 하려고 합니다. 그래서 십육 왕자가 법을 청한 다음의 내용은 시방의 범천왕들이 법을 청한다는 내용입니다.

범천왕은 요즘으로 치면 구청장이나 시장 같은 사람들로 표현할 수 있습니다. 앞에서 제가 우리가 불자로서 불교를 믿고 불교를 공부했을 때 그 영향이 일상생활에서 어떻게 표현되고 어떻게 비춰져야 하는가를 물었습니다. 다음으로 나오는 '시방의 범천왕이 법을 청하다'는 내용이 그에 대한 답입니다.

시방의 범천왕梵天王이 법을 청하다

부처님께서 여러 비구들에게 말씀하셨습니다.

"대통지승불께서 최상의 깨달음을 얻었을 때에 시방으로
각각 오백만 억 세계가 여섯 가지로 진동하였느니라.

— 『법화경』 「화성유품」 8

부처님이 깨달음을 성취하면 거기에는 반드시 육종진동이 따르
게 되어 있습니다. 귀로 들으나 코로 냄새를 맡으나 무엇을 하든
우리가 감당하기 어려운 큰 감동입니다. 우리가 절에서 신묘장구
대다라니만 열심히 외우며 철야기도를 해도 각자 느끼는 감동이
말할 수가 없습니다.

여기 대통지승불이 최상의 깨달음을 얻었을 때 여섯 가지로 진
동하였다고 하는 것은 안이비설신의眼耳鼻舌身意, 우리의 몸과 마
음이 감동을 한 것을 말합니다. 그것도 한두 번 감동하는 것이 아
닙니다. 화엄경에서는 6종 18상으로 진동하였다고 표현합니다. 이
것은 '삼육 십팔' 해서 십팔계, 우리 삶의 전 영역을 뜻합니다. 안
이비설신의와 색성향미촉법과 안계 내지 무의식계까지 모두 부처
님 깨달음에 크게 감동하였습니다. 그것이 여섯 가지로 진동하였
다고 하면서 화엄경 경전에 자세하게 설명되는데 요즘 표현으로
하면 1000도나 2000도로 지진이 일어난 것과 같이 표현되었습니
다. 진도 9만 해도 큰일이 나는데 진도 1000도나 2000도 정도로

감동을 받는 것입니다.

부처님의 광명이 비치다

그 세계의 중간에 해와 달의 빛이 비치지 않던 캄캄한 곳이
모두 밝아져서 그 곳에 있던 중생들이 서로 보게 되어 모두
이렇게 말하였느니라. '이곳에 어찌하여 홀연히 중생들이
생겼는가.' 하였느니라. 또 그 세계의 하늘 궁전과 범천의 궁
전에 이르기까지 여섯 가지로 진동하며 큰 광명이 두루 비
치어 세계에 가득하니 다른 여러 천상의 광명보다도 더 훌
륭하였느니라."

- 『법화경』「화성유품」 8

대통지승불이 성불을 하자 해와 달이 비추지 않던 캄캄한 곳
이 모두 밝아졌습니다. 우리가 불교를 만나기 전, 불교의 진정한
의미를 공부하기 전에는 무턱대고 살면 사는 줄 알았습니다. 그때
는 내 주위가 희망도 꿈도 없는 그야말로 캄캄한 곳이었습니다.
그 캄캄한 곳이 불교를 믿는 마음으로부터 밝아지기 시작했습니
다. 밝아지자 부처님은 '이곳에 어찌하여 홀연히 중생들이 생겼는
가.'라고 하였습니다.

매우 중요한 대목입니다. 제가 법화경을 읽다가 이 대목을 읽고
"아, 그렇지. 불법은 바로 옆 사람을 볼 줄 아는 것이다."라고 해

서 별표를 해 놓았습니다. 불교를 깨닫고, 불교를 알고, 불교를 믿고, 불교를 한다는 것은 어떻게 표현되어야 하는가. 그에 대한 답이 바로 이것입니다.

중생들은 본래 이곳에 있었는데도 우리는 그동안 그 중생들을 의식하지 못하고 나만 생각하며 살았습니다. 그런데 이제 불교를 제대로 이해하고 불법을 제대로 믿음으로 해서 남을 볼 수 있고, 이해할 수 있고, 배려하면서 살 수 있게 되었습니다. 불법을 공부하면서 비로소 사람들이 눈에 들어오기 시작합니다. 지금까지 보이지 않던 이웃의 가난한 사람, 병든 사람, 부당하게 불이익을 당하는 사람, 억울하게 사는 사람들이 비로소 보이기 시작하는 것입니다.

처음에 대통지승불의 존재를 말하면서 궁극적 차원을 이야기했습니다. 모든 사람의 궁극적 차원은 본래로 부처입니다. 불교라고 하는 믿음을 가슴속에 조금씩 키워 가면서 그 믿음을 통해 나와 옆 사람, 이웃과 다른 모든 사람을 그렇게 생각할 수 있는 안목이 생기는 것입니다.

사람이 보인다

부처님이 성도하셨는데 '태양보다도 몇 배나 더 밝은 빛이 비췄다.'는 표현을 하고 있습니다. 태양이 아무리 밝다 한들 무슨 의미가 있겠습니까. 태양은 태양만큼만 비추면 그뿐입니다. 부처님의 깨달음이 마치 천 개의 태양이 동시에 비추는 것과 같다고 하지만 천 개의 태양이 동시에 비추면 지구는 다 타 버릴 것입니다.

빛은 우리 마음이 열리는 것을 표현한 것입니다. 그동안 우리 중생의 마음이 얼마나 어둡고 캄캄했습니까. 어둡고 캄캄한 그 마음이 열리는 것이 마치 천 개의 태양이 동시에 비추는 것과 같다고 부처님은 표현하고 있습니다. 이 구절을 읽고는 제가 "그래, 불교는 바로 이런 것이지."라고 하였습니다.

근래 불교 방송을 보면 아프리카나 가난한 나라 사람들의 생활이 나옵니다. 특히 어린이들이 못 먹고 온갖 질병에 허덕이는 모습을 방영하면서 도와주자고 하는 광고가 많습니다. 옛날에 저도 그런 것을 다 보고 살았고, 이웃에 어려운 사람들도 많았습니다. 그런데 그때는 '그 사람들은 그렇게 사는 것이고 나는 나대로 사는 것인데' 하면서 병이 들었든 굶든 별 생각이 없었습니다. 그런데 지금은 광고만 봐도 마음이 흔들리고 아픕니다. 작은 경험이지만 불교를 이해한다는 것, 불교를 믿는다는 것은 그런 안목이 생기는 것입니다.

부처님의 성도는 빛으로써 표현되는데, 빛은 안목입니다. 부처님이 성도를 하고 나자 세상과 인간을 살펴볼 줄 아는 안목이 생겼습니다. 그 안목이 생기자 빛이 비추었고 그 빛을 통해서 옆에 사람이 있다는 것을 비로소 보게 되었습니다. 얼마나 기가 막힌 이야기입니까. 그동안 옆에 사람이 있어도 못 봤습니다.

이 이야기를 우리 가까이로 끌어다가 한다면 우리도 이제 사람을 배려하는 마음, 사람이 먼저 눈에 들어오는 그 눈을 갖자는 말입니다. 불교를 공부해서 내 옆에 다른 사람도 있다는 것을 몸소 체험하자는 것입니다. 본래로 부처인 중생이 내 옆에서 어려움을 당하고 있습니다. 그것을 우리가 이해하면서 삽시다. 그것을 석가모니가 대통지승불을 등장시켜서 또 이렇게 우리에게 깨우쳐 줍니다. 깨달으신 분의 지혜는 참으로 깊고도 깊습니다.

불자의 믿음

불교가 무엇보다도 중요하게 여기는 것은 믿음입니다. '법화경에 이러한 내용이 있구나.' 하는 신심을 내어 그것을 통해 꿈이 생기고 희망이 생기고 나의 삶이 달라지는 것입니다. 어제 봉은사에 왔을 때 어떤 신도님이 인사를 하면서 "법화경을 40번을 썼습니다."라고 하였습니다.

법화경을 40번 쓴 신도님이 이 가운데 있습니다. 무슨 힘으로 그렇게 썼겠습니까. 신심 하나로 그렇게 쓴 것입니다. 다른 차원으로 우리가 법화경을 이해하기로 하면 법화경은 공덕이 많다고 합니다. 제가 법화경을 이야기할 때 간혹 드리는 말씀이 있습니다.

제가 아는 부산의 어느 신도님이 미국에 사는 딸이 아기를 가져서 돌봐 주려고 갔다가 병이 났다고 합니다. 그래서 한국 사람이 운영하는 병원에 갔는데 기독교를 믿는 사람이 법화경을 책상에 두고 사경을 하더라는 겁니다. "기독교인이라면서 왜 법화경을 읽느냐."고 물으니 그 사람이 "나는 기독교를 믿지만 법화경이 그렇게 영험이 있대요."라면서 법화경을 쓰면 부자가 되고 뭐가 좋아지고 뭐가 좋아진다고 한참을 설명하더라는 겁니다. 기독교인이 그렇게 법화경을 더 믿습니다.

부산의 그 불자는 아들이 스님이고, 절을 가지고 있고, 저의 법화경 강의에도 와서 공부하던 사람입니다. 영험이 있다면서 기독교인이 법화경을 놓고 사경을 하는 이야기가 하도 신기해서 한국에 돌아오자마자 저에게 와서 그 이야기를 전해 주었습니다.

이런 이야기는 부처님도 모르고 우리 불자들도 모르는 세계입니다. 우리가 이러한 시간을 통해서 경전 속에 담긴 뜻을 이해한다고 하지만 백분의 일, 천분의 일이나 이해하겠습니까. 그저 믿음을 가지고 열심히 읽고 쓰고 해서 법사가 미처 발견해 내지 못한 아주 깊고 오묘한 이치를 스스로 공부해 가는 것입니다. 법화경을 읽고 쓰면서 거기에서 깊은 뜻을 스스로 발견해 낸다면 정말 상상도 못한 큰 깨달음이 있을 것입니다.

또 목사 중에 법화경을 강의하고 책을 낸 분이 있습니다. 저도 그 책을 사서 보기도 하였습니다. 워낙 훌륭한 목사라서 법화경만 강의 책을 낸 것이 아니고 원각경도 책이 나온 것이 있고 심지어 화엄경까지 강연하고 책을 냈습니다.

우리 불자들은 정신 차려야 합니다. 이러다가 불교의 법화경이니 화엄경이니 하는 좋은 것은 전부 이웃 종교에서 가져가서 영험을 더 많이 볼 판입니다. 제가 법화경을 좋아하다 보니 이런 상황들도 알게 되었다는 것을 여러 신도님에게 알려드리는 것입니다. 대통지승불 이야기를 여기까지 하겠습니다.

17강

살아 있는 생명의 본래 의무는
끊임없이 성장하는 일이다

존재의 실상

법화경은 모든 존재의 실상을 밝히는 가르침입니다. 존재의 실상이라고 하는 것은 사람을 위시해서 천지만물 삼라만상 모든 것의 진실한 모습을 말합니다. 사람만 생각해 봐도, 사람에게는 육신이 있고 마음이 있습니다. 그래서 사람을 알려면 육신의 실상도 정확하게 알아야 하고 마음의 실상도 역시 정확하게 알아야 합니다. 법화경에서는 이 실상에 대해 간단히 두 가지 입장으로 이야기합니다. 역사적 차원과 궁극적 차원입니다. 전통적으로는 역사적 차원을 적문迹門, 궁극적 차원을 본문本門이라고 합니다. 부처님 역시 적불迹佛이 있고 본불本佛이 있습니다.

모든 사람은 깨달음의 경계를 동등하게 갖추고 있습니다. 석가모니 부처님도 깨닫기 이전에 본래 부처였지만, 깨달음이라고 하는 그 순간을 통해서 비로소 부처가 되었습니다. 본래 가지고 있는 깨달음을 본각本覺이라고 한다면 석가모니 부처님이 35세에 비로소 깨달았다고 하는 것은 시각始覺이라고 표현합니다.

우리도 본래는 부처의 입장을 가지고 있습니다. 그런데 그것을 법화경을 통해서 알거나, 육조 스님처럼 금강경을 통해서 알거나, 구지 화상처럼 손가락 하나 세우는 모습이나 가섭존자처럼 꽃 한 송이 든 모습을 보고 빙그레 웃어서 아는 시각의 차원이 있습니다. 이것을 역사적인 차원, 현상적인 차원, 적불이며 자취로서의 차원이라고 합니다.

모든 존재가 이런 양면성을 가집니다. 풀 한 포기 역시 그렇습니다. 풀은 봄이 되어 비로소 돋았다고 하지만 그 본래적인 성질은 이미 수억만 년 전부터 가지고 있었습니다. 풀이 가지고 있는 지수화풍地水火風은 올봄에 처음 생긴 것이 아닙니다. 지수화풍의 역사는 수천 수만 년 전에 있었던 본래의 존재였습니다.

풀 한 포기에서부터 우리들 자신에 이르기까지 그리고 부처님에 이르기까지 모든 존재가 본래적인 면과 현상적인 면이라고 하는 양면성을 가지고 있습니다. 그렇기 때문에 존재의 실상을 알려면 양면을 치우치지 않고 보는 것이 중요합니다. 그것이 중도적으로 바르게 보는 것이고, 중도적으로 보는 것이 존재의 실상을 바르게 보는 것입니다.

새로 만들 수 없고 완전히 없앨 수도 없다

세상에는 불가사의한 면이 두 가지 있습니다. 하나는 그 어떤 것도 새로 만들어 낼 수 없다는 것이고 또 하나는 그 어떤 것도 완전히 없앨 수 없다는 것입니다. 현대적인 교육을 받은 사람에게 는 이런 말이 이해하기 어려운 말이 아닙니다. 우리가 쓰고 있는 스마트폰은 얼마나 새로운 것입니까. 하지만 그것의 본질은 처음 부터 있었습니다. 어떤 과학적인 기술에 의해 여러 가지로 분리하 고 조합하는 과정을 통해서 그 모양과 얼굴을 조금 바꿨을 뿐입 니다. 우리는 알고 보면 유구한 세월 동안 숱한 얼굴을 바꿔서 이 세상에 이렇게 오고 가고 또 가고 옵니다.

법화경의 화성유품 처음에는 대통지승불이라고 하는 부처님이 등장합니다. 오랜 세월 전부터 있어 왔던 부처님이라고 이 부처님 의 살아온 역사를 이야기하고, 그 끝에 가서 그분에게 열여섯 왕 자가 있었다고 이야기합니다. 대통지승불이 출가하기 전에 열여섯 왕자가 있었는데 부왕이 출가했다는 소리를 듣고 그들 모두 따라 서 출가를 합니다. 그중에 열여섯 번째 왕자는 오늘날 석가모니 부 처님이라는 것입니다. 이와 같이 우리는 유구한 세월 동안 얼굴이 나 형태나 모양을 수천만 번 바꿔 가면서 오늘날까지 흘러오고 있 습니다. 그러한 내용을 화성유품 전편前篇에서 배웠습니다.

깊고 오묘한 경전의 구성

우리는 오랜 세월 수천만 번 얼굴을 바꾸고 형태를 바꾸면서 살아왔습니다. 대통지승불의 이야기를 화성유품 전반에서 한 것은 그 사실을 이해시키기 위해서입니다. 우리의 삶이 단 한 번으로 끝나는 것이 아니라 심지어 성별까지 바꿔 가면서, 승려와 속인을 바꿔 가면서 수천 수만 번의 변모를 겪으며 이 길고 긴 세월을 살아가고 있다는 사실은, 말처럼 간단히 가슴에 와닿는 이야기가 아닙니다.

그래서 대통지승불의 장황한 이야기를 이끌어다가 소개를 하고는, 이제 비로소 화성유化城喩라고 하는 변화해 만든 성 이야기를 합니다. 마법의 성에 대한 설화 같은 이야기와 대통지승불 이야기는 전혀 다른 이야기인데 왜 이렇게 한 품 안에 갖다 놓았을까 하는 의문이 화성유품 후반부에 와서 비로소 풀립니다. 경전의 구성과 내용이 이처럼 깊고 오묘합니다.

특히 법화경의 깊이는 범인으로서는 제대로 짐작하기도 어렵습니다. 깨달으신 분들의 차원은 보통 범부의 차원과는 다르기 때문입니다. 예를 들어서 50세나 60세 된 어른들이 사업을 한다든지 일을 구상하면 유치원생들은 그 일을 짐작도 할 수 없습니다. 사람을 두고도 이렇게 차원이 다른데 깨달은 분들의 가르침인 경전의 오묘하고 깊은 이치는 아무리 궁리를 해도 다 알 수 없습니다.

인연을 말하다

"여러 비구들이여, 내가 이제 그대들에게 말하노라. 저 부처님의 제자 십육 사미들이 지금 모두 최상의 깨달음을 얻고, 현재에 시방 국토에서 법을 설하고 한량없는 백천만 억 보살들과 성문들이 권속이 되어 있느니라.

— 『법화경』「화성유품」 31

지나간 옛적 한량없고 그지없고 불가사의한 아승지겁 전에 부처님이 계셨으니 이름이 대통지승여래이고, 이 부처님의 수명壽命은 오백사십만 억 나유타겁입니다. 이 부처님은 처음 도량에 앉아서 마군들을 깨뜨리고 최상의 깨달음을 얻게 되었으나 십 겁이 지나도록 가부좌를 틀고 앉아서 동하지 않았고, 불법은 나타나지 않았습니다.

천신들이 십 소겁 동안 이 부처님에게 향기로운 바람을 불어서 시든 꽃을 날리고 새 꽃을 쉬지 않고 공양하였고, 사천왕들은 북을 치고 다른 하늘에서는 풍류를 연주하며 공양하였습니다. 이 부처님에게는 출가 전에 십육 왕자가 있었고, 이 왕자들의 조부와 여러 천신과 부왕이 부처님께 법을 청하였습니다. 마침내 부처님께서 말씀을 시작하였는데, 당신이 깨닫고 나자 세계가 진동하고 캄캄한 곳이 모두 밝아져서 중생들이 서로 보고 말하기를 '이곳에 홀연히 중생들이 생겼다.'고 말하였노라고 하셨습니다.

그리고 나서 여러 청중이 법을 청할 때마다 대통지승불이 법문을 굴리셨습니다. 법문의 내용은 석가모니 부처님이 설하신 것과 같습니다. 이 법문을 들은 십육 왕자가 모두 출가하여 깨달음을 얻었습니다. 이어서 십육 왕자가 각각 어느 불국토에서 어떤 부처님이 되었는지가 상세히 나오고 마지막에 열여섯 번째 부처님에 대해서 나옵니다.

제 십육은 나 석가모니불이니 사바세계에서 최상의 깨달음을 이루었느니라.
- 『법화경』「화성유품」 31

십육 왕자 중에 마지막 왕자는 아버지 대통지승불이 팔만사천 겁의 삼매에 들어 있는 동안 석가모니불이 되어서 법화경을 설했습니다. 이분이 우리들의 스승이신 석가모니불입니다.

이러한 내용에 이어서 우리도 경전을 쓴다면 이렇게 옛 인연과 길고 긴 역사 속의 일원으로 살아온 것을 상기하면서 '오늘 우리가 봉은사 법왕루에 앉아 법화경을 공부하고 있습니다.'라고 마저 쓸 수가 있습니다. 궁극적 차원과 역사적 차원을 함께하면서 긴 세월 속에 우리는 무수히 얼굴을 바꿔 가면서 이렇게 변모해 왔습니다.

화성의 비유

화성의 비유를 다 같이 읽겠습니다.

비유컨대, 마치 오백 유순이나 되는 험난한 길에 인적마저 끊어진 무서운 곳이 있는데 많은 사람들이 이곳을 지나서 보물寶物이 있는 곳으로 가고자 하였느니라.

이 때 한 인솔하는 이가 총명하고 지혜가 많고 이 험한 길의 통하고 막힌 형편을 잘 알아서 여러 사람들을 데리고 이 험난한 길을 통과하고 있었느니라. 데리고 가는 사람들이 중도에서 물러갈 마음이 생겨 인솔하는 사람에게 말하였느니라.

'우리들이 극도로 피로하고 또 무서워서 다시 더 나아갈 수 없고 앞길은 아직도 매우 머니 이제 그만 되돌아갈까 합니다.'

인솔하는 이가 방편이 많아서 이렇게 생각하였느니라.

'참으로 애석하구나. 이 사람들은 어찌하여 큰 보물을 구하지 않고 물러가려 하는가.'

이렇게 생각하고는 방편으로써 험난한 길에서 삼백 유순을 지나서 한 마을을 변화하여 만들어 놓고 여러 사람들에게 말하였느니라.

'그대들은 무서워하지 말고 되돌아가지도 말라. 저기 큰 마을이 있으니 그 안에서 마음대로 즐길 수 있으리라. 만약 저 마을에 들어가면 편안히 살 수도 있고 앞으로 더 나아가면 보물이 있는 곳에도 갈 수가 있으리라.'

이 때에 피로해 있던 사람들이 매우 기뻐하며 처음 보는 일이라고 찬탄하였느니라.

'우리가 이제는 험한 길을 벗어나서 편안함을 얻었노라.'

이리하여 여러 사람들은 변화하여 만든 마을[化城]에 들어가서, '이미 지나 왔다'는 생각을 하고, '편안하다'는 생각을 하였느니라.

이 때 인솔하는 사람은 이 사람들이 잘 쉬어서 더 이상 피로하지 않은 줄을 알고는 변화하여 만든 마을을 없애버리고 여러 사람들에게 말하였느니라.

'그대들은 앞으로 나아가자. 보물이 있는 곳이 멀지 않다. 아까 있던 마을은 내가 조작하여 만든 것이다. 임시로 쉬어가기 위한 것이었다.'

- 『법화경』 「화성유품」 34, 35

이 간단한 이야기 속에 많고 많은 의미가 담겨 있습니다. 삼백 유순이나 되는 멀고 먼 험난한 길을 우리는 무엇을 찾기 위해서 걸어가고 있습니까.

여러분, 참으로 오랜 세월 여기까지 오시느라 수고 많았습니다. 이제 잠깐 쉬어 갑시다. 쉬는 곳도 봉은사 같은 유서 깊은 사찰의 법왕루에서 법화경을 앞에 놓고 쉬는 것입니다. 이러한 쉼이야말로 참으로 제대로 쉬는 것이 됩니다. 부처님의 가르침을 통해서 한순간이라도 마음을 편안히 가질 수 있다면 그것이 가장 편안한 휴식입니다. 법화경을 다는 이해하지 못한다 하더라도, 그중에 다만 한 대목이라도 이해하면서 이렇게 멀고 먼 험난한 인생길에서 한 시간이라도 쉰다고 하는 것은 참으로 근사한 일입니다.

그렇지만 쉬었으니 이제 일어납시다. 저 앞에 있는, 우리가 처음에 목표했던 보물산을 향해서 다시 나아가자는 내용이 곧이어 나옵니다.

생명의 의무

지금 봄이 와서 산천초목에 전부 움이 트고 꽃이 핍니다. 큰 풀이든 작은 풀이든 큰 나무든 작은 나무든 서로 성장하려고 몸부림을 치면서 저렇게 꿈틀대고 있습니다. 초목들도 저렇게 움직이고 있지 않습니까. 살아 있는 생명의 실상, 살아 있는 생명의 본래 임무는 한순간도 쉬지 않고 성장하는 일입니다. 식물이 끊임없이 물을 빨아들이고 태양 빛을 받아서 성장하고 꽃이 피고 열매를 맺듯이, 사람도 살아 있는 존재이기 때문에 끊임없이 성장하고 변화하고 발전하고 앞으로 나아가는 것에 그 의무가 있습니다. 이것이 화성유품의 교훈입니다.

물론 그렇게 하는 것은 피곤합니다. 피곤하면 부처님께서 변화하여 만든 도시에서 피로가 풀릴 때까지 쉬다가 거기에 머물지 말고 다시 또 앞을 향해서 나아가는 것입니다. 이러한 화성유품의 교훈은 참으로 봄이라고 하는 이 계절에 잘 맞는 내용입니다.

중도적인 안목

나이가 들었다 하더라도 나이를 인정하지 않는 것이 불교적 안목입니다. 불교적 안목으로 본다면, 아무리 어린아이라고 해도 그가 과거 생에 우리의 부모였을 수 있고 우리의 스승이었을 수도 있습니다. 어리다고 무시할 수 없습니다. 나이가 들었다고 '내가 나이 든 사람인데'라고 할 수 없습니다. 우리는 늙은 얼굴, 젊은 얼굴, 남자 얼굴, 여자 얼굴로 잠깐씩 배역을 바꾸어 가며 여기에 있을 뿐입니다.

불교의 안목은 그렇습니다. 왜냐하면 중도적으로 보기 때문입니다. 나이 든 사람은 나이 든 사람으로 대접하되 영원히 나이를 먹지 않는, 나이와 관계없는 그 사람의 참생명에 대해서도 이해를 해야 합니다. 어린아이는 어린아이로 취급하면서도 그 어린아이의 영원히 어리지 않은 참생명의 실상을 제대로 이해해야 합니다. 그것이 중도적인 바른 안목입니다.

중도적인 입장에서 볼 때 우리는 영원을 살고 있는 존재입니다. 그렇기 때문에 끊임없이 성장하고 발전하고 앞으로 나아가라는 것이 이 화성유품에서 말하고자 하는 바입니다. 예를 들어 어떤 사람이 아등바등 공부하여 시험을 쳐서 취직이 되었습니다. 그런데 취직이 되었다고 자리에 머물러 있다면 일 년 안에 도태되고 맙니다. 시대 변화와 발전에 발맞추어 스스로 변화하고 발전하며 끊임없이 연구하고 노력하지 않으면 안 됩니다.

생명의 본령

평생교육이라는 말이 근래에 자주 쓰입니다. 모든 사람은 살아 있는 존재의 의무로서 나이가 70, 80, 90세가 되었더라도 끊임없이 정진하고 노력하고 변화하고 발전해야 합니다. 그러다가 피곤하면 이 화성의 비유처럼 잠깐 쉬었다 갈 수 있습니다. 그러나 성공했다고 해서 성공한 그 자리에 머물러 있다면 그 사람의 성공은 성공이 아닙니다. 예전 1960년대나 70년대 교수들은 강의 노트 하나로 몇 년을 버텨도 밥은 먹고 살았습니다. 하지만 이제는 그렇게 해서는 안 됩니다. 살아서 숨을 쉬는 한 우리는 끊임없이 성장하고 발전하고 공부해야 합니다. 불교식으로 표현하면 정진해야 합니다. 무엇을 가지고 하든 간에 열심히 정진해야 합니다.

전셋집에 살다가 20평이나 30평짜리 자기 아파트라도 마련하면 잠깐은 "아이고, 소원 풀었다. 이제 됐다."고 하지만 한 달쯤 지나면 남의 집이 보입니다. 더 나은 아파트가 보이면서 새로 장만한 자기 집이 별로 매력이 없어 보입니다. 그것이 사실은 옳은 마음입니다. 끊임없이 성장하고 발전하게 되어 있는 것이 살아 있는 생명의 본령이기 때문입니다.

그런 마음을 욕심으로 표현해서 비판하는 입장이 있지만 천만의 말씀입니다. 보다 높은 곳을 향하여 눈을 돌릴 줄 알아야 살아 있는 사람입니다. 화성이라고 하는 것은 임시방편으로 만들어서 잠깐 쉬었다 가는 곳일 뿐입니다. 거기에 머물러 있어서는 안 됩니다. 그렇다고 아파트를 한 채 사고, 두 채 사고, 100평 200평짜리를 사라는 것이 아닙니다. 어디까지나 비유입니다. 여기 있는 분들이 그런 말의 깊은 뜻을 이해하지 못하는 것은 아니겠지만 혹 또 그렇게 이해할까 염려되어 드리는 말씀입니다.

성불도 끝이 아니다

한 생각 더 돌이켜 보면, 불교에서의 성불 역시 조작해서 만들어 놓은, 잠깐 쉬었다 가는 곳입니다. 나의 성불 다음에는 다른 사람의 성불이 남아 있기 때문입니다. 보살의 성불은 내가 깨닫고 남도 깨닫게 해 주는 것입니다. '중생무변서원도衆生無邊誓願度, 중생이 아무리 많다 하더라도 맹세코 내가 건지리라.'라는 말이 거기서 나온 것입니다. 내가 성불했다 하더라도 또 다른 사람의 성불을 위해서 부단히 노력해야 합니다.

불교는 변화의 종교입니다. 변화의 이치를 가르치는 종교입니다. 사람의 본질은 변함이 없지만 현상은 끊임없이 변화합니다. 현상으로써 살아가는 사람들은 그 변화에 맞추어 끊임없이 스스로 변화하고 발전하고 성장해야 합니다.

삶의 모든 자리는 쉬어 가는 화성일 뿐이다

석가모니 부처님은 태자 출신으로 부족함이 없었습니다. 대다수 사람들의 인생 목표는 태자와 같이 호화로운 생활을 하는 데 있습니다. 그런데 싯다르타 태자는 그 자리가 마지막으로 원하는 자리가 아니었습니다. 보다 높은 차원의 삶을 위해서 그 모든 것을 다 버리고 출가하였습니다.

출가 후 갖은 고행을 하고, 그야말로 뼈만 남은 고행상도 우리에게 보여 줍니다. 그러나 고행도 다가 아니었습니다. 고행 또한 조작해서 만든 잠깐 쉬어 가는 곳일 뿐이었습니다. 싯다르타 태자는 6년의 고행 끝에 깨달음을 성취했습니다. 우리는 흔히 깨달음을 종착역이라고 생각하지만, 부처님에겐 깨달음 또한 조작해서 만든 성城일 뿐이었습니다.

깨닫고 난 후에 부처님은 베나레스로 갑니다. 저는 부처님이 오비구五比丘를 찾아서 베나레스에 갔다고 보지 않습니다. 자신의 깨달음에 대해서 부처님은 의심하지 않았겠지만 많은 중생들에게 공증을 받아야 종교인으로서, 성인으로서 행세를 할 수 있기 때문에 베나레스에 가서 인증을 받기로 한 것입니다. 베나레스, 바라나시라고 하는 이곳은 당시 인도에서 내로라하는 철인과 종교가, 소위 깨달았다고 하는 도인들이 다 모이는 곳이었습니다. 그 도시에 모인 깨달은 사람들이 서로 대화를 통해서 자기 공부를 점검하고 다른 사람의 공부를 바로잡아 주는 것이 보통의 관습이었습니다.

석가모니 역시 많은 성자들에게 자신을 한번 점검받기 위해 그 도시로 갔는데 마침 그곳에 오비구가 먼저 와 있었을 뿐입니다. 그러나 그 역시 다가 아닙니다. 베나레스에서 깨달음을 점검받은 것 또한 잠깐 쉬어 가는 마법의 성일 뿐이었습니다. 깨달음을 인증받고 나서 부처님은 끊임없이 중생을 제도하러 나섰습니다. 부처님의 중생 제도는 열반을 하는 마지막 순간까지 계속되었지만, 끝내

다 제도하지 못하고 가셨습니다. 그러면서도 중생을 제도하는 많은 방법을 우리에게 남겨 두셨습니다. '뛰어난 경전으로 나를 대신해서 많은 중생을 제도하라.'고 가르치셨습니다.

이와 같이 석가모니 부처님 한 분의 역사를 통해서 보더라도 생명이 해야 하는 일은 끝이 없습니다. 끊임없이 변화하고 발전하고 성장하고 앞으로 나아가는 것만이 우리가 해야 할 일입니다. 사람의 100년도 멀고 먼 인생입니다. 그런데 불교적 안목으로는 대통지승불의 이야기에서 보았듯이 우리는 수많은 얼굴을 바꿔 가면서 수없이 길고 긴 세월을 살아가고 있습니다. 이와 같이 멀고 먼 인생 여정과 끝없는 인연을 마음 깊이 새기면서 늘 바람직한 방향으로 변화하고 발전하고 성장할 뿐입니다. 마법의 성은 어정쩡한 중간 지점입니다. 부처님의 출가나, 6년 고행이나, 깨달음이나, 베나레스에서 당신의 깨달음을 점검받는 것 역시 어정쩡한 중간 지점일 뿐입니다.

석가모니 부처님은 끊임없이 중생 제도를 하면서 80생애를 열심히 살다 가셨습니다. 살아 있는 모든 존재의 특성이 그렇게 살도록 되어 있기 때문입니다. 봄이라고 하는, 만물이 생장하는 이 계절을 보면서 우리는 살아 있는 존재의 특성은 성장하고 변화하고 발전하고 개혁하고 정진하는 것임을 마음에 새겨야 합니다.

소나무처럼

천지만물도 그렇지만 살아 있는 사람이라면 뭔가를 위해서 움직이게 되어 있습니다. 노력하고 발전하고 끊임없이 변화하고 성장하는 특성을 가집니다. 이 특성을 잘 살려야지 그렇지 못하면 그 순간 바로 죽은 사람이 됩니다. 죽은 것은 변화가 없고 발전하지 못합니다. 죽은 후에는 변화니 발전이니 하는 것을 따질 수도 없습니다.

부처님의 가르침을 우리는 '내가 이런 방향으로 나아가야 하겠구나.'라고 길을 바르게 잡고 살아가는 데 유익한 길잡이로 삼아야 합니다. 인간 개개인의 삶을 중심으로 생각해 보면 학업의 문제라든지 산업이나 농업이나 상업이나 어업의 생활에 있어서, 심지어 도둑이나 사기꾼까지 모든 사람들이 바라는 바는 각자 많습니다. 그런데 바람직한 길을 향해서 노력을 쏟아야 참으로 보람 있고 뜻이 있습니다. 그렇지 않다면 세상이 어지러워지고 다른 사람들에게 많은 피해를 줍니다. 우리가 다른 곳에 가서 나 자신을 변화시킬 수도 있지만 굳이 법당의 부처님 앞에 와서 나의 성장과 발전을 도모하는 이유가 거기에 있습니다. 인생길에서 올바른 방향으로 취사 선택을 잘하기 위해서입니다.

인생길을 바르게 가는 사람이 많아야 세상이 달라집니다. 큰 소나무 사이에 있는 칡넝쿨은 소나무를 타고 올라가기 때문에 하늘로 곧고 바르게 올라갑니다. 칡넝쿨과 같이 옆으로, 땅으로 기어가려는 존재가 설사 많다 하더라도 그들도 또한 바르게 성장하려는 소나무 덕분에 곧게 올라갈 수 있는 것입니다. 성인의 가르침을 통해서 바르게 노력하고 바르게 살려는 사람이 많을수록 주변의 칡넝쿨과 같은 사람도 다 같이 바르게 살게 됩니다. 종교인의 역할이 그것입니다. 특히 불교인은 마치 저 숲의 소나무와 같은 역할을 합니다. 그 소나무를 통해서 다른 잡목들이 죽죽 곧게 뻗어 가는 것입니다.

세상을 살펴보면 험악하기 이를 데 없습니다. 어떻게 그런 사람이 있는가 싶을 정도로 안타까운 사람들도 많습니다. 그러나 우리는 부처님의 가르침을 통해서 그런 사람들 또한 바르게 성장하는 사람들 틈에 있으면서 그 삶을 교정하게 될 것이라는 꿈을 가지게 됩니다.

화성유품의 교훈

마치 저 인솔하는 사람이 쉬어 가기 위하여 조작하여 만든 마을과 같으니라. 이미 편히 쉰 것을 알면 다시 말하기를 '보물이 있는 곳이 멀지 아니하고, 이 마을은 실재하는 것이 아니니라. 내가 조작하여 만든 것이니라.' 라고 하느니라."

-『법화경』「화성유품」 37

화성유품은 중간에 쉬었다 가도록 부처님이 허락한 쉼터입니다. 그러나 잠깐 쉬었다 가는 쉼터일 뿐입니다. 더 나은 내 삶의 발전을 위해서 나에게 보탬이 되는 노력을 다시 시작해야 합니다. 이것이 화성유품의 교훈입니다.

18강

천상천하무여불, 누구와도 비교할 바 없는 부처님이다

부처님께 공을 들이는 법

우리는 각자 나름대로 불법에 대한 신심이 다 있습니다. 그러면서 '부처님을 얼마나 위해야 부처님으로부터 은혜를 입고 가피를 입겠는가?' 하는 생각도 합니다. 부처님을 위하는 방법, 부처님께 공을 들이는 방법, 부처님께 기도를 하는 가장 바람직한 방법은 무엇일까요. 그것은 우리가 부처님의 가르침을 배우고, 그 가르침을 세상에 널리 전하는 것입니다. 단 한 사람에게라도 부처님의 가르침을 전하는 일이야말로 불공을 제일 잘하는 일입니다. 그것이 기도를 잘하는 일이고, 부처님 은혜를 잘 갚는 일이고, 내 복을 제일 잘 짓는 일입니다.

경전에 이런 말이 있습니다. '부처님을 위한다고 설령 부처님을 머리에 이고 천년만년을 보낸다 하더라도, 내 몸이 삼천대천세계를 두루 덮는 정도로 넓고 편안한 의자나 침상이 되어 부처님을 그 자리에 받든다 하더라도, 부처님의 정법을 배우고 그 정법을 전해서 사람들을 교화하지 못한다면, 필경에 부처님께 공을 들일 수 없는 것이고 부처님 은혜를 갚을 수 없는 것이고 부처님을 위하는 일이 하나도 이루어질 수 없는 것이다[가사정대경진겁假使頂戴經塵劫 신위상좌변삼천身爲牀座徧三千 약불전법도중생若不轉法度衆生 필경무능보은자畢竟無能報恩者].'

전법은 절박한 일이다

부처님께서는 참다운 이치를 깨달으시고, 그 깨달음을 많은 사람에게 깨우쳐 주기 위해 전법하는 일에 평생 역점을 두고 사셨습니다. 출가하여 깨달음을 얻기까지 6년간 고행을 했는데, 고행은 고작 6년이었고 49년이라고 하는 긴 세월 동안 중생을 깨우치기 위해 전법활동을 하셨습니다.

부처님께서 세상과 인생의 참이치를 깨닫고 나서 사람들이 살아가는 모습과 세상 돌아가는 모습을 하나하나 살펴보니 너무나도 불합리하고 안타까운 일이 많았습니다. 그래서 어떻게든 중생들에게 진리의 말을 전해서 사람으로 태어난 보람을 누리면서 살도록 해 주고자 불철주야 고심하신 것입니다. 80노구를 이끌고 인도 땅의 뜨거운 햇볕을 견디면서 전법의 길을 다니다가 돌아가셨습니다.

진리의 말씀인 불법을 전하는 일이 얼마나 시급하고 큰일인가에 대해서 부처님은 경전에서 "송장이 된 친구를 타고서라도 살아야 하는 이의 심정과 같다."고 말씀하신 일이 있습니다. 어떤 사람이 항해를 하다가 파선이 되어 겨우 목숨을 부지하게 되었는데, 같이 배를 탔던 친구가 죽어서 이미 송장으로 물에 떠 있었습니다. "그 친구의 송장을 타고 뭍으로 나오더라도 살아야 하는 절박한 심정으로 나는 전법을 하노라."고 부처님께서 말씀하셨습니다. 부처님에게 있어 당신의 깨달음을 전하는 일은 그와 같이 절박한 일이었습니다.

불사佛事의 의미

부처님오신날을 앞두고 경향 각지에서 부처님오신날을 축하하는 행사가 펼쳐지고 있습니다. 서울에서도 제등행렬을 했고, 지방 사찰에서도 제등행렬과 아울러 많은 행사를 하고 있습니다. 이 모든 것은 무엇을 하기 위함입니까. 불교에 대한 믿음을 증장시키고, 그 믿음을 근거로 해서 부처님 법을 이 세상에 널리 전하여, 만 중생이 부처님 가르침의 법비를 흠뻑 맞고 저 푸른 초원과 같이 무럭무럭 자라게 하자는 의미입니다.

부처님오신날 행사 같은 이런 불사의 의미를 제대로 살리는 길은 우리들 자신이 먼저 불교를 깊이 있게 공부하는 것입니다. 그것은 일단 나를 교화하는 일입니다. 나를 교화한 다음에는 내가 아는 만큼이라도 다른 사람에게 전하는 것입니다. 그것이 남을 교화하는 일입니다. 만약 자기가 아는 것이 없어서 직접 불교를 설명해 주지 못한다면 법회 장소로 안내하는 일도 훌륭한 교화와 전법의 방법입니다.

오백제자수기품

법화경 오백제자수기품五百弟子授記品은 5백 명의 제자가 한꺼번에 수기를 받는 내용입니다. 수기는 '모든 사람 사람이 다 부처님'이라는 것을 부처님으로부터 보증받는 일입니다.

봉은사의 구호는 '당신은 부처님'입니다. 근래에 주지 진화 스님께서 이 이치에 눈을 뜨시고 공감해서 여러 기회를 통해 이를 인식시키는 노력을 열심히 하고 있습니다. '당신은 부처님'이라는 이 사실을 부처님으로부터 5백 명이 한꺼번에 보증받는 내용이 오백제자수기품입니다.

설법제일 부루나에게 수기하다

오백제자수기품의 첫 대목에 설법제일 부루나가 수기를 받는 내용이 나옵니다. 왜 부루나를 설법제일이라고 합니까? 부루나는 불교사에서 부처님 법을 펴다가 순교하신 첫 번째 인물입니다.

부처님 법을 위해서 몸을 바치는 것을 위법망구爲法忘軀라고 합니다. 법화경을 결집하는 사람이 '부처님 법을 펴기 위해 몸소 순

교화하신 부루나를 어떻게 찬양할까, 뒷사람들에게 어떻게 알릴까, 모든 불자들이 부루나를 닮아 가도록 어떻게 활용할까?'를 생각한 나머지 법화경에서 제자들을 이야기하면서 제일 많이 이야기한 인물이 부루나입니다.

뒤로 가면 그 반대 인물인 제바달다가 나옵니다. 진언에도 원결을 푸는 진언이 있는데, '부처님을 살해하려고 기도했던 제바달다와 부처님과 모든 불교도들의 원결을 어떻게 풀 것인가?'를 해결한 책이 법화경입니다. 또 '부루나의 은혜를 어떻게 갚을 것인가?' 하는 문제를 해결한 것도 법화경입니다. 법화경을 경전의 왕이라고 하는 데는 그러한 이유도 있습니다.

부루나의 생각

이 때에 부루나 미다라니자가 부처님께서 지혜와 방편으로 근기根機에 따라 알맞게 설법하시는 것을 들었습니다. 그리고 또 여러 큰 제자들에게 최상의 깨달음에 대하여 수기 주시는 것을 들었습니다. 또 지난 세상의 인연에 대해 말씀하시는 것을 들었고, 또 여러 부처님들이 크고 자재하고 신통한 힘을 가졌음을 들었습니다.

– 『법화경』「오백제자수기품」 1

이렇게 부루나는 자신이 그동안 법문 들은 것을 요약합니다.

그래서 미증유未曾有함을 얻고 마음이 깨끗하여져서 매우 기뻐하였습니다. 곧 자리에서 일어나 부처님 앞에 나아가 머리를 숙여 발아래 예배하고 물러가 한쪽에 앉아서 부처님의 존안尊顔을 우러러보면서 잠시도 눈을 떼지 않았습니다.
- 『법화경』「오백제자수기품」2

부루나도 사리불이라든지 수보리, 가섭 못지않은데 '왜 나에게는 수기에 대한 일언반구도 없는가.' 하는 생각에 체면도 깎이고 불신도 일어나고 여러 착잡한 심정이었을 것입니다. 그래서 부처님께 절을 하고 쏘아보듯이 부처님을 보고 있는 장면입니다.

그리고 이렇게 생각하였습니다.
'세존께서는 매우 훌륭하시고 특별하시어 하시는 일이 회유하시구나. 세간에 있는 온갖 종류들의 성품을 따라서 방편과 지견으로써 설법하여 중생들이 곳곳에 탐내고 집착한 데서 빼내어 주시리라. 우리는 부처님의 공덕을 이루 다 말할 수 없다. 오직 부처님 세존께서는 우리들의 깊은 마음속

에서 본래 바라는 바를 능히 아시리라.'
　　　　　　－『법화경』「오백제자수기품」 3

　이 말은 곧 '부처님은 내 속을 알 것이다.'라는 말입니다. 부루나가 부처님 앞에서 그런 생각을 합니다.

부루나를 칭찬하는 부처님

　부루나가 부처님을 우러러볼 때 부처님이 여러 비구들에게 말씀하십니다. 이 대목을 다 같이 읽겠습니다.

　이 때에 부처님께서 여러 비구들에게 말씀하셨습니다.
　"너희들은 이 부루나 미다라니자를 보는가. 나는 항상 그를 칭찬하여 법을 설하는 사람 중에 가장 제일이라 하였느니라. 또 그의 여러 가지 공덕을 찬탄하되, 부지런히 정진하여 나의 가르침을 수호守護하고 나를 도와서 법을 전하느니라. 사부대중에게 보여주고 가르쳐서 이롭고 기쁘게 하며 부처님의 바른 법을 제대로 해석하여 함께 범행梵行을 닦는 이들에게 큰 이익이 되게 하느니라. 실로 여래를 제외하고는 그의 언론言論과 변재辯才를 따를 이가 없느니라.
　　　　　　－『법화경』「오백제자수기품」 4

부처님이 자기 제자를 이렇게 찬탄합니다. 대단한 찬탄입니다. 부처님의 평생 사업은 '법을 전하는 일'이었습니다. 부처님 교화가 중인도를 거의 다 평정했을 때, 부루나는 수로나국이라고 하는 인도 서쪽에 있는 작은 나라에 자진하여 교화 사업을 떠나서 순교한 인물입니다.

그 나라는 윤리 도덕이 없으며 사람들이 포악하고 제멋대로인 나라였습니다. 부루나가 그곳으로 교화 사업을 떠난다고 했을 때 부처님은 만류했습니다.

"그 나라 사람들은 아주 포악하다. 너를 보고 사정없이 욕을 할 것이다. 사정없이 비난할 것이다. 그래도 가겠느냐?"

부처님이 이렇게 말씀하니까 부루나는 이렇게 대답합니다.

"비난하고 욕하고 비판하는 것이야, 그거 못 참겠습니까. 때리지 않는다면야 충분히 견딜 수 있습니다."

그러자 부처님은 다시 말씀하십니다.

"그래? 그 나라 사람들은 비난하고 욕하는 데서 그치지 않고 막대기나 칼로 사정없이 너를 다치게 할 수도 있다. 때리거나 칼로 위협한다면 어떻게 하겠느냐?"

"그렇더라도 저는 부처님 법을 펴기 위해서 그곳에 갔으니, 때리면 맞겠습니다. 칼로 찌르면 그것을 당하겠습니다. 부처님 법을 전하기 위해 갔는데 무엇을 못 견디겠습니까?"

부루나가 대답했습니다.

"그래? 그냥 때리고 상처 주는 정도에서 그치지 않고 심지어 목숨을 빼앗을 수도 있다. 그래도 갈 수 있겠느냐?"

부처님은 이미 부루나존자의 운명을 알고 그런 말을 한 것입니다. 부루나존자는 다시 이야기합니다.

"설사 그 포악한 사람들로부터 죽음을 당한다 하더라도 걸리적거리는 이 몸뚱이를 그 사람들이 거두어 주니 오히려 고맙게 생각하겠습니다."

그러자 부처님은 "그래, 그만한 각오라면 가도 좋다."라고 부루나가 수로나국에 포교사로 가는 것을 허락했습니다.

부루나는 수로나국에 가서 평생 그곳 사람들을 교화하다가 결국 포악한 사람들의 구타에 못 이겨 생명을 마쳤습니다. 부처님도 차마 가지 못한 험악한 나라에 부처님 대신 가서 포교를 했으니 부루나는 대단합니다. 그 인생도 감동적입니다.

그렇기 때문에 부처님이 법화경에서 이렇게 찬탄하시는 것입니다. 당신이 가서 교화를 하여야 할 그 자리에 제자인 부루나가 가서 그 나라 사람들에게 죽음을 당하였으니 부처님 마음이 얼마나 아팠겠습니까. 그러니 이 법화경을 통해서 당신의 제자를 찬탄할 수 있는 데까지 찬탄하여 그 은혜를 갚는 것입니다.

전법을 하는 이는 모두 부루나다

너희들은 부루나가 다만 나의 법만을 수호하여 돕고 널리 전한다고 말하지 말라. 지난 세상에 구십 억 부처님의 처소
處所에서도 그 부처님들의 바른 법을 수호하여 돕고 널리 전

하였으며, 그 부처님 회상에서도 법을 설하는 사람들 중에 가장 으뜸이었느니라. 또 여러 부처님이 말씀하신 공空한 법을 명료하게 통달하고 네 가지 걸림이 없는 지혜를 얻었느니라. 항상 자세히 생각하고 훌륭하게 법을 설하여 의혹이 없으며 보살의 신통한 힘을 갖추고 그의 목숨이 다하도록 항상 범행을 닦았느니라. 그 부처님 당시의 사람들이 모두 말하기를 '참다운 성문이라' 하였느니라.

부루나는 이러한 방편으로 한량없는 백 천 중생들을 이롭게 하였느니라. 또 한량없는 아승지 수의 사람들을 교화하여 최상의 깨달음에 이르게 하였으니, 부처님의 국토를 청정하게 하기 위하여 항상 불사佛事를 지어서 중생들을 교화教化하였느니라.

– 『법화경』「오백제자수기품」 5

부루나는 위법망구의 인물입니다. 오늘날 이 순간에도 자신의 경제적인 재산, 신체적인 노력, 지식, 시간, 정력 등을 희생하면서 부처님 법을 진정으로 펴는 사람이 있다면 그가 곧 부루나입니다. 부루나가 따로 있는 것이 아닙니다.

여러 비구들이여, 부루나는 또한 과거의 칠불七佛 때에도 법을 설하는 사람들 중에 으뜸이었고, 지금 내 회상에서 법을 설하는 사람들 중에 또한 으뜸이며, 이 현겁賢劫 중에 서나 미래의 여러 부처님 때의 법을 설하는 사람들 중에서 도 또한 으뜸이 될 것이니라. 그 때마다 부처님의 법을 수호 하고 돕고 널리 전하리라. 오는 세상에도 한량없고 그지없 는 부처님의 법을 수호하고 돕고 널리 전하며, 한량없는 중 생들을 교화하고 이익이 있게 하고 최상의 깨달음에 이르 게 하리라. 부처님의 국토를 청정하게 하기 위하여 항상 부 지런히 정진하고 중생들을 교화하느니라.

— 『법화경』「오백제자수기품」 6

앞으로 올 모든 부처님 앞에서 '위법망구의 정신으로 전법 포교 를 하는 사람은 곧 부루나다.'라고 하는 내용입니다.

여래의 나라

'부루나는 법명여래가 되리라.'라고 하는 대목을 같이 읽겠습니 다. 부루나에게 수기를 주지만 뒤에 '우리 모두가 다 부처다.'라는 내용을 담고 있습니다. 모든 사람에게 수기를 주는 내용입니다.

그러면서 점점 보살의 도를 구족하고 한량없는 아승지겁을 지나서 이 세계에서 최상의 깨달음을 얻으리라. 이름이 법명法明 여래·응공·정변지·명행족·선서·세간해·무상사·조어장부·천인사·불·세존이니라.

그 부처님은 항하 강의 모래같이 많은 삼천대천세계로써 한 불국토佛國土를 삼으리라. 칠보七寶로 땅이 되어 그 땅이 평평하기가 손바닥 같아서 산과 등성이와 골짜기와 시내와 개울과 구렁이 없고, 칠보로 만든 누대와 누각이 그 안에 가득하리라. 하늘의 궁전들이 가까운 허공에 있어서 인간과 천신들이 가까이에서 서로 볼 수 있으리라. 여러 가지 나쁜 갈래도 없고, 여인女人도 없으며 일체 중생들은 모두 변화하여 태어나고 음욕淫慾이 없느니라.

큰 신통을 얻어 몸에서 광명이 나고 자유자재하게 날아다니느니라. 의지가 견고하고 정진과 지혜가 있고 몸이 모두 금빛이며 삼십이상三十二相으로 장엄하였느니라. 그 나라 중생들은 항상 두 가지로 음식을 삼나니, 하나는 법을 기뻐하는 음식이요, 둘은 선정을 즐겨하는 음식이니라.

한량없는 아승지 천만 억 나유타 보살들이 있어서 큰 신통과 네 가지 걸림이 없는 지혜를 얻어서 중생들을 잘 교화하리라. 그 성문 대중들은 산수로 계산하여도 알 수 없는데, 모두 여섯 가지 신통과 세 가지 밝음과 여덟 가지 해탈을 구족하였느니라. 그 부처님의 국토는 이와 같은 한량없는 공덕 장엄을 성취하였느니라.

겁의 이름은 보명寶明이요, 나라의 이름은 선정善淨이며, 부
처님의 수명은 한량없는 아승지겁이니라. 법이 매우 오래
머물 것이요, 부처님이 열반하신 후에는 칠보로 탑을 만들
어 나라 안에 가득하리라."

– 『법화경』 「오백제자수기품」 7

이와 같이 부루나에게 '부처님이 될 것'이라는 우회적인 표현을
하면서 여러 화려한 세계의 장엄을 이야기합니다. 부처님의 안목
을 가지면 그 어디에 있더라도, 설사 척박한 모래사막에 있다 하
더라도 세상은 이와 같이 아름답고 평화롭고 행복합니다. 그러한
의미로 해석해야 합니다.

누구든 부처다

이 때에 일천 이백 아라한들로서 마음에 자재함을 얻은 이
들이 이렇게 생각하였습니다.

'우리들은 기쁘게 미증유未曾有한 일을 얻었으니, 만일 세존
께서 저 큰 제자들처럼 수기를 주신다면 얼마나 유쾌하겠
는가.'

– 『법화경』 「오백제자수기품」 11

교진여는 부처님과 같이 출가를 했던 오비구 중의 한 사람입니다. 이제 수기의 실체가 드러났습니다. 그동안은 오늘 부루나처럼 특정인의 제자 이름을 불러서 어떤 행위를 거친 뒤에 어느 나라에서 몇 년 동안 수행을 하고 또 어느 나라에서 부처로 성불할 것이라고 이야기했지만 그런 소리는 다 방편입니다.

부처님께서 이 대중들의 생각을 아시고 마하가섭에게 말씀하셨습니다.

"여기 일천 이백 아라한들에게 내가 이제 차례대로 최상의 깨달음을 얻으리라는 수기授記를 주리라.

여기 이 대중 가운데 나의 큰 제자인 교진여 비구는 마땅히 육만 이천 억 부처님께 공양하고 난 뒤에 성불하리니 이름은 보명普明 여래·응공·정변지·명행족·선서·세간해·무상사·조어장부·천인사·불·세존이라 하리라.

그리고 오백 아라한인 우루빈나가섭·가야가섭·나제가섭·가류타이·우타이·아누루타·이바다·겁빈나·박구라·주타·사가타 등도 모두 최상의 깨달음을 얻어서 다 같이 이름을 보명普明이라 하리라."

－『법화경』「오백제자수기품」12

5백 명에게 한꺼번에 수기를 주면서 '모두가 공히 보명여래가 되리라.'라고 하는 것이 진짜 수기입니다. 적어도 수계식을 해서 계산림을 한다면 사중에서 낱낱이 불명을 다르게 지어 줍니다. 그런데 여기는 보명이라는 이름 하나 가지고 5백 명에게 다 똑같이 수기를 줍니다.

저는 이 대목에서 탄복하였습니다. 부처라는 말은 어떤 특정인을 두고 하는 소리가 아닙니다. 수행을 잘한다고 해서 부처가 된다는 뜻도 아니고, 세상의 죽일 놈, 나쁜 놈이라고 해서 부처가 안 된다는 뜻도 아닙니다. 본래 가지고 있는 인간의 본성, 그 본성의 가치와 존엄성이야말로 부처입니다.

누구나 똑같이 부처입니다. 그래서 한꺼번에 보명여래라 합니다. 나중에 2천 명이 한꺼번에 수기를 받는 대목도 나옵니다. 우리는 이런 데서 깨쳐야 합니다. '당신은 부처님'이라고 하는 이 한마디로써 만천하의 중생에게 한꺼번에 수기를 주는 것입니다. 똑같이 부처인데 뭐라고 부른들 무슨 상관이 있겠습니까. 똥이라고 하면 똥 부처요, 사람이라고 하면 사람 부처요, 개라고 하면 개 부처입니다.

법화경은 이것을 확실하게 일깨워 주고 있습니다. 더 이상 나아갈 데가 없는 최상승 불교입니다. '사람이 부처님이다.'라고 하는 말은 백번 양보해서 하는 소리입니다. '당신은 부처님'이라는 말을 거침없이 쓰는 이유가 바로 이러한 데서 눈을 뜨고 하는 말씀입니다.

오백 아라한의 기쁨과 자책

이 때에 오백 아라한이 부처님 앞에서 수기를 받고 뛸 듯이 기뻐하면서 자리에서 일어나 부처님 앞에 나아가 머리를 숙이고 발에 예배하면서 그 동안의 허물을 뉘우치고 스스로 책망하였습니다.

- 『법화경』 「오백제자수기품」 14

법화경에서는 본불, 적불을 늘 이야기합니다. 본래 우리는 숭고한 부처님 본성을 다 가지고 있는 존재입니다. 그래서 제가 '사람이 부처님이다.'라는 이야기를 하는 것이고, 자신 있게 '당신은 부처님'이라고 하는 것입니다.

"세존이시여, 저희들이 늘 생각하기를 스스로 구경究竟의 열반을 얻었노라고 여겼는데 지금에 와서야 지혜가 없는 사람들과 같은 줄을 알았습니다. 그 까닭은 저희들도 여래의 지혜를 얻을 수 있건마는 작은 지혜로써 곧 스스로 만족하게 여기었습니다.

- 『법화경』 「오백제자수기품」 15

사람이 부처님입니다. 사람 외에 달리 무엇이 있습니까. 우리는 이러한 이야기를 들으면서도 얼른 이해가 안 됩니다. 법화경은 친절하게도 여러 각도에서 우리들에게 그 사실을 깨우쳐 주고 있습니다. 보명이라는 이름 하나 주면서 5백 명이 나눠 가지라고 하는 것은, 사람 사람이 공히 부처님이라는 사실을 일깨우는 것입니다. 어떤 특정인처럼 이름을 따로 지어 주고 나라를 따로 이야기하고 수행을 따로 이야기하는 것보다 '똑같이 평등한 부처님'이라는 수기를 주는 것이 훨씬 낫습니다. 그것이 오히려 불성의 진리성을 드러냅니다. '부처가 참이치다.' '모든 사람 사람이 부처다.'라고 하는 참다운 이치를 이해하는 지름길입니다. 이렇게 서론을 이야기하고 다음에 유명한 '계주의 비유'가 나옵니다.

계주繫珠의 비유

어째서 우리가 본래 부처입니까. 탐진치 삼독이 많고, 남을 질투하고, 어떻게든 내 욕심만 채우려 하고, 남이야 어떻게 되든 말든 돌아보지 않고, 온갖 모순과 허점을 다 가지고 있는 나 같은 중생이 부처라니! 이것은 도대체 믿을 수 있는 말인가! 그래도 우리가 부처임을 믿을 수 있다고 하는 내용을 법화경은 곳곳에서 밝힙니다.

'계주繫珠의 비유' 또한 그러한 내용입니다. 이 단락을 우리가 같이 소리 내어 읽고 살펴보도록 하겠습니다. 경의 한 구절, 한 줄, 한 글자라도 자기 몸으로 체험하는 공덕이 또한 대단합니다.

우리는 그러한 신심과 믿음을 가져야 합니다.

세존이시여, 비유하자면 마치 어떤 사람이 친구의 집에 갔다가 술에 취하여 누워 자는데 친구는 관청官廳의 일로 길을 떠나게 되었습니다. 그래서 값으로 헤아릴 수 없는 보배[無價寶]를 옷 속에 매어주고 갔습니다. 그 사람은 술에 취해 자고 있었기에 전혀 알지 못하였습니다. 깨어난 뒤에 길을 떠나 다른 지방으로 두루 다니면서 의식衣食을 위하여 부지런히 애써 돈을 버느라고 갖은 고생을 하였습니다. 만약 조금이라도 소득所得이 있으면 곧 만족하게 생각하였습니다. 그 후에 친구가 그를 다시 만났습니다. 그리고 이렇게 말하였습니다. '안타깝구나. 이 사람아, 어찌하여 의식을 구하기 위하여 이 지경이 되었는가. 내가 그 전에 그대에게 편안하게 살면서 오욕락五慾樂을 마음대로 누리게 하려고 어느 해 어느 날에 값을 칠 수 없는 보배를 그대의 옷 속에 매어주지 않았던가. 지금도 그대로 있는데 그대가 알지 못하고 이렇게 고생하고 근심하면서 궁색한 생활을 하고 있으니 매우 어리석구나. 그대는 이제라도 이 보배를 팔아서 필요한 물품을 산다면 언제나 마음껏 할 수 있어서 부족함이 없으리라.' 하였습니다."

ㅡ『법화경』「오백제자수기품」 16

바로 이것입니다. 보물을 가지고도 거지 노릇을 한 친구처럼 우리 또한 부처가 아니라고 못난 중생이라고 스스로를 업신여기며 못나게 살고 있습니다. 탐진치 삼독이 많고, 팔만사천 번뇌만 가득해서 남 해코지 잘하고, 사촌이 땅을 사면 배가 아프고, 온갖 부조리한 오물만 잔뜩 담고 있는 쓰레기통 같은 중생이라고 자신을 비하합니다.

그런데 뜻밖에도 그 거지에게는 값으로 칠 수 없는 어마어마한 보물이 주머니 깊숙한 곳에 있었습니다. 이것이 바로 '우리가 본래 부처'라고 하는 사실입니다. 이 대목을 천 번 만 번 읽어 본다면 무릎을 치면서 납득이 갈 날이 올 것입니다.

부처님오신날의 다짐

부처님께서 부루나에게 수기를 주시고 일천이백 아라한과 5백 제자에게 수기를 주신 다음, 주머니 속에 값으로 매길 수 없는 어마어마한 보물을 가졌어도 스스로를 거지로 알고 살았던 사람의 비유를 합니다. 엄청난 보물을 가지고 있으면서도 평생을 거지로 살았다고 하는 이야기는 탄복할 이야기이면서 또 억울한 이야기입니다.

우리 또한 그렇습니다. 탐진치 삼독을 가지고 온갖 부족감에 허덕이며 못난 중생으로 살았는데 알고 보니 우리는 본래 부처라는 것입니다. 탐진치 삼독을 부릴 줄 아는 그 능력이 고스란히 부처입니다. 우리가 오늘 법화경을 만나서 이러한 사실에 눈뜬다면,

그동안 거지인 줄 알고 살아온 것이 정말 억울하기도 할 것입니다. 그러나 이제라도 알았으니 얼마나 다행입니까.

올해는 특히 부처님오신날을 앞두고 이 대목을 함께 공부하였습니다. 진정 부처님의 마음을 우리가 제대로 이해하는 길은 무엇일까요. 우리 스스로 무가보의 보물을 지닌 부처라고 하는 사실, 바로 이 엄청난 사실을 아는 것입니다. '나는 스스로를 언제나 부족하고 못난 중생으로 생각하였는데 법화경에 의하면 지금 나는 이대로 부처구나, 이 세상에서 제일 존귀한 부처님이구나.' 하는 사실을 우리 모두가 아는 것입니다.

'천상천하무여불天上天下無如佛 시방세계역무비十方世界亦無比, 천상천하에 부처님 같은 이가 없는데 내가 바로 그런 부처님이고, 시방세계 그 어디에도 비교할 이 없는 부처님인데 내가 그와 다르지 않은 부처님이구나.' '천상천하 유아독존天上天下 唯我獨尊이라고 하는 것은 여태까지 3천 년 전의 석가모니 부처님에게 하는 소리인 줄 알았는데 나를 보고 하는 소리구나, 나를 보고 유아독존이라 하는구나.'라는 것들을 속 시원히 깨닫고 당당히 사는 것입니다.

이런저런 인연과 일들로 우리의 삶이 부실하고 어렵고 힘들더라도 우리는 부처님의 이러한 위대한 가르침을 가슴에 안고 삽니다. 그렇기 때문에 조금도 꿀릴 것이 없고 쪼그라들 것이 없습니다. 당당하게 가슴을 펴고 살아야 합니다. 내가 부처인데 무엇이 부족합니까? 설사 지금 노숙자로 산다고 해도 '나는 당당하게 노숙자인 부처다.'라고 자신 있게 산다면 그 인생은 성공한 인생입니다.

그 사실을 모른 채 대통령이 백 번 된 것보다 훨씬 더 성공한 인
생입니다. 저는 정말 그렇게 생각합니다. 부디 여러분 모두 이러한
큰 보물을 가슴에 안고 이번 부처님오신날을 맞으시기 바랍니다.

그러므로 우리가 해야 할 수행은
모든 사람을 부처님으로 받들어 섬기고
공양 공경 존중 찬탄하자는 것이다

수학무학인기품

법화경 28품 중에 제9품인 수학무학인기품授學無學人記品은 학인學人과 무학인無學人에게 수기를 주는 품입니다. 수기授記라는 것은 '본래 당신의 진정한 가치는 나와 조금도 다름이 없다.'라고 부처님이 보증하는 내용입니다.

학인은 불교를 조금이라도 더 배우고 알고 이해하고 싶다고 마음을 낸 사람입니다. 기도나 참선이나 절 등의 정진을 하는 수행과 공부를 하는 사람들이 학인입니다. 절에 와서 촛불 켜고 향이라도 하나 더 공양 올려 부처님께 빌고 싶은 마음을 가진 사람들 또한 학인입니다. 무학인無學人은 공부하고 싶다는 생각을 안 하는 사람과, 이미 공부를 열심히 해서 어지간히 다 배웠다고 스스로 생각하는 사람들입니다.

여기 봉은사 법회에도 초하루 기도차 와서 마지못해 이 자리에 앉아 법화경 법문을 듣는 분이 계실 것입니다. '그 소리가 늘 그 소리다. 특히 무비 스님 하는 소리는 언제나 인불사상인데' 하는 분들도 많을 것입니다. 그런 생각을 했다면 조심해야 합니다. '나는 많이 배웠다. 다 배웠다. 학위도 여러 개다. 지위가 이러이러한 사람이다.'라고 하는 착각이 그 사람을 불학인, 그리고 무식한 사람인 무학인이 되게 합니다.

학인이든 무학인이든 부처님이 이들에게 '공히 그대는 조금도 부족함이 없는 부처님'이라고 보증을 내리는 내용을 이제 우리는 수학무학인기품에서 공부합니다.

절에 온 이유

이 무더운 날 여러분은 무엇을 하자고 이 도량에 모였습니까? 개인적으로 마음의 바라는 바 소망이 있을 것이고 꼭 성취하고 싶은 기도가 있어서 이곳에 왔을 것입니다. 그런데 인류의 스승이시고 만고에 위대하신 분인 부처님은 우리가 지금 이렇게 모인 이유는 단 한 가지라고 가르칩니다. '우리들이 본래로 가지고 있는 인간의 진정한 가치를 한껏 드높이자.'는 것입니다.

부처님께서는 이 세상에 오셔서 6년 고행을 거치고 진리를 깨달으셨습니다. 그 진리라고 하는 것은 인간의 진정한 가치에 대한 이해입니다. 우리는 본래로 지극히 고귀한 가치를 지니고 있는데 이런저런 사연에 의해서 망각하고 살아왔을 뿐입니다. 이제 우리는 법화경이라고 하는 부처님의 위대한 가르침을 공부합니다. 우리가 지니고 있는 본래의 숭고한 가치를 인식하고, 육안으로 사물을 보듯이 우리들의 가치를 확연히 깨닫자고 이 공부를 합니다. 그래서 자기 삶에서 자신의 가치를 마음껏 누리면서 살자고 하는 것이 이 무더운 날 우리가 이곳에 온 이유입니다.

학인의 자세

우리가 불교를 대했을 때 가장 값진 수행은 부처님께서 말씀하신 경전의 말씀을 직접 읽는 독송이고, 그것을 좀 더 깊이 우리 마음에 새기기 위해서 글자를 써 보는 것입니다. 경전을 독송하고 서사하고 그 나름대로 해석하고 여러 사람에게 이해하도록 권하는 것은 불교 수행에 있어서 가장 가치 있는 수행입니다.

그런데 절에 와도 자기 나름의 자기 불교만을 하는 사람이 많습니다. 법사가 뭐라고 하는지, 주지 스님이 뭐라고 하는지, 불교대학에서 무슨 이야기를 하는지 아랑곳하지 않고 자기가 집에서부터 싸 들고 온 불교만을 하루 종일 하다가 절을 내려가는 이들입니다. 그러한 불교라면 굳이 봉은사까지 와서 할 필요가 없습니다. 길거리에서 해도 되고 자기 집에서 해도 됩니다. 이왕 여기에 왔다면 자기 불교는 좀 내려놓고 도대체 여기서는 무엇을 가르치고자 하는지, 부처님의 진정한 마음은 무엇인지에 관심을 기울이는 열린 자세가 필요합니다.

아난과 라후라

아난과 라후라에 대한 이야기는 하루 종일 해도 부족합니다. 아난존자는 공덕이 많은 사람입니다. 아난존자는 부처님의 사촌동생으로 25년 세월 동안 부처님을 시봉했습니다. 제일 오랫동안 부처님의 시자 노릇을 하였기 때문에 부처님과 인연을 가장 오래 함께한 사람입니다. 부처님께서 처음에 여성 출가를 반대하셨을 때도 부처님의 이모가 아난에게 부탁을 하였습니다. 그래서 아난이 부처님을 설득해서 여성 출가를 허락받았습니다.

아난의 가장 큰 공덕은 경전을 결집해서 팔만대장경이 이 세상에 존재하도록 한 것입니다. 부처님 교설인 경전은 누가 설했든지 무조건 부처님이 설하신 것으로 되어 있습니다. 누가 언제 편집을 했든 상관없이, 심지어 오늘에 와서 우리가 편집을 해도 아난존자가 부처님 경전을 편집하는 것으로 되어 있습니다. 이것은 불교 안에서 절대적인 원칙입니다.

부처님이 열반하시고 500~600년 뒤에 결집된 경전인 대승경전이 그렇고 팔만대장경이 다 그러합니다. 그래서 불자들은 모두 화엄경, 법화경, 금강경을 부처님이 설하신 것이라고 믿고 아난존자가 편집한 것으로 믿고 대하는 것입니다. 그러한 공로를 아난존자가 가지고 있습니다. 그리고 라후라는 부처님의 친자식입니다. 세속으로 본다면 혈족으로서 부처님과 제일 가까운 사람입니다.

경전에도 아난과 라후라는 모든 세간의 천신, 사람, 아수라들이 선지식으로 본다고 하였습니다. 그런데 저 앞에서 많은 사람들이 수기를 받았음에도 불구하고 이 사람들은 여기 이렇게 뒤편에 나와 있습니다. 앞에서 유수한 제자들이 수기를 받고, 심지어 제자 5백 명까지 모두 수기를 받은 끝인데 아난존자와 라후라가 수기를 받지 못한 입장입니다. 이제 이분들의 생각이 어떠한지를 마음도 가다듬을 겸 다 같이 읽겠습니다.

아뢰야식에 젖어 들도록 반복하라

이 때에 아난과 라후라가 이렇게 생각하였습니다.

'우리들이 언제나 스스로 생각하기를 우리도 가령 수기授記를 받는다면 유쾌하지 않겠는가.' 하고, 곧 자리에서 일어나 부처님 앞에 나아가 머리를 숙여 발 밑에 예배하고 함께 부처님께 말씀드렸습니다.

"세존이시여, 저희들도 이 일에 또한 그 몫이 있을까 합니다. 오직 여래만이 저희들이 귀의歸依할 곳입니다. 또 저희들은 모든 세간의 천신·사람·아수라들이 선지식으로 보고 있습니다. 아난은 항상 시자侍者가 되어 법장法藏을 수호하여 지니었고, 라후라는 부처님의 아들입니다. 만일 부처님께서 최상의 깨달음에 대한 수기를 주신다면 저희들의 소원이 원만하겠습니다. 그리고 여러 사람들의 소망도 또한 만족

할 것입니다."

− 『법화경』 「수학무학인기품」 1

앞에서 부처님은 누가 누군지도 모를 5백 명의 사람에게 한꺼번에 수기를 주었습니다. 그런데 그 유명한 아난존자와 라후라가 아직도 수기를 못 받고 이렇게 부처님께 수기를 구걸하고 있습니다. 아난존자와 라후라가 지금까지의 상황을 지켜보면서 '모든 사람은 다 본래로 부처님이다.'라는 사실을 왜 모르겠습니까. 여기 나온 아난과 라후라의 모습은 우리의 심리를 그대로 반영합니다.

'나의 생명이 그대로 부처님의 무량공덕 생명과 다를 바 없다.' '지금 내가 아무리 못났고, 탐진치 삼독이 들끓고, 팔만사천 번뇌가 죽 끓듯 해도 인간의 고유한 본성은 그대로 부처님의 본성이다.'라고 하는 부처님의 가르침을 우리는 천 번 만 번 귀에 못이 박히게 들었습니다. 그래도 쉽게 납득이 가지 않고 가슴에 와닿지 않습니다. 그래서 믿지 못합니다. 이러한 우리의 근기를 잘 아는 부처님은 안타까울 수밖에 없습니다. 그렇기 때문에 일부러 여기 아난존자와 라후라를 등장시켜 연극을 해서 '사람이 그대로 부처님'이라는 사실을 상기시키는 것입니다.

'사람이 부처님이다.' 부처님의 가르침은 아주 단순하지만 이것이 가슴에 와닿기는 어렵습니다. 그래서 끊임없이 반복합니다. 반복이 수행입니다. 한 번만 불러도 관세음보살은 다 알아듣습니다.

그런데도 천 번 만 번 관세음보살을 부르고 지장보살을 부르는 것은 반복함으로써 그것이 우리 마음에 젖어들고 제8 아뢰야식 속에 깊이 젖어들게 하기 위해서입니다.

삶의 기적

그 때 배우는 이와 다 배운 이들인 성문제자 이천 명이 자리에서 일어나 오른 어깨를 드러내어 진실을 표하고 부처님 앞에 나아가 일심으로 합장하였습니다. 세존世尊을 우러러 보면서 자신들도 아난과 라후라의 소원과 같다고 하고 한곁에 머물러 있었습니다.

－『법화경』「수학무학인기품」 2

수기를 받는 사람은 점차 많아집니다. 앞에서는 수기받는 인원이 5백 명이었는데 여기서는 2천 명이 등장해서 수기를 받습니다. 이 2천 명도 똑같은 이름으로 수기를 받습니다. 왜 이런 형식을 자꾸 취합니까? 중생들의 근성 때문입니다. 이렇게 반복해서 중언부언해도 그야말로 중생들에게는 '간에 기별이 갈까 말까.'입니다.

봉은사 법회를 시작하는 첫 시간부터 저 역시 '사람이 부처님이다.' '당신은 부처님'이라는 인불사상을 끊임없이 이야기했습니다. 봉은사 로고에도 '당신은 부처님'이라고 되어 있습니다. 그럼에도 여러분은 그것이 긴가민가 싶고, 그냥 써 놓은 글인가 보다 할 것입니다. 당신은 부처님이라고 아무리 얘기해도 '나와는 상관없는 이야기'라고 치부하고 심각하게 생각하지 않았을 것입니다.

그러나 우리가 이 부처님 도량에 와서 하고자 하는 것은 우리들이 본래로 가지고 있는 고유한 가치를 한껏 끌어올려서 개개인 모두 진정한 인간 가치를 누리고 살자는 것입니다. 우리가 그동안 살아온 모습은 빤합니다. 이 모양 이 꼴로 살다가 말아야 하는가, 아니면 지금부터 진정한 가치에 대해 고심하고 눈을 뜨고 살 것인가?

따지고 보면 바깥 경계는 크게 문제가 아닙니다. 부처님의 가장 위대한 가르침이라고 하는 법화경을 통해서 우리의 진정한 가치를 끌어올리고 나 스스로 긍지와 자부심을 갖고 살아가는 것이 바깥 경계에 신경 쓰는 것보다 더 시급하고 중요한 일입니다. 만약에 그 일이 이루어진다면 얼마나 횡재입니까. 얼마나 신기한 일입니까. 경전을 공부하는 이러한 시간을 통해 '평소 내가 생각했던 것보다 나는 더 가치 있는 존재구나.' '내가 굉장한 존재구나.' 하는 느낌을 진정으로 받는다면 참으로 큰 수확입니다.

법화경의 수행법

이 때 부처님께서 아난에게 말씀하셨습니다.

"그대는 오는 세상에 마땅히 성불하여 이름을 산해혜자재통왕山海慧自在通王 여래·응공·정변지·명행족·선서·세간해·무상사·조어장부·천인사·불·세존이라 하리라. 마땅히 육십이 억 부처님께 공양하고 법장法藏을 수호하여 지닌 후에

최상의 깨달음을 이루게 하리라. 나라의 이름은 상립승번常
立勝幡이니 그 국토가 청정하여 유리로 땅이 되어 있으리라.
겁의 이름은 묘음변만妙音徧滿이요, 그 부처님의 수명은 한
량없는 천만 억 아승지겁이리라. 만일 어떤 사람이 천만 억
무량 아승지겁 동안 산수로 계산하여도 다 알지 못할 것이
니라. 정법正法이 세상에 머무는 기간은 수명의 곱절이요,
상법像法은 정법의 곱절이 되느니라.

아난아, 이 산해혜자재통왕불은 시방의 한량없는 천만 억 항
하사 부처님 여래들이 함께 찬탄하며 공덕을 칭찬하느니라."

– 『법화경』「수학무학인기품」 3

아난존자가 부처가 되는 데 조건이 62억 부처님을 모시는 것입
니다. 지금 지구상 인구가 어린아이부터 노인까지 70억 정도 되는
데 이미 경전에 62억 부처님께 공양한다고 되어 있습니다. 여러분
들이 평생 만나는 사람이 몇 명이나 되겠습니까. 경기장에 가서
수많은 관중을 한꺼번에 보는 것 말고 나하고 이런저런 인연을 맺
고 사는 사람을 우리가 만나는 사람이라고 치면, 활동이 왕성한
사람은 2만 명에서 3만 명도 만날 수 있겠고 그렇지 못한 사람은
2천 명에서 3천 명을 만나는 경우도 있을 것입니다.

그런데 여기에는 아난의 수행이 62억 부처님께 공양하는 것이
라고 나옵니다. 이것은 곧 모든 사람을 부처님으로 받들어 섬기

고 공양하고 존중하고 찬탄한다는 것입니다. 이것이 바로 법화경의 수행입니다. 법화경에서 수행은 참선도 아니고 염불도 아니고 기도도 아니고 경을 보는 것도 아닙니다. 모든 사람을 부처님으로 받들어 섬기고 공양하고 존중하고 찬탄하는 것입니다. 이보다 더 좋은 수행은 없습니다.

의식의 훈련과 반복

참선만 해도 '나는 중생이고 깨달아야 부처가 된다.'는 사고를 갖습니다. 그런데 법화경의 수행은 이미 모두가 부처님이라는 사실을 믿고 '나도 부처님 그대도 부처님이기 때문에 그대를 내가 부처님으로 받들어 섬기겠다.'는 것입니다. 그렇다고 모든 사람에게 음식이나 옷을 들고 가서 봉사하라는 것이 아닙니다. 그것은 그것대로 좋은 일입니다. 그러나 내 마음속에서 확실하게 '나 자신이 부처님이다.' '모든 사람들이 부처님이다.'라는 의식을 갖는 것이 더 중요합니다. 그런 의식을 가지고 내 눈앞에 보이는 모든 사람을 부처님으로 대하는 것입니다. 그것이 모든 사람을 부처님으로 섬기는 방법입니다.

예를 들어서 차를 몰고 가는데 어떤 사람이 끼어들면 '예, 부처님, 잘 가십시오. 바쁘시면 먼저 가십시오.' 하고 혼자라도 되뇌는 것입니다. 그런 일은 돈 한 푼 안 들고 큰 노력도 필요 없습니다. 그러면 상대방 부처님이 아주 고맙다고 깜빡이를 넣고 지나갑니다. 그걸 보는 내 기분이 좋아집니다. 모든 순간순간이 이렇게 이루어진다면 얼마나 근사할까요. 우리 불자들이라도 제발 이렇게 살아야 합니다.

본래가 부처입니다. 이미 우리는 완전한 부처라는 자신감 속에서 살아야 합니다. 물론 잠깐 성질도 내고 신경질도 내고 욕도 하고 무시하는 순간도 있습니다. 그런데 이것은 뻔히 알고 있는 것을 잠깐 잊어버리는 것일 뿐입니다. 한순간 깜빡하는 것을 절에서는 '매하다.'고 합니다. 어떤 문제가 생겨서 한 번씩 '잠깐 내가 매했다.'고 하면 봐주게 되어 있습니다. 우리 모두가 잠깐은 매할 수 있지만 밝은 시간이 더 많이 지속되면 늘 깨어 있는 삶이 됩니다.

늘 깨어 있는 삶이란 '당신도 부처님, 나도 부처님' '우리 모두 부처님으로 살고 부처님으로 받들어 섬기며 삽시다.'라는 의식을 끊임없이 훈련하고 반복하며 사는 삶입니다. 늘 이러한 생각을 갖고 여기에 대해 확신을 갖고 살아간다면 특별히 다른 수행이 필요 없습니다. 매한 순간이 사라지고 차츰차츰 깨어 있는 시간이 길어집니다. 서로를 존중하고 받들고 공양 공경하고 찬탄하는 시간이 늘어납니다. 결국 만인이 평등하고 평화로운 삶이 됩니다.

팔천 보살이 의심하다

이 때에 법회 중에 있던 새로 발심發心한 팔천 보살들이 다 같이 이렇게 생각하였습니다.

'우리들은 대보살들도 이러한 수기를 받는다는 것을 오히려 듣지 못하였는데, 무슨 인연으로 모든 성문들이 이렇게 훌륭한 수기를 받는가.'라고 하였습니다.

– 『법화경』「수학무학인기품」 5

보살은 성문보다 수준이 높은 사람입니다. 새로 발심한 보살들이 '우리도 아직 수기를 받지 못했는데 어찌하여 성문들이 이렇게 훌륭한 수기를 받는가?'라고 생각하는 내용입니다. 필요 없는 내용인데도 반복적으로 이야기합니다.

관세음보살 정근 기도를 한 시간 하면 '관세음보살!'을 만 번, 이만 번, 삼만 번 부를 때 전혀 느낌이 다릅니다. 절을 해도 백팔 배를 하든 천배를 하든 똑같은 동작을 하지만 할 때마다 감정과 느낌이 다릅니다. 경전의 이 부분도 똑같은 내용을 반복하는 것 같지만 느낌이 다릅니다. 그러한 것도 우리가 이해해야 합니다.

이타를 행하다

그 때 세존께서 여러 보살들의 생각을 아시고 이렇게 말씀하셨습니다.

"여러 선남자들이여, 내가 아난과 함께 공왕불空王佛이 계신 데서 동시에 최상의 깨달음에 대한 마음을 내었느니라. 아난은 항상 많이 듣기를 좋아하였고, 나는 항상 부지런히 정진精進하였느니라. 그래서 나는 이미 최상의 깨달음을 이루었고, 아난은 나의 법장을 수호해 지니느니라. 장차 오는

세상의 여러 부처님의 법장도 수호하면서 많은 보살들을 교
화하여 성취케 하리라. 그의 본래의 서원誓願이 그러하므로
이러한 수기를 받게 되었느니라."

– 『법화경』「수학무학인기품」 6

여기에 중요한 이야기가 담겨 있습니다.

옛날 공왕불이라고 하는 부처님이 계셨는데 그때 석가모니와
아난존자가 같이 발심출가를 했습니다. 둘이 같이 발심출가했는
데 아난존자는 법문 듣기를 좋아하였지만 듣고 일어나면 그뿐이
었습니다. 그런데 석가모니 부처님은 듣고 나서 모든 사람을 그대
로 부처님으로 섬겼다는 것입니다.

석가모니 부처님은 식당에서 밥을 먹을 때, 어디 가서 신발을
찾아 신을 때, 길거리에 나갔을 때, 사람들을 볼 때마다 '아, 부처
님! 부처님!' 하고 속으로 대하는 것입니다. 그것이 석가모니 부처
님의 정진이었습니다. 석가모니 부처님의 정진은 참선도 아니고 염
불도 아니고 기도도 아니었습니다. 그런데 아난존자는 법당에서
'당신은 부처님'이라고 듣는 것으로 끝이었습니다. 그러니까 전생
에 똑같은 공왕 부처님 앞에서 같이 발심했는데 한 사람은 석가모
니 부처님이 되어 있고 한 사람은 그의 시자侍者가 되었습니다.

이것을 제대로 해석하지 못하고 아난존자는 세세생생 경전만
공부하고 석가모니 부처님은 참선만 공부했다고 해석을 하는 사람

373

도 있습니다. 법화경에는 참선이라는 이야기가 없습니다. 법화경의 수행은 오로지 사람을 부처님으로 받들어 섬기는 것입니다. 그러한 수행은 바로 옆 사람에게 이익이 돌아갑니다. 참선한다고 묵묵히 앉아만 있다면 아무에게도 이익이 없습니다. 참선하는 자기 자신이 편안할 뿐입니다.

그렇게 사람이 살아간다

수행의 방법에는 문사수聞思修 삼혜三慧가 있습니다. 문聞은 듣는 것이고, 사思는 사유하는 것이고, 수修는 실천하는 것입니다. 듣고 나서 사유하고 그것을 직접 실천에 옮기는 것이 수행입니다. 지금 공부하는 법화경을 이 수행의 방법에 비춰 본다면 우리가 누구를 볼 때 '누구든 부처라고 했는데 저걸 부처라고 봐야 하는가, 원수라고 봐야 하는가.' 하는 갈등이나 고민도 해 보는 것입니다.

원수 같은 사람은 사회나 직장에만 있는 것이 아니라 가정에도 있습니다. 차라리 내가 불자가 아니어서 누구나 본래 부처라는 소리를 안 들었다면 갈등과 고민이 없겠는데 들은 것은 있어서 갈등도 있고 고민도 심합니다. 그렇지만 이렇게 고민할 줄 아는 것이 근사한 것입니다. 이런 고민이야말로 바로 수행입니다.

마음이 편안하고 좋을 때는 상대를 흔쾌히 부처님으로 대했다가 기분이 나쁘면 한 번씩 원수로도 취급하면서 그렇게 사람이 사는 것입니다. 그러다가 내 기분이 편안한 상태가 오래 지속되고 항상 밝은 상태가 지속되면 상대를 늘 부처님으로 받들어 섬길 수 있습니다. 이것이 법화경의 수행법입니다.

영원한 약속

그 때 부처님께서 라후라에게 말씀하셨습니다.

"그대는 오는 세상에 부처님이 되어 이름을 도칠보화踏七寶華 여래·응공·정변지·명행족·선서·세간해·무상사·조어장부·천인사·불·세존이라 하리라. 마땅히 열 세계의 티끌 수와 같은 부처님 여래께 공양하면서 항상 여러 부처님의 장자長子가 되리니, 지금과 같으리라.

이 도칠보화 부처님의 국토의 장엄과 수명의 겁 수와 교화하는 제자와 정법과 상법은 산해혜자재통왕 여래와 같아서 다르지 않으리라. 또 그 부처님의 장자長子가 될 것이며, 그런 뒤에는 최상의 깨달음을 얻으리라."

– 『법화경』 「수학무학인기품」 8

라후라는 지구 열 개를 부수어서 나온 그 먼지 숫자와 같이 많고 많은 부처님 여래께 공양하면서 항상 여러 부처님의 장자가 된다고 하였습니다. 그분들을 공양 공경하고 존중 찬탄하는 것입니다. 그런데 그 많은 숫자의 부처님이라면 모든 생명, 모든 사람, 유정, 무정, 유형, 무형의 모든 존재를 부처님으로 받들어 섬겨도 부족합니다. 흙덩어리, 돌덩어리, 서 있는 무심한 나무까지 부처님으로 받들어 섬겨도 이 숫자를 어떻게 따라가겠습니까.

이러한 가르침 속에는 만유개불사상萬有皆佛思想이 담겨 있습니다. '만유가 부처님'이라는 것입니다. 이렇게 한번 우리가 통 큰 생각을 해 본다면 우리의 인격이 달라지고 큰 복을 받을 것입니다. 마음 한번 잘 쓰는 것으로 큰 복을 받을 수 있습니다.

라후라는 석가모니 부처님의 장자인데 세세생생 부처님 아들로 태어난다니 얼마나 큰 복입니까. 물론 복인지 죄인지 알 수 없지만 경에는 이렇게 해 놓았습니다. 또 아난존자가 부처가 되었을 때도 그 부처님의 장자가 될 것이라고까지 되어 있습니다. 이것은 부처님 아들로서의 의미를 좀 더 확대해서 우리에게 인식시키고자 함입니다. 라후라만 계속 부처님 아들이 되고 우리는 되지 말라는 법이 어디 있습니까. 한 술 더 떠서 왜 아들이 됩니까, 바로 부처가 되어야 합니다. 이 대목은 2600년이 지난 지금까지도 라후라가 우리들에게 부처님의 아들로 기억되듯이 앞으로 무수한 세월이 흘러도 역시 똑같을 것이라는 의미로도 해석할 수 있습니다.

경전이 이렇게까지 이야기할 때

이와 같이 아난존자도 부처라고 하는 보증을 받았고 라후라도 부처라고 하는 보증을 받습니다. 이제 수학무학인기품의 결론이며 제일 중요한 대목이 나옵니다. 다 같이 읽어 보겠습니다.

이 때 세존께서 배우는 이들과 다 배운 이들 이천 명의 사람들이 생각이 유연하고 고요하고 청정하여 일심으로 부처님을 바라보고 있는 것을 보시고 아난에게 말씀하셨습니다.

"그대가 이 배우는 이들과 다 배운 이들 이천 명의 사람들을 보는가?"

"그렇습니다. 봅니다."

"아난아, 이 사람들이 오십五+ 세계의 티끌 수 부처님 여래에게 공양하며 공경 존중하고 법장法藏을 수호守護하다가, 끝에 가서 시방세계에서 한꺼번에 성불成佛하리라. 이름은 모두 같아서 보상寶相 여래·응공·정변지·명행족·선서·세간해·무상사·조어장부·천인사·불·세존이라 하리라. 수명은 일겁이요, 국토의 장엄과 성문과 보살과 정법과 상법도 모두 같으리라."

— 『법화경』「수학무학인기품」 10

앞서 5백 명이 싸구려 수기를 받았고 여기는 2천 명이 보상여래가 되리라는 엉터리 수기를 받습니다. 제가 계속해서 엉터리 수기, 싸구려 수기라고 했지만 이런 데서 우리가 깨달아야 합니다. 누가 2천 명에게 똑같은 이름을 지어 준다면 어떻게 작명가 노릇이라도 하겠습니까. 이 말 속에는 무서운 비밀이 담겨 있습니다. 무서운 비밀이란 그동안 입이 닳도록 말했지만 역시 마지막으로 할 말은 '당신도 부처님이다.' '변함없는 부처님이다.' '틀림없는 부처님이다.' '백번 죽었다 깨어나도 당신은 부처님이다.' '목에 칼을 들이대어도 역시 당신은 부처님이다.'라고 하는 사실입니다.

이 사실을 인식시키고 우리들 가슴에 심어 주려고 이렇게 경전에서 이야기합니다. 경전에 이렇게까지 나왔을 때는 우리 역시 만사 제쳐 놓고 이 문제를 한번 심각하게 고민해 봐야 합니다. 왜 이렇게 많은 사람들에게 한꺼번에 부처가 되리라고 수기를 내렸겠습니까.

근원을 보라

'모든 사람이 다 부처다.'라는 사실을 알리기 위해서 경전은 이렇게 2천 명의 아라한에게 같은 이름의 수기를 줍니다. 곰곰이 생각해 보면 사람이 부처 아닐 이유가 없습니다. 온갖 탐진치 삼독과, 눈만 뜨면 '어떻게 하면 사기 칠까, 어떻게 하면 내가 이익을 볼까, 어떻게 하면 내게 유리하게 할까, 어떻게 하면 내가 많이 가질까.' 하는 못된 생각만 잔뜩 품고 있다고 해도 그 사람이 그대로 부처님입니다.

사기 치는 일은 나쁜 일임에는 틀림없지만, 사기 칠 줄 아는 능력은 선행을 하는 능력과 똑같습니다. 못된 생각을 할 수 있는 능력, 그 능력의 근원자리, 마음을 쓸 수 있는 능력 그 자체가 바로 부처의 능력입니다. 이것을 우리가 알아야 합니다. 세상에서 제일 나쁘다고 손가락질 받는 악인이라 하더라도 자기 집에서는 선량한 가장이고 훌륭한 아버지일 수 있습니다. 아무리 나쁜 사람이라도 누군가에게는 천하에 둘도 없는 훌륭한 사람일 수 있습니다. 다른 인격이 그렇게 만드는 것이 아닙니다. 그 사람이 바로 그 사람입니다. 우리는 모두 그런 능력을 동시에 가지고 있습니다.

부처님은 이것을 보는 것입니다. 지엽이 아닌 근본을 보았기 때문에 경전은 반복적으로 '모두가 부처다.'라는 같은 이야기를 합니다. 저 역시 이 법화경을 앞에 놓고 천 번 만 번 법회를 해도 결국은 인불사상人佛思想을 말할 수밖에 없습니다. 지금 여러분이 어떤 상황에 놓여 있든 여러분이 부처님입니다.

그래서 우리가 해야 할 수행은 무엇입니까. 모든 사람을 부처님으로 받들어 섬기고 공양 공경 존중 찬탄하는 것입니다. 그것이 가정을 행복하게 하고 세상을 평화롭게 만드는 열쇠입니다. 오직 사람이 부처입니다. 이 열쇠만이 진정한 평화와 행복을 가져옵니다. '사람이 부처다. 부처인 그 사람을 공양하고 공경하고 존중하고 찬탄하자.' 이것은 부처님이 유언처럼 설하신 법화경의 메시지이기도 하고 법화경의 종지宗旨이기도 합니다. 저 역시 법화경에서 그러한 것을 봤기에 우리들의 가치를 한껏 드높여서 모두 가치 있는 존재, 부처라고 하는 인격으로까지 끌어올리자는 뜻을 전하고 또 전합니다.

우리는 이미 모두 법사다
자비의 집에서 인욕의 옷을 입고
모든 존재가 공함을 안다

부처님이 공을 들인 일

석가모니 부처님은 태자의 출신으로 출가하셔서 6년 고행이라는 피나는 수행을 하시고 인류사의 큰 사건으로 기록되는 바른 깨달음을 이루셨습니다. 한 인간이 이를 수 있는 가장 높은 궁극적 경지에 도달하셨습니다. 그 깨달음의 가치와 무게는 무엇과도 비교할 수 없기 때문에 어떤 조사 스님은 '부처님의 깨달음을 하늘이 덮을 수 없고 땅이 다 실을 수 없다.'고 하였습니다.

우리는 가벼운 마음으로 불교를 이해하고 내가 생활하는 데 필요한 만큼 적당히 불교를 공부하고 신앙생활을 합니다. 그것 또한 고마운 일이기는 합니다. 그러나 한편으로, 부처님 당신이 그토록 큰 희생을 치르고 엄청난 투자를 해서 얻어 낸 것이 불교인데 부처님이 보시기에 우리들의 오늘날 신행생활이 얼마나 가엾고 또 한편 가소로울까 하는 생각도 듭니다.

자기 자신이 어떤 일에 힘을 기울이고 공을 들이면 남들이 그것을 이해해 주기를 바라는 것이 인지상정입니다. 자식이 그 일을 이어 주길 원하고, 인연 있는 사람들이 자기가 들인 노력에 공감하고, 그 공功이 많은 사람들에게 전파되길 바랍니다. 부처님 또한 그러하셨을 것입니다.

법사품

법화경의 열 번째 품인 법사품法師品을 공부할 차례입니다. 법사품은 부처님이 깨달으신 법을 세상에 전하는 사람에 대한 내용입니다.

어떤 사람이 불법을 세상에 전하는 법사인가요? 결론부터 말씀드리면 오종법사五種法師가 그들입니다. 경전을 수지受持, 독讀, 송誦, 서사書寫, 해설解說하는 사람입니다. 이 다섯 종류의 법사를 법사품에서는 '여래사如來使, 여래의 심부름꾼'이라고 표현합니다. 다섯 가지 중에 한 가지만 하더라도 부처님의 심부름꾼이라는 것입니다. 경전을 수지하고 독송하고 서사하고 해설하는 사람은 누구나 부처님이 원하시는 바, 부처님이 시키신 일을 하는 사람입니다.

오종법사

경전을 수지受持, 독讀, 송誦, 서사書寫, 해설解說하는 다섯 가지가 오종법사五種法師입니다.

수지受持는 받아 가지는 것입니다. 이것을 우리 수준에 맞게 설명하자면 안 읽어도 좋으니 경전을 가지고 다니는 것입니다. 핸드백을 열어 봤을 때 다른 것은 잡다하게 많은데 불경 한 권 없다면 불자라고 할 수 없습니다. 여러분이 다니는 사찰에서 발행하는 가벼운 법회지도 좋고, 천수경이나 금강경이 들어 있는 『불자지송』도 좋습니다. 아니면 자기가 집중적으로 좋아하는 법화경, 금강경 같은 경전을 늘 지니고 다녀도 좋습니다. 책을 지니고 다니기만 해도 오종법사 중에 첫번째 법사가 되는 것입니다. 오종법사 되는 일이 아주 쉽습니다.

다음으로 독송인데 독讀은 읽는 것이고, 송誦은 외우는 것입니다. 지니고 다니면 심심해서라도 읽게 되고 읽다 보면 외울 수 있습니다.

요즘 불자들은 많이 깨쳐서 불교 경전을 깊이 있게 이해하려고 사경을 합니다. 이것이 서사書寫입니다. 사경처럼 좋은 수행이 없고 좋은 기도가 없습니다. 읽고 외우는 것은 먼 산을 쳐다보면서, 딴 생각을 하면서도 할 수 있는데, 사경이라고 하는 것은 정신을 모아서 한 획 한 획 눈이 가고 마음이 가야 제대로 할 수 있습니다. 그래서 사경을 하다 보면 그 구절에 담겨 있는 뜻을 저절로 깊이 있게 이해하게 됩니다. 세월이 가면 그 깊은 내용을 깨닫기까지 합니다.

다음으로 위인연설爲人演說입니다. 저처럼 이렇게 대중을 향해서 경전을 그대로 전해 주거나 부연하여서 전해 주는 것을 위인연설, 해설이라고 합니다. 해설에는 말로 하는 방법도 있고 글로 하는 방법도 있습니다. 봉은사에서 발행하는 「판전」이나 「봉은」 법회지 같은 것을 눈여겨보면 부처님 말씀을 설명하는 주옥같은 내용이 담겨 있는데 그런 것도 역시 해설에 해당됩니다. 그런 일에 종사하거나 그런 책자를 도반에게 챙겨 주는 것도 법사로서 충분히 법을 전하는 일입니다.

이런 쉬운 것들이 모두 다섯 종류의 법사에 들어갑니다. 법사法師라는 말이 기분 좋습니다.

먼저 스스로를 포교하자

불교는 말로 다 표현할 수 없는 위대한 가르침입니다. 그런데 불교 포교가 너무 지지부진하고 절대부족합니다. 불자들은 긍지와 자부심을 가지고 열심히 공부하고 공격적으로 활발하게 포교를 해야 합니다. 무엇보다 먼저 스스로에게 불교를 포교해야 하는데 자신을 위해 공부하는 일이 바로 스스로를 위해 포교하는 일입니다. 그렇게 공부한 만큼 남에게 권하는 일을 하는 것이 전법이고 남을 위한 포교입니다. 법회를 소개하거나 법회에 데리고 오고, 부처님 말씀이 담긴 책자라도 하나 갖다주는 일에서부터 활발하게 포교가 이루어졌으면 하는 생각을 법화경의 법사품을 보면서 다시 하게 됩니다.

여래의 심부름꾼

법사품에는 여래사如來使라는 말이 나옵니다. 부처님의 심부름꾼이라는 뜻입니다. 오종법사가 하는 일을 두고 하는 소리입니다. 오종법사는 부처님이 할 일을 대신하는 사람입니다. 초등학교 때 담임 선생님이 '교무실에서 무엇을 가져와라.'고 심부름을 시키면, 잠깐의 그 심부름으로 기분이 좋고 마음이 뿌듯합니다. 한 달간 자랑거리가 됩니다. 심부름을 부탁받은 학생들은 '선생님이 나를 관심 있게 보고 나를 사랑하는가 보다.' 하고 공부를 더 열심히 하게 됩니다.

경전을 수지, 독, 송, 서사, 해설하는 이 중에 한 가지만 하더라도 부처님이 시키는 일을 하는 사람입니다. 불교 공부를 하고 경전을 공부하는 것은 부처님이 시키는 심부름을 내가 하는 것입니다. 그래서 불자인 여러분들은 모두 여래사이고 부처님의 심부름꾼입니다. 여래의 심부름꾼, 근사한 명칭입니다.

그들은 마땅히 최상의 깨달음을 얻으리라

법사품의 처음은 '수행인이 경전을 듣는 공덕'입니다. 여기 수행인은 법화행자를 말합니다. 법화경을 공부하면 법화행자, 금강경을 공부하면 금강행자, 화엄경을 공부하면 화엄행자입니다.

이 때 세존께서 약왕藥王보살을 비롯하여 팔만 대사大士들에게 말씀하셨습니다.

"약왕이여, 그대가 이 대중 가운데 있는 한량없는 천신·용왕·야차·건달바·아수라·가루라·긴나라·마후라가·사람·사람 아닌 이와, 비구·비구니·우바새·우바이들을 보라. 성문聲聞을 구하는 이, 벽지불辟支佛을 구하는 이, 불도佛道를 구하는 이들로서 이와 같은 이들이 모두 부처님 앞에서 묘법연화경의 한 게송·한 구절을 들었거나, 내지 한 생각 동안이라도 따라서 기뻐한 이들에게 내가 모두 수기授記하노라. 그들은 마땅히 최상의 깨달음을 얻으리라."

　- 『법화경』「법사품」1

'1찰나에 생각이 900생멸한다.'는 표현이 있습니다. 1찰나는 1초의 120분의 1입니다. 그 한 찰나 속, 나도 모르는 사이에 생각이 900번 생기고 소멸합니다. 실내에 켜져 있는 이 등도 우리 눈에는 꾸준히 켜져 있는 것 같아 보여도 그 속에서 전기가 수십 차례 왔다 갔다 합니다. 우리의 생각이 그렇습니다. 무수히 생멸하고 반복하는 것인데 우리에겐 그 생각이 지속되는 것처럼 여겨집니다. 어쨌든 그 짧은 시간, 경전의 한 구절 한 게송만이라도 듣고 따라서 기뻐하는 이들에게 '당신은 부처님'이라고 수기를 내립니다.

앞에서는 아난존자 목련존자 수보리 사리불 하면서 이름을 들먹

거리면서 수기를 했고, 또 5백 명에게 한꺼번에 수기하고, 나중에는 2천 명에게 한꺼번에 수기하였습니다. 그 속에 담긴 깊은 뜻은 누차로 말씀드렸습니다. 이제 여기서는 법화경과 조금이라도 인연이 있기만 하면 그들은 마땅히 최상의 깨달음을 얻는다고 수기를 합니다. 법화경의 한 구절만이라도 인연이 되어서 '이 구절은 괜찮다.'라고 따라서 기뻐만 해도 부처가 되리라는 수기를 받는 것입니다.

그런데 '사람이 그대로 부처'라고 하는 이 사실은 법화경과 상관이 없습니다. 법화경과 인연이 있든 없든, 법화경을 깊이 공부하든 법화경을 비난하든, 그대로 부처님입니다. '내가 부처라니, 내 무엇이 잘나서 나보고 부처라고 하는가?' 하고 망설여지지만 이것을 가슴이 뻥 뚫리도록 깨닫는다면 그것으로써 끝입니다.

사람이 그대로 조금도 부족함이 없는 부처님이라는 사실을 부처님은 수기했습니다. 스스로 몰라서 그렇지 여러분들은 다 부처입니다. 바닥까지 드러내어 화반탁출한다면, 설사 법화경을 비난하는 이가 있다 하더라도 그 사람도 부처님입니다. 본래 우리가 부처라고 하는 이 엄연한 사실에 있어서는 법화경이 상관없습니다. 여기 '법화경의 한 구절을 듣고 한순간만이라도 그것을 수긍하고 기뻐한다면 그 사람에게 수기하노라.'라고 한 것은 방편입니다.

그것이 사실이다

부처님께서 약왕보살에게 말씀하셨습니다.

"또 여래가 열반에 든 뒤에라도 만약 어떤 사람이 이 묘법연

화경의 한 게송·한 구절만이라도 듣고 한 생각 동안 따라서
기뻐하는 이에게도 내가 또한 최상의 깨달음에 대한 수기를
주노라.

- 『법화경』「법사품」 2

　지금이 바로 여래가 열반에 든 뒤입니다. 부처님이 열반하신
지 2600년이 지났습니다. 우리는 이미 수기를 다 받았습니다. 사
실 수기를 받고 안 받고는 상관이 없습니다. 이 경전을 통해서 우
리는 '우리가 이러한 절차를 밟아 가는구나.' 하는 것을 비로소 알
뿐입니다.

　우리가 이미 부처라고 하는 사실을 알든 모르든 상관없이 우리
는 본래로 부처님입니다. 사람의 진정한 가치는 부처와도 같은 가
치이기 때문입니다. 사람으로 살아가는 우리들이 사람의 진정한
가치를 너무 모르고 살기 때문에 부처님은 귀에 못이 박히도록,
혀가 닳도록 '사람의 진정한 가치에 눈을 뜨도록 하라.'고 이야기
합니다.

　부처님은 인류의 위대한 스승입니다. 그런데 부처님과 같은 인
격이 우리 개개인에게 조금도 부족함 없이 갖추어져 있습니다. 부
처님이 우리에게 그렇게 말씀하시고 또 그것이 사실입니다.

경전을 공경한다는 것

만약 또 어떤 사람이 묘법연화경을 받아 지니고 읽고 외우고 해설하고 쓰되 내지 한 구절이라도 그렇게 하며, 또 이 경전을 공경하기를 부처님과 같이하여 갖가지 꽃·향·영락·가루향·바르는 향·사르는 향·일산·당기·번기·의복·풍악으로 공양하거나, 내지 합장하고 공경하면, 약왕이여, 마땅히 알아라. 이 사람들은 이미 십만 억 부처님께 공양한 것이니라.

— 『법화경』 「법사품」 3

이 법화경에 공양을 올리는 것은 곧 10만억 부처님께 공양하는 것이라고 하였습니다. 불자들이 태어나면서부터 매일 불공을 했다 하더라도 100세인 사람은 3만6천 번밖에 불공을 못합니다. 하루에 열 번씩 불공을 올렸다 하더라도 36만 번밖에 못합니다. 그런데 이미 10만 억 부처님께 공양하였다니 이 무슨 엉터리 이야기입니까. 그러나 그 뜻을 이해해 보면 틀림없는 말입니다.

결국 부처님이란 지혜의 가르침입니다. 대승경전에서 부처님은 가르침입니다. 법화경의 가르침이 곧 부처님입니다. 깨달음의 지혜에 의한 말씀 외에 달리 부처님을 어디서 찾겠습니까. 설사 찾는다 한들 살아 있는 부처님과 뻔히 마주 보고 앉는 것이 무슨 의미가 있습니까.

부처님 가르침에 눈을 뜨는 것이 중요하다

유명한 아함부 경전에 박칼리경이 있습니다. 박칼리라는 비구가 늙고 병들어서 신도님 집에서 막 열반을 하게 되었습니다. 박칼리 비구는 마지막으로 부처님에게 예배라도 올리고 싶어서 그 말씀을 부처님께 전해 달라고 신도님에게 부탁하였습니다.

그래서 부처님이 달려왔습니다. "견딜 만하냐? 물이라도 먹었느냐?" 하고 부처님이 아주 따뜻하게 박칼리 비구를 위로하였습니다. 박칼리가 힘든 몸으로 일어나 예배하려고 애를 쓰자 부처님은 "내 몸도 지금 썩어 가고 있는데 송장끼리 예배 한번 더 한들 무슨 의미가 있느냐" 하고는 "법을 보는 자는 나를 보고, 나를 보는 자는 법을 본다."라고 단호히 말씀하십니다.

부처님이 단호할 때는 아주 매정하게 단호한 분입니다. '부처라고 하는 것은 나의 가르침이다. 나의 가르침을 제대로 이해해야 그 자리에서 나를 보는 것이다.'라는 말씀이 "법을 보는 자는 나를 보고, 나를 보는 자는 법을 본다."라는 만고에 빛나는 말씀입니다.

이런 데서 우리가 눈을 떠야 합니다. 부처님의 가르침에 눈을 뜬 자는 바로 그 자리에서 부처님을 보는 것입니다. 그것은 10만 억 부처님에게 공양 올리는 것보다 더 위대합니다.

법화행자

약왕이여, 만약 어떤 사람이 묻기를, '어떠한 중생이 오는 세상에 부처님이 되겠느냐?'고 하면, '이러한 사람들이 오는 세상에 반드시 성불하리라.'고 대답하라.

- 『법화경』「법사품」 3

이러한 사람들이란 법화행자를 말합니다. 법화경의 이치를 아는 사람이 성불하는 것입니다. 법화경의 이치를 모르면 성불을 못합니다. 다른 데서 다른 방법으로 성불했다손 치더라도 그 역시 법화경의 이치 안에 포함됩니다. 그가 성불했다면 법화경의 이치대로 성불했을 것입니다.

우리 불자들에게 '법화행자 아무개'라고 명함을 찍으라고 저는 권합니다. 그 명함은 대한민국 대통령 아무개 하는 것보다 훨씬 훌륭합니다. 우리 불자는 그러한 긍지와 자부심을 가져야 하고 그러한 소신이 있어야 합니다.

'법화행자 누구누구'라는 명함을 찍어서 친구에게 내밀면 "법화행자가 뭐냐?"라고 반문할 것입니다. 그 사람으로 하여금 법화행자라는 말을 한번 하게 해서 실낱같은 인연이라도 맺어 주는 것입니다. 이런 운동을 좀 해야 합니다. 거기다 또 봉은사 다니는 신도님이라고 적어 놓으면 더 근사하겠지요. 법화행자 아무개 그 사람이 바로 성불로 연결된 사람입니다.

습관이 인연을 만든다

왜냐하면, 만일 선남자·선여인이 이 묘법연화경에서 내지 한 구절이라도 받아 지니고 읽고 외우고 해설하고 쓰며 갖가지로 이 경에 공양하되, 꽃·향·영락·가루향·바르는 향·사르는 향·일산·당기·번기·의복·풍악으로 하거나 합장하고 공경하면, 이러한 사람은 일체 세간 사람들이 응당히 우러러 받드는 바가 되느니라. 이러한 사람에게는 응당히 여래에게 공양하듯이 공양해야 하느니라.

– 『법화경』 「법사품」 3

"법을 보는 자는 나를 본다. 법을 공양 공경 존중 찬탄하는 사람은 바로 부처님을 공양 공경 존중 찬탄하는 것이 된다." 부처님은 누누이 그렇게 말씀하셨습니다. 비록 구멍가게라 하더라도 아버지는 자신이 이루어 놓은 일을 자식이 이어받아서 발전시키기를 바라는 마음이 간절합니다. 대개 그렇게 세상은 돌아갑니다. 부처님 또한 큰 희생을 치르고 6년간의 피나는 고행을 거쳐서 정각을 이룬 분입니다. 불교 사업을 많은 사람이 이어가고 가르침이 전파되기를 바라는 마음이 오죽하겠습니까.

불자는 불교와 불법에 대한 애착을 가져야 하고 부처님의 가르침에 대한 애착을 가져야 합니다. 그래서 이 사랑스럽고 소중하고 값진 보물을 '너도 하나 가져라.' 하고, 하다못해 자기 사찰의 법회

지라도 남에게 주는 것이 습관이 되어야 합니다. 불교를 전파하는
작은 습관이 앞으로 큰 인연이 될 것입니다.

법화경 전하는 이를 공경하라

마땅히 알아라. 이 사람은 대보살로서 최상의 깨달음을 성
취하였느니라. 중생들을 가엾게 여기어 이 세상에 태어나기
를 원하여 묘법연화경을 널리 펴서 연설하고 분별하는 것이
니라. 그런데 하물며 경전을 전부 받아 지니며 갖가지로 공
양하는 사람이겠는가.

약왕이여, 마땅히 알아라. 이 사람은 스스로 청정淸淨한 업
보業報를 버리고 내가 열반한 뒤에 중생들을 가엾게 여겨서
나쁜 세상에 태어나서 이 경전을 연설하는 줄을 알아야 하
느니라.

– 『법화경』「법사품」 3

그 사람 개인의 복으로는 법화경을 강의하러 다니지 않아도 얼
마든지 편하게 지낼 수 있는데, 그러한 자기 처지를 다 포기하고
중생을 가엾게 여겨 나쁜 세상에 태어나서 이 경전을 연설하는 줄
알아야 합니다. 꼭 누구 보고 하는 소리 같아서 더 이야기하지 않
겠습니다.

여래를 대신하여

만일 이 선남자·선여인이 내가 열반한 뒤에 은밀히 한 사람
만을 위하여 이 묘법연화경을 설하되 내지 한 구절만이라도
말해준다면, 마땅히 알아라. 이 사람은 여래의 심부름꾼[如
來使]이며, 여래가 보낸 사람이며, 여래의 일을 행하는 사람
인 줄을 알아야 하느니라. 그런데 하물며 대중 가운데서 많
은 사람들을 위하여 널리 연설하는 사람이겠는가.

– 『법화경』 「법사품」 4

이 대목을 다 같이 읽읍시다. 법화경에서 제가 별 다섯 개를 쳐
놓은 구절은 이 구절 하나입니다. 법화경을 설하는 법회에 친구
를 데려오는 것도 오종법사에 들어갑니다. 오종법사 중에 한 가지
만 하더라도 여래의 심부름꾼입니다. 여래가 시키는 대로 하니 여
래의 일을 행하는 사람입니다.

스님들이 어느 절 소임을 잠깐 대리로 앉아도 평생 경력에 남습
니다. 전에 총무원장이 공석이어서 총무부장이던 저의 도반이 총
무원장 대리로 잠깐 있었습니다. 그 도반은 아주 잠깐이었지만 총
무원장을 대리했기 때문에 평생 총무원장 소리를 듣습니다.

우리가 오종법사를 몸으로 실천하는 일은 부처님 대리로서 부
처님이 할 일을 하는 것입니다. 여래가 할 일을 하는 것이니 그 사
람은 여래가 보낸 사람입니다. 신심 있는 사람은 이러한 내용을

감동하면서 받아들입니다. 누구에게나 조금씩은 다 신심이 있습니다. 깊이가 어느 정도냐 하는 것이 문제입니다. 여러분들과 이 구절을 함께해서 저도 법화경을 전하는 보람이 있습니다.

바르게 알고 바르게 믿는 것

어떤 일을 할 때 일머리를 아는 사람은 크게 노력을 들이지 않고도 큰 효과를 얻습니다. 같은 일을 하더라도 일머리를 모르는 사람은 고생은 고생대로 하고 효과는 적습니다. 불교도 마찬가지입니다. 죽자고 믿고 엎어져라 하는데도 바른 이해가 없으면 그 믿음은 온전치 못합니다. 그래서 '바로 믿고 바로 알자, 바로 알고 바로 믿자.' 신信과 해解가 늘 붙어다닙니다.

믿고 이해하는 것은 아주 중요합니다. 바른 믿음은 반드시 바른 이해에서 생깁니다. 불교를 바르게 믿고 바르게 알자는 운동을 불교대학 같은 데서 많이 합니다. 바로 믿으면서 바로 아는 것이 얼마나 중요한지 모릅니다. 바른 신信과 해解가 있어야 지혜가 제대로 생깁니다. 노력을 덜 들여도 큰 효과가 있습니다.

죄를 얻는 사람

약왕이여, 만약 어떤 악한 사람이 나쁜 마음으로 한 겁 동안을 부처님 앞에 나타나서 항상 부처님을 훼방하고 꾸짖더라도 그 죄는 오히려 가벼우니라. 만약 어떤 사람이 한마디의 나쁜 말로써 집에 있는 이나 출가한 이가 묘법연화경을 읽고 외우는 이를 훼방한다면 그 죄는 매우 무거우니라.
- 『법화경』 「법사품」 5

옛날에 늘 보리밥이나 조밥만 먹는 가난한 선비가 있었습니다. 이 선비가 과거를 준비하는데 부처님께 불공을 올리면 합격을 한다는 말을 들었습니다. 선비는 큰 마음 먹고 좁쌀 한 말을 부처님께 공양 올리고 제발 과거시험을 잘 보게 해 달라고 빌었습니다. 그러나 과거시험에서 떨어졌습니다. 화가 난 선비는 법당에 와서 '남의 노란 좁쌀을 먹더니 얼굴이 노랗게 되어서 과거도 안 붙여 주었다.'고 부처님께 있는 욕 없는 욕을 다 퍼부었습니다.

100년 동안 부처님 앞에 나타나서 항상 부처님을 훼방하고 꾸짖더라도 그 죄는 어떤 사람이 나쁜 말로써 묘법연화경을 읽는 데 훼방하는 것보다 가볍다고 했습니다. 법화경을 공부하는 사람을 비방하는 죄는 무겁고 크다는 이야기입니다. 부처님이 자기 자신을 비방하는 건 문제 삼지 않습니다. 그러나 진리의 가르침인 법화경을 비방하는 것은 큰 잘못입니다. 이런 데에 불자들의 귀가 번쩍 뜨여야 합니다.

부처님의 뜻이 어디에 있습니까. 진정 부처님이 마음을 쓰는 것은 무엇인가요. 그것이 중요합니다. 좁쌀만 한 말 따먹고 노랗게 앉아 있다고 부처님을 비난하건 말건 그것은 별 문제가 아닙니다. 그나마 선비는 법화경을 비난하지 않았으니 천만다행인 셈입니다.

복을 얻는 사람

약왕이여, 묘법연화경을 읽거나 외우는 이가 있으면, 마땅히 알아라. 이 사람은 부처님의 장엄莊嚴으로써 장엄하는 사람이며, 곧 여래께서 어깨로 업어주는 사람이니라."

- 『법화경』「법사품」 6

부처님의 장엄은 부처님의 위대한 인격을 말합니다. 지혜와 자비와 깨달음입니다. 우리도 법화경 공부를 통해 그러한 장엄을 하게 됩니다. 법화경에 대한 깊은 이해, 깊은 믿음으로써 부처님의 정신과 사상과 지혜로 무장된 위대한 인격이 되어 갑니다. 이렇게 법화경에 대한 깊은 이해와 믿음이 있는 사람을 부처님이 어린 손자 무등 태워 주듯이 어깨로 업어 준다고 하였습니다.

여래께서 어깨로 업어 주는 사람은 오종법사입니다. 법화경을 수지, 독, 송, 서사, 해설하는 사람입니다. 부처님 심부름을 하는 것도 영광이거니와 부처님이 어깨로 업어 주는 사람이니 얼마나 영광입니까. 우리도 부처님의 어깨에 올라가는 사람이 되어야 하지 않겠습니까. 제발 부처님의 어깨에 올라가는 사람이 됩시다. 인생을 법화경에 걸고 모든 재산을 법화경을 전파하는 데에 투자하면 천 배 만 배 수확을 거둘 것입니다.

경전을 찬탄하다

찬탄의 문제에 대해서는 이야기를 많이 하고 싶습니다. 불교에 입문해서 그 많은 팔만대장경 중에 일반 신도의 입장이나 승려의 입장에서 맨 먼저 접하는 경전이 천수경입니다. 출가해서 행자로 들어오면 천수경부터 읽으라고 합니다. 신도님들도 불공을 따라 한다든지 예불을 따라 하려면 천수경을 안 할 수 없습니다.

만약에 어떤 사람이 팔만대장경 중에서 경전 한 권만 떼고 인연을 달리한다면 그 사람은 오직 천수경만 접한 셈입니다. 그 천수경도 다 외우지 못했다면 첫 구절밖에 못 읽었을 텐데, 그 구절은 바로 '정구업진언淨口業眞言'입니다. 천수경의 첫마디가 '수리수리 마하수리 수수리 사바하'라고 하는 정구업진언입니다. 그만큼 정구업진언은 중요합니다.

수리는 묘길상인데 길상은 복된 말을 하라는 것입니다. '복된 말을 하고 복된 말을 하고 매우 복된 말을 하고 지극히 복된 말을 하는 것이 성취되어지이다.' '길상스럽게 길상스럽게 매우 길상스럽게 지극히 길상스럽게 하는 말이 성취되어지이다.'라는 것이 정구업진언의 풀이입니다. 길상이 다섯 번이나 반복됩니다. 농담을 세 번만 해도 진담이 되어 버리는데 길상스러운 말, 쉽게 말하면 복된 말을 하라는 것이 다섯 번이나 나왔습니다.

그 복된 말은 상대를 찬탄하는 말입니다. 어떻게 하더라도 찬탄하는 것입니다. 칭찬은 코끼리도 춤을 추게 합니다. 칭찬하면 미련한 코끼리도 춤을 추는데, 우리 집의 그 사람도 칭찬 한번 해 보면 당장에 달라질 것입니다. 저는 중노릇하고 30년쯤 지난 뒤에 일본에 가서 공부하면서 이 사실을 알았습니다. 그래서 '아, 내가 30년 중노릇하고 비로소 천수경 첫 구절을 알았다.'고 하는 고백을 하였습니다. '수리수리 마하수리 수수리 사바하' 이것 하나를 겨우 30년 만에 터득했습니다.

칭찬합시다. 길상스러운 말, 칭찬하는 말이 복된 말입니다. 우리는 복된 말로써 얼마든지 복을 지을 수 있는데 소중한 말을 참조심 없이 함부로 합니다.

부처님의 비밀하고 중요한 법의 창고

이 때에 부처님께서 다시 약왕보살 마하살에게 말씀하셨습니다.

"내가 설하는 경전이 한량없는 천만 억이니라. 이미 설하였고 지금 설하고 장차 설할 것이니라. 그 가운데서 이 묘법연화경이 가장 믿기 어렵고 이해하기 어려우니라.

약왕이여, 이 경전은 여러 부처님의 비밀하고 중요한 법의 창고이니라. 함부로 선포하여 망령되게 사람들에게 전하여 주지 말라. 부처님 세존들이 지키고 보호하는 것이니라. 옛적부터 일찍이 드러내어 말하지 않았느니라. 이 경전은 여래가 세상에 있을 때에도 원망과 질시가 많았는데 하물며 열반한 뒤이겠는가.

– 『법화경』「법사품」 10

법화경은 대승불교가 한창 왕성하게 일어날 무렵에 등장했는데 얼마나 비방을 많이 받았겠습니까. "외도의 경전이다, 부처님 경전이 아니다." 하고 무수한 사람으로부터 비방을 받았다는 사실을 여기에 적어 놓았습니다. 부처님이 열반하신 뒤에는 이런 차원 높은 내용을 못 알아듣는 까닭에 비방하는 사람이 많았습니다. 탐진치 삼독과 팔만사천 번뇌가 들끓고, 지금도 속에서는 남을 헐뜯고 싶고, 남을 비방하고 싶고, 남을 끌어내리고 싶고, 사촌이 잘되면 배가 아픈 엉터리 인간인데도 불구하고 '당신은 부처님'이라고 하니 믿기 어렵고 이해하기 어려운 것입니다.

믿든 못 믿든 그래도 당신은 부처님입니다. 이해하든 말든 이미 당신은 부처님입니다. 법화경의 가르침을 빌리자면 그렇습니다. 그런데 이 경전을 함부로 남에게 전해 주지 말라는 것은 이렇게 한번 더 무게를 주는 소리이지 이 법을 전하지 말라는 것이 아닙니다. "아이고, 전하기 싫은데 잘됐다." 하고 아전인수 격으로 해석할까 봐 염려가 됩니다.

여래가 머리를 쓰다듬어 주는 사람

약왕이여, 마땅히 알라. 여래가 열반한 뒤에 어떤 사람이 이 경전을 능히 쓰고 지니고 읽고 외우고 공양하며 다른 사람에게 말한다면, 여래가 곧 그에게 옷으로 덮어줄 것이니라. 또 다른 세계에 있는 부처님께서도 보호하고 마음에 간직하는 바이니라. 이 사람은 크게 믿는 힘과 염원하는 힘과 선근善根의 힘이 있느니라. 마땅히 알아라. 이 사람은 여래와 함께 숙식宿食을 같이하는 사람이며 여래가 손으로 그 머리를 쓰다듬을 것이니라.

    — 『법화경』 「법사품」 11

부디 오종법사가 됩시다. 법화경을 지니고 다니고 찬탄하고 수시로 마음에 드는 구절을 읽고 다른 사람에게 전해 주는 사람이 됩시다. 이 사람은 여래와 함께 숙식을 같이하는 사람입니다. 여래가 손으로 그 머리를 쓰다듬을 것이라고까지 이야기하였습니다.

법화경에 여래의 전신사리가 있다

약왕이여, 어디서든지 이 경을 설하거나 읽거나 외우거나 쓰거나 또 이 경전이 있는 곳에는 다 마땅히 칠보로 탑을 쌓아야 하느니라. 지극히 높고 넓고 장엄하게 꾸밀 것이며 더 이상 사리舍利를 봉안奉安하지 말 것이니라. 왜냐하면, 이 경전에는 이미 여래의 전신全身이 있기 때문이니라. 이 탑에는 마땅히 온갖 꽃과 향과 영락과 비단 일산과 당기와 번기와 풍류와 노래로 공양 공경하고 존중 찬탄해야 하느니라. 만일 어떤 사람이 이 탑을 보고 예배하고 공양한다면 마땅히 알아라. 이 사람은 벌써 최상의 깨달음에 가까운 사람인 줄 알아야 하느니라.

- 『법화경』「법사품」12

우리는 사리를 신비롭게 생각하지만 시체를 태우면 뼈는 다 나오게 되어 있습니다. 뼈 중에서 구슬 같고 빛나는 것이 있을 뿐입니다. 부처님 뼈는 전부 사리라 했고 부처님 뼈를 서로 가져가려고 전쟁까지 일어났습니다. 나중에는 나무가 타서 만들어진 재까지도 싹싹 긁어 갔습니다. 부처님 육신을 태운 재니 육신에서 나왔든 나무에서 나왔든 다 사리라고 여기고 가져가서 사리탑을 세웠습니다. 그러기에 이 세상에 사리탑이 그렇게 많습니다.

그런데 이 법사품에서는 탑을 쌓아 놓고 부처님의 사리를 봉안하지 말라고 하였습니다. 법화경이야말로 여래의 온전한 몸이 그대로 살아 있는 사리이기 때문입니다. 그래서 법화경을 법신사리라고 합니다. 경전을 통해서 온전히 살아 있는 부처님을 내가 모시는 입장이 되는데 그까짓 뼛조각 하나 모셔서 손가락 사리라하고 치아 사리라 하면서 야단법석을 떨 필요가 없다는 것입니다.

진리의 몸, 부처님 진짜 몸이 사리로 나타난 것이 법화경입니다. '봐라, 법화경에 이렇게 되어 있다. 사리 봉안하지 마라. 왜냐하면 이 경전에 이미 여래의 전신이 있기 때문이다.' 사리에 대해 우습게 이야기하다가 누가 망발이라고 비난하거든 법화경의 이 대목을 보여 줘도 좋습니다.

경전을 설하는 규칙

약왕이여, 만일 선남자·선여인이 여래가 열반한 뒤에 사부
대중을 위하여 이 법화경을 설하려면 어떻게 설해야 하겠는
가. 이 선남자·선여인은 여래의 방에 들어가서 여래의 옷을
입고 여래의 자리에 앉아야 사부대중을 위하여 이 경을 널
리 설할 수 있느니라. 여래의 방이라는 것은 온갖 중생 가
운데 대자비大慈悲한 마음이요, 여래의 옷이라는 것은 부드
럽고 온화하고 인욕忍辱하는 마음이요, 여래의 자리라는 것
은 모든 법法이 공空한 것이니라. 이런 가운데 편안히 머물
러 있으면서 게으르지 않는 마음으로 여러 보살과 사부대
중들을 위하여 이 법화경을 널리 설할 것이니라."

– 『법화경』 「법사품」 15

오종법사를 쉽게 생각하는데, 경전을 설하는 데는 조건이 있습
니다. 그 조건을 규칙이라고 했습니다. '여래의 방에 들어가라.' '여
래의 옷을 입어라.' '모든 것이 공한 자리에 앉아라.'라는 조건입니
다. 그전에 봉은사에 자주 출입하셨던 석주 큰스님께서는 '자실인
의慈室忍衣'라는 글자를 모필 글씨로 많이 써서 남겼습니다. '자비
의 방과 인욕의 옷'이라는 뜻입니다.

여래의 방이라는 것은 대자비한 마음입니다. 자비한 마음이 있
으면 그 사람은 여래의 방에 있는 사람입니다. 여래의 방에 있으

니 여래입니다. 자비한 마음이 여래입니다. 여래의 옷도 입어야 하는데 여래의 옷이란 부드럽고 온화하고 인욕하는 마음입니다. 인욕하는 마음은 참는 마음입니다. 자실인의慈室忍衣, 좋은 표현이고 참 어려운 조건입니다.

우리가 오종법사 노릇을 쉽게 할 수 있을 것 같아도 이와 같이 자비한 마음과 인욕하는 마음을 가져야 합니다. 거기다 여기에 더 어려운 말도 나옵니다. 여래의 자리에 앉는 것입니다. '여래의 자리'라는 것은 모든 법이 공한 것임을 아는 자리입니다. 반야심경에도 '시제법공상是諸法空相'이라고 해서 모든 법의 공한 도리가 나옵니다. 색즉시공 공즉시색 오온개공 도일체고액, 오온이 다 공한 줄을 비춰 보면 일체 고통을 다 건넌다고 하였습니다. 공한 줄을 알면 끝난 것입니다. 공한 데는 명예도 없고 오욕도 없습니다. 오욕과 명예가 다 떨어진 자리가 공한 자리입니다.

범소유상凡所有相 개시허망皆是虛妄, 모든 존재가 텅 비어 공하다고 하는 사실이 내 마음의 본체가 되고, 자비심과 인욕은 그 작용이 됩니다. 그러한 것이 준비된 사람이 법화경을 이야기하면 믿을 수 있습니다. "저 사람은 인격이 뛰어나고 아주 훌륭한 사람이다. 자비심도 많고 인욕심도 크고 모든 것이 공한 도리를 안다."라고 한다면 그 사람이 권하는 내용이 무엇인지 몰라도 무조건 믿고 따르게 됩니다. 우리가 유명한 의사를 찾아가는 이유는 유명한 만큼 그 사람을 믿기 때문입니다.

법화경을 전할 때도 인격은 형편없는데 부처님 경만 가지고 이야기하면 전하는 그 사람 때문에 오히려 부처님 말씀까지 손해 보는 경우가 있습니다. 이것을 경계하는 내용으로 '법화경을 함부로 전할 일이 아니다.'라고 경전 안에서 여러 가지로 경고하고 있습니다. '자실인의공좌慈室忍衣空座하라, 자비의 방에 들어가서 인욕의 옷을 입고 모든 존재가 공하다고 하는 자리에 앉아라.' 하는 것은 오종법사가 주의해야 할 점입니다. 그런 조건을 갖췄을 때 그 사람이 하는 말에 믿음이 가고 그의 말을 따르게 됩니다.

당신이 다보여래다
법화경의 진정한 정신이
가슴에 아로새겨진다고 하는 것

견보탑품

견보탑품見寶塔品은 '다보탑을 친견하다.'라는 내용입니다. 세계에서 가장 아름다운 사찰인 불국사에는 가장 아름다운 구조물인 다보탑과 석가탑이 서로 마주하고 있습니다. 이제 공부하려는 법화경 견보탑품의 내용을 지상에 형상화한 것입니다.

이 세상에서 그 무엇이 보배이겠습니까. 여러분들 각자 보배로 생각하는 것이 다 있을 것입니다. 그런데 진정한 보배라고 할 것은 우리들 자신입니다. 법화경의 견보탑품을 공부하고 나면 다보탑을 볼 때 '저 다보탑은 우리들 내면에 있는 진정한 나 자신이구

나.' '사람 사람이 다 갖추고 있는 그 내용을 탑으로 형상화했구
나.'라고 알게 됩니다.

사찰 곳곳에 경전이 녹아 있다

옛날에는 많은 사람들이 경전이나 글을 아는 입장이 못 되었습
니다. 그래서 경전을 알기 쉽게 풀어 놓은 그림이나 조각 같은 것
이 발달했습니다. 그뿐만 아니라 옛날 사람들은 절 하나를 건립해
도 일주문에서부터 계단, 각 전당, 전각, 누각 등 모든 건축물을
통해 부처님이 설하신 진리를 표현했습니다.

예를 들어 여섯 계단이나 네 계단이면 편리할 곳에도 굳이 다
섯 계단을 만드는 것은 불자로서의 기본 자세인 근본오계를 상기
하며 계단을 하나하나 올라가라는 뜻입니다. 사찰의 모든 곳에 경
전의 깊은 뜻이 담겨 있습니다. 절에 들어서면서부터 그 모든 구조
물을 통해서 부처님의 가르침을 이해하라는 것이고, 거기 걸린 무
수한 그림을 통해 부처님 진리의 가르침을 이해하라는 뜻입니다.

불국사의 석가탑과 다보탑은 법화경의 입장을 아주 잘 보여 줍
니다. 과거 우리 선조 스님들께서 눈으로만 아름다운 탑을 보여
주자고 다보탑을 만든 것은 결코 아닐 것입니다. 다보탑을 보는 인
연으로, 내가 가진 진정한 다보탑을 이해하고 믿고 깨닫게 하려는
의도로 불국사를 세우고 다보탑을 세운 것입니다. 견보탑품의 내
용을 제대로 이해하면 이미 가 보았던 경주의 불국사를 다시 한
번 가 보고 싶을 것입니다. 그리고 그 뜻을 알고 나서 보는 불국사

의 다보탑은 느낌이 다를 것입니다.

아름다운 다보탑

그 때에 부처님 앞에 칠보七寶로 된 탑塔이 있으니 높이가 오백 유순이요, 가로와 세로는 이백 오십 유순이었습니다. 땅에서 솟아올라 와서 공중에 머물러 있었습니다. 갖가지 보물로 장식하였으니 난간이 오천이요, 감실이 천만이었습니다. 무수한 당기와 번기로 꾸미었고 보배로 된 영락을 드리우고 보배 풍경 만 억 개를 그 위에 달았습니다. 사면에서는 다마라발 전단향기가 나와서 세계에 충만하였습니다. 그 모든 번기와 일산들은 금·은·유리·자거·마노·진주·매괴 등의 칠보로 만든 것인데 높이가 사천왕四天王 궁전에까지 이르렀습니다.

– 『법화경』 「견보탑품」 1

다보탑의 장엄을 이렇게 표현했습니다. 세상에서 가장 아름다운 절인 불국사의 또 가장 아름다운 구조물인 다보탑이라고 해도 여기 나온 내용의 천분의 일, 만분의 일이나 표현되었겠습니까. 세상에 어떤 탑이 이렇게 될 수 있겠습니까. 이 내용을 다 만족시키는 것은 오직 우리들 불성인간밖에 없습니다. 우리 내면에 있는 불성인간은 여기 나온 설명보다 더 우수합니다. 우리 개개인이 가지고 있는 다보탑은 이보다 훨씬 더 아름답고 향기롭고 위대하고 존귀합니다. 경전도 설명하기 좋아서 이렇게 설명하는 것이 아닙니다. 이것이 전부 사실이고, 사람 사람의 생명 부처님의 무량공덕 생명이기 때문에 이렇게 설명하는 것입니다. 어찌 이 다보탑 설명에 견줄 수 있겠습니까.

이러한 사실을 부처님은 일찍이 깨달으셨습니다. 그래서 그 하나를 우리에게 일깨워 주려고 하는 것입니다. 그것을 진여불성이다, 마음이다 등 여러 가지로 표현하는데 그 부처님의 정신을 염두에 두고 우리도 '당신은 부처님'이라고 하는 말을 과감하게 함부로 씁니다. 함부로 써도 아무 상관없습니다. 저는 봉은사에서 발행되는 잡지인 「판전」을 한 달에 한 번씩 받는데 그때마다 봉투에 '당신은 부처님'이라고 써진 것을 보면 힘이 솟습니다. 참으로 기쁩니다.

사람의 능력

'당신은 부처님' '사람 사람이 부처다.'라는 말을 쉽게 하지만 어디서 우리가 그런 예를 찾을 수 있겠습니까. 신기하게도 장애인들에게서 부처님의 무한한 능력을 많이 찾습니다. 저는 장애인들의 인간 승리에 대해 관심을 갖고 있습니다. 역사적으로 헬렌 켈러 같은 분이 있습니다. 우리가 잘 아는 영국 물리학자 스티븐 호킹도 있습니다. 신문기사를 통해서 잘 알듯이 팔도 다리도 없는 사람이 수영도 하고 피아노도 칩니다. 팔 없는 사람이 발로 화장을 하고 그림을 그리고 옷도 입습니다. 무슨 능력으로 그런 일들을 해낼까요?

인간극장에 나온 존스홉킨스 대학의 의사는 원래 꿈이 체조 선수였습니다. 그런데 고등학교 때 체조 연습을 하다가 다쳐서 목 밑으로 사지마비가 되었습니다. 그때부터 운동선수로서 금메달의 꿈을 접고 의사로서의 금메달에 도전하게 되었습니다. 사지를 못 쓰는 사람이 어떻게 의사가 되겠습니까. 그런데 이 사람은 과감하게 도전해서 세계에서 아주 유명한 재활병원의 의사가 되었습니다. 그 사람이 쓴 책이 『기적은 당신 안에 있습니다』라는 책입니다.

우리 개개인이 부처인간, 인간부처라는 것을 확실하게 증명해 보이는 사람들입니다. 저는 그런 사례를 통해 '경전의 가르침을 제대로 증명해 보인다.'는 것을 느낍니다. 참으로 신기합니다. 무슨 존재가 그 안에 들어 있기에 저렇게 할 수 있는가? 틀림없이 부처님이 말씀하신 다보탑입니다.

우리 인간에게는 정말 무엇이라고 콕 집어서 설명할 수 없는, 경전의 이 설명은 오히려 따라갈 수 없는 어마어마한 능력과 아름다움이 있습니다. 보통의 사람들은 전부 적당하게 살고 있습니다. 그렇지만 어떤 극한 상황에 부딪치면 그러한 능력을 발휘합니다.

우리나라의 스티븐 호킹이라고 불리는 사람이 있습니다. 서울대학교 교수인데, 제자들을 데리고 지질학 연구를 갔다가 교통사고를 당해서 제자 한 사람은 죽고 자신은 사지마비가 되었습니다. 그런데 도대체 어떤 불성이 존재하기에 가능했을까요. 끊임없는 노력을 해서 6개월 만에 서울대학교에서 누워서 강의를 합니다.

그분이 쓴 책은 『0.1그램의 희망』입니다.

0.1그램도 안 되는 그 무엇인가가 들어서 사람으로 하여금 그런 위대성을 발휘하게 하는 것입니다. 우리 인간은 그냥 평범한 것 같고 보통 사람인 것 같지만 알고 보면 모두가 다보탑입니다. 경전에서 설명한 다보탑이 그대로 우리들 개개인의 본래 모습입니다.

우리가 이렇게 소중한 존재다

모든 존재에는 양면이 있습니다. 사람 또한 그렇습니다. 하나는 궁극적 차원으로서의 인간이고, 또 하나는 현상적이고 역사적인 차원의 인간입니다. 현상적이고 역사적인 차원으로 보면 인간은 평범하기 이를 데 없습니다. 너나 나나 평범한 인간입니다. 그런데 그 속에서 무한한 능력을 갖춘 궁극적 인간이 발동하기 시작하면 두 다리가 없는 사람도 달리기 시합을 잘합니다. 남아공의 육상 선수는 정상인보다 더 용감하게 잘 달리는데, "당신들은 신발을 신지만 나는 의족을 신는다. 그것밖에 차이가 없다."라고 하면서 올림픽에서 정상인과 달리기를 겨룹니다.

참 신기한 일입니다. 어째서 그런 능력이 우리 개개인에게 있단 말입니까. 이것이 우리 모두가 가지고 있는 궁극적 차원으로서의 나입니다. 궁극적 차원에서의 본래 인간입니다. 그것을 부처인간, 인간부처라고 하는 것입니다. 우리가 이렇게 소중한 존재입니다. 그것을 견보탑품에서 다보탑의 모습으로 설명하고 있습니다.

천신들의 공양

삼십삼천에서 하늘의 만다라 꽃을 비 내려서 보배 탑에 공
양하였습니다. 그 밖의 모든 천신天神과 용과 야차와 건달
바와 아수라와 가루라와 긴나라와 마후라가와 사람과 사람
아닌 이들 천만억 대중들이 온갖 꽃·향·영락·번기·일산·
풍류로 보배 탑에 공양 공경하며 존중 찬탄하였습니다.

－『법화경』「견보탑품」2

천신들이 다보탑에 공양을 올립니다. 우리 인간의 궁극적 차
원, 우리 내면의 인간성은 바로 이와 같이 존귀하기 때문입니다.
불국사의 다보탑이 증명해 주고, 이 견보탑품이 다보탑으로써 상
징적으로 보여 주는 것은 바로 인불사상입니다. 모든 사람이 부처
님입니다. 그것을 안다면 서로를 존중하게 되어 있고 배려하게 되
어 있고 이해하고 서로 북돋워 주게 되어 있습니다. 나 자신을 소
중하게 여기고 나아가 그것이 가정으로 이웃으로 차츰차츰 발전
되어 다른 사람까지 존중하고 찬탄하는 것으로 발전됩니다. 그렇
게 되면 가정과 사회가 평화로워집니다.

국가적으로는 어떤 정부가 들어서든지 간에 한결같이 말하는
것은 경제 성장과 민생입니다. 그것이 국가적인 꿈이라면 개인의
꿈은 대부분 입신양명입니다. 그러나 그것으로 진정한 가정 행복
과 인류 평화를 가져오지 못한다는 것을 우리는 잘 압니다. 인류

411

평화의 열쇠는 법화경의 인불사상뿐입니다. 자신을 포함하여 사람 사람을 부처님으로 받들어 섬기는 인불사상만이 인류에 평화를 가져오는 열쇠입니다. 이러한 참된 인간의 본성에 대해서 책임질 곳은 부처님 법당입니다. 부처님 도량에서만이라도 인간이 이렇게 소중한 존재라는 것을 공부하면서 사람의 본성에 대한 인성 교육을 책임져야 합니다.

다보여래의 찬탄

그 때 보배 탑 안에서 큰 소리를 내어 찬탄하였습니다.

"훌륭하여라. 훌륭하여라. 석가모니불 세존世尊께서 평등한 큰 지혜로써 보살들을 가르치는 법이며, 부처님들이 호념護 念하시는 묘법연화경妙法蓮華經을 대중들에게 말씀하십니다. 그렇습니다. 그렇습니다. 석가모니 세존께서 말씀하시는 것 은 모두 진실眞實입니다."

- 『법화경』「견보탑품」 3

경주 불국사에는 다보탑 맞은편에 석가탑이 있습니다. 경전의 바로 이 대목을 보여 주기 위해서입니다. 석가여래가 법화경을 설 합니다. 석가모니 부처님이 법화경을 설하는 궁극적 핵심은 바로 다보여래를 설하는 것입니다. 그것이 인불사상입니다.

석가여래가 이 법화경 설하는 것을 듣고, 온갖 장식을 하고 땅에서 솟아난 다보탑 속의 다보여래가 인증합니다. "참 맞는 말씀입니다. 정말 훌륭하십니다. 부처님이 호념하시는 인불사상인 묘법연화경을 대중들에게 말씀하시는군요."라고 찬탄을 합니다. 다보여래가 석가여래가 설하는 인불사상을 인증하는 것입니다. 이렇게 서로를 찬탄하는 석가여래나 다보여래나 결국은 둘이 아닙니다.

사부대중이 기쁨을 얻다

이 때 사부대중들은 큰 보배 탑이 공중에 머물러 있는 것을 보았습니다. 또 탑 속에서 나오는 음성을 듣고는 모두 법法의 기쁨을 얻었습니다. 전에 없던 일이라 하여 괴이하게 여기며 자리에서 일어나 공경하며 합장하고 한 곳에 물러가 있었습니다.

– 『법화경』「견보탑품」 4

사부대중은 인간 불성의 그 위대성을 이해하고 거기에 대한 마음 자세를 이렇게 표현했습니다.

불교를 하는 이유

그 때에 한 보살 마하살이 있으니 이름이 대요설이었습니다. 그는 모든 세간의 천신과 인간과 아수라들이 마음속에 의심하는 것을 알고 부처님께 말씀드렸습니다.

"세존이시여, 무슨 인연因緣으로 이 보배 탑이 땅에서 솟아 올랐으며 또 그 속에서 이러한 음성이 나오는 것입니까?"

– 『법화경』「견보탑품」5

대요설이란 '말씀을 잘하는'이라는 뜻입니다. 어마어마한 보배 탑이 갑자기 땅에서 솟아오르니 신기하여서 대요설보살은 '다보탑이 어찌하여 땅에서 솟았습니까. 그런 무한한 능력을 어찌하여 가지고 있습니까. 도대체 그것이 무엇입니까.' 하고 묻습니다.

앞서 제가 장애를 가지고도 능력을 발휘하는 사람들을 이야기 했습니다. '사람에게 무엇이 들어 있기에 그렇게 능력을 발휘할 수 있는가.' 하는 내용이었습니다. 이것이야말로 불교의 궁극적 화두입니다. 개개인이 가슴속에 품고 있는 다보탑을 발견해서 그 무량 무변한 보물을 한껏 사용하는 것, 그리하여 풍요롭고 아무것도 걸릴 것이 없는 대해탈, 대자유를 누리면서 살자고 하는 것이 바로 불교입니다.

부처님께서 답하다

이 때 부처님께서 대요설보살에게 말씀하셨습니다.

"이 보배 탑 안에는 여래의 전신全身이 계시니라. 지나간 옛적에 동방으로 한량없는 천만억 아승지 세계 밖에 나라가 있었으니 이름이 보정寶淨이니라. 그 나라에 부처님이 계셨으니 이름이 다보多寶이니라.

그 부처님이 보살의 도를 행하실 때에 큰 서원誓願을 세우시기를 '내가 성불하였다가 열반한 뒤에 시방의 국토 중에 묘법연화경을 설하는 곳이 있으면, 내 탑이 그 경전을 듣기 위하여 그 앞에 솟아올라 증명하면서 〈훌륭하고 훌륭하다.〉고 찬탄하리라.' 하였느니라.

그리고 그 부처님이 성불하셨다가 열반하시려는 때에 천신과 인간 대중들 가운데서 비구들에게 이렇게 말씀하였느니라.

'내가 열반한 뒤에 내 전신에 공양하려는 사람은 마땅히 큰 탑 하나를 세우라.' 라고 하였느니라.

그 부처님이 신통력神通力으로 시방 세계의 가는 곳마다 만약 묘법연화경을 설하는 사람이 있으면, 그 부처님이 보배 탑이 그 앞에 솟아나고 그 탑 속에 전신이 계시어서 '훌륭하고 훌륭하다.' 고 찬탄하느니라.

대요설이여, 지금 다보여래多寶如來의 탑이 묘법연화경을 설하는 것을 들으려고 땅에서 솟아 올라와서 '훌륭하고 훌륭하다.' 고 찬탄하는 것이니라."

- 『법화경』「견보탑품」6

대중들이 어찌하여 저렇게 아름다운 탑이 세상에 있을 수 있겠는가 궁금해할 때 석가모니 부처님이 이렇게 설명합니다. 아주 오랜 과거를 이야기하는데 그것은 결국 우리의 불성인간을 말합니다. 궁극적 차원으로서의 우리들 개인은 역사성을 초월하기 때문입니다. 우리는 무한한 과거부터 무한한 생명을 가지고 지금 왔고, 또 앞으로도 무한한 세월을 살아갈 것이라는 의미를 포함합니다.

역사적인 우리 개개인은 태어나서 100년 전후를 잠깐 살다가 인생이 끝나는 것으로 모두 알고 있습니다. 불교 공부를 하지 않은 보통 사람들의 상식입니다. 그러나 불교를 공부한 사람들의 상식은 그렇지 않습니다. 우리의 참생명은 영원합니다. 그 영원한 참생명이 인연을 만날 때마다 얼굴을 바꿔 가면서 이 세상에 출현합니다.

금생에는 여자의 얼굴을 가지고 출현하고 또 남자의 얼굴을 가지고 출현하기도 합니다. 그때그때 내가 어떻게 인연을 짓느냐에 따라서 나타나는 모습이 다릅니다. 오늘은 지극히 무더운 여름날이니 당연히 가벼운 옷차림으로 여기 올 수밖에 없습니다. 이것이 상황이고 인연이라는 것입니다. 겨울이 되면 겨울에 알맞은 옷을 입고 나타나는 것과 똑같은 이치입니다.

우리는 한 사람인데 그 상황이나 인연에 따라 모습을 달리하며 나타납니다. 길게 보면 금생의 나의 모습과 과거 생의 나의 모습이 다릅니다. 어떤 부모를 만나고 어떤 환경을 만나느냐에 따라서 얼굴이 다르고 내 삶이 다릅니다. 그래서 불교에서는 인연을 잘 지으라고 합니다.

믿음의 힘

인연을 잘 지으려고 이렇게 더운 날 여러분이 이 자리에 왔습니다. 불자들은 인연의 이치를 믿기 때문입니다. 믿음의 힘이라고 하는 것은 대단합니다. 무더운 열기를 충분히 이겨 낼 수 있는 것은 믿음의 열기 때문입니다. 모르는 사람은 전혀 이해하지 못합니다. 여러분들은 불교적인 접근을 통해서 부처님 가르침에 대한 믿음과 이해가 있습니다. 그것은 엄청난 재산이고 대단한 보물입니다.

부처님은 믿음이야말로 불법에 있어서 제일가는 재산이라고 하였습니다. 부처님이 재산에 대한 낱말을 잘 안 쓰시는데 믿음을 이야기할 때는 여러 가지 비유를 하다가 재산에다 비유를 하였습니다. 재산을 싫어하는 사람은 아무도 없습니다. 그런데 진정한 재산은 무엇인가요. 바로 믿음입니다. 바른 이치를 이해하고 믿는 것이 제일가는 재산입니다. 여러분은 그 누구도 가지지 못한 재산을 가졌습니다. 믿음을 굳건히 하시기 바랍니다. 진리에 대한 믿음을 굳건히 하면 세상의 어떤 어려움도 어떤 상황도 다 견디고 잘 넘길 수 있습니다.

세 부처님을 들어 경전의 유통을 권하다

"대중들에게 말하노라.

내가 열반한 뒤에는

이 경전을 누가 능히

수호守護하고 독송하고 설하겠는가.

오늘 여기 부처님 앞에

스스로 서원誓願하고 말하라.

다보 여래 부처님은 열반한 지 오래지만

크나크신 서원으로 사자후를 하시니

다보 여래 부처님과 그리고 나와

모아놓은 분신 부처님들이 이 뜻을 알리라.

　－『법화경』「견보탑품」20

　부촉은 불교에 있는 아름다운 말입니다. 부탁한다는 뜻으로 일을 맡길 때 '부촉한다.'는 표현을 씁니다. 여기 세 종류의 부처님이 있습니다. 다보여래 부처님과 석가모니 부처님과 중간에 생략한 내용 속의 석가모니 분신 부처님입니다. 우리 모두가 분신 부처님입니다. 한마디로 요약하면 '우리 모두는 석가모니의 분신이다.'라고 생각해야 합니다. 다보여래가 증명하고 석가모니 여래가 증명하는 이 법화경을 우리들 자신이 널리 유통해야 하는 임무가 있다고 하는 것입니다.

진정한 공양

여러 많은 불자들이여,

누가 능히 이 법을 수호할 것인가.

마땅히 큰 서원을 발하여서

오래도록 머무르게 하라.

누구든지 능히 이 경전을 수호하는 사람은

나와 다보 여래에게 공양함과 같으리라.

다보 여래 부처님이 보탑寶塔 안에 계시면서

시방 세계에 다니시는 것은

이 법화경을 위함이니라.

– 『법화경』「견보탑품」 21

불국사의 다보탑은 오직 법화경을 위해서 존재하는 탑입니다. 그 다보탑은 우리 개개인의 아름다운 모습이고 궁극적 차원의 우리들 자신입니다. 경전을 수호하는 사람이란 법화경을 읽고 독송하고 지키고 보호하고 다른 사람에게 권하고 책을 사 주기도 하고 법화경 법회에도 모시고 함께 참석하는 사람들입니다. 이런 사람들이 석가모니 부처님과 다보여래에게 공양하는 사람입니다.

부처님께 올리는 공양은 얼마나 고귀합니까. 각자 정성을 기울여 초나 향이나 돈이나 과일을 준비해 와서 부처님께 올리는 것도 훌륭한 공양입니다. 그러나 진짜 공양은 "다보탑이 바로 우리들 자신이다."라고 하는 법화경의 가르침을 많은 사람들에게 전하고 이러한 가르침을 깊이 보호하는 것입니다. 이것이 진정으로 부처님께 올리는 공양입니다.

어려움을 들어 경전의 유통을 권하다

여러 선남자들이여, 깊이 생각하라.

이 일은 어려운 일이니 마땅히 큰 서원을 발發하라.

다른 여러 경전들의 그 수효가

항하 강의 모래같이 많은데

비록 이것을 다 설한다 해도

어렵다고 할 수 없고

수미산을 들어다가 저 멀리 세계 밖에

수없는 세계 밖에 던진다 하더라도

어렵다고 할 수 없느니라.

만약 발가락으로 대천세계를 들어다가

다른 세계에 멀리 던지는 일도

어렵다고 할 수 없느니라.

만약 유정천有頂天 위에 서서

한량없이 많은 경전을

대중들에게 널리 설하는 것도 어려운 일이 아니지만

부처님이 열반한 뒤 나쁜 세상 가운데서

이 법화경을 설하는 일은 이것이 가장 어려우니라.

– 『법화경』「견보탑품」 22

설사 우리에게 팔만대장경을 모두 설하거나 수미산은 그만두고라도 남산을 들어다가 부산쯤 갖다 놓는 능력, 지구를 발가락에 놓고 저 멀리 던지는 능력이 있다 하더라도 그런 것보다 더 어려운 일이 있습니다. 그것은 부처님이 열반한 뒤의 나쁜 세상, 지금 같은 말세에서 이 법화경을 설하는 일입니다. 그렇기 때문에 지금 우리가 여기에서 아무리 '당신은 부처님'이라 하고 '사람이 부처님이다.'라고 해도 그것이 그저 귀로 스쳐 지나갈 뿐이고 가슴에 와 닿지 않습니다. 아무리 그런 말을 들어도 '이렇게 죄 많고 업장 두터운 인간이 무슨 부처님인가.' 하고 절대 받아들이지 않습니다. 그것이 당연하다는 것입니다. 그래서 그 모든 기적들보다 법화경을 설하는 일이 더 어렵습니다.

다보탑 앞에서 법화경을 설하자

우리가 수없이 다보탑 앞에 가서 아름답다고 하지만 '다보탑이 진정 나의 참모습이다. 모든 사람 사람의 참모습을 저렇게 상징적으로 세운 것이다.'라고 가슴에 와닿도록 이해하는 사람이 누가 있겠습니까. 그것이 참 어려운 것입니다. 그러니까 경주 불국사에 다보탑을 모셔 놓고도 그 자리에서 법화경을 한 번도 설하지 않는 것입니다. 불국사 대웅전 앞마당에 대중들을 모아 놓고 법화경을 설한다면 그 설법이 얼마나 입체적으로 근사하겠습니까. 불국사에서는 365일 법화경을 설해야 합니다.

법화경을 읽고 쓰기 어렵다

가령 어떤 사람이 맨손으로 허공을 휘어잡고
자유롭게 다니는 일은 어려운 것이 아니지만
내가 열반한 뒤에 법화경을 손수 쓰거나
남을 시켜 쓰는 일은 이것이 가장 어려우니라.
만일 누가 땅덩어리를 발톱 위에 올려놓고
범천梵天까지 올라가는 것도
어려운 일이 아니지만
부처님이 열반한 뒤 나쁜 세상 가운데서
이 경전을 잠깐 읽는 일은 이것이 가장 어려우니라."
- 『법화경』「견보탑품」23

문맹이 아니라면 누구나 글을 읽고 씁니다. 경전을 앞에 놓고 쓰인 글자를 그대로 옮겨 쓰는 것이야 누가 못하겠습니까. 어려운 것은 경전에 쓰인 대로 그 정신이 우리들 가슴에 아로새겨지는 일입니다. 법화경의 정신을 가슴에 와닿도록 읽고, 그 정신을 실천으로 옮길 수 있도록 쓰는 일이 어렵습니다. 우리는 당장에 자신과 가장 가까운 가족도 부처님으로 모시지 못하고 있습니다. 심지어 사람 취급을 안 하기도 합니다. 가족에게도 그렇게 못 하면서 어찌 경전에 쓰인 대로 모든 생명 모든 사람을 부처님으로 모실 수 있겠습니까. 경전을 읽고 쓰기가 어렵다는 것은 그 정신을 이해하고 실천하기가 그렇게 어렵다는 말입니다.

다보탑을 보다

견보탑품을 통해 다보탑을 친견하는 내용을 공부했습니다. 다
보탑을 어디 가서 친견할 것입니까. 불국사까지 갈 필요가 없습니
다. 지금 여기, 이 순간, 이 자리에서 나 자신의 존귀성을 이해하
면 됩니다. 다른 사람의 존귀성을 부처님으로까지 이해하고 믿고
받들면 됩니다. '우리 개개인이 곧 다보탑이구나.'라고 아는 것이
다보탑을 친견하는 일입니다. 이런 이해로써 법화경을 공부한다면
부처님의 올곧은 정신에 한걸음 다가서는 계기가 될 것입니다. 불
국사에 있는 다보탑이 달리 보일 것입니다.

'제바달다가 나의 스승이다'
나를 해치는 사람, 괴롭게 하는 사람이
나를 성숙시킨다

제바달다품

법화경의 모든 품이 다 중요하지만 특히 제바달다품提婆達多品
은 매우 중요합니다. 여러분들도 살아오면서 자의든 타의든, 의도
적으로 저지른 일이든 이해관계 때문에 자연스럽게 된 일이든, 이
웃 혹은 가까운 사람과 원수가 된 관계가 무수히 많을 것입니다.
다 묻어 두고 살아서 그렇지 가까운 친척이라든지 형제자매 간에
원수가 되어 버린 사람들이 많을 것입니다. 우리가 이런 것을 어
떻게 소화해야 합니까. 가까운 사이의 원수지간을 불교나 부처님
은 어떻게 이해하고 어떻게 소화해 내는가. 이러한 문제를 이 제

바달다품에서 이야기하고 있습니다.

동일성과 차별성

부처님을 위시해서 모든 사람에게는 두 가지 측면이 있습니다. 하나는 궁극적 차원으로서의 존재입니다. 불성인간佛性人間이라고도 합니다. 부처님이나 우리들이나 동일한 존재라고 하는 본래 인간 존재의 위대성을 표현하는 입장입니다. 그것을 천태학 같은 데서는 본래 부처라고 해서 본불本佛이라는 표현으로 이야기합니다.

다음으로는 역사적인 차원입니다. 부처님은 몇 년도에 누구 집 아들로 태어나서 어떻게 살다가 어떻게 돌아가셨다, 평소에 음식은 어떻게 자셨고, 생활은 어떻게 하셨고, 또 어떤 병을 앓다가 돌아가셨고 하는 역사적인 차원으로의 세존이 있습니다.

우리 모두 마찬가지입니다. 궁극적 차원에서의 불성인간에서는 누구나 동일합니다. 부처와 중생이 동일하고 성인과 범부가 동일하지만 역사적인 차원에 있어서는 우리 모두 다 차별하고 불평등하고 개별적인 입장이 있습니다. 그래서 우리는 성이 다르고 얼굴이 다르고 태어난 가정이 다르고 생긴 모습이 다르고 쓰는 머리도 다르고 받는 복도 다릅니다. 여러 가지 현상이 다릅니다. 그것을 흔히 역사적 차원으로서의 우리들 자신이라고 표현합니다. 역사적 차원은 눈에 보이는 현상적인 것인데 그것을 부정할 수 없습니다. 또한 궁극적 차원도 부정해서는 안 됩니다.

참나를 보는 순간

여러분이 이렇게 법문을 들을 때 어떤 조건에 의해서 듣습니까? 여자라는 조건, 남자라는 조건, 출가인이라는 조건, 재가인이라는 조건, 배웠다거나 못 배웠다는 그 어떤 조건이 거기에는 다 해당되지 않습니다. 그냥 듣는 것입니다. 문수, 보현이 와서 듣든 관음, 지장이 와서 듣든, 누가 와서 듣든 듣는 것은 똑같습니다.

모든 차별적인 현상을 다 초월한 궁극적 차원이 본래 인간의 위대성입니다. 현상적인 차별상을 부정해서는 안 되듯이 본래적인 우리들의 진실한 생명, 참생명에 대해서도 부정해서는 안 됩니다. 그 사실을 명확히 이해하는 것이 불교 공부의 지름길이기도 합니다.

석가모니 부처님

우리는 '부처 불佛' 자를 종이에 써 놓아도 그 종이를 함부로 구기지 못하고 휴지통에 버리지도 못해서 고이 태워서 버립니다. 혹 모래사장에 손으로 '부처 불' 자를 썼다 해도 발로 못 지우고 손으로 곱게 지웁니다. 그런 정도로 불자들은 마음속에 부처님을 그리고 있습니다.

그런데 그런 부처님도 역사적인 차원을 보면 불행한 사람입니다. 이 자리에 계신 분들 중에 태어난 지 칠 일 만에 어머니가 돌아가신 분은 아마 거의 없을 것입니다. 조실부모했다고 꼭 불행하다는 뜻은 아닙니다. 세존에게 있어서 참으로 불행한 일은 사촌 동생 제바달다와의 관계입니다.

또 한 가지 역사적인 사실은 금강경에 등장합니다. 부처님이 많은 제자를 두고 한창 교화를 펴는 시기에 부처님의 고국은 이웃의 큰 나라인 코살라국의 침범을 받았습니다. 부처님은 눈을 번히 뜨고 자신의 석가족이 멸망하고 가비라성이 사라져 버리는 현실을 목도합니다. 얼마나 가슴 아픈 일입니까. 부처님 일생에 그런 불행이 있었다는 사실을 생각하면 우리는 그나마 행복한 사람입니다.

제바달다

부처님을 살해하려고 여러 번 시도했던 제바달다는 이웃에 사는 사촌동생이고 같은 왕족입니다. 그도 사나이로 태어나 아주 총명하고 씩씩하고 건장하였습니다. 학문이나 무예에 있어서 부처님과 제바달다는 항상 라이벌로 함께했습니다. 어떤 시합을 해도 마지막에는 늘 두 사람이 남아서 대결을 펼칠 수밖에 없었습니다. 세속에 있을 때부터 그런 관계였기 때문에 제바달다는 늘 부처님을 시기 질투했습니다.

부처님이 출가하니 그도 출가를 했습니다. 부처님의 교단이 커지고 번성하면서 따르는 사람이 많고 제자가 많아지자 제바달다는 그것 또한 질투심이 나고 시기심이 나서 참을 수 없었습니다. 제바달다는 부처님의 교단을 통째 빼앗기 위해 부처님을 살해하려는 시도를 여러 번 했습니다.

부처님이 제자들을 데리고 언덕을 지나갈 때 사람들을 동원해서 언덕 위에서 돌을 굴려 부처님 발등을 찍어서 피가 나게 했습니다. 부처님의 몸에 피가 나게 하는 것은 오욕죄에 해당합니다. 제바달다에게 오욕죄가 하나 둘 생기기 시작했습니다. 제바달다는 사나운 코끼리에게 술을 먹여 부처님 앞에 풀어놓은 적도 있습니다. 그런 역사적인 사실을 기본 불교를 알고 있는 분들은 다 아실 것입니다.

가장 가까운 사람, 친한 사람, 친척이고 형제인 사람이 반역을 꾀하고 심지어 살해하려고 여러 번 시도했다는 사실이 부처님께는 얼마나 가슴 아픈 일이겠습니까. 이러한 사람을 부처님은 어떻게 소화해 냅니까. 살아생전에 이웃 나라의 침공으로 고국을 잃어버렸고, 가까운 사촌이 자기를 시해하려는 시도를 여러 번 하는 이런 문제를 이 경전과 부처님과 불교는 어떻게 소화해 냅니까.

이런 문제를 해결하지 않고는 참으로 불교가 완전하다고 할 수 없습니다. 그것을 소화해 낸 것이 금강경의 한 구절이나 법화경의 제바달다품 같은 대목입니다.

부처님께 배우다

유교에는 '1억을 들여서 집을 산다면 10억을 주고 이웃을 산다.' 는 말이 있습니다. 새로 이사 간 집보다 이웃 관계에 열 배로 공을 들여서 이웃 간에 소통하고 우애를 나누고 관계 개선에 주력한다는 뜻입니다. 처음부터 좋은 이웃은 없습니다. 내가 좋은 이웃을 만들어야 좋은 이웃이 됩니다.

예를 들어서 위층에서 어린아이들이 떠들고 시끄럽게 뛰어서 밤잠을 설치게 하더라도 이튿날 만났을 때 "아이고, 집의 아이들은 참 건강한가 봐요. 아주 씩씩한가 봐요."라고 말을 한다면 윗집에서도 미안해하고 배려할 것입니다. 밑에서 배려하면 위에서도 배려를 합니다. 사람은 그렇게 되어 있습니다. 알고 보면 사람은 훌륭한 존재입니다. 착하게 가꾸어 가면 무한히 착한 존재가 되고, 악한 방향으로 뻗어 가면 무한히 악한 존재가 됩니다.

요즘은 아파트 생활을 하는 바람에 '이웃사촌'이라는 말은 지나간 전설이 되다시피 했습니다. 층간소음 때문에 사람을 살해하고 원수가 되고 이사를 가야 하는 시대입니다. 이러한 시대에 처한 우리들일수록 이 제바달다품이나 금강경 같은 것을 잘 이해해서 나를 힘들게 하는 관계를 부처님은 어떻게 소화하셨는지를 공부해야 합니다. 순조롭지 않은 불행한 관계나 환경을 부처님처럼 제대로 소화해 낸다면 그 사람이 바로 훌륭한 불자입니다.

석가모니불의 과거

이 때에 부처님께서 모든 보살과 천신과 인간 사부대중에게 말씀하셨습니다.

"내가 지난 옛적 한량 없는 겁 동안에 묘법연화경妙法蓮華經을 구하기에 게으르지 아니 하였으며, 여러 겁 동안에 항상 국왕國王이 되어 가장 높은 깨달음을 발원하고 구하는 데 마음이 물러서지 아니 하였느니라.

여섯 가지 바라밀다를 만족하기 위하여 부지런히 보시를 행하되, 코끼리·말·칠보·나라·도성·처자·노비·심부름꾼·머리·눈·골수·몸·살·손·발을 아끼지 아니 하였고 생명도 아끼지 아니 하였느니라.

그 때 세상 사람들의 수명이 한량이 없었지마는, 법을 위하여서 국왕의 자리를 버려 태자에게 위임하고, 북을 쳐서 명령을 내리고 사방으로 법을 구하되, '누구든지 나에게 대승법을 말하여 주는 이가 있으면 내가 마땅히 종신토록 받들어 드리고 시중 들리라.'고 하였느니라.

– 『법화경』「제바달다품」 1

석가모니 부처님이 과거에 왕이 되어 훌륭한 진리의 가르침, 묘법연화경이 있다는 소식을 듣고 그 진리의 가르침을 구하기 위하여 온갖 보시를 부지런히 행했습니다. 그리고 누구든지 이 대승법을 말해 주는 이가 있으면 '내가 마땅히 종신토록 받들어 드리고 시중을 들리라.'고 선포를 합니다.

법을 얻기 위해서

그 때에 한 선인이 와서 왕에게 말하기를,
'나에게 대승경이 있으니 이름은 묘법연화경이라, 만일 내 뜻을 어기지 않으면 마땅히 말하여주리라.'고 하였느니라.

왕은 선인의 말을 듣고 뛸듯이 기뻐하며 곧 선인을 따라가
서 모든 것을 시중 드는데, 과실을 따고 물을 긷고 땔나무
를 하고 음식을 장만하며, 내지 몸으로 상牀도 되고 앉는
자리座가 되었지마는 몸과 마음이 게으르지 아니하였느니
라. 그렇게 받들어 섬기기를 일천 년이 지나도록 하였으니,
법을 위하여 지성으로 시중하여 조금도 부족함이 없게 하
였느니라."

– 『법화경』 「제바달다품」 2

대승경을 얻기 위해 온갖 시중을 다 든 그 왕은 부처님의 전신
前身이고 미묘한 법을 가지고 있던 선인은 제바달다의 전신이라는
이야기입니다. 이 대목에서 '가령 부처님을 머리에 이고 세월을 보
내고, 이 몸뚱이가 평상이 되거나 앉는 의자가 되어서 삼천대천세
계만 하게 한다 하더라도, 만약 법을 전해서 중생을 제도하지 못
하면, 필경에 부처님 은혜를 갚을 길이 없다[가사정대경진겁假使頂戴
經塵劫 신위상좌변삼천身爲牀座徧三千 약불전법도중생若不傳法度衆生 필경무
능보은자畢竟無能報恩者].'라고 하는 게송의 근거가 나옵니다.

석가모니불의 성불成佛은 제바달다의 공덕
부처님께서 비구들에게 말씀하셨습니다.
"그 때의 왕은 바로 내 몸이요, 그 때의 선인은 지금의 제바

431

달다니라. 이 제바달다 선지식을 말미암은 탓에 나로 하여금 여섯 가지 바라밀다와 자비희사慈悲喜捨와 삼십이 거룩한 몸매와 팔십 가지 잘생긴 모양과 붉은 금빛과 열 가지 힘과, 네 가지 두려움 없음과, 네 가지 포섭하는 법과 열여덟 가지 함께 하지 않는 법과 신통과 도력을 구족하고 등정각等正覺을 이루어 중생들을 널리 제도하게 하였으니, 이것이 모두 제바달다 선지식善知識을 말미암은 연고緣故니라.

　　　　　　　　　　－『법화경』「제바달다품」 5

　석가모니 부처님은 '나의 성불은 제바달다의 공덕'이라고 말합니다. 어린 시절부터 계속 라이벌로서 자신을 모함하고 해치려 했던 제바달다 덕분에 오늘날 부처님이 되었다고 말합니다. 그래서 부처님은 자신을 죽이려고 여러 번 시도했고 교단을 송두리째 뺏으려 했던 제바달다를 '알고 보니 제바달다도 부처이다.' '그대야말로 진정 부처님이구나.' 하는 차원으로 소화해 냅니다.

　'제바달다는 나의 스승이다. 제바달다 때문에 나는 이렇게 성장했고 결국 성불했다.'고 석가모니불은 말합니다. 자신에게 꼬인 관계를 어떻게 풀 것인가를 석가모니 부처님이 보여 준 것입니다. 그러나 평범한 사람들에게 그런 주문은 가당치 않고 감당하기 어렵습니다. 받아들이기 어렵고 소화하기 어렵습니다.

　그렇지만 이것만이 열쇠입니다. 달리 다른 열쇠가 없습니다. 우리 역시 그 열쇠로 모든 인간관계의 문제를 해석하고 소화해야 합니다. 나를 손해 보게 하고 나의 원수이지만 결국 '당신도 궁극적 차원에서는 부처님이다.' '당신은 부처님이다.'라고 소화해 내야 합니다.

그가 누구든 그는 부처님이다

유교에 '도오선자道吾善者는 시오적是吾賊이요 도오악자道吾惡者는 시오사是吾師'라고 하였습니다. '나를 착하다고 하는 사람은 나의 적이고, 나를 나쁘다고 생각하는 사람은 결국은 나의 스승이 된다.'라는 말입니다. 경전에서는 '제바달다는 천왕여래가 된다.' '제바달다는 부처님이다.'라고까지 소화를 합니다.

결국은 인불사상입니다. 사람이 부처님입니다. 그 상대가 나에게 도움을 주는 사람이든지 나를 해치는 사람이든지 모두 부처님입니다. 그렇게 이해하는 것만이 인간관계를 좋게 하는 열쇠입니다. 그것이 1억을 주고 집을 사고 다시 10억을 들여서 이웃을 사는 도리입니다. 달리 다른 이야기가 아닙니다. 공을 더 들인다는 말은 경제적인 공을 들인다는 말도 되지만 내 마음이 이웃을 이해하고 배려하고 수용하는 것을 말합니다. 인간관계에 있어서 돈으로 안 되는 문제가 얼마나 많습니까. 그럴 때 '부처님은 이렇게 이해하셨지.'라고 생각하는 것입니다.

불자다운 고민

평화의 열쇠는 인불사상人佛思想입니다. '사람이 부처님'이라는 이 열쇠만이 사람과 사람 사이의 모든 문제를 해결할 수 있습니다. 부처님은 평생 가슴 아픈 원수를 이렇게 소화해 냈습니다. 얼마나 훌륭하고 얼마나 부처님답습니까. 우리가 이렇게 이해하기에는 벅찹니다. 그러나 법화경의 이 가르침만이 해결의 열쇠입니다. 달리 다른 열쇠가 없습니다.

층간소음이 일어나거든 "내가 법화경을 배웠는데, 법화경 제바달다품을 배웠는데 저 인간을 어떻게 이해해야 하나. 스님이 말씀하시기를 '그 집 아이는 참 씩씩한가 보다. 그 집 아이는 참 건강한가 보다.'라고 말해 주라고 했는데"라고 이해하십시오. 그 말이 쉽게 나올 리 없지만 '부처님이 가르치시기를 그대야말로 나의 스승이고 궁극적으로 당신도 부처님이다.' '내가 그를 부처님으로 받들어 섬겨야 하는데, 배우기는 그렇게 배웠건만 현실은 그렇지 못하니 이 어찌해야 좋을꼬.'라고 속으로 근심하고 몸부림치고 갈등해야 합니다. 우리 불자들은 그런 고민이 있어야 합니다.

제바달다도 부처가 될 것이다

그동안은 사리불이 맨 처음 수기를 받았고 가섭, 수보리, 가전연, 목건련이라고 하는 4대 성문이 수기를 받았습니다. 부루나, 교진여가 수기를 받았고, 아난존자, 라후라가 수기를 받으면서 5백 명 아라한이 한꺼번에 수기를 받고, 2천 명 아라한이 또 한꺼번에 수기를 받았습니다. 여기 제바달다품에 와서는 제바달다가 수기를 받는 대목이 나옵니다. 액면 그대로 이해하기로 하면 '제바달다도 부처이다. 그가 언제 어느 때 부처가 될 것이다.'라고 단순하게 수기하는 정도에 그치겠지만 사실 이 속에는 가슴 아픈 여러 사연이 숨어 있습니다.

그 사연들을 우리가 그냥 눈감고 넘어갈 수가 없는 입장입니다. 부처님과 제바달다의 관계를 뻔히 알면서 어찌 글만 읽어 넘기겠습니까. 목에 걸리고 가슴에 맺히는 대목입니다. 뻔히 원수인데 석가모니 부처님이 제바달다를 보고 '당신도 부처님이다.'라는 소리가 어찌 나오겠습니까. 제바달다품을 생각하면 가슴이 아프지만 한편 참 훌륭한 가르침임을 느낍니다. "부처님의 가르침이 이런 데서 참 훌륭하다 하겠구나."라고 감동을 받는 품이 또한 제바달다품입니다.

제바달다는 천왕天王 여래가 되리라

여러 사부대중들에게 이르노니, 제바달다는 그 뒤에 한량없는 겁을 지내고서 부처를 이루리니, 이름이 천왕天王 여래·응공·정변지·명행족·선서·세간해·무상사·조어장부·천인사·불·세존이요, 그 세계의 이름은 천도天道라 하리라. 이 때 천왕불天王佛이 세상에 머물기는 이십 중겁中劫이니 널리 중생들을 위하여 묘법妙法을 설하리라. 항하사 같이 많은 중생들은 아라한과果를 얻고, 한량없는 중생들은 연각緣覺의

435

마음을 내고, 항하사 같이 많은 중생들이 최상의 도의 마음을 내어 무생법인無生法忍을 얻고 물러가지 않는 자리에 이르리라.

그 때 천왕불이 열반에 드신 뒤에 정법正法은 이십 중겁 동안 세상에 머물러 있을 것이니라. 전신全身 사리로 칠보 탑을 세우리니 높이는 육십 유순이며, 가로와 세로는 사십 유순이리라. 여러 천신들과 사람들이 여러 가지 꽃과 가루 향, 사르는 향, 바르는 향과 의복과 영락과 당기·번기와 보배 일산과 풍류와 노래로 칠보탑에 예배하고 공양하리라. 한량없는 중생들이 아라한과를 얻고, 한량없는 중생들이 벽지불辟支佛을 깨닫고, 불가사의한 중생들이 보리심菩提心을 내어 물러가지 않는 자리에 이르리라."

－『법화경』「제바달다품」 6

한마디로 요약하면 '제바달다도 부처님이다.' '나는 그를 부처님으로 이해하고 부처님으로 받들어 섬기겠다.'는 내용입니다. 부처가 된 다음 제바달다가 열반에 든 뒤에는 탑을 세우는데 전신사리로 칠보탑을 세운다고 하였습니다. 대개 화장을 해서 사리가 나오면 사리로 탑을 세웁니다. 그런데 이 부처님이 열반한 뒤에는 머리카락 하나 빠뜨리지 않고 전신을 그대로 사리로 해서 칠보탑을 세운다고 하였습니다. 그 높이도 60유순이고 가로와 세로는 40유순이나 됩니다. 1유순이 1.14킬로미터인가 하는데 60유순이나 되니 상상을 초월하는 높이입니다. 이와 같이 제바달다에게 수기하는 내용이 다른 사람들에게 수기하는 내용보다 훨씬 풍성합니다.

제바달다품의 공덕

다음은 제바달다품의 마지막이라고 할 수 있는 '제바달다품을 권하다'라고 하는 대목입니다. 이런 이야기가 우리의 귀로 한번 스치고 지나가기만 해도 우리에게는 대단한 공덕이 있습니다. 우리 심보로 생각한다면 '부처님의 이런 주문은 너무 무리이다. 내가 법화경을 공부하기는 하지만 어찌 이것을 천분의 일, 만분의 일이라도 흉내 낼 수 있으랴.' 하는 생각이 드는 것이 당연합니다.

그러나 이러한 내용이 귀로 한 번 스치고 지나가거나, 마음에 '아, 법화경에는 그런 내용도 있더라. 부처님이 제바달다와의 관계를 그렇게 풀었더라. 원수의 관계도 그렇게 소화하고 풀었더라.'라는 것만 기억하고 있어도 우리들은 대단히 성숙한 것입니다. 각자의 제8 아뢰야식에서 상당히 인간성이 성숙될 것입니다. 또 언젠가 이것이 씨앗이 되어 밖으로 드러날 때가 있을 것입니다. 혹시 좋지 않은 관계가 생겼을 때 한 번쯤 제바달다품을 떠올리고 부처님이 소화하고 실천했듯이 우리도 그 관계를 소화할 길이 생길 것입니다.

형제간에 돈 때문에 싸우거나, 소송을 걸거나, 심지어 자식이 아버지를 죽이는 입에 담기도 섬뜩한 내용이 지금 뉴스에 얼마나 많이 나옵니까. 그런 모든 문제의 해결은 법화경의 이 인불사상밖에 없습니다. 또 모두가 법화경을 기억한다면 그런 문제들도 많이 완화될 것입니다. 그것이 제바달다품의 공덕입니다.

제바달다품을 권하다

부처님께서 모든 비구들에게 말씀하셨습니다.

"오는 세상에 선남자·선여인이 이 묘법연화경의 제바달다품을 듣고 청정한 마음으로 믿고, 공경하여 의심을 내지 않는 이는 지옥이나 아귀나 축생에 떨어지지 아니하고 시방 부처님의 앞에 왕생往生할 것이니라. 나는 곳마다 항상 이 경전을 들을 것이며, 만일 인간에나 천상에 나면 가장 훌륭하고 묘한 낙을 받고, 부처님 앞에 나면 연꽃 위에 화생化生하리라."

– 『법화경』 「제바달다품」 7

우리가 이렇게 제바달다품을 듣고 믿게 되면 '연꽃 위에 화생하리라.'고 하였습니다. 곳곳마다 서로 경쟁하고 투쟁하고 빼앗고 빼앗기는 사기 협잡의 세상입니다. 전화 한 통만 잘못 받아도 사기에 걸려서 한꺼번에 몇십만 원씩 달아나는 시대입니다. 이런 험한 세상에 우리는 살고 있습니다. 사람이 발 디디고 사는 세상이 그렇게 험할 수가 없고 도저히 기록할 수 없는 거짓과 협잡과 사기가 난무하는 진흙탕입니다. 그러나 진흙탕에서 아름다운 연꽃이 피어나듯이 우리 또한 이 험한 세상에서 존귀한 인간으로 태어나서 부처님 앞에 이렇게 와 있습니다.

'연꽃 위에 화생하리라.' 우리 개개인은 전부 연꽃입니다. 스스로의 연꽃을 잘 가꿔 가야 합니다. 연꽃은 진흙탕에서 피지만 얼마나 아름답고 향기롭습니까. 세상에 연꽃같이 아름다운 꽃이 없습니다. 세상에 사람같이 존귀한 존재가 없습니다.

금강경에 나오는 이야기

금강경에 설화같이 슬쩍 넘어가는 이야기가 있습니다.

거기 보면 가리왕이 나오는데 코살라국의 유리왕을 말합니다. 금강경에 나오기를 가리왕이 부처님을 해쳤는데 그때 부처님은 "절절지해節節支解다. 마디마디 저미고 가슴을 도려 내는 듯한 아픔이었다."고 심정을 표현합니다.

무슨 말입니까. 석가모니 부처님이 많은 제자들을 가르치고 세상에서 부처님을 성인이라고 받들고 있는 시기에 이웃 나라 코살라국에서 석가모니 부처님의 고국 가비라성에 쳐들어 갔습니다. 부처님이 그 일을 지휘하는 유리왕을 제지하기 위해 뜨거운 햇빛 아래 바싹 마른 나무 밑에 가서 제자들과 서 있었습니다.

유리왕이 군대를 몰고 쳐들어오다가 부처님 제자들이 노란 가사를 입고 서 있으니 말에서 내려 인사를 하였습니다. 석가모니 부처님의 종족을 멸하려고 들어가는 마당이지만 부처님이 워낙 훌륭한 분이니 그렇게 한 것입니다.

"부처님, 가지가 무성하고 잎이 무성한 나무 그늘에 있지 않으시고 왜 이렇게 바싹 마른 나무 아래, 그늘도 없는 곳에 계십니까?"

유리왕이 물었습니다.

"형제자매가 없고 종족이 없고 일가친척이 없는 삶이란 이 뜨거운 햇빛에 가지도 없고 잎도 없는 이 나무와 같은 처지다."

부처님이 말씀하셨습니다.

그 한마디에 유리왕이 감동을 해서 군대를 되돌렸습니다.

두 번째도 또 그렇게 해서 유리왕이 물러갔습니다. 그런데 여러 날 후, 세 번째로 유리왕이 쳐들어오는데 그때는 부처님이 자리를 피해 버리셨습니다. 그가 말을 들을 사람이 아니라는 것을 아셨기 때문입니다. 결국 유리왕은 가비라성을 침범해서 석가족을 멸망시키고 코살라국이 가비라성을 먹어 버렸습니다. 부처님이 살아생전에 번히 눈을 뜨고 본 사실입니다.

얼마나 가슴 아팠겠습니까. 그것을 금강경에서 "칼로 마디마디를 오려 내는 듯한 아픔이었다."고 표현하고 있습니다. 그런데 그 아픔을 금강경에서는 어떻게 소화합니까.

무아상無我相

금강경에서는 "칼로 마디마디를 오려 내는 듯한 아픔이었다. 그런데 그런 상황에서도 나는 아상이 없었노라."라고 말합니다. '나라고 하는 것에 대한 상이 없었다.' '무아상無我相 무인상無人相 무중생상無衆生相 무수자상無壽者相이다.' '나에 대한 생각이 없었다.' '나는 이미 없는 존재다.' 이렇게 생각했다는 것입니다.

석가족이 멸망하는 동안 아주 비참한 이야기가 많습니다. 당시 석가족의 왕은 마하남이라고 하는 이였는데 쳐들어오는 유리왕을 보고 "내가 이 물속에 있다가 나올 동안까지만 전쟁을 멈추고 우리 석가족이 도망갈 수 있게 해 달라."고 하였습니다.

마지막 부탁인데 그거 못 들어줄 이유가 없었습니다. 사람이 물속에 들어가 봤자 10분도 못 있을 것은 뻔합니다. 그래서 유리왕이 그 부탁을 들어주자, 마하남 왕은 물속에 들어가서 바위를 안고 자신의 몸을 바위에 묶었습니다. 그러고는 영원히 나오지 않았습니다. 그동안 석가족은 뿔뿔이 도망을 가서 여러 사람이 살았습니다. 그런 비참한 역사가 있습니다. 이것은 인도 역사에도 나와 있는 실화입니다.

넉 자로 된 반야심경

금강경에서 무아無我라고 하는 무아상 무인상 무중생상 무수자상을 반야심경에서는 '색즉시공 공즉시색'이라고 표현합니다. '색즉시공色即是空 공즉시색空即是色'은 '나는 없다.'는 말입니다. 저는 반야심경 260자를 '나는 없다.'라고 하는 넉 자로 번역을 했습니다. 길게 설명할 것 없이 '나는 없다, 나는 없다, 나는 없다.' 이것을 관세음보살 외우듯이 외우고 제목을 반야심경이라고 해 놓으면 될 것입니다.

구체적으로 비유하자면 컵을 사용하되 이미 깨진 것이라고 생각하고 사용하는 것입니다. 인생은 태어나자마자 '나는 없는 존재다.'라고 생각하고 사는 것입니다. 이미 죽은 몸인데 이렇게 버젓이 생활하고 있으므로 '살아 있다는 것은 공짜다. 횡재다.'라고 아는 것입니다. 지금 전부 공짜로 살고 있으면서 이런 데 와서 법문 들으니 얼마나 횡재입니까.

'나라는 것은 태어나면서부터 벌써 없어진 존재인데 지금 이렇게 나이가 50, 60, 70세가 되도록 사는 것은 횡재다. 공짜다. 아파도 횡재고 감기가 들어도 횡재고 다리가 하나 부러져도 횡재다. 그나마 이렇게 살아 있으니까 얼마나 횡재냐.' '컵은 이미 깨져 있는 것을 나는 이렇게 공짜로 사용하고 있다. 그러면 이게 몇 억짜리 고려청자 컵이라 하더라도 당장에 깨져도 아무 감각이 없을 것이다. 이미 깨진 컵을 가지고 사용하는데 다시 깨진들 무슨 상관이 있겠는가. 아무 상관이 없다.'라고 생각하는 것입니다. 불교에는 이런 도리가 있습니다.

부처님도 드신 약

법화경의 제바달다품을 통해서 부처님은 제바달다와의 관계, 개인적인 원한 관계를 어떻게 소화해 내었는가, 친족과 고국이 사라지는 정치적인 관계를 어떻게 소화했는가 하는 내용을 공부했습니다. 부처님은 나라고 하는 아상이 없는 입장에서 칼로 가슴을 오려 내고 몸을 마디마디 잘라 내는 듯한 아픔을 소화해 내셨습니다. 석가모니 부처님이 '나 자신이 없다.'라고 하는 사실을 진실로 몰랐다면 그 모든 역사적인 사실을 소화하지 못했을 것입니다. 제자들을 동원해서 곡괭이, 칼, 막대기를 들고 가서 사정없이 상대해서 싸웠을 것입니다.

우리나라에 외부 세력들이 쳐들어 와서 우리 종족과 친족을 토벌한다는데 가만히 있을 사람이 누가 있겠습니까. 이기고 지는 것은 다음 문제이고 일단은 나가서 싸우는 것이 보통 인간의 심성입니다. 그런데 부처님은 그 상황을 '나는 없다.' '나는 이미 죽은 존재다.'라고 소화했습니다. 그것 외에 달리 해결 방법이 없습니다. 그 상황을 '나의 일이다.'라고 생각했다면 어떻게 소화했겠습니까. 진실로 부처님은 '나는 없다고 했겠구나, 나는 없다는 그 경지에서 살았겠구나, 자신은 이미 없다는 사실을 알고 살았겠구나.' 하는 생각이 듭니다. 부처님은 참 대단한 분입니다.

나는 없다

우리 인생도 이미 나는 없는 존재입니다. '컵이 깨져 있는 것으로 생각하고 사용하라. 이미 깨졌는데 지금 사용할 수 있는 것은 공짜고 횡재다.' '우리 인생은 이미 없는 것인데 오늘 이렇게 사는 것은 횡재다.' 순전히 공짜라고 생각한다면 나에게 그 무슨 가슴 아픈 일이 있겠는가.' 그런데 사실 이것은 너무 어려운 주문입니다. 이 주문을 듣고 '네! 그렇습니다.' 하고 받아들일 사람이 몇이나 되겠습니까. 그런데 우리가 믿고 의지하는 불교에 이런 가르침이 있습니다. 여기 법화경의 제바달다품도, 반야심경도, 금강경도 그것을 가르칩니다.

23강

가장 고귀한 행복은
'바로 지금, 여기'다

가장 고귀한 행복

부처님 모든 가르침의 내용을 깊이 살펴보면 대동소이합니다. 사람의 지고한 가치를 깊이 인식하고 그를 통해서 가장 가까운 인연인 가정과 이웃과 온 세상을 행복하게 하자는 것입니다. 사람의 지고한 가치는 법화경의 표현을 빌리자면 '사람이 다 부처님'이라는 사실입니다. "사람이 부처님이라는 사실을 깊이 인식하고, 모든 사람을 다 부처님으로 존중하고 찬탄하고 공양하고 예배드리고, 그 부처님을 향해 기도드리는 수행과 노력을 통하여 가정과 이웃과 온 세상을 행복하고 평화롭게 만들자." 저는 법화경의 내용을 한결같이 이렇게 해석합니다.

상불경보살품이나 제바달다품에서 그러한 내용을 확실히 보여 줍니다. 제바달다는 부처님을 살해하려고까지 했던 불교역사상 가장 극악무도한 사람입니다. 법화경에서는 그러한 제바달다에게 수기를 내렸습니다. 그의 본성이 석가모니 부처님과 다를 바 없다는 것입니다. 부처님은 '제바달다는 나의 스승이다.'라고까지 표현했습니다.

처음 출발한 그곳

우리는 불교 공부나 불교 수행을 통해 높은 이상을 향해 나아갑니다. 그것이 성불이든, 지극히 평화롭고 지극히 행복한 경지이든 끊임없이 탐구하고 앞으로 나아갑니다. 그런데 불교에는 '행행본처行行本處요 지지발처至至發處'라는 말이 있습니다. 간다고 갔지만 본래 그 자리에서 한 걸음도 더 나아간 바가 없습니다. 이르렀다고 하지만 한 걸음도 어디에 도착한 상황이 아닙니다.

한국에 있다가 멀리 미국에 가든 아프리카에 가든 언제나 그 사람이고 어디를 가도 자기 자신입니다. 하루를 수행하고 공부하고 이틀, 삼 일, 일 년, 십 년, 내지 50년, 60년, 70년, 긴 세월 동안 어딘가로 이르러 갔다손 치더라도 처음 출발한 그곳입니다. 처음 출발한 그곳은 인간이 본래부터 변함없이 지니고 있는 고귀한 가치 그 자리입니다.

눈을 뜬다는 것

모든 불교 공부는 인간의 본래의 가치에 눈을 뜬다고 하는 사실, 이미 본래 가지고 있는 그 자리를 아는 것입니다. 불교 공부는 모두 다 그 사실 하나 알자고 하는 것입니다. 그것보다 더 고귀한 것이 없습니다. 만든 것은 조작이기 때문에 변하고 없어지기 마련입니다. 부처님은 우리가 만들지 않고도 가지고 있는 것, 공부하지 않고도 본래 가지고 있는 것, 수행하지 않고도 가지고 있는 본성 자리에 눈을 떴습니다. 실현해야만 내 손에 잡히는 경지가 아니라 실현하지 않고도 본래 가지고 있는 그 경지에 눈을 뜨고 그것을 우리에게 일깨워 주셨습니다. 실현해서 내 손에 잡히는 것으로써 행복이라고 여긴다면 끝이 없습니다. 어느 분야나 마찬가지입니다.

석가모니 부처님도 이 세상에 태어나서 최고의 행복을 누려 보고 싶었을 것입니다. 그래서 온갖 학문을 연마하고 무술을 연마하고 여러 가지 노력을 했습니다. 하지만 꿈을 설정하고 그 꿈이 실현되었을 때 행복을 성취했다는 것으로는 도저히 만족되지 못함을 총명한 석가모니 부처님은 일찍이 아셨습니다. 일국의 왕자로서 그자리가 굉장한데도 성에 차지 않았습니다. 이것으로는 안 되겠다하여 다 포기하고 본래 있던 것을 찾아 나섰습니다. 세속의 우리가 부처님같이 다 포기하고 나설 수는 없습니다. 그런다고 찾을 수도 없습니다. 그런 사람은 만 명 중에 한두 사람이면 됩니다.

본래 갖춘 행복을 늘 되돌아봐야 한다

세속의 우리는 무엇인가를 끊임없이 실현해 왔고 앞으로도 실현해 가기 위해 희망하고 기대하고 꿈꾸며 살아갑니다. 그것이 당연한 삶입니다. 그러나 불교를 공부하는 사람으로서 거기에 너무 집착하고 매달리고 그것만을 전부로 알아서는 안 됩니다. 그간 이루었고 앞으로 이룰 꿈을 다 포기하더라도 그보다 수백 배, 수천 배 더 고귀하고 완전한 행복이 이미 우리에게 갖춰져 있습니다. 현실의 꿈을 위해 노력하는 것도 중요하지만 그보다 더 위대한, 지극히 고귀하고 완전하고 행복한 자리가 처음부터 우리에게 갖추어져 있다는 것을 늘 되돌아볼 줄 알아야 합니다. 그것이 중도적인 삶입니다.

행행본처 지지발처

가장 고귀한 행복은 바로 '지금' '여기'에 있습니다. 이 순간 우리가 앉아 있는 법왕루 바로 이 자리입니다. 우리가 집으로 돌아가면 집에 돌아간 순간 바로 그 자리가 또 행복한 자리입니다. 화장실에 가면 화장실에 앉는 그 순간입니다. 매순간 내가 앉는 그 자리 그 이상이 없습니다. 그것이 최선의 삶입니다. 지금 여기는 얼마나 소중하고 값진 자리입니까.

'행행본처行行本處요 지지발처至至發處'라고 했습니다. 가고 또 가도, 수행하고 또 수행해도 본래의 그 자리입니다. 본래 사람이라고 하는 지금 이 순간입니다. 이르고 이르렀다 해도, 어떤 꿈을 실현하고 또 실현했다손 치더라도 역시 실현하기 이전, 출발하던 그 자리 그 순간입니다. '행행본처 지지발처'라는 말에 불교의 이치가 다 표현되었다고 해도 과언이 아닙니다. 물론 이것을 우리가 얼마나 폭넓고 깊이 있게 풀어서 이해하느냐가 중요합니다.

용녀성불품의 시작

제바달다품에는 두 가지 내용이 나옵니다. 앞부분은 '제바달다도 궁극적으로 부처님이다.' '제바달다는 석가모니의 스승이다.'라는 내용으로 제바달다와 같은 원수를 부처님이 소화하는 이야기입니다.

어리석은 불자들이 그렇듯이 석가모니가 제바달다를 자신의 원수로 생각하고 불교의 원수로만 생각했다면 부처님이라고 할 수도 없을 것입니다. 제바달다를 부처님이라고 소화한 그 사실 하나만으로도 부처님은 위대하고 존경할 만한 분입니다. 우리가 같은 상황에 처했을 때 부처님의 백분의 일만이라도 행동할 수 있다면 불교를 믿는 보람이 있습니다. 제바달다품의 후반부에는 따로 용녀성불품이라고도 이름 붙일 수 있는 내용이 나옵니다.

지적智積보살과 문수文殊보살의 만남

이 때에 하방下方에서 다보多寶 세존을 따라 온 보살들이 있었으니, 이름은 지적智積이었습니다. 다보 부처님께 '본국本國으로 돌아가사이다.' 하고 말씀드렸습니다.

석가모니 부처님께서 지적보살에게 말씀하셨습니다.

"선남자여, 잠깐만 기다리라. 여기 한 보살이 있으니 그 이름은 문수사리文殊師利라 하느니라. 서로 만나서 묘한 법을 의논하고 본국으로 돌아가라."

　－『법화경』「제바달다품」 8

견보탑품의 앞부분에서 다보 부처님 이야기는 충분히 공부를 했습니다. 다보탑은 진정 우리들 자신입니다. 이 순간 여기 있는 내가 많고 많은 보배입니다. 지금 이 순간 바로 여기에서 나 자신이 다보 부처님이라고 하는 사실 하나만을 깨달아도 법화경의 내용을 다 깨달은 것과 같습니다. 그런데 그 다보 부처님을 모시고 온 이는 지적智積이라는 이름을 가졌습니다. '지혜 지智'에 '쌓일 적積' 자입니다. 불교에 쓰인 모든 이름에는 다 의미가 있습니다. 사찰 이름이 그렇고, 사찰의 전각이나 계단이나 문들의 이름이 그렇고, 경전에 나오는 부처님이나 보살의 이름이 모두 그렇습니다.

지적보살은 지혜가 잔뜩 쌓였다는 것인데 누구만큼 쌓였는가 하면 문수보살만큼 쌓였습니다. 그래서 다보 부처님의 제자로서는 지적이 대표이고, 석가모니 부처님의 제자로서는 문수보살이 대표입니다. 지혜가 있어야 서로 의논을 합니다. 똑똑해야 대변인 노릇을 할 것 아니겠습니까. 부처님 세계를 우리의 현실과 연결해서 생각해 보면 경전이 재미있습니다.

제바달다까지도 부처가 된다는 증명을 보고 나서, 지적보살은 자신이 모시고 온 다보 부처님에게 이제 본국으로 돌아갈 것을 청합니다. 그런 지적보살에게 석가모니 부처님은 '잠깐 기다리라.'고 하면서 자신의 제자인 문수보살을 만나 보라고 합니다.

문수보살

이 때 문수사리보살이 수레바퀴와 같이 큰 천 개의 잎이 있는 연꽃 위에 앉았고, 함께 오는 보살들도 다 보배 연꽃에 앉아서, 큰 바다 속 사가라 용궁龍宮으로부터 저절로 솟아올라 오더니 공중에 머물러서 영축산靈鷲山에 이르렀습니다. 다시 연꽃에서 내려와 부처님 앞에 나아가 머리를 숙여 두 분 세존의 발에 예경하였습니다. 예경을 마치고 지적보살의 처소에 가서 서로 인사하고 한쪽에 물러가 앉았습니다.
　- 『법화경』「제바달다품」 9

석가모니 부처님이 지적보살에게 '문수보살을 만나 묘한 법을 의논하라.'고 하셨습니다. 그 말씀 한마디에 문수보살이 큰 바닷 속 용궁으로부터 저절로 솟아올라 왔습니다. 경전에는 '바다'라는 말도 많고 '용궁'이라는 말도 많이 나옵니다. 심지어 화엄경도 바닷속 용궁에서 가져왔다고 표현합니다. 이런 것은 상징입니다. 실제로 태평양 한가운데나 동해 바다 깊숙이 용궁이 있어서 화엄경이 보관되어 있었다고 상상하면 곤란합니다.

대승불교에서는 상징적인 이야기를 아주 잘합니다. 옛날에는 문맹자가 많았기 때문에 그림이나 상으로 조성해 놓으면 그 그림과 상으로써 불법 이야기를 다 할 수가 있었습니다. 그림이나 상으로써 수많은 이야기를 표현하려면 상징을 쓸 수밖에 없습니다. 문수보살도 그렇게 이해해야 합니다. 불법대해佛法大海라고 할 때 이 큰 바다는 불법佛法이라고 하는 바다와 같은 부처님의 가르침을 말하고, 용궁은 그 바다에서도 가장 핵심 되는 자리를 말합니다. 화엄경을 용궁에서 가져왔다는 것은 부처님 가르침의 핵심이 바로 화엄경이라는 소리입니다.

여기서는 용궁에서 문수보살이 저절로 솟아올라 왔다고 하였습니다. 불교에서는 문수보살을 '지혜제일 문수보살'이라고 칭합니다. 부처님의 모든 지혜는 문수보살로 표현되어서 그 가운데 다 있습니다. 부처님이 깨달으신 그 깨달음의 내용을 지혜로써 다 표현해 낸 사람이 바로 문수보살입니다.

그래서 상징으로서의 '문수보살'은 불법의 중심 자리인 '용궁'이 사람으로 인격화된 경우입니다. 지혜의 가르침을 사람으로 등장시킨다면 그 사람이 바로 문수보살인 것입니다.

문수보살이 교화한 중생의 수

지적보살이 문수사리보살에게 물었습니다.

"보살님이 용궁에 가서 교화敎化한 중생이 얼마나 됩니까?"

문수보살이 말하였습니다.

"그 수효가 한량이 없고 계산할 수 없고 입으로 설명할 수 없고 마음으로 헤아릴 수 없습니다. 잠깐만 기다리면 저절로 증명하여 알게 될 것입니다."

– 『법화경』「제바달다품」9

문수보살이 언제 그렇게 무수한 사람들을 제도했겠습니까. 곧 나오겠지만 사람 사람이 본래 부처라는 뜻입니다. 여기 나오는 '무수한 사람들을 제도했다.'는 말을 바꾸어서 '이 법왕루에 앉아 계시는 모든 청중이 그대로 부처님이다.'라고 해도 조금도 허물이 되지 않습니다. 인간에게는 '행행본처 지지발처'라고 하는 본래 가지고 있는 인간불성, 인간여래, 사람부처의 입장이 있기 때문입니다. 그 입장에 있어서는 조금도 허물이 되지 않고 모순이 있을 수 없습니다. 문수보살 같은 이들은 인간의 그러한 입장을 환히 보고 있는 사람들입니다.

보살의 안목으로 사람을 보다

말을 다 마치기도 전에 무수無數한 보살들이 보배 연꽃에 앉아 바다로부터 솟아 올라와 영축산에 나아가 허공에 머물렀습니다. 이 보살들은 모두 문수사리가 교화한 사람들입니다. 보살행菩薩行을 갖추어서 함께 육바라밀을 논합니다. 본래의 성문들은 허공 중에서 성문행聲聞行을 설하다가 지금 모두 대승大乘의 공空한 이치를 수행하는 이들입니다. 문수사리보살이 지적보살에게 말하였습니다.

"바다에서 교화한 일이 이러합니다."

— 『법화경』「제바달다품」10

구두 만드는 사람의 눈에는 구두만 보이고, 양복 만드는 사람은 어디를 가도 양복만 눈에 띈다고 합니다. 깨달은 사람들의 눈에는 사람의 본성만이 환하게 들어옵니다. 사람에게는 두 가지 측면이 있습니다. 역사적 차원과 궁극적 차원입니다. 사람만이 아니라 모든 사물이 다 그렇습니다. 여기 돌로 만든 불상은 그 역사적인 측면은 불상이지만 궁극적인 측면은 돌입니다.

문수보살처럼 마음이 열려 있는 불보살들은 사람을 볼 때, 그 어떤 사람을 보더라도, 심지어 제바달다나 천하의 극악무도한 깡패를 보더라도 그 사람의 본성을 봅니다. 궁극적인 차원만을 봅니다. 여자니 남자니 하는 외형적이고 역사적인 차원이 있지만 그보다 내면의 본래적인 차원, 사람 사람의 동일한 궁극적 차원으로만 사람을 봅니다. 문수보살의 눈에는 모든 사람이 다 그렇게 보이기 때문에 여기 '무수한 보살을 교화했다.'고 표현한 말이 절대로 과장이 아닙니다.

실상을 보라

그 때 지적보살이 게송으로 찬탄하였습니다.

"큰 지혜와 덕과 용맹으로

한량없는 중생들을 교화하신 일을

이제 이 여러 회중會衆과 내가 다 보았습니다.

실상實相의 뜻을 널리 설하고

일승법一乘法을 열어 보이어

많은 중생들을 널리 제도하여

깨달음을 빨리 이루게 하였습니다."

— 『법화경』「제바달다품」11

모든 존재는 차별된 모습이고 세상은 온통 차별상이지만 그 안에 실상이 있습니다. 그 실상을 보는 눈이 일승법을 생각하는 안목입니다. 그 안목으로 보는 것이 모든 존재의 진실한 모습이고 사람의 진실한 모습입니다. 일승법으로 모든 존재의 진실한 모습을 보면 모든 존재가 다 부처입니다. 일승법으로 사람을 보면 사람 사람이 그대로 부처입니다. 문수보살은 그러한 일승법을 열어 보입니다. 현상적인 많은 중생을 널리 제도하여 깨달음을 빨리 이루게 하였다는 것은 무엇을 조작해서 한 것이 아닙니다. 그대로를 두고 하는 소리입니다.

막연하게 상상하면 머릿속에 별별 것이 떠오를 수 있지만, 정말 눈을 열고 그 실상을 보면 그대로 사람이 부처일 뿐입니다. 그런 연유로 저는 끊임없이 인불사상을 주장합니다. '사람이 부처다. 부처인 사람이며 사람인 부처다.'라는 소리를 끊임없이 하는 이유가 거기 있습니다. 특히 법화경에 있어서는 더욱더 그렇습니다.

그가 사랑한 경전

문수사리가 말하였습니다.

"나는 바다 가운데서 오직 항상 묘법연화경만을 설하였습니다."

— 『법화경』 「제바달다품」 12

바다 가운데서 항상 묘법연화경을 설했습니다. 묘법연화경이라는 말을 풀이하면 '연꽃같이 아름다운 진리의 가르침'입니다. 훌륭한 사람이 좋아한 경전이면 나도 좋아하고 싶습니다. 얼마 전에 우리나라에 왔던 틱낫한 스님은 프랑스에 망명하여서 명상센터를 건립한 베트남 스님인데 세계적인 명상가입니다. 그 틱낫한 스님이 제일 좋아하는 경전이 법화경입니다. 틱낫한 스님은 법화경을 열심히 읽고 법화경을 사랑합니다. 틱낫한 스님이 쓴 법화경 해설서도 있습니다. 여러분도 법화경을 틱낫한 스님처럼 사랑하기 바랍니다. 틱낫한 스님같이 훌륭한 스님이 팔만대장경 중에서 제일 좋아하는 경전이니 우리가 한번 믿고 따를 만하지 않겠습니까.

팔세 용녀八世龍女의 성불

문수사리가 말하였습니다.

"사가라 용왕의 딸이 있어 나이가 여덟 살인데, 지혜가 있고 총명하여 중생들의 근성根性과 행하는 업業을 잘 알고 있습니다. 다라니를 얻어서 여러 부처님께서 말씀하신 깊고 비밀한 법장法藏을 다 받아 지니었습니다. 선정禪定에 깊이 들어가 모든 법을 분명히 알고, 찰나 동안에 보리심을 내어 물러가지 않는 자리를 얻었습니다. 변재가 걸림이 없고, 중생들을 어여삐 생각하기를 갓난아기같이 여깁니다. 공덕이 구족하여 마음으로 생각하고 입으로 연설함이 미묘하고 광대합니다. 자비스럽고 어질고 겸양謙讓하며, 뜻이 화평和平하여 능히 깨달음에 이르렀습니다."

— 『법화경』 「제바달다품」 13

'바다 가운데서 오직 법화경만을 설했다.'고 하는 문수보살에게 지적보살이 물었습니다. "이 경은 매우 깊고 미묘하여 여러 경전 중의 보배입니다. 세상에서 희유한 것입니다. 중생들이 부지런히 정진하여 이 경을 닦아 행하면 빨리 부처님이 될 수 있습니까?" 그러자 문수보살은 8세 용녀가 성불했다고 하는 대답을 합니다.

8세 용녀라는 말은 문제가 많은 말입니다. 지대방에서는 "용이라는 말이냐? 8살 먹은 용 새끼, 용 암놈의 새끼라는 말이냐?"라

457

는 이야기도 구구하게 많이 합니다. 그런데 틱낫한 스님은 8세 용녀를 '여덟 살 먹은 소녀'라고 표현했습니다. 시인다운 아름다운 표현입니다. 그런데 여기서 8세 용녀를 여덟 살 먹은 소녀라고 표현하면 뜻이 좀 약합니다.

전래적으로 이 대목을 축생성불이라고 표현합니다. 용은 실재하지 않는 상상 속 전설의 동물이지만 분류하면 축생에 들어가기 때문에 전통적인 경전 해석으로 이 대목을 해석하면 '축생도 불성이 있고 축생도 성불했다.'는 뜻입니다. 그 축생이 성불하는데, 그것도 아주 순식간에 했습니다. 틱낫한 스님처럼 아주 예쁜 여덟 살 먹은 소녀라고 보면 축생성불이라고 하는 의미와는 많이 다릅니다. 아무튼 여덟 살 먹은 소녀라고 하든, 축생, 용의 딸이라고 하든 간에 이미 그는 이렇게 부처가 되었습니다.

이 말은 결국 무엇이겠습니까. 불성을 보는 것입니다. 아주 순식간에 축생도 성불했다는 것은 축생도 불성을 가졌다는 것입니다. 유정무정이 개유불성皆有佛性입니다. 그런데 조주 스님은 '개가 불성이 없다.'라고 하였습니다. '유정무정이 전부 불성을 가지고 있다. 산천초목이든 사람이든 동물이든 할 것 없이 모두 불성을 가지고 있다.'고 하는 것이 옳은 말입니다. 그것이 옳은 말인 줄 알고 믿고 있었는데 이 시대 부처님인 조주 스님이 불성이 없다고 하니 하늘이 무너지는 소리입니다.

하늘이 무너져야 화두가 됩니다. 청천벽력같이 들려야 그것이 화두가 됩니다. 그렇게 들리지 않으면 의심이 안 됩니다. 화두는 억지로 의심 짜내어 할 필요가 없습니다. 자연스러워야 합니다. 자연스러운 의심도 얼마 안 되면 퇴색되어 버리는데 억지 의심이 얼마나 가겠습니까. 부처님께서는 일찍이 본래 부처인 자리를 발견해서 거기에 눈뜨라고 하였습니다. 본래 부처님 자리에 눈떠 버리면 아무 문제가 없습니다. 법화경에서는 그렇게 가르치고 있습니다. 대승경전은 성문들의 경전과 차원이 다릅니다.

지적보살의 의심

지적보살이 말하였습니다.

"내가 보니 석가여래釋迦如來께서 한량없는 겁 동안에 어려운 고행苦行을 행하시며 공을 쌓고 덕을 쌓아 깨달음의 도를 구하실 적에 잠깐도 쉬지 아니 하셨습니다. 삼천대천 세계에서 겨자씨만한 곳에라도 보살의 몸과 목숨을 버리지 않는 곳이 없었습니다. 다 중생들을 위하기 때문입니다. 그런 뒤에야 깨달음[菩提]의 도를 이루셨는데, 이 용녀龍女가 잠깐 동안에 정각正覺을 이루었다는 말은 믿을 수 없습니다."

- 『법화경』「제바달다품」14

석가모니 부처님의 역사적인 사실이 나왔습니다. 부처님도 이렇게 어렵게 정각을 이루셨는데 8세 용녀가 잠깐 동안에 정각을 이루었다는 사실을 믿을 수 없다고 지적보살이 말합니다. 그것은 현상적이고 역사적인 입장입니다. 궁극적인 차원으로 우리 인간의 본성을 보면 모두가 부처라고 하는 문수보살의 이야기가 맞습니다.

용녀도 부처입니다. 제가 무수히 이야기했지만, 법화경은 결국 사람의 두 가지 차원을 우리에게 이해시키려는 것입니다. 역사적인 면과 궁극적인 면입니다. 앞에서는 극악무도한 제바달다도 부처라고 했는데 이제는 용녀라고 하는 축생까지도 부처입니다. 문수보살의 이 말을 증명하려고 다음으로 용녀가 직접 출현을 합니다.

용녀의 출현出現

말을 마치기도 전에 용녀龍女가 문득 앞에 나타나서 머리를 숙여 예경하고 한 쪽에 물러가 앉아서 게송으로 찬탄하였습니다.

"죄와 복의 실상을 깊이 통달하시고
시방세계를 두루 비추시며
미묘하고 청정한 법신法身에
삼십이상을 갖추었습니다.
팔십 가지 잘생긴 모양으로 법신을 장엄하게 꾸미시니
천상과 인간이 함께 우러르며
용과 신들이 모두 공경합니다.
모든 중생의 무리들이 받들어
모시지 않은 이가 없습니다.
또 법을 듣고 보리를 성취함은

오직 부처님만이 아시고 증명하십니다.

나는 대승의 교법敎法을 설하여

고통 받는 중생들을 제도합니다."

– 『법화경』「제바달다품」 15

여덟 살 먹은 용녀의 설법입니다. 용녀를 축생이라고 합시다. 축생이라고 설법 못할 까닭이 없습니다. 축생도 그대로 설법하고 산천초목도 그대로 설법합니다.

나뭇잎 한 장도 법문을 하는데

저 하나의 나뭇잎에 온 우주가 다 동원됐습니다. 우리가 눈을 뜨고 그 내용을 다 본다면 그보다 더 위대한 설법이 어디 있겠습니까. 하나의 나뭇잎이 나무의 뿌리를 만들었습니다. 줄기와 가지를 만들었습니다. 어째서 그렇습니까? 나뭇잎이 태양 빛을 받아 영양을 만들어 줘야 뿌리가 자라고 줄기가 튼튼해지고 가지가 생기는 도리이기 때문입니다. 그뿐만 아니라 하나의 나뭇잎에는 저 흘러가는 구름이 있습니다. 저 푸른 하늘이 있고 태양이 있고 쏟아지는 소낙비가 있습니다.

우리 불자들은 하나의 나뭇잎 속에서 태양을 보고 흘러가는 구름을 봅니다. 우리가 시인이라서 그런 소리를 하는 것이 아닙니다. 불자들은 다 그 정도 수준이 되어 있습니다. 나뭇잎 하나를 만드는 데 구름, 태양, 비, 바람 등 모든 것이 다 동원되었습니다. 그동안 배운 불교의 안목이라면 나뭇잎 한 장을 들고 '여기에 구름이 있구나, 여기에 소낙비가 있구나, 여기에 바람이 있구나.'라고 이해하는 불자가 되어야 합니다.

사실이 그렇습니다. 그것을 이해한다면 저 나뭇잎 한 장보다 더 훌륭한 법문을 누가 하겠습니까. 나뭇잎 하나가 최고의 법문을 합니다. 설사 석가모니 부처님이 출현해서 엄청난 법문을 한다 하더라도 내가 귀 막고 있고 딴 생각을 하고 있으면 아무 소용이 없습니다. 내가 하나의 나뭇잎을 들고 우주법계의 연관 관계, 법계연기의 관계까지도 생각한다면 그보다 더 훌륭한 법문이 없습니다. 한 장의 나뭇잎도 그렇게 훌륭한 법문을 하는데 용녀라고 법문을 못하라는 법이 어디 있습니까. 용녀 대신 용 새끼라고 합시다. 여덟 살 먹은 용 새끼, 그것도 암놈 새끼라 하더라도 그 또한 법문을 못할 까닭이 없습니다.

법화경의 깊은 뜻을 우리가 이해한다고 해도 백분의 일도 아직 이해 못하고 수박 겉핥기로 넘어가고 있습니다. 수박 겉핥기로 넘어가고 있는데 나머지는 전부 여러분의 몫입니다. 하나의 나뭇잎 속에 그런 의미가 있다는데 이것은 도대체 무슨 도리인가, 이것은 도대체 무슨 소식인가 하고 여러분이 읽고 또 읽고 생각하고 또 생각해야 합니다.

사리불의 의심

"또 여자의 몸에는 다섯 가지 장애가 있다. 첫째는 범천왕梵

天王이 되지 못하고, 둘째는 제석천왕帝釋天王이 되지 못하고,

셋째는 마왕魔王이 되지 못하고, 넷째는 전륜성왕轉輪聖王이

되지 못하고, 다섯째는 부처님 몸이 되지 못하는 것이다. 어

떻게 여자의 몸으로 빨리 성불할 수 있겠는가?"

— 『법화경』「제바달다품」 16

'축생이 어떻게 잠깐 동안에 정각을 이루었는가? 여자의 몸에

다섯 가지 장애가 있다.'라고 사리불이 의심을 합니다. 그런데 그

것은 편협한 소승 성문의 마음입니다. 이런 사람은 한국에 왔다가

는 큰일 날 사람입니다. 사리불도 꽁 막힐 때는 이런 소리를 합니

다. 사리불이 그렇게 어리석을 리가 없지만 여기서는 그런 역할을

자청해서 맡은 것입니다. 경전은 참 재미있게 짜여져 있습니다. 이

렇게 자유자재합니다.

사리불을 통해 2700년 전의 사회적 통념을 그대로 대변합니다.

인도는 철저한 카스트제도의 나라입니다. 요즘 인도 사회가 변화

하고 있다는데 여전히 카스트제도가 사회에서 통용됩니다. 부처

님 당시 불가촉천민은 카스트 사성계급에도 들어가지 못했습니

다. 불가촉천민이 바라문 옷깃을 스쳤다면 그 사람의 손을 잘라도

아무 죄가 안 되었습니다. 어쩌다 불가촉천민이 바라문들이 사용

하는 베다경전 같은 것을 손으로 스쳤다면 그 사람을 죽여도 죄가 안 되었습니다. 똑같은 사람인데 그런 천민계급을 만들어 놓고 사람을 차별하였습니다. 그러한 사회에서 부처님은 계급차별을 타파하자고 나섰습니다. 부처님은 정말 위대한 혁명가입니다.

안타까운 것은 2700여 년이 지난 지금까지도 카스트제도가 인도에 여전히 존재한다는 사실입니다. 경제를 우선으로 하는 이 시대에는 경제에 따라서 더 여러 계급이 새롭게 만들어졌다고 합니다. 물론 그런 것을 무너뜨리고 좋은 학교에 가서 장관도 되고 변호사도 되는 총명한 사람들이 나오고는 있습니다.

용녀가 구슬을 바치고 성불하다

용녀가 지적보살과 사리불에게 말하였습니다.

"내가 이 보배 구슬을 드리는 것을 세존께서 받으시니 그 일이 빠릅니까?"

"매우 빠르다."

용녀가 말하였습니다.

"두 분의 신통한 힘으로 나의 성불成佛하는 것을 보십시오. 그보다 더 빠를 것입니다."

─ 『법화경』 「제바달다품」 17

사리불이 용녀를 무시하자 용녀가 구슬을 부처님께 바쳤습니다. 부처님이 구슬을 받는 데 3초쯤 걸렸을 것입니다. 우리가 어떤 물건을 전해 주고 상대가 받는 데 빠르면 1초, 좀 늦어도 3초면 건네받을 수 있습니다. 그렇게 짧은 순간에 구슬을 주고받았습니다. 그런데 용녀는 '내가 성불하는 것은 이 3초보다 더 빠르다.'라고 하면서 기어이 성불하는 모습을 보여 줍니다. 이미 성불했다고 되어 있는데도 못 믿으니까 다시 성불하는 것을 일부러 보여 주는 것입니다.

용녀가 보여 준 진실

그 때 여러 모인 이들이 보니 용녀가 잠깐 동안에 남자男子로 변하여 보살의 행을 갖추고 곧 남방南方의 무구세계無垢世界에 가서 보배로운 연꽃에 앉아 등정각等正覺을 이루었습니다. 삼십이상三十二相과 팔십 가지 잘생긴 모양을 갖추고 시방의 모든 중생을 위하여 미묘한 법을 설하였습니다.

– 『법화경』 「제바달다품」 17

'잠깐 동안에'라는 말은 돈오돈수頓悟頓修입니다. 잠깐 동안에 용녀가 남자로 변하여 등정각을 이루고 32상과 80가지 잘생긴 모양을 갖추고 미묘한 법을 설하였습니다. 이미 용녀는 성불했다고 소개되어 있는데도 직접 나와서 구슬을 주고받고, 짧은 순간에 영화한 편을 다 보여 주듯이 '이렇게 내가 성불했다.'라고 과정을 보여 주는 것입니다. 동화 같기도 하지만 상당히 의미 깊은 내용입니다. 이것 또한 한마디로 말하자면 인간의 본래 성불, 인간의 궁극적 차원을 두고 하는 이야기입니다. 궁극적 차원은 모든 존재가 동일합니다. 그것을 부처라고 하든 뭐라고 하든 이름은 아무 의미가 없습니다. 사실 그 차원에서는 이름이 무슨 의미가 있겠습니까?

우리는 그러한 것을 수용하고 있습니다. 그것이 우리들의 주인공입니다. 그것을 가지고 여러분은 여기까지 오신 것이고, 또 그것을 가지고 다시 돌아갑니다. 그것을 가지고 식사도 하고, 잠도 자고, 일터에 가서 일도 하고, 누구와 시시비비도 하고, 싸움도 하고, 즐거우면 웃기도 합니다. 그것을 가지고 하루 종일 무한히 쓰고 있으면서도 우리는 정작 밖으로 드러난 것만 가지고 시시비비합니다.

밖으로 드러난 우리의 역사적인 차원에 끄달리고 거기에 속고 미혹되어서 살아갑니다. 그러면서도 그 좋은 궁극적인 차원을 누구나 다 가지고 무한히 쓰고 있습니다. 몸뚱이는 피로를 느끼지만 그 물건은 아무리 써도 피로도 안 느낍니다. 그것이 있어서 인간은 고귀한 존재입니다.

대중들이 보고 이익을 얻다

이 때에 사바세계의 보살·성문과 천·룡 팔부와 사람과 사람 아닌 이들이 용녀가 성불成佛하여 널리 시회대중時會大衆

과 천신과 인간들을 위하여 법을 설하는 것을 멀리서 보고 마음이 환희하여 멀리 예경하였습니다.

한량 없는 중생들이 법을 듣고 깨달아서 물러가지 않는 자리를 얻었습니다. 또 한량 없는 중생들이 도道의 수기를 받았습니다. 무구세계는 여섯 가지로 진동하고, 사바세계의 삼천三千 중생들은 물러가지 않는 지위에 머물렀으며, 삼천 중생들은 보리심菩提心을 내고 수기를 받았습니다. 지적보살과 사리불과 모든 대중들은 묵묵히 믿고 받아들였습니다.

－『법화경』「제바달다품」18

8세 용녀가 성불을 했습니다. 새삼스럽게 성불하는 것이 아니고 본래 성불을 일부러 표현하자니 '성불했다.'고 표현한 것입니다. 이것을 보고 한량없는 중생들이 도道의 수기를 받았고, 무구세계는 여섯 가지로 진동하고, 사바세계 삼천 중생들은 물러가지 않는 불퇴전의 지위, 불법 중에서 이제는 결코 물러서지 않으며 갈수록 신심이 증장하는 지위에 머물렀습니다. 또 삼천 중생들은 보리심을 내고 수기를 받았습니다. 이러한 결과를 용녀가 성불했다고 하는 이야기에서 얻었습니다.

여러분들도 이 공부를 통해 자신의 궁극적 차원에 대한 이해와 신심과 안목을 좀 더 깊이 다지는 기회가 되었으면 하는 바람입니다.

권지품의 보살들처럼
우리도 용맹스럽게
법화경을 전하고자 하는
꿈과 원력을 가지자

희망

앞에서 제바달다품을 보았는데, 제바달다는 부처님을 살해하려고 여러 번 시도한 사람이기 때문에 불자들의 원수입니다. 그러나 부처님은 '나를 죽이려 하고 나의 모든 교단을 빼앗고 내 제자를 모두 자기 제자로 만들려고 한 사람이지만 그도 또한 나의 스승이요, 궁극에는 그도 부처님이요, 그로 인해서 나는 이렇게 성숙한 인간이 되었다.'라고 소화합니다. 제바달다로 인해 오늘날 이렇게 부처가 되었노라고 하는 부처님의 자세는 얼마나 감동적입니까. 또 용녀성불이라고 해서 용의 암놈 새끼마저도 순식간에 성불한 사례도 보았습니다.

이런 것은 우리가 당장에 따를 수 없어도 큰 가르침입니다. 그러나 한 생각 돌이키면 그 또한 간단한 일입니다. 과거 무수한 불보살들, 무수한 조사 스님들이 다 그러한 마음을 쓰고 사셨습니다. 우리 또한 어느 순간에는 나를 죽이려고 했던 사람을 스승으로 여기고 부처님으로 여기는 마음을 가질 수 있는 것입니다.

권지품

이제 공부할 권지품勸持品은 법화경을 잘 지니기를 권장하는 품입니다. 법화경의 위대한 인불사상을 이제 어지간히 다 이야기했습니다. 이와 같이 뛰어난 사상, 인류의 모든 미래를 책임지고 인류의 행복과 평화를 책임질 수 있는 이 가르침을 우리가 숙지하고 많은 사람들에게 널리 전파해야 합니다. 이것만이 우리에게 남은 숙제라는 이야기를 권지품에서 합니다.

경전을 지니는 방법

경전을 지니는 방법에는 여러 가지가 있지만 수지, 독, 송, 서사, 해설의 오종법사가 있습니다.

수지受持 : 경전을 늘 지니고 다니는 것입니다. 지니고 다니다 보면,

독讀 : 읽게 됩니다. 읽다 보면,

송誦 : 외우게 됩니다. 이것을 더 깊이 이해하려면,

서사書寫 : 써야 합니다. 서사는 사경인데 어느 경전이든 사경을 권합니다.

해설解說 : 경전을 남을 위해 설명해 주는 것입니다. 위인해설이라고도 합니다. 요즘 같은 경우는 법화경이 잘 설명되어 있는 인터넷 사이트를 알려 준다거나 봉은사에 법화경 강의가 있다고 알려서 동참하게 하는 것입니다. "나는 이런 말씀에서 감동받고 이러한 가르침에서 눈을 떴다."고 자신이 느끼고 감동한 내용을 다른 사람에게 전해 주는 것도 해설입니다.

금강경의 위인해설

금강경에는 이 오종법사를 권하면서 '운하위인해설云何爲人解說고, 어떻게 하면 남을 위해서 금강경을 잘 설명해 주는 것이 되는가.' '불취어상不取於相하야 여여부동如如不動이다, 나타난 현상에 끄달리지 아니하고 동하지 않는 것이다.'라고 하였습니다. 금강경을 유창하게 설명하는 것도 해설입니다. 그러나 이익을 보거나 손해를 보거나 칭찬을 듣거나 비방을 들어도 동하지 않고 태연자약하는 것 역시 위인해설입니다.

모든 것은 제행무상諸行無常이라고 하는 이치만 제대로 꿰뚫어 알아도 그 모든 일에 동하지 않습니다. '엽락귀근葉落歸根'이라는 말은 잎이 떨어지면 뿌리로 돌아가게 되어 있다는 뜻입니다. 모든 것은 무상의 이치로 존재하는데 거기에 놀라고 신기해하고 안타까워할 까닭이 없습니다. 해가 뜰 때가 되어서 뜨고 질 때가 되어서 지는 데 놀라는 사람이 없는 것처럼 나에게 벌어지는 모든 현상과 이해득실도 그렇게 여여부동하게 보는 것입니다. 모든 이해득실에 여여부동한 사람을 보고 감동받지 않을 사람이 없습니다. 그것이 금강경의 위인해설 가르침입니다.

법화경의 위인해설

법화경에서는 위인해설을 어떻게 가르치는가. 법화경은 근본취지가 '모든 사람과 모든 생명 모든 존재가 다 부처님이다.'라고 하는 인불사상人佛思想입니다. 이 인불사상을 몸소 실천한 보살이 상불경보살常不輕菩薩입니다. 상불경보살은 만나는 모든 사람을 향해 '나는 당신을 부처님을 받들어 섬깁니다.'라고 하면서 진정으로 상대를 예배하고 공양 공경하였습니다. 그런 모습이 바로 법화경의 위인해설입니다.

경전의 내용을 설명하는 것도 설명이지만 그 설명보다는 경전의 인불사상을 몸소 실천해 보이는 사람에게 더 감동하게 되어 있습니다. 나의 이해득실에 관계없이 모든 사람, 모든 생명을 부처님으로 받들어 섬기고 실천해 보이는 상불경보살의 행동에 사람들은 감동합니다. 금강경이나 법화경이나 경전마다 종지가 있습니다. 그 종지를 구체적으로 표현한 내용들이 그렇게 나옵니다.

약왕보살의 서원

권지품의 처음에는 '약왕보살의 서원'이 나옵니다. 서원은 참 중요한 말입니다. 우리 불교에는 원력, 발원, 서원, 축원 등 '원할 원願' 자가 들어간 용어가 많습니다. 원은 꿈이고, 희망이고, 기대감입니다. 꿈과 희망과 기대와 서원은 인생에 있어서 밝은 빛과 같습니다. 식물은 아무리 캄캄한 데에 놔둬도 조금이라도 밝은 곳을 향해서 방향을 틉니다. 식물도 빛을 향해서 성장하는데 사람의 빛은 무엇입니까. 꿈이고 희망이고 서원입니다.

우리도 이 법화경과 인연 맺으면서 많은 사람에게 보탬이 되고 나 자신에게도 유익한 꿈을 하나씩 갖는 것이 필요합니다. 여기 경전에 나오는 사람들은 법화경을 목숨을 바쳐서 펴겠다고 하는 꿈을 표현합니다.

몸과 목숨을 아끼지 않겠습니다

그 때 약왕藥王보살마하살과 대요설大樂説보살마하살이 이만 二萬 보살 권속과 함께 부처님 앞에서 서원誓願을 하였습니다. "바라옵건대 세존이시여, 염려하지 마십시오. 저희들은 부처님께서 열반하신 뒤에 이 경전을 받들어 지니고 읽고 외우고 설하겠습니다.

후세의 나쁜 세상 중생들이 선근善根은 적어지고 뛰어난 체하는 이가 많아 공양에 탐을 내며, 착하지 못한 뿌리를 증장增長시키고 해탈을 멀리 여의어 교화하기 어려우나 저희

들이 마땅히 크게 참는 힘으로 이 경전을 읽고 외우고 받아
지니고 설하고 쓰며 갖가지로 공양하되, 몸과 목숨을 아끼
지 않겠습니다."

- 『법화경』「권지품」 1

수많은 권속 보살들과 함께 약왕보살, 대요설보살이 이렇게 앞
장서서 '몸과 목숨을 아끼지 않고 법화경을 전하겠다.'고 서원을
합니다. 하물며 재산이겠습니까. 시시한 자기 이득, 자기 자존심,
잘났다고 하는 생각, 이런 알량한 것들을 아끼겠습니까. 몸과 목
숨보다 더 소중한 것이 사람에게 없습니다. '법화경을 읽고 외우고
받아 지니고 설하고 쓰며 가지가지로 공양하되 몸과 목숨을 아끼
지 않겠습니다.'라는 서원은 참 눈물겹습니다.

실망하지 않는 꿈

사람에게 빛은 희망이고 꿈이고 원력입니다. 금방 80, 90세 내
지 100세가 되어 머지않아 열반에 들 나이에 이르렀다손 치더라
도 죽는 순간까지 꿈이 있어야 합니다. 살아가는 데 있어서 제일
큰 힘이 되는 것이 희망이고 꿈이기 때문입니다. 그런데 여러분들
은 꿈을 가졌다가 실망한 경우, 속상했던 경우가 얼마나 많습니
까. 냉정하게 말해서 그것은 헛짚고 엉뚱한 데에 꿈을 걸고 기대
를 했기 때문입니다. 나의 꿈은 과연 내 뜻대로 되지 않더라도 실

망하지 않을 꿈인가 생각해야 합니다. 어리석게도 엉뚱한 데에 꿈을 걸고 살면 서로가 피곤하고 실망이 큽니다. 실망이 없을 일에 꿈을 가져야 합니다. 실망이 없을 일이 무엇일까요. 그것에 대해서 냉정하게 생각해 볼 필요가 있습니다.

지금은 사찰에 개인 불공이 거의 없습니다. 그런데 지금으로부터 40~50년 전만 해도 신도들이 개인 불공을 했습니다. 개인 불공을 여법하게 하려면 두 시간은 걸립니다. 그런데 그렇게 긴 개인 불공도 5분 안에, 아주 만족하게 뚝딱 해 마치는 방법이 있습니다.

5분간 뭘 하느냐? 축원문만 큰 소리로 신도님들의 귀에 들어가게 읽는 것입니다. 지금은 신도님들이 성숙해서 '스님이 개인 축원을 했겠지. 안 하면 어떻노. 내 마음으로 다 빌었는데.' 하는 정도가 됩니다. 40~50년 전, 50~60년 전에는 신도 수준이 그렇지 못했습니다. 꼭 자기 아들딸 이름을 큰소리로 불러 줘야 되었습니다. 유치청사라고 하는 주옥같은 법문은 하나도 안 해도 좋습니다. 천수경 안 읽어도 좋고 반야심경 안 해도 좋습니다. 그저 이름만 크게 불러서 부처님 앞에 '누구보처 누구보처 누구보처' '금년 내내 만사형통하고 수명장원하고 잘 먹고 잘 살도록 해 주십시오.'라고 딱 귀에 들어가게 하면 3분에서 5분이면 끝납니다. 그러면 누구나 만족하는 것입니다. 일년 내내 별러서 한 번 온 불공임에도 불구하고 그것으로 만족합니다.

왜 그런가요. 이 역시 인간은 꿈을 먹고 살기 때문입니다. 자기 가족이 잘되길 바라는 꿈과 희망에 휘발유를 부어서 불을 질러 주는 것과 같은 것입니다. 특히 이름을 재고축 삼고축 세 번이나 불러 줍니다. 그러면 만족하는 것입니다. 사람은 꿈을 먹고 희망으로 살기 때문에 그렇습니다. 여기 법화경 권지품에 나오는 이들의 희망과 꿈은 몸과 목숨을 아끼지 않고 법화경을 펴고자 하는 것입니다. 5백 아라한과 8천 성문의 서원 또한 같습니다.

그들의 서원으로

이 때 대중 가운데 있던 오백 아라한으로서 수기授記를 받은 이들이 스스로 부처님께 말씀드렸습니다.

"세존이시여, 저희들도 서원코 다른 국토에서 이 경經을 널리 설하겠습니다."

또 학學과 무학無學 팔천 사람으로 수기를 받은 이들이 스스로 자리에서 일어나 합장하고 부처님을 향하여 이렇게 서원하였습니다.

"세존이시여, 저희들도 다른 국토에서 이 경전을 널리 설하겠습니다. 왜냐하면, 이 사바세계 사람들은 못된 이들이 많고 뛰어난 체하는 생각을 품었으며, 공덕이 얕고, 성을 잘 내고, 마음이 흐리고, 아첨하고, 진실하지 않기 때문입니다."

– 『법화경』「권지품」 2

이 사람들이 다른 국토에서 이 경전을 널리 설하겠다고 한 원력 덕분에 오늘날 중국이나 한국, 일본은 물론이고 서양에까지 법화경이 널리 전해지고 있습니다. 제가 지금 법화경을 24회째 설법하면서 한 번 할 때마다 '당신은 부처님'이라는 말을 최소한 열 번은 넘게 했습니다. 『사람이 부처님이다』『당신은 부처님』이라고 하는 책도 여러분에게 공양 올렸습니다. 저는 법화경을 강의하면서 시종일관 종지宗旨를 잃지 않고 강의하고 있습니다. 그 종지, 근본취지는 결국 '사람이 부처님'이라고 하는 인불사상입니다.

여러분이 이 법회에 빠지지 않고 오셨다면, 여러분은 벌써 수십 번의 수기를 받았습니다. 우리가 상불경보살 이야기를 얼마나 했으며, 수기에 대한 이야기를 얼마나 했습니까. 5백 명, 2천 명에게 똑같은 이름으로 '무슨 여래가 될 것이다.'라고 하는 엉터리 수기까지 주었습니다. 이런 것은 모두 '사람이 본래로 부처님'이라고 하는 사실을 말해 줍니다. 불교를 비방하는 사람이든, 다른 종교를 믿는 사람이든, 부처님을 찬탄하고 믿는 사람이든, 그가 누구든지 아무 상관없이 공히 사람인 우리 모두는 본질적으로 불성인간이고 부처인 인간, 인간인 부처입니다. 그 사실을 전하기 때문에 법화경이 오늘날 이렇게 빛을 보고 있습니다. 사람으로 태어나 불교를 만난 우리가 법화경을 꼭 공부해야 하는 이유입니다. '당신은 부처님' '사람이 부처님이다.'라고 하는 법화경의 인불사상만이 가정의 평화와 인류 평화의 열쇠가 됩니다.

교담미는 일체중생희견一切衆生喜見 여래가 되리라

이 때 부처님의 이모이신 마하파사파제 비구니가 배우는 이들과 다 배운 이들 육천 비구니와 함께 자리에서 일어나 일심一心으로 합장하고 부처님을 우러러보며 잠깐도 한눈 팔지 아니 하였습니다.

– 『법화경』「권지품」3

마하파사파제 비구니는 제자를 6천 명이나 거느리고 있었으니 대단합니다. 부처님을 젖 먹여 키운 사람이니 그럴 만합니다. 속가 이름이 교담미이고 불교에 들어와 마하파사파제 비구니가 된 이는 부처님의 이모입니다. 태어나 7일 만에 어머니를 잃은 부처님을 키운 사람입니다.

그동안 부처님은 '모든 사람은 다 부처가 되리라.'는 수기를 수 없이 주었습니다. 그래서 이들은 이미 수기를 받은 것이나 진배 없습니다. 그런데 이 비구니와 뒤에 나오는 야수다라는 '왜 우리에게는 특별히 이름을 불러서 수기를 주지 않는가.' 하고 부처님을 바라보고 있습니다. 부처님이 설법하다가 너무나도 뚫어지게 쳐다보고 있어서 '저 사람이 나에게 무슨 감정이 있는가.' 하는 생각이 드는 것입니다. '아, 자기 이름을 안 불러 줬다고 그러는구나. 참 덜 떨어진 것.' 이것이 이 행간의 의미입니다.

그렇게 절친하게 부처님을 키운 대모이고 유모임에도 불구하고 이렇게 끈질기게 부족한, 인간적인 좁은 소견을 갖고 있습니다. 그런 심리가 경전의 행간에 담겨 있습니다. 이런 속뜻이 있기에 경전은 천 번을 읽고 만 번을 읽어도 부족합니다. 우리가 시간을 가지고 경전 속에 담긴 인간의 심리를 충분히 분석해 내면 참으로 미묘합니다. 그동안 부처님은 인불사상을 무수히 강조했지만 부처님과 가장 가까운 사람들조차 '아유, 그래도 나는 중생이야.' 하면서 깎아 놓은 불상에라도 매달려야 직성이 풀립니다.

모두 법사가 될 것이다

이 때 세존께서 교담미憍曇彌에게 말씀하셨습니다.

"어찌하여 근심어린 얼굴로 여래를 보는가. 그대 마음에 생각하기를, 내가 그대의 이름을 불러서 최상의 깨달음에 대한 수기授記를 주지 않는다고 여기는가. 교담미여, 내가 앞서 모든 성문聲聞들을 한꺼번에 들어서 다 수기를 주었느니라. 이제 그대가 그대의 수기를 알려거든, 오는 세상에 육만 팔천억 부처님의 법 가운데서 큰 법사法師가 되고, 여기 배우는 이들과 다 배운 육천 비구니들도 모두 법사가 될 것이니라.

– 『법화경』「권지품」 3

앞에서는 '법사'라는 표현이 없었는데 여기서는 법사라는 표현을 했습니다. 법화경을 널리 전할 것을 권장하는 품인 까닭에 '법사'라고 표현한 것입니다. 법화경을 전하려면 수지, 독, 송, 위인, 해설하는 오종법사라야 가능하기 때문입니다.

최상의 깨달음을 얻게 되리라

그대는 이리하여 점점 보살의 도를 구족하여 마땅히 부처를 이루리니, 이름이 일체중생희견一切衆生喜見 여래·응공·정변지·명행족·선서·세간해·무상사·조어장부·천인사·불·세존이라 하리라.

교담미여, 이 일체중생희견불과 육천 보살들도 차례차례 수기를 주어 최상의 깨달음을 얻게 되리라."

－『법화경』「권지품」3

6천 명이나 되는 제자들이 최상의 깨달음인 아뇩다라삼먁삼보리를 얻게 되리라고 하면서 수기를 마쳤습니다. 사실 수기는 이미 다 줬는데 이들이 '법을 펴려면 수기를 받아야 한다.'는 생각을 하고 있었기 때문에 특별히 이런 수기를 준 것입니다.

여러분도 그동안 여기 이렇게 같이 앉아서 이런 법문을 들어왔으니 '나도 법화경 열심히 공부하고 집이라도 팔아서 법화경 널리 펴는 데 써야겠다.'는 생각이 들 것입니다. 저는 이런 생각, 이런 말을 자신 있게 합니다. 그렇게 할 만하게 살기도 합니다. 그래서 법상에서 '여러분들, 집 팔아서 법공양 하십시오.'라는 소리를 잘합니다. 여기는 우리가 모두 그러한 꿈을 가지고 살라고 하는 장입니다.

야수다라는 구족천만광상具足千萬光相 여래가 되리라

이 때 라후라羅睺羅의 어머니인 야수다라耶輸陀羅 비구니가 이렇게 생각하였습니다.

'세존께서 수기를 주시는 가운데 유독 내 이름만을 말하지 않으시는구나.'

부처님께서 야수다라에게 말씀하셨습니다.

"그대는 오는 세상에서 백천만억 부처님의 법 가운데서 보살의 행을 닦으며 큰 법사法師가 되었다가 점점 부처님의 도를 갖추고 좋은 국토에서 마땅히 부처를 이루리라. 이름이 구족천만광상具足千萬光相 여래·응공·정변지·명행족·선서·세간해·무상사·조어장부·천인사·불·세존이라 하리라. 그 부처님의 수명은 무량 아승지 겁이니라."

- 『법화경』「권지품」 4

라후라는 부처님의 아들입니다. 그러면 라후라의 어머니인 야수다라는 부처님에게 누구인가요. 요즘 휴대폰에 어플이라는 것이 있는데 법화경을 독송한 어플도 있습니다. 거기에 '내 이름만을 말하지 않으시는구나.'라는 이 대목을 아주 토라진 듯한 여성의 음성으로 읽습니다. 저의 선입관 때문에 그렇게 들리는지 모르지만 그런 것을 들으면서 연기를 잘한다고 생각했습니다. '세존께서 수기를 주시는 가운데 유독 내 이름만을 말하지 않으시는구나. 내가 뭐 잘못한 것 있나, 지가 도망가 놓고는.' 하는 마음이 음성에 깔려 있었습니다. 그렇기 때문에 이제 와서 이모인 마하파사파제 비구니나 부인이었던 야수다라에게 수기하는 부처님의 마음속에는 '그래, 너희들도 이제 이름을 불러서 수기를 전하니 법화경 좀 널리 전해라. 제발 법화경 좀 널리 선전해라.'는 뜻이 담겨 있습니다.

이 사람들을 따로 불러서 수기를 안 주면 법화경을 전하는 데 소홀히 할 수가 있음을 염려했기 때문이기도 합니다. 부처님은 '저 사람들을 따르는 사람이 많으니 저 사람들이 법화경을 이해하면 상당히 효과가 있겠다.'라는 생각을 하신 것입니다. 그래서 한창 법화경을 널리 전하기를 권하다가 중간에 마하파사파제 비구니나 야수다라 같은 이들에게 수기를 살짝 끼워서 준 것입니다.

비구니들의 기쁨과 서원

이 때 마하파사파제 비구니와 야수다라 비구니가 그들의 권속들과 함께 환희하여 미증유未曾有를 얻고 부처님 앞에서 게송으로 말하였습니다.

"세존이신 대도사께서

천신과 인간들을 편안케 하시니

저희들이 수기授記를 듣고

마음이 편안하고 만족합니다."

비구니들이 이 게송을 말하고 나서

부처님께 말씀드렸습니다.

"세존이시여, 저희들도 다른 국토에서 이 경전을 널리 설하

겠습니다."

－『법화경』「권지품」5

마하파사파제나 야수다라는 비구니의 대표입니다. 부처님 당시
나 지금 우리나라에서 비구 밑에는 비구니가 상좌가 못 됩니다.
그러니까 부처님이 이 사람들을 제자로 하고 나머지 비구니들은
전부 이 사람들 밑으로 상좌가 됩니다. 그래서 이들은 많은 비구
니를 거느리고 있고 제자가 많습니다.

자신들의 우두머리, 리더가 부처님으로부터 수기를 받았으니 비
구니들이 함께 기쁘고 즐거울 수밖에 없습니다. 이 비구니들이 자
신들도 '다른 국토에서 이 경전을 널리 설하겠다.'고 서원합니다.
바로 이 때문에 부처님이 마하파사파제 비구니나 야수다라에게도
수기를 주어서 다른 데서 자신 있게 법화경을 펴도록 한 것입니다.

구체적인 실천

법화경을 널리 펴는 가장 구체적인 실천은 상불경보살과 같이 모든 사람을 부처님으로 받들어 섬기는 것입니다. 오종법사라고 해서 수지, 독, 송, 서사, 위인해설을 이야기했지만 가장 바람직하게 법화경을 펴는 방법은 온 세상 모든 사람 모든 생명을 부처님으로 받들어 섬기는 것입니다. 그렇게 되면 가정이 행복하고 이웃이 평화롭고 온 세계가 다 평화로울 것입니다. 그러한 마음이라면, 원자력 발전소의 기계를 조립하는데 부속품을 엉터리로 사들여서 사고가 나게 할 수는 없습니다.

세상에 그렇게 통탄할 일이 어디 있습니까? 고리 원자력 발전소는 바로 부산 인근에 있습니다. 그렇게 중요한 부품을 검증도 안 된 엉터리 부품으로 채웠다가 부산시민이 반쯤 사고를 당한다면 어떻게 되겠습니까? 우리나라 공무원이라는 사람들이 그런 일을 식은 죽 먹기로 합니다. 세상에 그런 일이 있을 수 있습니까?

근래에 가장 참지 못할 일이 바로 그 일입니다. 그런 비리를 저지른 사람들은 일반 공무원보다 훨씬 더 많은 월급을 받는 사람들입니다. 하루에 겨우 몇 만원 받는 일용직으로 근근이 살아가는 사람들도 부지기수인데 고급 월급을 받으면서 또 부정축재를 합니다. 자손들이 뭐 잘될 것이라고, 얼마나 잘 먹고 잘살 거라고 국민들의 생명과 국토가 망가질 것을 염려하지 않고 그런 짓을 합니까?

불교의 ABC

가정이 편안하고 행복하고, 온 국민이 행복하고, 나아가서 인류가 행복하게 사는 길의 열쇠가 있습니다. 바로 이 법화경의 인불사상입니다. 모든 사람 모든 생명을 부처님으로 받들어 섬긴다는 마음입니다. 그런 마음이 있다면 식품의 유효기간을 속이고 외국산 식품을 국내산이라고 속일 수는 없을 것입니다.

옛날에는 국산을 가지고 외제라고 속이더니 요즘은 외제를 가지고 국산이라고 속입니다. 그만큼 한국 제품이 격이 높아지고 좋아졌다는 것은 바람직한 일이지만 그런 것을 이용해서 사람의 생명을 유지하는 식품을 속이는 것은 있을 수 없는 일입니다.

부처님께서 드신다고 생각한다면 어떻게 그럴 수 있겠습니까. 자기 가족들에겐 그런 것 먹이지 않습니다. 참 영리하기도 합니다. 그렇게 사는 것은 바르게 사는 길이 아닙니다. 바르게 사는 길이 아니면 결국 자신이 잘못된다는 것은 아주 기본적인 인과입니다. 인과는 너무나도 기초적인 불교의 ABC이기 때문에 법화경에서 인과 이야기는 벌써 졸업한 상태입니다. 가을이 되면 단풍 들고 낙엽 지는 이치가 인과입니다. 세상살이의 기본입니다.

삶 속의 법화경

지금 현실과 연관해서 생각해 보면 매우 힘들고 어려운 꿈이기는 하지만 그래도 우리가 모든 사람과 생명을 궁극적으로 부처님이라 생각하고 그것을 끊임없이 연습할 때, 가정도 행복하고 이웃도 평화롭고 나라도 평화롭습니다. 모든 부정부패가 사라지고 모든 사람들이 선량하고 정직해질 것입니다.

특히 국민의 세금을 가지고 살아가는 공직자, 그중에서도 고위 공직자들이 모든 사람을 부처님으로 섬긴다는 마음을 밑바탕에 깔고 선량하고 정직하기만 하다면 밑의 사람들은 저절로 그렇게 따라갈 것입니다. 높은 자리에서부터 사람을 부처님으로 섬기며 선량하고 정직하게 살아야 하는 것입니다. 여기에 고위 공직자가 한 사람도 안 와 있으니 이 소리를 들을 수가 없습니다.

옛날에는 훌륭한 법사가 설법을 하면 정승들이 와서 듣고 심지어 왕이 와서 들었습니다. 왕도 공부를 하도 하다가 도포자락 벗어 버리고 자기가 가사를 수하고 법상에 와서 설법을 하는 왕들도 많았습니다. 왕이 올라가서 설법하니 온갖 대신이 다 왔을 것 아닙니까. 그러니 그 파급 효과가 어땠겠습니까? 참으로 그런 시대가 부럽고 그런 세월이 부럽습니다. 우리나라도 좀 제대로 되려면 그렇게 한 번씩은 법사가 꾸중하는 소리, 욕하는 소리를 들어야 할 것 아닙니까.

엊그제 조계사에 큰 행사가 있었는데 많은 고위 공직자들이 왔습니다. 제일 높은 자리에 앉은 큰스님이 그때 세상을 향해서 '할喝'을 한번 해야 했습니다. 세상에 대해서 할을 하는 것이 무엇인가요. "공직자들 좀 정직하게 살아라. 좀 선량하게 정치하란 말이다. 지금 그게 뭐냐?"라는 소리를 했어야 하는 것입니다.

알아듣지도 못하는 주장자만 높이 들면 그게 할입니까? 주장자 든다고 함이 아닙니다. 고위 공직자들이 왔을 때 바른 소리 크게 한번 합니다. 그게 함입니다. 안타까워 죽겠습니다. 이런 이야기는 법화경인가요? 역시 법화경이라고 생각합시다.

용맹한 마음으로 법화경을 전하자

그동안 법화경이 설해진 것은 어떤 의미에서 보면 완전무결하게 설해졌습니다. 모두 법화경의 정신, 법화경의 스토리를 제대로 알 필요가 있습니다. 법화경 책이라도 들고, 아니면 법화경 내용이 실린 이 「봉은」 법회지라도 들고 다니면서 읽고 외우고 많은 사람에게 전합시다.

요즘 법화경 내용을 자세히 번역한 책도 있고, 휴대폰에는 어플도 있습니다. 그런 것을 늘 읽고 듣고 법화경을 나 자신에게 전파하고 다른 사람에게 널리 전파하는 것을 희망으로 삼고 꿈으로 삼고 큰 서원과 원력으로 삼읍시다. 그런 신심을 가지고 우리가 힘차게 용맹정진하는 것입니다.

법화경을 전파하는 데 그냥 해서는 안 됩니다. 용맹정진하는 마음으로 해야 합니다. 좀 더 용맹스럽게 법화경을 전하고자 하는 꿈과 원력을 가지시기를 바랍니다. 이것으로써 법화경 강의를 마칩니다.

법화경 법문
이것이 법화경이다

초판 1쇄 발행 2017년 6월 12일

지 은 이| 여천 무비(如天 無比)
펴 낸 이| 오세룡
편　　집| 박성화 손미숙 손수경 박혜진 이연희
기　　획| 최은영 김수정 김영주
디 자 인| 장혜정 고혜정 김효선
홍보마케팅| 이주하
펴 낸 곳| 담앤북스
　　　　　서울특별시 종로구 사직로8길 34 (내수동) 경희궁의 아침 3단지 926호
　　　　　대표전화 02)765-1251 전송 02)764-1251 전자우편 damnbooks@hanmail.net
　　　　　출판등록 제300-2011-115호
I S B N| 979-11-87362-83-8 (03220)

값 18,000원